凝聚隧道及地下工程领域的
先进理论方法、突破性科研成果、前沿关键技术，
记录中国隧道及地下工程修建技术的创新、进步和发展。

穿越——中国隧道及地下工程修建关键技术研究书系

复杂条件超长地铁海底隧道设计关键技术研究及应用

陈国栋　张　君　**总策划**
史玉新　谭忠盛　赵晋友　陈　馈　**总顾问**
贺维国　田　峰　毕经东　宋超业　刘　鹏　等 **编　著**

RESEARCH AND APPLICATION
OF KEY TECHNOLOGIES IN THE DESIGN
OF SUPER LONG SUBWAY SUBMARINE TUNNELS UNDER COMPLEX CONDITIONS

人民交通出版社股份有限公司
北　京

内 容 提 要

本书依托作者团队在地铁海底隧道设计方面的最新理论研究和创新成果,基于典型工程应用开展了技术攻关,研究了海底隧道结构受力特性,提出了海底隧道最小埋深确定的方法,并针对海底隧道抗震设计、防灾通风设计、运营排水设计等进行了系统研究与经验总结,构建形成了海底隧道设计与施工技术体系,可供类似工程参考借鉴。

本书可供从事海底隧道科学研究、设计施工、建设管理的工程技术人员使用,也可作为高等院校隧道工程专业师生的参考用书。

图书在版编目(CIP)数据

复杂条件超长地铁海底隧道设计关键技术研究及应用/贺维国等编著. — 北京:人民交通出版社股份有限公司,2023.9

ISBN 978-7-114-18949-4

Ⅰ.①复… Ⅱ.①贺… Ⅲ.①地铁隧道—水下隧道—隧道工程—设计 Ⅳ.①U231.3

中国国家版本馆 CIP 数据核字(2023)第 160301 号

中国隧道及地下工程修建关键技术研究书系
Fuza Tiaojian Chaochang Ditie Haidi Suidao Sheji Guanjian Jishu Yanjiu ji Yingyong

书　　名:	复杂条件超长地铁海底隧道设计关键技术研究及应用
著 作 者:	贺维国　田　峰　毕经东　宋超业　刘　鹏 等
责任编辑:	李学会
责任校对:	刘　芹
责任印制:	张　凯
出版发行:	人民交通出版社股份有限公司
地　　址:	(100011)北京市朝阳区安定门外外馆斜街 3 号
网　　址:	http://www.ccpcl.com.cn
销售电话:	(010)59757973
总 经 销:	人民交通出版社股份有限公司发行部
经　　销:	各地新华书店
印　　刷:	北京印匠彩色印刷有限公司
开　　本:	787×1092　1/16
印　　张:	24.75
字　　数:	578 千
版　　次:	2023 年 9 月　第 1 版
印　　次:	2023 年 9 月　第 1 次印刷
书　　号:	ISBN 978-7-114-18949-4
定　　价:	168.00 元

(有印刷、装订质量问题的图书,由本公司负责调换)

王梦恕 院士视察青岛地铁1号线海底隧道

青岛地铁1号线海底隧道右线 TBM 贯通

RESEARCH AND APPLICATION OF KEY TECHNOLOGIES IN THE DESIGN OF SUPER LONG SUBWAY SUBMARINE TUNNELS UNDER COMPLEX CONDITIONS / 复杂条件超长地铁海底隧道设计关键技术研究及应用

■ 青岛地铁1号线海底隧道2号斜井洞口

■ 青岛地铁1号线海底隧道三臂凿岩台车开挖作业

青岛地铁8号线海底隧道右线泥水平衡盾构始发

青岛地铁8号线海底隧道左线土压平衡盾构始发

RESEARCH AND APPLICATION OF KEY TECHNOLOGIES IN THE DESIGN OF SUPER LONG SUBWAY SUBMARINE TUNNELS UNDER COMPLEX CONDITIONS

复杂条件超长地铁海底隧道设计关键技术研究及应用

■ 青岛地铁 8 号线海底隧道泥水平衡盾构弃壳拆机

■ 青岛地铁 8 号线海底隧道 TBM 平行导洞超前钻探

■ 青岛地铁 8 号线海底隧道组合工法对接

青岛地铁 8 号线海底隧道斜井及施工场地

青岛地铁 8 号线大洋站控制室

■ 厦门地铁3号线海底隧道矿山法段帷幕注浆

■ 厦门地铁3号线海底隧道盾构原位拆解

组织委员会

总 策 划： 陈国栋　张　君

总 顾 问： 史玉新　谭忠盛　赵晋友　陈　馈

主任委员： 贺维国　张　君　许黎明　迟建平　罗小平　叶东明
　　　　　　陈晓坚　苏立勇

副主任委员： 芦睿泉　贺斯进　费曼利　张美琴　郭　磊　周华贵
　　　　　　张竹清　金若翊　孙为东

委　　员： （以姓氏笔画为序）
　　　　　　于　勇　王凤波　王东伟　方　园　田　峰　田海光
　　　　　　冯　霞　任玉瑾　刘庆方　江水德　孙晓科　李虎伯
　　　　　　张秉鹤　张建伟　张稳军　陈　馈　陈世强　范国刚
　　　　　　赵文强　段悟哲　禹海涛　逄铁铮　袁　勇　殷险峰
　　　　　　郭　靓　谢朝军　褚　凯　翟　可

编写委员会

主　　编： 贺维国　田　峰　毕经东　宋超业　刘　鹏

副 主 编： 杜宝义　吕显福　程　龙　戴　新　朱祝龙　吕书清
　　　　　　吕青松　陈　洋　曹　威　尚培培

编　　委： （以姓氏笔画为序）
　　　　　　王之心　田　峰　冯路航　毕经东　吕　游　吕书清
　　　　　　吕青松　吕显福　朱祝龙　乔超征　刘　鹏　刘文骏
　　　　　　刘世波　刘庆方　汤浩杰　杜宝义　李兆龙　李清菲
　　　　　　李腾飞　吴　昊　吴至荣　吴庆庆　宋　毅　宋超业
　　　　　　陈　洋　陈　翰　陈小飞　陈世强　苗崇通　范国刚
　　　　　　贺维国　袁　勇　唐志辉　曹　威　程　龙　戴　新

编写单位： 中铁第六勘察设计院集团有限公司
　　　　　　中国中铁地下空间研发中心

作者简介

贺维国

四川简阳人，中铁第六勘察设计院集团有限公司首席专家，正高级工程师，享受国务院政府特殊津贴，天津市最美科技工作者获得者。长期从事水下隧道、特长隧道、轨道交通工程、大型洞库等隧道与地下工程的勘察设计与科研工作。发表论文40篇，出版著作10余部，编写标准规范20余部，获国家及省部级科技进步奖40余项。

田　峰

湖北天门人，中铁第六勘察设计院集团有限公司城交院副总工程师，正高级工程师，曾获中国中铁青年科技创新个人称号，天津市、上海市科技专家，中国职业健康协会通风安全专委会青年常委。长期从事隧道与地下工程勘察设计与科研工作，发表论文20余篇，其中SCI/CI/SD收录5篇，获省部级科技进步奖7项。

毕经东

山东巨野人，中铁第六勘察设计院集团有限公司城交院副总工程师，正高级工程师。长期从事隧道与地下工程领域的设计、技术研发等工作，主持或参与完成厦门地铁3号线过海隧道、厦门电力与清水进岛隧道、青岛地铁1号线与8号线过海隧道等设计工作。获省部级科技进步奖7项，省部级优秀勘察设计、工程咨询奖30余项。

宋超业

安徽金寨人，中铁第六勘察设计院集团有限公司城交院副总工程师，正高级工程师，天津市优秀青年设计师、中国中铁专家，曾入选中国青年科技奖天津市候选人。长期从事水下隧道、山岭长大隧道、超大跨隧道与地下空间等工程勘察设计与科研工作。

刘 鹏

山东龙口人，中铁第六勘察设计院集团有限公司城交院五分院党支部书记。长期从事水下隧道、地铁等方面的设计与科研工作等，主持或参与完成青岛地铁1号线与8号线过海隧道、厦门地铁3号线过海隧道等设计工作。获省部级科技进步奖6项、省部级优秀勘察设计奖30余项。

序一

当前我国正进行着前所未有的大规模的隧道建设,在此进程中,越来越多的隧道工程需要穿江越海,一座座隧道穿越滚滚东逝的长江、奔腾不息的黄河、源远流长的珠江,横跨大连湾、胶州湾、汕头湾、珠江口到维多利亚港口……不断刷新中国隧道建设的新纪录,矿山法、盾构法、沉管法在此领域得以长足发展,水下/海底隧道修建的理念、方法与技术工艺日臻完善、成熟,适时对相应工程研究成果、实践经验进行系统的总结凝练,对于推进构建相应科学技术体系,推动我国隧道整体技术水平提升具有重要意义。

因此,我看到贺维国及其团队对地铁海底隧道修建技术方法的总结,感到十分欣慰。我们知道,海底隧道具有长距离、高水压、穿越地层复杂和场地地震烈度高等特点,因此,地铁海底隧道在设计选线、防灾救援、地下水防排等方面的要求与标准高,尚面临诸多需要攻关、突破的难题。

作者团队基于青岛地铁1号线、青岛地铁8号线、厦门地铁3号线等多座跨海地铁隧道的勘察设计实践及科研成果,全面呈现了在地铁海底隧道修建方面的理念与方法创新、技术突破。

积跬步至千里,积小流成江海。在此,衷心希望本书的作者团队以本书的出版为契机,锲而不舍,取得更多丰硕的成果!

全国勘察设计大师

2023 年 4 月

序二

1969年10月1日,北京地铁1号线(北京站—苹果园站)开通运营21km,是我国开通的第一条地铁线路。针对当时的国际形势,地铁兼具极高的战备、防空和疏散等功能。自改革开放以来,我国经济长期高速发展,城镇化水平快速提高,但城市交通的拥堵与环境污染问题越发严重。地铁作为一种高效率、低能耗的交通方式,对于改善城市交通状况、加快城市圈的拓展极为有效。2000年以后,我国地铁建设驶入了高速发展的快车道。截至2022年12月31日,我国共有55个城市开通运营城市轨道交通线路290条,运营里程达9854km,车站5609座(未含港澳台地区数据)。其中仅2022年度就新增运营线路21条,新增运营里程达847km。而地铁作为主要制式,占比70%以上。

随着地铁建设的加速发展,地铁隧道埋深越来越大、区间隧道越来越长,同时也面临越来越复杂的地质条件。青岛、厦门、大连等海滨城市的地铁建设也在蓬勃发展,但受到海湾条件的制约,这些城市的地铁隧道往往需要下穿海域,成为海底隧道。与一般地铁隧道相比,地铁海底隧道长度更长、埋深更大、需连续穿越多种不同的地质,建设难度极大。例如,青岛地铁1号线海底隧道区间长8.1km、最大埋深位于海面以下88m;厦门地铁3号线海底隧道需连续穿过饱和砂层、黏土层、各种风化花岗岩层,以及10多条花岗岩风化深槽或断层破碎带。此外,由于地铁行车密度大,最小行车间隔1.5~2min,故特长海底隧道区间会面临多趟列车同时、同向通行的情况,这将给区间隧道的通风、防灾与疏散带来很大困难。因此地铁海底隧道不仅面临一般海底隧道在土建方面的技术难题,还面临行车组织与通风防灾方面的技术难题。

中铁第六勘察设计院集团有限公司是国内较早从事地铁设计的单位之一,迄今已完成设计地铁车站逾800座、区间隧道逾1200km。贺维国及其团队承担完成了青岛地铁1号线和8号线、厦门地铁3号线等多座地铁海底隧道设计任务,积累了丰富的地铁海底隧道设计经验。他们牵头开展了地铁海底隧道抗震性能试验、超高水压海底隧道衬砌水压力现场测试与研究、移动式烟道防灾疏散技术等多项关键技术研究工作,首次提出了海底隧道合理埋深确定新方法、海底隧道矿山-盾构组合修建工法等创新技术,成果丰硕,应用成效显著。

《复杂条件超长地铁海底隧道设计关键技术研究及应用》一书,系统总结了作者在地铁海底隧道建设中遇到的诸多难题以及解决方案,图文并茂、资料翔实,具有较高的学术性和工程实用性,对促进我国地铁海底隧道的技术进步与核心竞争力提升必将起到积极作用。随着我国交通强国、粤港澳大湾区发展等国家战略的推进,一大批地铁海底隧道工程被提上了规划建设日程,相信本书构建的技术体系可为相关工程安全、有序、高效建设提供支撑。同时,本书相关成果也可供规划中的海峡隧道工程建设借鉴参考。

以地铁海底隧道为代表的海底隧道建设仍将面临各种复杂地质条件、极端工况的挑战,任重而道远。在此期待作者团队继续攻坚克难、务实创新,为推动我国海底隧道整体建设技术水平提升作出更大贡献。

北京交通大学教授 谭忠盛

2023年4月

前言

城市轨道交通是现代化公共交通发展的重要方向,是加强城市交通治理、提升居民生活品质的有效措施,在构建"交通强国"蓝图中发挥着重要作用。截至2022年底,我国共有55个城市开通运营城市轨道交通,其中地铁占比77.84%(未含港澳台地区数据)。地铁交通便捷,不仅可以降低地面交通的通行压力、节约居民出行时间、减少环境污染,还可以拓展城市发展空间,优化和增强地面的使用价值和使用效率。

地铁是一项复杂的系统工程,涉及专业多、建设周期长,需要各参建单位的高度协调配合,在建设过程中会遇到各种各样的问题,如征地拆迁、管线迁改、工程地质、气象水文、周边环境等各类风险。相较于陆域修建地铁,在海域修建地铁还面临着水压高、埋深大、抗震难、运营安全要求高等一系列技术难题。

中铁第六勘察设计院集团有限公司设计完成了青岛地铁8号线海底隧道(区间长8.1km)、青岛地铁1号线海底隧道(区间长7.9km)、厦门地铁3号线海底隧道(区间长4.9km),取得了丰富的设计与研究经验。本书针对复杂环境海底隧道建设难题,对地铁跨海隧道建设中的最小埋深、施工工法、结构形式、地震响应、衬砌水压力、防灾通风、运营排水以及系列专项技术等难点及创新技术研究进行了系统总结和提炼。

本书共 9 章:第 1 章总体介绍了国内外海底隧道的发展情况以及海底隧道建设的重难点;第 2 章介绍了海底隧道埋深研究现状、设计原则和思路以及最小埋深的几种确定方法;第 3 章介绍了海底隧道施工工法适应性、结构形式研究以及不良地质段的主要难点及应对措施;第 4 章介绍了海底隧道抗震设计要求、三种抗震计算方法和大型振动台模型试验研究情况;第 5 章介绍了海底隧道衬砌受力机制、水压力理论解析、水压力现场测试以及海底隧道结构受力特性研究等;第 6 章介绍了海底隧道防灾通风研究现状、单洞双线和双洞单线隧道排烟模型试验研究、双洞单线隧道火灾数值分析研究等;第 7 章介绍了矿山法隧道排水模式、排水系统、排水泵房设计以及排水系统设备材料选型等内容;第 8 章介绍了海底隧道建设过程中应用的典型专项技术,包括海底隧道风险分析及评估技术、盾构机换刀技术、矿山-盾构组合工法海底对接技术、机械法施工联络通道技术、海水环境泥水盾构泥浆配比试验研究以及 TBM 平行导洞穿越不良地层关键技术等;第 9 章依次介绍了青岛地铁 1 号线海底隧道、青岛地铁 8 号线海底隧道、厦门地铁 3 号线海底隧道的工程概况、建设过程以及建设重难点等内容。

本书由贺维国、田峰、毕经东、宋超业、刘鹏等编著,主要编写分工如下:第 1 章由贺维国、宋超业、吕书清、曹威、吕游编写;第 2 章由毕经东、吕显福、贺维国编写;第 3 章由毕经东、杜宝义、贺维国、周华贵、王之心编写;第 4 章由贺维国、宋超业、吕书清、宋毅编写;第 5 章由毕经东、吕显福、贺维国、汤浩杰、王凤波编写;第 6 章由田峰、朱祝龙、陈洋、陈世强编写;第 7 章由戴新、吕青松编写;第 8 章由刘鹏、程龙、杜宝义、吴昊、贺维国、曹威编写;第 9 章由程龙、刘鹏、杜宝义、毕经东、王之心、吕游编写。

在本书编写的过程中,笔者引用了科研合作单位的部分研究成果,参考了国内外部分技术研究和文献。在此特别感谢山东大学、北京交通大学、同济大学、西南交通大学、青岛理工大学、湖南科技大学、山东科技大学、中铁南方投资集团有限公司等课题合作单位及李术才、张顶立、谭忠盛、袁勇、王明年、李利平等众多知名教授的大力支持和指导，以及中铁科学研究院有限公司、中铁隧道局集团有限公司、中铁一局集团有限公司、中铁二局集团有限公司、中铁三局集团有限公司、中铁十四局集团有限公司、中铁十六局集团有限公司等各项目参建单位提供的现场技术资料。

本书在编写过程中，还得到中铁第六勘察设计院集团有限公司、青岛地铁集团有限公司、厦门轨道交通集团有限公司的大力支持和帮助，中铁第六勘察设计院集团有限公司城交院叶东明、罗小平、张美琴、金若翃等各位领导参与并积极推动了书稿的撰写工作，曹威、范国刚、吕游、王之心、胡慧、李勇、王星、孙国文等各位工程师参与了相关校稿及整理工作，吕游、王之心两位工程师完成了大量插图的绘制与处理工作，在此一并表示衷心的感谢。

由于作者水平有限，书中不可避免有错漏或不足之处，敬请各位专家和读者提出并指正。

作　者

2023年4月

目录

第 1 章　绪论　001
1.1　国外海底隧道发展概况　003
1.2　国内海底隧道发展概况　006
1.3　海底隧道建设趋势　009
1.4　地铁海底隧道建设需求及重难点分析　011
本章参考文献　014

第 2 章　海底隧道最小埋深分析研究　017
2.1　海底隧道埋深研究现状　019
2.2　地铁海底隧道埋深设计步骤及原则　021
2.3　最小岩石覆盖层厚度确定埋深方法　023
2.4　全寿命成本控制埋深方法　039
2.5　极限顶板厚度确定埋深方法　044
2.6　本章小结　049
本章参考文献　049

第 3 章　海底隧道工法及结构设计研究　051
3.1　隧道工法适应性研究　053
3.2　隧道结构设计方法　061

3.3　盾构法隧道不良地质段主要难点及应对措施 ……… 079
3.4　矿山法隧道不良地质段主要难点及应对措施 ……… 084
3.5　本章小结 …………………………………………… 092
本章参考文献 ………………………………………… 093

第 4 章　超长海底隧道地震响应分析研究 …………… 095
4.1　概述 ………………………………………………… 097
4.2　标准断面反应位移法计算 ………………………… 101
4.3　二维地层-结构模型动力时程分析法计算 ………… 105
4.4　三维梁-弹簧模型动力时程分析法计算 …………… 109
4.5　复合衬砌对接段抗震性能研究 …………………… 120
4.6　大型振动台模型试验分析 ………………………… 130
4.7　本章小结 …………………………………………… 147
本章参考文献 ………………………………………… 148

第 5 章　海底隧道衬砌水压力及结构受力特性研究 … 151
5.1　海底隧道衬砌水压力及结构受力特性研究进展 … 153
5.2　衬砌水压力理论解析 ……………………………… 154
5.3　海底隧道衬砌外水压力特征数值模拟 …………… 158
5.4　衬砌水压力现场测试 ……………………………… 166
5.5　矿山法跨海隧道结构受力特性研究 ……………… 176
5.6　本章小结 …………………………………………… 192
本章参考文献 ………………………………………… 192

第 6 章　超长海底隧道防灾通风技术研究 …………… 195
6.1　地铁隧道防灾通风研究现状 ……………………… 197
6.2　单洞双线隧道排烟模型试验研究 ………………… 204

  6.3 双洞单线隧道排烟模型试验研究 ·················· 212

  6.4 双洞单线隧道火灾数值分析研究 ·················· 222

  6.5 本章小结 ························· 235

  本章参考文献 ··························· 235

第7章 矿山法海底隧道运营排水系统研究 ·················· 237

  7.1 矿山法海底隧道渗水量控制标准研究 ·················· 239

  7.2 隧道排水系统模式研究 ······················ 242

  7.3 隧道排水泵房设计 ························· 247

  7.4 隧道排水系统设备材料选型 ·················· 253

  7.5 本章小结 ························· 262

  本章参考文献 ··························· 263

第8章 工程建设专项技术 ·················· 267

  8.1 海底隧道风险分析及评估技术 ·················· 267

  8.2 海底盾构隧道换刀技术 ······················ 289

  8.3 矿山-盾构组合工法海底对接技术 ·················· 304

  8.4 机械法施工联络通道技术 ······················ 315

  8.5 海水环境泥水盾构泥浆配合比试验研究 ·················· 323

  8.6 TBM 平行导洞海底穿越不良地层关键技术 ·················· 336

  8.7 本章小结 ························· 342

  本章参考文献 ··························· 343

第9章 超长地铁海底隧道工程案例 ·················· 347

  9.1 青岛地铁1号线瓦贵区间海底隧道 ·················· 347

  9.2 厦门地铁3号线五刘区间海底隧道 ·················· 355

  9.3 青岛地铁8号线大青区间海底隧道 ·················· 361

  本章参考文献 ··························· 367

第 1 章 绪 论

国内外诸多城市都依海而建、靠港而兴,但海峡、海湾也将城市分割形成天堑,一定程度上制约了整体交通路网的形成和地区快速发展。长久以来,人们致力于修建跨海通道,以实现交通体系的完善,实现地区一体化均衡快速发展。常用的跨海通道形式主要有跨海大桥与海底隧道两种,见图 1.0-1 和图 1.0-2。

图 1.0-1 胶州湾跨海大桥

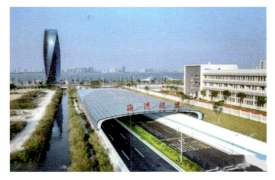

图 1.0-2 汕头海湾隧道

与跨海大桥相比,海底隧道具有全天候不影响航运、对环境影响小和抗战争破坏能力强等特点。进入 21 世纪以来,海底隧道受到越来越多关注并付诸实践。

1.1 国外海底隧道发展概况

在海底隧道建设上,国外起步较早。1944 年,日本在关门海峡采用矿山法修建了关门海底铁路隧道,这是世界上最早的海底隧道。1988 年,日本在津轻海峡建成了世界上最长的海峡隧道——青函隧道,隧道全长 53.85km,最大水深为 140m,海底埋深为 100m,实现了本州和北海道之间的铁路运输。海底隧道的修建方法主要有矿山法、盾构法[1]和沉管法三种。其中,挪威是采用矿山法修建海底隧道较多的国家,自 1974 年以后,挪威已建成各种用途的海底隧道 20 余座,长度达 100 多公里。国外已建成的部分代表性海底隧道见表 1.1-1。

国外已建成的部分代表性海底隧道　　表 1.1-1

序号	隧道名称	开工时间(年)	竣工时间(年)	隧道长度(m)	水域段长度(m)	主要施工方法	用途
1	关门铁路隧道	1939	1944	3600	1140	盾构法	铁路
2	关门公路隧道	1953	1958	3460	1140	盾构法	公路
3	切萨皮克湾海底隧道	1960	1964	4060		沉管法	公路
4	旧金山海湾隧道	1970	1972	5830	5790	沉管法	铁路
5	新关门铁路隧道		1975	18710	8800	矿山法	铁路
6	Vardø隧道		1983	2600		矿山法	公路
7	Elling Søy 隧道		1987	3500		矿山法	公路
8	Valde Røy 隧道		1987	4200		矿山法	公路

[1] 本书所指盾构法指广义的全断面隧道掘进机法,包含了软土条件下的盾构法和硬岩条件下的 TBM 法。

续上表

序号	隧道名称	开工时间(年)	竣工时间(年)	隧道长度(m)	水域段长度(m)	主要施工方法	用途
9	青函海底隧道	1964	1988	53850	23000	矿山法	铁路
10	Kvalsund 隧道		1988	1600		矿山法	公路
11	大贝尔特海峡铁路隧道	1988	1998	7900		盾构法	铁路
12	Godøy 隧道		1989	3800		矿山法	公路
13	Nappstrtaume 隧道		1990	1800		矿山法	公路
14	Fannefjord 隧道		1990	2700		矿山法	公路
15	Maursundet 隧道		1990	2300		矿山法	公路
16	悉尼港海底隧道	1979	1992	2300	960	沉管法	公路
17	Freifjord 隧道		1992	5200		矿山法	公路
18	主峡湾(Mastratjord)隧道		1992	4500		矿山法	公路
19	次峡湾(Byiford)隧道		1992	5860		矿山法	公路
20	英法海底隧道	1987	1993	49500	37000	盾构法	铁路
21	Tromsoysand 公路隧道		1994	3400		矿山法	公路
22	Hitra 公路隧道		1994	5600		矿山法	公路
23	东京湾横贯公路隧道	1989	1996	9100		盾构法	公路
24	Hvaltjordur Fjord 隧道		1998	5480		矿山法	公路
25	洛达尔(Laerdal)公路隧道	1995	2000	24500		矿山法	公路
26	奥斯陆湾海底隧道		2000	7230		矿山法	公路
27	厄勒海峡隧道	1993	2000	4060		沉管法	公铁两用
28	Vagar 隧道		2003	4900		矿山法	公路
29	Hvaler 隧道	1989		3800		矿山法	公路
30	马格尔岛隧道			6980		矿山法	公路

  国外最具代表性的三大海底隧道分别是英法海底隧道、丹麦大贝尔特海峡铁路隧道和日本东京湾横贯公路隧道。

  1993年竣工的英法海底隧道全长49.5km,海底段长约37km,由两孔内径为7.6m的主隧道和一孔内径为4.8m的服务隧道组成,主隧道通行时速最高达160km的铁路列车。主隧道每隔375m设置一条与服务隧道相连的横向通道,每隔250m设置连接两条铁路隧道的横向活塞式泄压风道。为了利于列车编组和往复行驶,隧道设置了四个交叉转线段,其中两个在海底,通过交叉转线段,列车可从一个主隧道驶入另一个主隧道。隧道最大水深为60m,海底段最小覆土厚度仅为21m。全隧共采用了11台盾构机进行施工,英国一侧泥灰岩地层较好,采用了双护盾全断面掘进机;法国一侧泥灰岩地层有较多断层,采用了土压平衡盾构机,施工中应对的最大水压达0.95MPa。主隧道盾构机相向掘进至相距100m时,停止推进,采用地质水平钻孔探明地质,之后英国一侧盾构机偏离施工轴线,进入隧道旁侧,报废后埋入混凝土里,法国一侧盾构机再掘进60m后拆卸运回地面,余下段用人工挖掘贯通。英法海底隧道横断面如图1.1-1所示。

图 1.1-1　英法海底隧道横断面示意图(尺寸单位:mm)

1995 年竣工的丹麦大贝尔特海峡铁路隧道长 7.26km,主隧道通行时速最高达 160km 的铁路列车,设置两条主隧道,两条隧道中心间距 25m,相邻横向联络通道最大间距 250m。主隧道内径 7.7m、外径 8.5m,管片厚度 0.4m,隧道最小覆土厚度 15m,海峡中部海水深度达 55m。主隧道采用 4 台直径 8.78m 的混合型土压平衡盾构机施工。联络通道内径 4.5m,采用厚 135mm 的球墨铸铁管片施作衬砌。大贝尔特海峡铁路隧道横断面如图 1.1-2 所示。

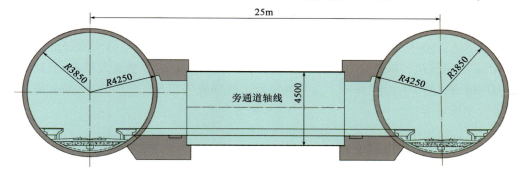

图 1.1-2　大贝尔特海峡铁路隧道横断面示意图(尺寸单位:mm)

1996 年竣工的日本东京湾横贯公路隧道长 9.4km,由 3 孔外径为 13.9m 的隧道组成,单孔隧道通行 2 车道汽车车辆,设计速度为 80km/h。隧道顶部平均海底覆盖层厚度约 15m,隧道底部位于海平面以下 50~60m。隧道采用 8 台直径 14.14m 的泥水平衡盾构施工,在海底实现对接,海中筑造木更津人工岛,作为中间 4 台盾构机的始发场地。东京湾横贯隧道横断面如图 1.1-3 所示。

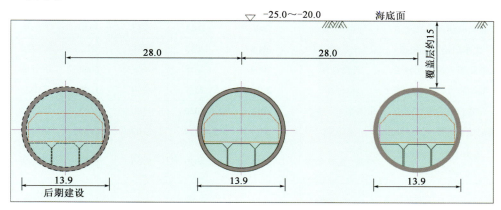

图 1.1-3　东京湾横贯隧道横断面示意图(尺寸单位:m;高程单位:m)

1.2 国内海底隧道发展概况

与发达国家相比,我国海底隧道建设起步较晚。20世纪70年代香港建成了首座海底隧道——红磡海底隧道,随后又陆续建成了东区、西区等4座海底隧道,均采用沉管法,且均主要由国外公司完成勘察设计与施工。香港红磡海底隧道采用单层钢壳眼镜形结构,沉管段总长1600m,分15个管节,单个管节长114m、宽22.16m、高11m。该隧道在纽约设计,钢壳所用钢板在英国轧制,管节在香港造船厂预制,单个管节由5段直径为10.36m、长3.5m的钢筒焊接而成,两管孔中间区域浇筑压载混凝土。管节沉放采用双体驳船,基础采用刮铺法,考虑抛锚、台风、沉船等不利因素,管节顶部设置1.3m碎石过滤层及1.0m厚填石覆盖层,管节接头通过导管浇筑水下混凝土形成刚性接头。为满足抗浮要求,通风楼采用100t的岩石地锚固定。

上海于1966年和1984年分别修建了外径10.22m的打浦路越江隧道和外径11.30m的延安东路过江隧道,开启了内地大型水下隧道建设的历史,但直到21世纪初期,内地才开始正式建设海底隧道。2005年厦门翔安海底隧道开工建设,2007年青岛胶州湾海底隧道开工建设,均采用矿山法修建。自此以后,我国海底隧道的建设进入了一个快速发展期,目前建成和在建的海底隧道已有20余座,见表1.2-1,其建设工法以盾构法和矿山法为主,另有多座大型海底隧道处于规划中。

国内部分海底隧道统计　　表1.2-1

序号	隧道名称	下穿水域	开工时间（年）	竣工时间（年）	隧道长度（m）	水域段长度（m）	主要施工方法	用途
1	香港红磡海底隧道	香港维多利亚港	1969	1972	1860	1605	沉管法	公路
2	香港东区海底隧道	香港维多利亚港	1986	1989	2250	1860	沉管法	公路、铁路
3	香港西区海底隧道	香港维多利亚港	1993	1997	1970	1340	沉管法	公路
4	香港西线隧道	香港维多利亚港	1994	1996	1300	1260	沉管法	铁路
5	厦门翔安海底隧道	厦门东海域	2005	2010	6050	4200	矿山法	公路
6	青岛胶州湾海底隧道	胶州湾	2006	2011	7797	3950	矿山法	公路
7	沈家门港海底隧道	东海	2008	2015	393	212	沉管法	公路
8	港珠澳大桥海底隧道	外伶仃洋	2009	2018	6766.5	5664	沉管法	公路
9	港珠澳大桥拱北隧道	伶仃洋	2012	2017	2740	1225	矿山法	公路
10	香港沙中线海底隧道	香港维多利亚港	2013	2020	1700	1663	沉管法	铁路
11	厦门地铁2号线海底隧道	五缘湾	2014	2019	2769	2769	盾构法	地铁
12	香港屯门—赤鱲角连接工程	南海、龙鼓水道	2014	2020	5700	5000	盾构法	公路
13	厦门地铁3号线海底隧道	厦门东海域	2015	2021	4898	3640	矿山法、盾构法	地铁

续上表

序号	隧道名称	下穿水域	开工时间（年）	竣工时间（年）	隧道长度（m）	水域段长度（m）	主要施工方法	用途
14	青岛地铁1号线海底隧道	胶州湾	2015	2019	8100	3490	矿山法	地铁
15	汕头海湾隧道	苏埃湾	2016	2022	6680	2800×2（双线）	盾构法	公路
16	厦门第二西通道（海沧隧道工程）	厦门西海域	2016	2021	6306	2810	矿山法	公路
17	青岛地铁8号线海底隧道	胶州湾	2017	2020	7900	5400	矿山法、盾构法	地铁
18	大连地铁5号线海底隧道	黄海海域	2017	2022	2882	2310	盾构法	地铁
19	深中通道海底隧道	伶仃洋	2017	2024（预计）	6845	5035	沉管法	公路
20	大连湾海底隧道	大连湾	2019	2023	5098	3035	沉管法	公路
21	汕汕高铁海底隧道	汕头湾	2019	2023	9191	2169	盾构法	高铁
22	广湛高铁海底隧道	湛江湾	2020	2024（预计）	9640	2500	盾构法	高铁
23	深江铁路珠江口隧道	珠江口	2020	2025（预计）	13690	11049	盾构法、矿山法	高铁
24	胶州湾第二海底隧道	胶州湾	2020	2027（预计）	15890	11100	矿山法、盾构法	公路
25	甬舟铁路金塘海底隧道	东海	2020	2026（预计）	16180	11210	盾构法	高铁

经过近二十年的建设历程，我国的海底隧道修建技术取得了长足发展，其中代表性的工程有青岛胶州湾海底隧道、汕头海湾隧道、深江铁路珠江口隧道等，这三个工程均由中铁第六勘察设计院集团有限公司完成设计。

2007年开工的青岛胶州湾海底隧道，全长约7.8km，其中穿越海域段长3.95km，采用矿山法修建，平面布置如图1.2-1所示。隧道内城市快速道路，双向六车道，设计车速80km/h。纵断面采用"V"形坡，最大坡度3.9%，主隧道断面为椭圆形断面，内净空高8.218m、宽14.426m，匝道与主隧道交叉口最大断面跨度约29m。主隧道为左右线分离设置，隧道海域段线间距约55m，中间设服务隧道。隧道工程地质条件复杂，岩性复杂多变，隧址区地质构造主要为断裂构造，穿越18条断裂带，断裂带大部分为高角度、中新代脆性断裂构造，其宽度在数米至数十米不等，断层内以压碎岩、碎裂岩、糜棱岩为主。青岛胶州湾海底隧道在海上地质勘察方法和手段、海底隧道埋深选择、结构力学模型试验、结构耐久性设计、过断层破碎带防突水措施、风险分析与控制、防排水标准、长大隧道通风防灾和救援、节能减排、隧道运行管理等方面均进行了系统性的研究和探索，为后续矿山法修建海底隧道提供了借鉴。

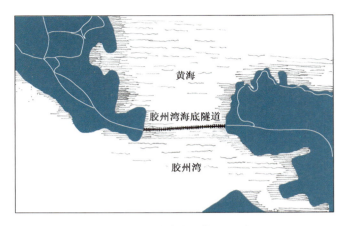

图 1.2-1　胶州湾海底隧道平面示意图

2016年全面开工的汕头海湾隧道又称汕头苏埃通道,全长6.68km,采用超大直径盾构法施工,隧道内径为13.3m、外径为14.5m,是国内首座位于8度地震烈度区的超大直径海底隧道,平面布置如图1.2-2所示。汕头海湾隧道地质条件极为复杂、施工难度大、安全风险高,尤其是隧道处于软硬不均地层,有三段长达182m花岗岩突出段,基岩强度高达210MPa,此外盾构隧道还需要长距离穿越浅覆土地层以及淤泥质软土地层。汕头海湾隧道开展了海域勘察方案、隧道线路平面埋深、隧道工法、盾构机选型、隧道结构耐久性、水下隧道消防减灾、高烈度地震区海底超大直径盾构隧道抗减隔振技术等多项专题技术研究,攻克了一系列世界级技术难题。项目构建了高烈度地震区海底超大直径盾构隧道抗震设计体系,创新性地在隧道东西线各设置了6处消能减震节点,这些消能减震节点采用记忆合金构件,不仅在震后能自主恢复变形,还能记录下隧道受地震影响变形的数据,形成海量数据库,创建的抗震减震技术可为将来同类型工程建设提供支持与参考。

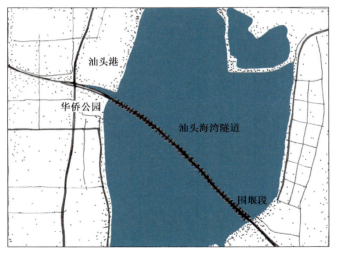

图 1.2-2　汕头苏埃海底隧道工程平面示意图

2020年开工的深圳—江门铁路珠江口隧道,全长13.69km,采用矿山法+盾构法组合工法施工,纵断面见图1.2-3,隧道内径为11.7m,水下最大埋深达115m,是目前国内埋深最大的海底隧道,其中盾构段最大水压达 1.06MPa,是世界盾构水压最大的隧道。隧道地质条件非常复杂,盾构段需穿越淤泥、软弱砂层、极硬基岩凸起等多种复合地层,同时还需穿越四条断裂破碎带,其中微风化花岗岩段最大饱和抗压强度可达 200MPa 以上,矿山法段需穿越 435m 长的 V 级围岩、260m 长的 F_2 断层及 $f_1 \sim f_7$ 七条次生断裂带,此外局部强风化岩夹层存在侵入隧道开挖断面的现象,施工风险高。海域段长约 11.05km,采用组合工法施工的海底隧道疏散路径复杂,防灾救援难度大,工法对接段盾构接收要求高。

图 1.2-3　珠江口隧道纵断面示意图

1.3　海底隧道建设趋势

随着我国海底隧道修建数量不断增多,呈现出建设环境愈加复杂、不良地质风险愈加突出、单一工法向组合工法转变及高水头持续发展的建设趋势。

1)建设环境愈加复杂

海底隧道受地震作用、海洋生态及邻近建(构)筑物等影响,建设环境愈加严苛。如汕头海湾隧道地处 8 度高地震烈度区;厦门地铁 3 号线海底隧道穿越中华白海豚自然保护区核心区,生态保护要求高;青岛地铁 8 号线海底隧道在岸边连续下穿成片居民区、既有铁路及地铁,沉降控制要求极高;深江铁路珠江口隧道侧穿凫洲大桥,距离桥桩最近处约为 4.15m,对精度和沉降控制要求严格,两者平面关系见图 1.3-1。

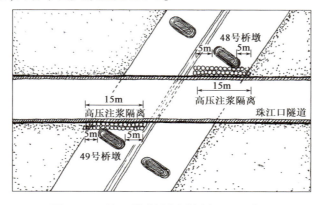

图 1.3-1　珠江口隧道侧穿凫洲大桥平面示意图

2）不良地质风险愈加突出

海底隧道地质条件复杂，不良地质风险突出。如厦门地铁3号线海底隧道长距离穿越浅覆土砂层、孤石发育区、软硬不均及4条大型风化深槽等；汕头海湾隧道穿越极软土、孤石、海相淤泥质土和强度超过216MPa的花岗岩等各类挑战性地层；青岛地铁1号线海底隧道基岩裸露，隧道共穿越6组18条断裂带，其中海域段穿越4组14条断裂；青岛地铁8号线海底隧道长距离穿越长大断层破碎带，见图1.3-2。

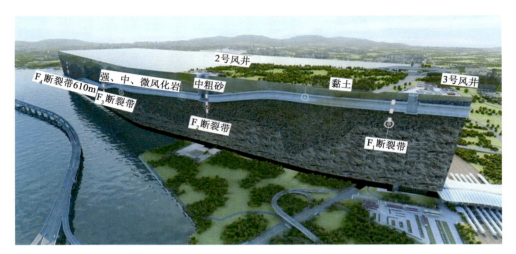

图1.3-2　青岛地铁8号线过海区间地质纵断面效果图

3）单一工法向组合工法转变

随着海底隧道长度的增加，穿越地层复杂多变，采用单一工法施工风险大，不能满足工程的建设需求。而因地制宜、对不同地段采取不同工法的组合工法，则可以有效发挥各种不同工法的优势，从而更好地控制施工风险和工程成本。目前常见的组合工法主要是盾构法＋矿山法组合，例如青岛地铁8号线海底隧道、厦门地铁3号线海底隧道、深江铁路珠江口隧道及青岛胶州湾第二海底隧道等均采用此种工法组合，见图1.3-3。

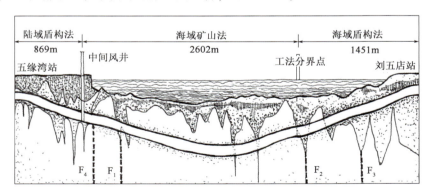

图1.3-3　厦门地铁3号线海底隧道组合工法示意图

4）高水头持续发展，地下水防治问题突出

隧道衬砌所承受的地下水水头由常规水头向高-超高水头转变，相应的地下水防治、排放及衬砌水压力等问题也愈加突出,如青岛地铁8号线海底隧道最大水头高度56m,厦门地铁3号线海底隧道最大水头高度69m,广深港高铁狮子洋隧道最大水头高度78m,甬舟铁路金塘海底隧道最大水头高度85m,青岛地铁1号线海底隧道最大水头高度88m,深江铁路珠江口隧道盾构段最大水头高度106m,见图1.3-4。

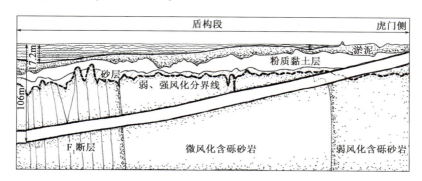

图1.3-4 珠江口隧道虎门侧盾构地质纵断面示意图

1.4 地铁海底隧道建设需求及重难点分析

在国内的海底隧道建设中,地铁海底隧道数量占比约为四分之一,而且除直接穿越海域段外,尚有大量的地铁隧道穿越与海域相连的水系。上海、青岛、大连、厦门、深圳等沿海城市在近十年就建成了6座大型过海地铁区间隧道。随着沿海城市经济发展需求,越来越多的过海地铁隧道亟待建设。

目前我国已建成的地铁海底隧道有6座(未含港澳台地区数据),采用盾构法或矿山法修建。其中具有代表性的3座隧道工程是青岛地铁1号线瓦屋庄站—贵州路站区间隧道(又称"青岛地铁1号线海底隧道")、厦门地铁3号线五缘湾站—刘五店站区间隧道(又称"厦门地铁3号线海底隧道")和青岛地铁8号线大洋站—青岛北站区间隧道(又称"青岛地铁8号线海底隧道"),均由中铁第六勘察设计院集团有限公司完成设计。青岛地铁1号线海底隧道全长约8.1km,其中海域段长3.49km,穿越海域水深达42m,上部水头最大达88m,是国内最早开工建设的地铁海底隧道。厦门地铁3号线海底隧道全长约4.9km,穿越海域长度约3.6km,穿越海域水深达25m,上部水头最大达69m,是我国首条采用矿山法+盾构法组合工法在海中实现对接的地铁隧道。青岛地铁8号线海底隧道,全长约7.9km,其中海域段约5.4km,采用矿山法+盾构法组合工法修建,是国内首次采用TBM修建的海底隧道。这些工程基本均分布在沿海大型城市,建设的过程中穿越了从淤泥、粉细砂、卵砾石到强~微风化硬岩,从上软下硬复合地层到岩溶、风化深槽特殊地质等复杂多变的地层,遇到了各种各样的技术难题,积累了很多有价值的经验,形成了诸多关键技术。

与穿越江河水域环境的水下隧道相比,海底隧道一般穿越水域面积更大、海水深度更大、海域断层更多且烈度更高,因此具有长距离、高水压、穿越地层复杂和场地地震烈度高等特点。地铁海底隧道作为海底隧道的一种,与公路、铁路等交通类海底隧道相比,地铁发车间隔时间短、运量大,区间隧道受线网、车站、断面、通风多因素影响,因此地铁海底隧道具有总体方案确定影响因素多、防灾救援要求高、地下水防排标准高等显著特点。地铁海底隧道建设的主要重难点如下:

1) 长大海底隧道合理埋深分析研究

海底隧道合理埋深设计是选线工作的重要组成部分,不仅影响隧道的纵断面设计,还与隧道工法研究、风险控制等内容密切相关。其理想目标是将路线方案选择在地质环境好(即不良地质现象发育较弱、特殊岩土分布较少的区域内),同时应最大程度地依附和利用地形和地质条件,寻求对地形和地质造成最少扰动的方案,以减少对其进行整治和改造。受海洋环境的影响,海底隧道勘探精度比较低,有时甚至难以实施,给地质勘探带来一定困扰,也给隧道的埋深确定工作带来困难。隧道合理埋深选择如图 1.4-1 所示。

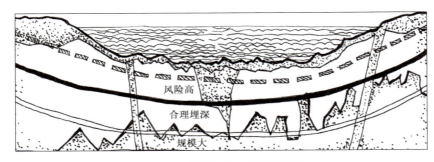

图 1.4-1　隧道合理埋深选择示意图

2) 地铁海底隧道工法选择及结构设计研究

工法选择在很大程度上取决于场地的地质条件、两岸的建筑物情况、隧道功能及工程造价和风险等因素。而地铁海底隧道一般因为穿越海底水深大、海域通行主航道和海底管线区等因素而主要选择矿山法、盾构法或两者相组合的工法。工法选择考虑的影响因素多,不仅要充分考虑主要因工程地质、水文地质带来的结构设计、施工难度、工程风险以及工程质量等问题,还要高度关注环境影响、施工工期、工程造价以及运营期的隧道防灾疏解安全等问题。海底隧道环境条件复杂、地质勘察难度大、河床冲淤、冲击港口码头等问题突出,进一步增加了工法选择与结构设计的难度。

3) 持续稳定且补给无限的海水带来的水压力确定问题

地下水问题是隧道设计应重点关注的问题。对于海底隧道,水的问题更为突出。海底隧道地下水有以下三个主要特点:

(1) 水压力高。隧道埋深越大、水压力越高,此水压力大小对于隧道衬砌结构的设计至关重要。

(2) 水量无限补给。由于海底隧道"V"形纵坡的设计,无法采用山岭隧道类似的排放方式,隧道内的渗漏水只能动力抽排,由于断层、裂缝等不良地质的存在,形成与海水连通的水力联系,造成隧道渗漏水的补给量无限。

(3) 海水中存在的大量氯离子,对隧道结构,尤其是对隧道抽排水系统具有较强的腐蚀性。

以上特点给海底隧道设计带来的难题是如何确定隧道衬砌结构所受水压力的大小以及如

何确定隧道的防排水方案。

水压力是隧道衬砌结构设计的主要荷载之一,由于海底隧道渗流场及防排水系统的复杂性,使得矿山法隧道衬砌水压力的计算仍存在争议。隧道工程对地下水的处理方式可以分为两种,即全封堵方式和导排方式。长期以来铁路和公路隧道对地下水坚持"以排为主"的设计思想,在衬砌结构时不考虑水压力。全封堵的地下水处理方式多见于埋深较浅的地铁工程,该方式认为衬砌结构应考虑全水头作用。对于地铁海底隧道来说,完全避免渗水是不可能也是不必要的,主要的设计理念是降低渗流量,达到可以接受的水平,采用堵水限排方案是较好的选择。排水型矿山法隧道衬砌外部水压力与隧道排水能力相关,隧道外围岩渗透量一定时,隧道排水能力越强,衬砌所受的水压力越小,若采取隧道外注浆形成封闭注浆圈,主动干预隧道外围岩渗透量,再配合隧道排水措施,隧道外部围岩压力将大大减小,见图1.4-2。现行的铁路、公路等设计规范对衬砌承受的水压力均没有做出明确的规定,对由海水、围岩、注浆圈、衬砌组成的渗流场中水压力分布规律还不能很好地解决,故还需进行研究。

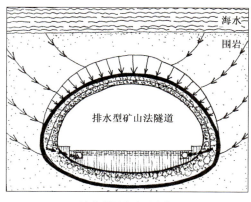
a) 注浆前衬砌水压力大

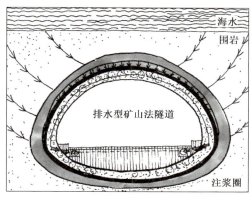
b) 注浆后衬砌水压力减小

图 1.4-2 海底矿山法隧道衬砌水压力与注浆关系图

4) 超长地铁海底隧道防灾救援系统的设置研究

国内一般地铁区间隧道长度均在2km以内,当列车平均行驶速度为60km/h、行车间距为2min时,可保证每个时间段一个区间隧道内只有一辆列车同向行驶,一旦遇到火灾等紧急情况,此时只需解决这一辆列车乘客的防灾疏散问题即可。当区间隧道长度大于2km时,一般采用增设中间风井的方式,将长区间隧道分成若干不大于2km的段落,每个时间段仍然满足每个段落内只有一辆同向的列车通行,其防灾疏散问题如前方式处理。

而地铁海底隧道往往长度较长,如青岛地铁1号线海底隧道区间全长8.1km、厦门地铁3号线海底隧道区间全长4.9km,而又无法在海中设置竖井作为中间风井,从而导致一个时间段可能会出现多辆同向列车通行的情况,隧道发生火灾时的防灾及人员疏散难度极大,需进行专门研究。

5) 矿山法隧道的排水系统设置分析

海底隧道工程的"V"形坡设计决定了隧道排水系统的重要性。对矿山法隧道来说,将地下水完全封堵在隧道以外实际上是做不到的,如何把矿山法海底隧道的结构渗漏水顺畅、经济地排出洞外是设计需要考虑的重要问题。地铁海底隧道具有长度长、埋深大、结构渗漏水量多、对运营安全尤为重要等特点，因此隧道运营对防排水设计的要求高，故如何确定合理的排水系统和排水标准，运营期间如何尽可能减少地下水的排放量是个难题。因此，研究设计一套经济高效、安全可靠的排水系统对水下长大地铁海底隧道安全、经济运营具有重要意义。

6）组合工法对接段结构抗震性能分析

我国是多地震国家，长期以来，人们普遍认为地下结构的数量较少，地下结构的抗震性能又优于地面建筑，因此，地震对于地下结构所造成的危害较地面建筑要小。但近年来，随着地下结构震害的频繁发生，地下结构抗震问题日益受到世界各国地震工作者的高度重视。2008 年汶川地震以后，我国于 2015 年发布了第五代地震区划图，首次在全国范围内取消了不设防地区，并给出了全国乡镇的地震动参数。对于海底隧道，其线形起伏较大，工程沿线地形地质条件存在复杂变化，软硬不均地层对结构抗震产生较大影响。另外对于采用组合工法修建的海底隧道，结构刚度变化段的地震响应是典型的三维结构分析问题，也是工程设计的薄弱环节，对于复杂地层工法对接抗震分析目前尚缺少系统性的研究分析。

7）复杂条件超长地铁海底隧道设计其他专项技术

除了上述一些关键技术难题，考虑地铁海底隧道一般环境条件和穿越的地质条件远比陆地复杂，因此在地铁海底隧道设计过程中还有一些专项技术问题需要因地制宜、结合工程具体情况予以研究解决。例如，海底隧道风险分析、超高水压下盾构机换刀技术、组合工法对接处理技术、联络通道快速施工技术、TBM 穿越海底不良地质处理技术等。

目前，青岛、厦门、大连等沿海城市正在开展新一轮的轨道交通建设规划，其他沿海城市也在地铁、城际铁路等领域规划建设各种穿江越海隧道，这其中还有大量的海底隧道修建关键技术需要攻克。为此，本书以厦门地铁 3 号线海底隧道、青岛地铁 1 号线和 8 号线海底隧道三座典型的地铁海底隧道为依托，系统研究和总结了中铁第六勘察设计院集团有限公司在地铁海底隧道设计、科研工作中取得的系列关键技术与研究成果，主要包括海底隧道最小埋深分析研究、海底隧道工法及结构设计研究、超长地铁海底隧道地震响应分析研究、海底隧道衬砌水压力及结构受力特性研究、超长海底隧道防灾通风系统研究、矿山法海底隧道运营排水系统研究，以及海底隧道风险分析、高水压海底换刀、海底对接、机械法施工联络通道、TBM 平行导洞穿越不良地层等多项专项技术，构成了一套完善的地铁海底隧道设计技术体系，在确保工程顺利修建的同时，大大提升了我国海底隧道修建的技术水平，为后续盾构法及矿山法地铁海底隧道的建设提供了经验借鉴。

本章参考文献

[1] 贺维国,周华贵,刘庆方,等.高烈度区超大直径汕头海湾隧道工程勘察设计研究及关键技术[M].北京:人民交通出版社股份有限公司,2022.

[2] 洪开荣,周翀,贺维国.矿山法修建水下隧道的创新与实践[M].北京:中国铁道出版社,2015.

[3] 傅德明.世界三大海底隧道工程[M].上海:上海隧道工程股份有限公司施工技术研究所,1991.

[4] 中铁隧道勘测设计院有限公司.青岛地铁 1 号线过海隧道工程专题研究[R].2013.

[5] 中铁第六勘察设计院集团有限公司,中铁发展投资有限公司,中铁二局集团有限公司,

等.青岛地铁8号线高水压复杂地质海底隧道综合修建技术研究报告[R].2021.

[6] 中铁第六勘察设计院集团有限公司.复杂环境下超长过海地铁隧道修建关键技术研究[R].2020.

[7] 中铁隧道勘测设计院有限公司.厦门市轨道交通3号线过海隧道工程专题研究[R].2014.

[8] 褚凯,贺维国,于勇.深江铁路珠江口隧道工程线路方案研究[J].隧道建设(中英文),2022,42(09):1597-1604.

[9] 宋超业,贺维国.厦门轨道交通3号线复杂环境过海区间隧道设计关键技术[J].隧道建设(中英文),2018,38(03):414-420.

[10] 贺维国,宋超业,杜宝义.中国跨越海域最长地铁区间隧道——厦门地铁3号线五刘区间[J].隧道建设(中英文),2018,38(03):501-504.

[11] 贺维国,刘鹏.青岛地铁8号线海底隧道[J].Engineering,2018,4(02):11-16.

[12] 王梦恕,皇甫明.海底隧道修建中的关键问题[J].建筑科学与工程学报,2005,22(04):1-3.

[13] 孙钧.海底隧道工程设计施工若干关键技术的商榷[J].岩石力学与工程学报,2006,25(08):1513-1521.

[14] 王梦恕.水下交通隧道发展现状与技术难题:兼论"台湾海峡海底铁路隧道建设方案"[J].岩石力学与工程学报,2008,27(11):2161-2172.

[15] 王梦恕.水下交通隧道的设计与施工[J].中国工程科学,2009,11(03):4-10.

[16] 孙钧.论跨江越海建设隧道的技术优势与问题[J].隧道建设,2013,33(05):338-342.

[17] 陈建芹,冯晓燕,魏怀,等.中国水下隧道数据统计[J].隧道建设(中英文),2021,41(03):483-516.

第 2 章
海底隧道最小埋深分析研究

合理的线位选择是设计的灵魂,也是海底隧道设计的关键。海底隧道线位选择包括平面线位选择和竖向线位选择。地铁区间隧道平面线位受到两端车站站位的制约,主要服务于功能性的选择,服从于区域规划、周边环境、既有建(构)筑物等大的制约条件,灵活性极为有限。在此基础上,竖向线位对于工程风险、施工难度以及工程投资的影响更大,其技术性更为重要,需要认真研究。因此,本章主要研究在平面线位基本确定的前提下,如何选择合理的竖向线位以保证工程的顺利实施。海底隧道需要下穿海域,其在纵断面上多呈"V"形或"W"形,其中隧道埋深和线路坡度是决定隧道竖向线位的两个关键因素,同时也影响到隧道工程的造价和安全。根据隧道的功能需求、交通流量以及国家有关规范规定,最大坡度确定以后,最小埋深就成为隧道竖向选线的决定性因素。对于海底隧道而言,若隧道埋深太小,则水压相对较小,但施工期间易出现冒顶或塌方事故;若埋深太大,则水压增大,不仅隧道长度加大,还会造成运营期间结构受力过大或排水量过大,从而导致工程造价的增加。一般情况下,海底隧道合理埋深的选择其实在于选择能够保证工程建设安全的最小埋深。海底隧道的合理埋深对评价设计方案的优劣和工程造价的高低起到了决定性作用,确定合理的隧道埋深,有利于控制隧道的规模、保证施工过程中的安全性、降低施工的风险及难度、保障工程质量并提高工程的耐久性。世界各国在修建海底隧道时,不同海底隧道地质条件不尽相同,对于隧道最小埋深的确定并没有提出统一的遵循规则,因而隧道最小埋深选择是一个比较复杂的问题。

2.1 海底隧道埋深研究现状

国内外对于海底隧道最小埋深进行了长期的研究,无论是采用盾构法施工还是采用矿山法来修建海底隧道,隧道的埋深研究中最小岩石覆盖层厚度是设计中首先要考虑的主要问题之一。迄今,世界上知名的海底隧道已有数十条,对最小岩石覆盖层厚度的认识大致归纳如下:

(1)最小岩石覆盖层厚度,是影响海底隧道造价和安全的重要设计参数。

(2)最大纵坡确定以后,最小岩石覆盖层厚度是决定海底隧道长度的主要因素。

(3)最小岩石覆盖层厚度越小,海底隧道越短,静水压力越低,作用在衬砌上的势能荷载也越小;覆盖层越厚,在海底和隧道之间的渗流通道就越长,会降低流向隧道的渗水量。

(4)必须有足够的最小岩石覆盖层厚度,以使在发生意外的岩石崩落和坍塌时不至于在隧道内出现海水大量渗漏的危险。

(5)确定最小岩石覆盖层厚度,通常采用的方法有工程类比法、围岩稳定性分析法(数值计算分析法)、挪威图表法、日本最小涌水量法、国内顶水采煤法、权函数法等。

(6)所有确定最小岩石覆盖层厚度的方法均是建立在详细地质调查资料基础上的。然而,海底勘察工作的开展远比在陆地上困难得多,地质资料中的误差和不确定性会造成许多意外。因此,事先很难确定一个绝对安全的最小岩石覆盖层厚度。

(7)最小岩石覆盖层厚度并没有技术上的绝对限制,也就是说不会因为最小岩石覆盖层厚度的问题,在技术上使海底隧道无法修建,若采用更多的开挖支护措施并投入更高的修建成本后工程仍可能具有一定的可行性。

日本关门铁路隧道是一座双孔上下行铁路隧道,全长 3.6km,海底段长 1.14km,隧道高 5.75m,最大坡度 2.0%~2.5%,海水深 14m,隧道覆盖层平均厚度约 11m。

日本青函海底隧道全长 53.85km,海底部分长 23.0km,位于火山岩、堆积岩中,有多处裂缝、断层。隧道最小覆盖层厚度 100m,水深 140m,当时主要是根据海底煤矿的经验,将理想的隧道深度确定为低于海底 100m。

挪威的交通(铁路、公路)海底隧道大部分位于比较坚硬的岩石层内,1993 年 Nilsen B. 对挪威众多海底隧道的最小岩石覆盖层厚度进行了统计分析,给出了统计经验曲线供工程类比使用。

英法海底隧道施工过程中,在服务隧道内进行了覆盖层厚度与渗水量之间的关系研究。研究结果表明,在一定深(厚)度下面,流入隧道内的水量增加会逐渐达到一个极限。因而,可以由此确定一个最佳的覆盖层厚度,这种研究是合理确定隧道线路与覆盖层厚度的一个先决条件。

国内海底隧道建设时间较短,相关理论、技术经历了从引进吸收、快速发展到消化创新阶段。海底隧道的设计一般遵循:平面选线—竖向设计—结构设计—工法设计—机电系统设计—耐久性设计的流程。其中平面选线与竖向设计、结构设计与工法设计、结构设计与机电系统设计等彼此间又是相互影响、相互融合的。例如,对于一般工程,根据功能需要先确定路线方案再进行地质勘察,称为"选线地质";但对于海底隧道,由于海底地质、地形的极端复杂性,则采用先进行区域地质分析以确定路线走廊,再通过走廊地质勘察确定最终路线的"地质选线"方法。随着水下隧道选线已由"选线地质"时代跨入"地质选线"时代,工程地质资料不仅是海底隧道工程设计、建设、养护的依据,而且是方案决策的基础,在海底隧道合理埋深研究过程中具有一票否决的"至高权力"。只有重视并加强隧道合理埋深研究工作,应用可持续性发展的思路,树立科学发展观思想,才能达到工程建设风险小、可预见性强、潜在问题少的目的,从而获得潜在风险和投资最小的最优方案,从根本上降低工程造价,在保证设计质量和工程质量达到预期目标的同时,做到既省钱又省力。国内海底隧道确定最小埋深时,最重要的因素是海底水下地形及地质条件,但是对于长大海底隧道,水下地形及地质勘察往往面临以下困难:

1)既有资料少

陆地隧道勘察一般可收集各种比例的区域地质图、矿产图、水文地质图以及附近既有工程的勘察资料。而海底隧道水域部分的地质资料往往是非常欠缺的,难觅可供参考的邻近工程。

2)遥感和地质调绘难以发挥作用

陆地隧道可通过遥感手段判断构造发育和不良地质,可通过地质调绘手段在岩土层露头处判断岩性和表层岩性风化程度,量测岩层产状,了解构造发育、不良地质、特殊性岩土分布、覆盖层厚度及泉眼出露等情况。但由于水体覆盖,水下隧道遥感工作和地质调绘难以发挥作用。为了弥补这一缺点,通常在前期研究阶段开展必要的物探工作和少量钻探工作来了解工程所在水域的基本地质条件,为隧道总体方案选择提供基础资料。

3)海域物探精度受水深、波浪因素影响大,探测精度低

在陆地上采用的各种物探方法,大多在水上也可使用,但采用的传感器差别较大。陆地物探采用的传感器可直接插入岩土体内,传感器的耦合较好,信号接收质量较好;水上物探一般

采用带传感器的水底电缆或漂浮电缆,传感器未直接插入岩土中,传感器的耦合较差,信号接收质量较弱,加上水流、波浪等影响,定位也不够精确。因此,通常需要多种物探方法相互验证或进行钻探验证。

4)勘探难度相对较大,费用高

水上勘探需采用专用勘探平台,除了在水深 1~2m 处可用简易的勘探平台外,一般需采用专用勘探船只作为平台。海上钻探作业平台见图 2.1-1。受水流、波浪、潮汐(海上或近海)、台风、来往船只等影响,钻探的操作难、效率低、风险比较大。某些陆地上很容易实施的勘探手段,在一般勘探船平台上很难实施。

图 2.1-1　海上钻探作业平台

5)需开展专项水文勘察

海底隧道位于海床面以下,其设计高程、安全运营参数及工程使用年限等与海床冲淤演变相关,查明海床冲淤规律及演变趋势,是工程勘察设计的基础工作。工程所在地段海域的水位变化、波浪大小、流速情况、流向、水温变化、水质等条件是隧道结构设计中理论计算和隧道洞口防洪高程设计的依据,此参数也是确定隧道埋深的基础依据。

2.2　地铁海底隧道埋深设计步骤及原则

2.2.1　总体步骤

海底隧道埋深设计的总体步骤是先确定岩土分界线,再确定隧道埋深。

1)物探 + 钻探确定岩土分界线

物探和钻探是海底隧道选线过程中勘察海域段工程地质最有效的勘察手段。物探勘察范围广、工期短、施工方便,但存在定性判断易、定量判断难的问题;钻探勘察精度高、成果准确,但施工难度大、工期长、海上施工不方便。为了准确、高效地摸清海底地质状况,往往根据建设阶段需求将两种勘察方法结合使用。

2)长大海底隧道确定合理埋深

(1)最小岩石覆盖层厚度确定法

矿山法海底隧道一般需要在岩石地层中穿越,为了保证隧道施工安全,不考虑其上的覆盖土层,隧道主要依靠隧顶的岩石覆盖层来保障安全。此时,隧道施工安全度较高,而隧道埋深较小,隧道规模较优。

（2）全寿命周期成本最优确定法

全寿命周期成本体现在工程设计、施工风险控制、运营养护等全过程。从选线起既要满足更高的技术指标,尽可能避免选取指标极限值,还要充分考虑全线或区域性技术指标的均衡性,以便建成之后可让驾乘人员有更为舒适的体验,且安全运营风险低。此外,可以更加深入地开展路线方案的技术和经济、运营服务比较,获得优选推荐方案,实现全寿命周期成本最优。

（3）极限顶板厚度确定法

顶板厚度是指隧道拱顶与海床底部的距离,对于软弱地层很厚的海域或断层破碎带等不良地质地层,隧道无法在完整岩石地层内穿越或仅部分在岩石地层内穿越,因此顶板厚度对控制隧道施工风险和运营安全起到决定作用。顶板厚度是海底隧道设计的关键参数之一,也是确定海底隧道纵断面的重要设计参数之一。

2.2.2　长大海底隧道埋深设计原则

海底隧道作为埋置于水下的长大线性结构,其工程结构展布受到地形、地质和环境条件的制约。在设计工作开展中,客观地质条件是前提和基础,也是制约后期设计方案的主要因素。此外,海底隧道设计除地质条件外,尚应包括人与社会、工程与环境、建设与生态等条件状况,以求达到发展共存、和谐持续的目的。鉴于这些因素,提出以下隧道竖向埋深设计原则。

1）控制因素的系统分析

地形地貌和地质条件是主要控制因素,同时地形地貌又受地质条件的控制。故在纵断面设计的过程中,地质条件简单的区域其地形条件简单,埋深设计相对容易;地形条件复杂的区域地质条件也复杂,埋深设计往往难以取舍。在控制因素多的区域,路线纵断面设计宜全面调查、综合分析、系统评估,剔除不可控的条件进一步研究论证。

2）隧道合理埋深的控制性原则

海底隧道合理埋深设计必须考虑三大问题:区域稳定性问题、场地稳定性问题、工程稳定性问题,这是一个从宏观到局部进行稳定性分析和考量的思路。对于工程稳定性问题,可通过工程措施来解决,且其本身就属于工程结构设计的一部分;对于场地稳定性问题的处治,要么是不可治,要么是采取的工程措施规模大、结构复杂、失控风险高,需要在不得已的情况下而为之;区域稳定性属于不可治的范畴,结合经济社会发展和规划、自然生态和可持续发展等因素,应评估其防控风险。

3）重大工程地质问题否决原则

在应用地质选线"木桶"原理时,需要对各方案的工程地质问题罗列清单,进行纵向、横向比较。若有比较价值的方案中存在以当前条件或技术水平不可查明、不可治理、不可控制的重大工程地质问题,且区域内尚存可比较的方案时,应放弃当前方案研究;但须对放弃理由进行论述,并开展必要的专门勘察、研究工作,以证实放弃当前方案的合理性。

4）综合选线与整体最优原则

（1）海底隧道的服务对象是经济社会发展,包括了人类、自然生态和环境,路线设计应充分顺应地质环境条件,实现平面与纵断面合理融合。因此,应综合考虑各方面因素,不可有所偏废。

(2)地质条件本身也千差万别,应分区、分级、分门别类进行全面调查、综合分析、系统评估,完成地质竖向设计工作的综合拟定。

2.3 最小岩石覆盖层厚度确定埋深方法

最小岩石覆盖层厚度是影响海底隧道造价和安全的重要设计参数,合理的取值既能确保隧道施工期与运营期的安全与稳定,又能保证隧道的经济性。我国已建成多条海底隧道,国内岩石力学专家李术才院士等人对此开展了较深入的研究。一般情况下,确定最小岩石覆盖层厚度时,主要应从三方面综合考虑:围岩稳定性,决定工程风险控制;隧道长度,决定工程建设期投资控制;涌水量,决定工程建成后运营成本控制。下面对研究过程中的三个关键术语逐个解释说明。

海水深度:一般情况下指最大高潮海平面到海床面的深度。

岩石覆盖层厚度:指海底隧道拱顶至基岩表面的高度。

最小岩石覆盖层厚度:指对于特定条件的隧道,能保证施工期安全的最小岩石覆盖层厚度。

2.3.1 控制埋深的主要影响因素

1)工程地质及水文地质影响

海域地质岩性、断层破碎带及裂隙的渗透性是影响海底隧道埋深的重要因素,尤其以断层破碎带的开度、填充物密实性、互连性的影响更大。因此在勘测中对隧道地质岩性、断层破碎带应通过多种手段进行准确评价。在海底隧道施工前,还应通过超前探孔、地质雷达等超前地质预报方式对岩体性质进行预判,以便对勘探结果加以印证。

2)海底地形影响

海底地形是控制海底隧道埋深的主要因素。因此要准确探明沿线海底最低点,尤其是受海水侵蚀、冲刷严重的地区,若遗漏最低点(即最大水深处),将产生不可估量的后果。可采用折射地震测量法获得岩石表面精确位置,用声波剖面法测得海底地形图,并确定海底松散沉积物类型,分布和厚度。海底隧道典型纵断面见图 2.3-1。

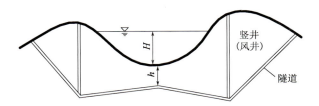

图 2.3-1 海底隧道典型纵断面示意图
H-最大水深;*h*-最小埋深

3) 结构稳定性影响

在含水的岩体中开挖隧道,尤其是在有压水的作用下,水会从根本上改变隧道周围的应力场和应变场,使岩体的残余黏聚力减小,岩体的弹塑性演变为弹脆性。无论是在塑性地带还是弹性地带,有水隧道的收敛值均要比干燥岩体的收敛值大得多。此外,隧道周围的有压水不仅明显影响着应力状态和收敛值,而且促使围岩内部塑性地带进一步扩展。

4) 海水对深埋隧道影响

岩体断层、节理和层面的渗透程度,会由于断层、节理和层面的不连续性,随埋深增加而递减,海床风化裂隙的数量、开度、互连性也会随埋深的增加而递减。这些影响因素均使得水体通过渗透作用对涌水的补给,随距离(埋深)的增长而减小。

5) 围幕注浆压力对埋深影响

在海底隧道不良地质段的施工中,须采用帷幕注浆进行地层的加固及防水。帷幕注浆见图 2.3-2。

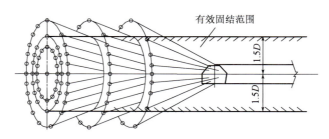

图 2.3-2　帷幕注浆示意图
D—隧道直径

注浆范围一般按三倍毛洞直径设计,并要求扩散浆液在孔底交圈。由于注浆压力要考虑渗水压力影响,注浆压力一般按 $P = $ 水压 $+ (0.5 \sim 1.5)$ MPa 设计。因此,隧道覆盖层(埋深)要有足够的厚度,以承受施工时的注浆压力。

6) 岩石覆盖层厚度影响

矿山法隧道必须有足够的最小岩石覆盖层厚度,以保证包括开挖后洞周围岩能够具备自稳能力。对于海底隧道而言,足够的岩石覆盖层厚度应保证在发生意外的岩石崩落或坍塌时隧道内不至于出现危险,同时,还应避免海水大量渗透。

2.3.2　最小岩石覆盖层厚度的确定方法

选择最小岩石覆盖层厚度通常采用工程类比分析和围岩稳定性分析两种途径,其中围岩稳定性分析又可采用理论分析和数值分析。具体的方法有工程类比法、挪威图表法、日本经验公式法(最小涌水量法)、国内顶水采煤经验法、数值模拟计算法、权函数法等。

1) 工程类比法

类比相似工程是地下工程设计和施工时的一个常用方法,表 2.3-1 给出了世界上部分海底隧道最小岩层覆盖层厚度情况。从表中可以看出,目前各国在岩石最小覆盖层厚度的拟定上,并没有一个统一的准则。其中,尽管关门铁路隧道岩石不良,但其岩石最小覆盖层厚度仅有 9.5m;美国 Seabrook 隧道的岩石条件较好,而且采用 TBM 施工,故岩石覆盖层厚度也较小。

部分海底隧道最小岩石覆盖层厚度情况　　　　　表 2.3-1

国家	隧道名称	类型	地层岩性	长度(km)	最深点(m)	最小埋深(m)	横断面
日本	关门铁路隧道	铁路	灰绿凝灰岩、花岗岩	3.6	40	9.5	77m²
日本	关门公路隧道	公路	闪绿岩	3.5	49	20.7	95m²
日本	新关门铁路隧道	铁路	玢岩、花岗闪绿岩	18.7	50	20	90m²
日本	青函海底隧道	铁路	安山岩、火成岩	53.9	250	100	109m²
美国	Seabrook 隧道	输水	—	5.0	70	15	2×φ6.7m
美国	波斯港隧道	输水	—	11.0	125	22	φ7.6m
瑞士	Forsmark 隧道	输水	—	2.3	75	52	80m²
瑞士	Saltsj 隧道	输水	—	7.5	60	25	φ3.5m
英法	海峡隧道	铁路	片麻岩	49.2	100	36	2×φ8.5m
丹麦	大海峡隧道	铁路	片麻岩	7.9	68	13	2×φ8.5m
澳大利亚	悉尼港隧道	输水	—	3.1	130	48	4.1m
挪威	奥勒松隧道	公路	片麻岩	7.2	130	32	78m²
挪威	瓦尔德隧道	公路	页岩,砂岩	2.6	88	28	53m²
挪威	Ellingsøy 隧道	公路	片麻岩	3.5	140	42	68m²
挪威	Kvalsund 隧道	公路	片麻岩	1.6	56	23	43m²
挪威	Godøy 隧道	公路	片麻岩	3.8	153	33	52m²
挪威	Nappstraumen 隧道	公路	片麻岩	1.8	60	27	55m²
挪威	Freifjord 隧道	公路	片麻岩	5.2	100	30	70m²
挪威	Byfjorden 隧道	公路	千枚岩	5.8	223	34	70m²
挪威	Hitra 隧道	公路	片麻岩	5.6	264	38	70m²
挪威	North Cape 隧道	公路	页岩,砂岩	6.8	212	49	50m²
挪威	Frøya 隧道	公路	片麻岩	5.2	157	41	52m²
挪威	Bømlafjord 隧道	公路	片麻岩	7.9	260	35	78m²
挪威	Skatestraum 隧道	公路	片麻岩	1.9	80	40	52m²
挪威	Eiksund 隧道	公路	片麻岩	7.8	287	50	71m²
挪威	Hvaler 隧道	公路	片麻岩	3.8	121	35	45m²
挪威	Valderøy 隧道	公路	片麻岩	4.2	145	34	68m²
挪威	Flekkerøy 隧道	公路	片麻岩	2.3	101	29	46m²
挪威	Maursund 隧道	公路	片麻岩	2.3	92	20	43m²
挪威	Ibestad 隧道	公路	片麻岩	3.4	125	30	46m²
挪威	Frierfjord 隧道	供气	片麻岩,黏土	3.6	253	48	16m²
挪威	Karstø 隧道	供水	片麻岩	0.4	58	15	20m²
挪威	Karmsund 隧道	供气	片麻岩,千枚岩	4.7	180	56	27m²
中国	厦门翔安海底隧道	公路	花岗岩	5.95	70	19	113m²
中国	青岛胶州湾海底隧道	公路	花岗岩	7.8	78	25	171m²

2）挪威图表法

挪威修建海底隧道已有 80 多年的历史,积累了大量经验,比较知名的海底隧道总长超过 80km,绝大多数采用矿山法施工。最短的隧道长 0.4km,最长的 7.9km;离海平面最浅 56m,最深 287m。

挪威岩层条件多为硬岩为主,即古老的火成岩和变质岩,但由于经历了几次地壳构造运动,产生了许多断层软弱带。因此挪威工程师在选择隧道最小岩石覆盖层厚度时,充分考虑断层及软弱带对隧道施工的影响。但由于海底隧道的地质条件非常复杂,且大部分被海水包围,因此很难详尽了解海底的岩性,挪威工程师在建造海底隧道时更多地参考对已建海底隧道的综合分析经验,挪威的海底隧道研究学者根据挪威已建的海底隧道经验,统计出如图 2.3-3 所示的经验曲线,按岩石完整和岩石破碎程度给出两条经验曲线。

从海水深度与岩石覆盖层厚度的经验曲线可知,随着海水深度的增加岩石覆盖层厚度也相应增加;岩性的好坏对确定岩石覆盖层厚度也有明显的影响,相同的海水深度对应的较好岩石与较差岩石,覆盖层厚度相差较大。其中,海水深度变化从 0~200m,岩石覆盖层厚度相差 10~20m。挪威修建的海底隧道岩石覆盖层厚度在较差岩石中一般不会超过 70m,而在较好的岩石中其岩石覆盖层厚度一般不超过 40m。

图 2.3-4 给出了世界主要海底隧道与挪威海底隧道的埋深差异对比。从图中可以看出,两者相比,并没有明显的规律。但总体来讲,挪威的海底隧道设计更偏保守。

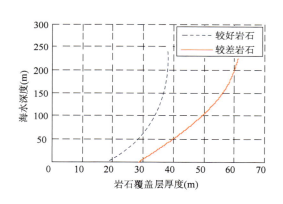

图 2.3-3 挪威海底隧道岩石覆盖层厚度与海水深度的经验曲线

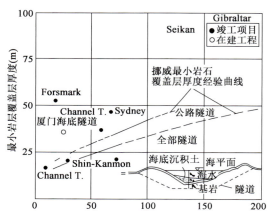

图 2.3-4 世界主要海底隧道与挪威海底隧道最小岩石覆盖层厚度比较

Seikan-日本青函海底隧道;Gibraltar-直布罗陀海峡海底隧道;Forsmark-瑞典福什马克隧道;Channel T.-英法海底隧道;Sydney-悉尼海港隧道;Shin-Kanmon-新关门海底隧道

挪威的海底隧道研究学者 Nilsen、Blindheim 分别统计比较了 1990 年和 2001 年前竣工的海底隧道的最小岩石覆盖厚度与基岩深度关系,并形成如图 2.3-5 所示的关系曲线。从图中可以看出,早期的海底隧道最小岩石覆盖层厚度比较保守,随着海底隧道施工技术以及施工设备的发展,隧道的岩石覆盖层厚度也逐渐减小。

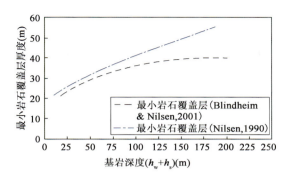

图 2.3-5 挪威 1990 年前与 2001 年前海底隧道覆盖层厚度与基岩深度关系

挪威海底隧道岩石覆盖层厚度的经验分析结果,对挪威及其他国家海底隧道的规划设计起着重要的指导作用。该方法实用性较强,但它是一种经验方法,只是根据隧道地质情况给出保证隧道安全的最小岩石覆盖层厚度范围,无法确保该厚度寿命周期内的经济性最优。

3)日本经验公式法

日本第一条矿山法海底铁路隧道修建距今已有 60 余年历史,1998 年日本建成了世界瞩目的青函海底隧道,积累了丰富经验。日本对于采用盾构法施工的隧道,埋深主要考虑水的浮力作用,例如东京湾横贯公路隧道采用的经验公式见式(2.3-1)。

$$h = \left(\frac{1}{3} - \frac{2}{3}\right)H \tag{2.3-1}$$

式中:h——海底隧道埋深(m);
H——最大海水深(m)。

对于矿山法隧道,确定埋深的主要依据为涌水量,通过选取不同的岩石覆盖层厚度计算出对应的涌水量,从而得到涌水量和覆盖层厚度的曲线,曲线上最小涌水量对应的岩石覆盖层即为合理岩石覆盖层厚度。预测涌水量的计算公式见式(2.3-2)。

$$Q = 2\pi kL \frac{H+h}{\ln\left(\frac{2h}{r}\right)} \tag{2.3-2}$$

式中:Q——隧道预测涌水量(m^3/d);
k——透水系数(m/s);
L——隧道延长(m);
h——岩石厚度(m);
H——水深(m);
r——隧道半径(m)。

对于特定的海底隧道,最小岩石覆盖层厚度(h)和水深(H)、隧道半径(r)之间的关系见式(2.3-3)。

$$h = \frac{r}{2}e^{\left(\frac{H}{h}+1\right)} \tag{2.3-3}$$

按最小涌水量得到的岩石覆盖层厚度,只是确定最小岩石覆盖层厚度的范围,但对于确定具体的岩石覆盖层厚度时,还要结合地质情况和隧道坡度等因素进行有限元稳定性分析,再结合经济因素确定最佳的岩石覆盖层厚度。

4）国内顶水采煤经验方法

海底隧道最小岩石覆盖层厚度的确定与顶水采煤安全开采上限的确定有异曲同工之处，因此有时海底隧道最小岩石覆盖层厚度也可结合隧道的地质条件，借鉴顶水采煤安全防水煤岩柱高度的确定方法。

对海底隧道安全施工与运营产生影响的有地表海水、松散层水体或基岩含水层水体。根据顶水采煤的经验，确定海底隧道最小岩石覆盖厚度应从分析上覆水体的类型、特征、赋存条件及上覆岩层的水文地质条件、地层结构入手，并根据隧道施工围岩的破裂规律，包括破裂形态和破裂范围，综合确定最小岩石覆盖层厚度。

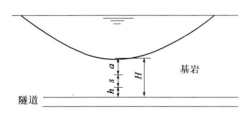

图 2.3-6 隧道上覆基岩组成示意图

为了保证隧道施工与运营期间的安全，必须留设足够的防水岩柱，防水岩柱的高度应大于导水裂隙带（隧道围岩破裂带）的高度与保护层厚度之和。其中保护层厚度从松散层底部的隔水层底面向下计算，若松散层底部无隔水层应从基岩顶面向下计算，保护层由松散层和基岩组成或全部由基岩组成。防水岩柱的厚度还应包括含水风化带厚度，如图 2.3-6 所示。

防水岩柱高度的确定可以根据式（2.3-4）确定：

$$H = h + s + a \tag{2.3-4}$$

式中：H——防水岩柱高度（m）；

h——隧道破裂带高度（导水裂隙带高度）（m）；

s——保护层厚度（m）；

a——表面裂隙带深度（m）。

（1）隧道上方岩体破裂高度的确定

隧道上方岩体破裂高度是确定海底隧道最小埋深的关键数据。顶水采煤导水裂隙带高度确定的思想可用于隧道围岩破裂范围的确定，但顶水采煤与隧道开挖不同。一方面，煤层开采一般是大面积地将煤炭资源采出，开采范围在走向和倾向都比较长，但隧道的开挖只是在线路走向方向延伸较长，隧道宽度的数量级别较煤层开采工作面倾向要小得多；另一方面，当前大部分采煤采用的是垮落法开采，即煤层采出后，顶板随即垮落破碎充填采空区，垮落带上部岩体的破坏程度随距采空区的距离增大而逐渐减弱，形成导水裂隙带。而隧道开挖必须及时支护防止岩体破坏，并充分发挥围岩的自稳能力，因此，隧道开挖导致的围岩破裂范围一般较小。

硬岩地层修建海底隧道，隧道破裂高度可按下列三种方法确定：

①根据隧道开挖要使围岩扰动最小的原理，同时考虑安全系数，隧道破裂高度取 $100R$（R 为炮孔半径）。

②根据岩石爆破力学，按下式确定：

$$h = kw\sqrt[3]{F(n)} \tag{2.3-5}$$

式中：k——地基系数；

w——单个最危险药包的最小抵抗线；

$F(n)$——相应药包爆破指数的函数。

（2）保护层厚度的确定

①保护层的厚度可根据顶水采煤的经验确定。在顶水采煤中，保护层的厚度取决于水体类型、煤层倾角、埋藏条件和覆岩性质等综合因素，一般取几倍的分层采厚。由于隧道开挖和煤层开采的方式不同，应用这种方法确定的保护层厚度一般偏大，在实际应用中应作适当的折减。

②保护层厚度也可根据下面的经验公式确定。

$$s = 1.5 \frac{\sqrt{h_1 h_2}}{f} \qquad (2.3\text{-}6)$$

式中：h_1——水头高度(m)；

h_2——坑道宽度(m)；

f——普氏强度，查表或取样试验获得。

5) 数值模拟计算

利用数值模拟计算多个断面的应力、位移、塑性区等，对工程类比初步选定的隧道最小岩石覆盖层厚度做进一步的校验和优选。

根据工程地质条件，初步分析各种方法的适用性。日本最小涌水量法较适合基岩裸露的地质条件；断层是局部现象，可采取注浆堵渗加固，按挪威图表法中破碎岩石取值偏保守，完整岩石取值又偏于危险；顶水采煤法仅考虑防突水，取值较小；数值模拟计算综合考虑了分析位置地质构造情况和地层变化，有较大的参考价值。挪威最小岩石覆盖层厚度与对应的海水深度、基岩埋深的经验曲线虽缺少理论依据，但其成功的建设经验还是具有相当大的参考价值。

由上述分析，得出过海区间隧道工程岩石覆盖层厚度的确定原则：首先，由于海底隧道特殊性，围岩稳定性至关重要；其次，从海底隧道施工安全来说，防突水也是十分重要；最后，隧道涌水量影响排水设计和成本。数值模拟计算是根据围岩稳定性确定的；顶水采煤法是根据预留安全煤岩柱，防止施工突水确定的；最小涌水量依据排水成本较小确定的。在青岛胶州湾海底隧道的建设过程中，对数值模拟计算、顶水采煤法、最小涌水量法在确定岩石覆盖层厚度中所占权重进行了分析研究，并采用加权方式计算综合埋深。

2.3.3 青岛胶州湾海底隧道覆盖层厚度研究

1) 工程概况

青岛胶州湾海底隧道是连接青岛市主城与辅城的重要通道，南接薛家岛，北连团岛，下穿胶州湾湾口海域。工程（含团岛端接线隧道）起点，左右线洞口分别位于青岛繁华的主城区四川路和云南路附近，两接线隧道路线沿路向南延伸，至团岛路与瞿塘峡路交会口向南约50m处为胶州湾海底隧道工程设计起点，路线以隧道形式沿团岛路向南，下穿市区，进入海底向西南穿越胶州湾湾口，在薛家岛北庄村和后岔湾村之间出洞，出洞后地形开阔，路线以地面道路形式到北庄村南终止，之后接黄岛区重要的东西干道嘉陵江路，与青岛辅城区相连。青岛胶州湾海底隧道平面位置如图2.3-7所示。

隧道下穿胶州湾海域段平均水深7m左右，最大水深42m。隧址区第四系覆盖层不发育，最厚处不足10m，许多部位基岩裸露，基岩主要为下白垩纪青山群火山岩及燕山晚期崂山超单元侵入岩（中风化和微风化花岗岩与火山岩），中风化层薄，岩石完整性好。

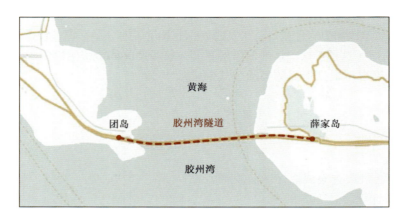

图 2.3-7　青岛胶州湾海底隧道平面位置示意图

胶州湾海底隧道海域发育有 10 个断层——f_{2-1}、f_{2-2}、f_{2-3}、f_{3-1}、f_{3-2}、f_{4-1}、f_{4-2}、f_{4-3}、f_{4-4}、f_{4-5}。根据工程地质纵断面初步分析认为,左线隧道断层 f_{2-3}、f_{3-1}、f_{4-1}、f_{4-3} 和右线隧道断层 f_{2-3}、f_{3-2}、f_{4-1}、f_{4-3} 基岩风化层较厚,类似于风化深槽。选取上述位置作为研究对象,断层位置如图 2.3-8 所示。以断层为中心,隧道 100m 范围的地质描述见表 2.3-2、表 2.3-4。左线考虑 6 个完整岩石位置,右线考虑 5 个完整岩石位置,见表 2.3-3、表 2.3-5。

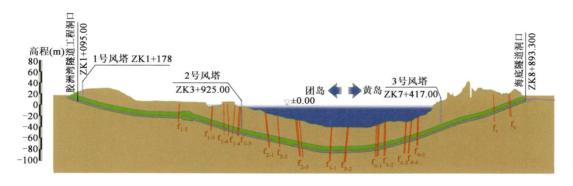

图 2.3-8　胶州湾海底隧道地质纵断面示意图

左线隧道断层位置地质描述　　表 2.3-2

编号	断层	岩石种类	里程桩号 (m)	海底高程 (m)	软土层厚 (m)	弱风化层厚 (m)
1	f_{2-3}	⑦$_1$断裂破碎岩、⑦$_2$微风化破碎岩、⑦$_6$微风石英正长岩、⑦$_7$微风闪正长斑岩、⑦$_{12}$微风化粗安岩	ZK4+877～ ZK4+977	−30.20～ −28.80	0	5.2～15.4
2	f_{3-1}	⑦$_1$断裂破碎岩、⑦$_2$微风化破碎岩、⑦$_{10}$微风流纹斑岩	ZK5+527～ ZK5+627	−41.00～ −40.00	1.6～2.4	2.0～13.4

续上表

编号	断层	岩石种类	里程桩号	海底高程（m）	软土层厚（m）	弱风化层厚（m）
3	f_{4-1}	⑦$_1$断裂破碎岩、⑦$_2$微风化破碎岩、⑦$_{17}$微风化流纹岩	ZK6+247~ZK6+347	-36.37~-32.77	0.6~5.6	3.6~7.2
4	f_{4-3}	⑦$_{21}$微风化熔结凝灰岩、⑦$_1$断裂破碎岩、⑦$_2$微风化破碎岩	ZK6+735~ZK6+835	-31.06~-29.86	2.2~10.0	8.0~15.6

左线隧道完整岩石位置地质描述 表2.3-3

编号	围岩级别	岩石种类	里程桩号	水深（m）	软土层厚（m）	弱风化层厚（m）
1	Ⅱ	⑦$_{19}$微风化含火山角砾流纹岩	ZK4+177	12.9	6.4	4.2
2	Ⅲ	⑦$_{12}$微风化粗安岩	ZK4+740	26.5	0	4.0
3	Ⅲ	⑦$_{13}$微风英安玢岩	ZK5+271	38.1	4.4	2.0
4	Ⅳ	⑦$_{24}$微风化含火山角砾凝灰岩	ZK5+915	44.6	0	2.8
5	Ⅲ	⑦$_{21}$微风化熔结凝灰岩	ZK6+527	31.2	2.8	1.0
6	Ⅳ	⑦$_{21}$微风化熔结凝灰岩	ZK7+142	20.5	1.2	9.2

右线隧道断层位置地质描述 表2.3-4

编号	断层	岩石种类	里程桩号	海底高程（m）	软土层厚（m）	弱风化层厚（m）
1	f_{2-3}	⑦$_1$断裂破碎岩、⑦$_2$微风化破碎岩、⑦$_{12}$微风化流纹岩、⑦$_{12}$微风化粗安斑岩	YK4+793~YK4+893	-23.69~-25.69	0~1.6	3.2~22
2	f_{3-2}	⑦$_1$断裂破碎岩、⑦$_2$微风化破碎岩、⑦$_{17}$微风化流纹岩、⑦$_{17}$含火山角砾凝灰岩	YK5+903~YK6+003	-37.69~-40.09	6.8~9.6	7.2~16
3	f_{4-1}	⑦$_1$断裂破碎岩、⑦$_2$微风化破碎岩、⑦$_{17}$微风化流纹岩、⑦$_{17}$微风化辉绿岩	YK6+233~YK6+333	-38.49~-35.69	1.6~9.6	4.4~6
4	f_{4-3}	⑦$_{21}$微风化熔结凝灰岩、⑦$_2$微风化破碎岩	YK6+771~YK6+871	-30.09~-27.69	0~13.2	0~32.9

右线隧道完整岩石位置地质描述　　　　　表 2.3-5

编号	围岩级别	岩石种类	里程桩号（m）	水深（m）	软土层厚（m）	弱风化层厚（m）
1	Ⅲ	⑦$_{19}$微风化含火山角砾流纹岩	YK4+315	14.4	1.6	5.6
2	Ⅲ	⑦$_{13}$微风化英安玢岩	YK5+218	36.2	0	4.0
3	Ⅳ	⑦$_{24}$微风化流纹斑岩	YK5+823	42.6	2.4	4.4
4	Ⅲ	⑦$_{17}$微风化流纹岩	YK6+386	36.4	0	1.2
5	Ⅳ	⑦$_{21}$微风化熔结凝灰岩	YK7+043	24.8	3.4	6.0

2）计算位置选取

为便于对工程类比、数值方法确定的最小岩石覆盖厚度进行对比分析，选取上述断层位置分析剖面，并选择完整岩石位置作为研究剖面。左线、右线隧道分析剖面里程桩号、海水深度等参数见表 2.3-6、表 2.3-7。

左线隧道分析剖面参数　　　　　表 2.3-6

编号	里程桩号（m）	地层性质	围岩级别	水深（m）	软土层厚（m）	弱风化层厚（m）
1	ZK4+177	完整岩石	Ⅱ	12.9	6.4	4.2
2	ZK4+740	完整岩石	Ⅲ	26.5	0	4.0
3	ZK4+919	f_{2-3}	Ⅴ	32.6	0	15.4
4	ZK5+271	完整岩石	Ⅲ	38.1	4.4	2.0
5	ZK5+607	f_{3-1}	Ⅳ	43.6	2.0	13.4
6	ZK5+915	完整岩石	Ⅳ	44.6	0	2.8
7	ZK6+297	f_{4-1}	Ⅴ	37.7	5.6	7.2
8	ZK6+527	完整岩石	Ⅲ	31.2	2.8	1.0
9	ZK6+785	f_{4-3}	Ⅴ	33.8	9.8	13.6
10	ZK7+142	完整岩石	Ⅳ	20.5	1.2	9.2

右线隧道分析剖面参数　　　　　表 2.3-7

编号	里程桩号（m）	地层性质	围岩级别	水深（m）	软土层厚（m）	弱风化层厚（m）
1	YK4+315	完整岩石	Ⅲ	14.4	1.6	5.6
2	YK4+843	f_{2-3}	Ⅴ	27.2	0	22.0
3	YK5+218	完整岩石	Ⅲ	36.2	0	4.0
4	YK5+823	完整岩石	Ⅳ	42.6	2.4	4.4
5	YK5+953	f_{3-2}	Ⅴ	43.2	9.6	16.0
6	YK6+249	f_{4-1}	Ⅴ	40.8	9.6	4.8
7	YK6+386	完整岩石	Ⅲ	36.4	0	1.2
8	YK6+833	f_{4-3}	Ⅴ	32.1	13.2	6.4
9	YK7+043	完整岩石	Ⅳ	24.8	3.4	6.0

其中，软土层包括淤泥、亚黏土、强风化基岩层；基岩包括弱风化基岩层和微新基岩层；按高潮水位计算海水深度，高潮水位高程为 +3.11m。

左线、右线隧道分析剖面位置如图 2.3-9、图 2.3-10 所示,在相应剖面标出里程桩号,图中红颜色表示断层位置,绿颜色表示完整岩石位置。

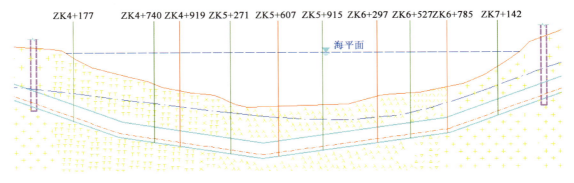

图 2.3-9　左线隧道分析剖面位置示意图

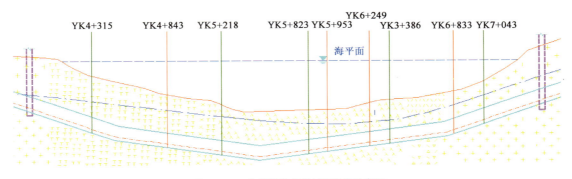

图 2.3-10　右线隧道分析剖面位置示意图

3)岩石覆盖层计算结果

胶州湾海底隧道建设前期,山东大学李术才教授开展了青岛胶州湾海底隧道最小岩石覆盖层厚度研究,从工程类比、数值计算方面对胶州湾海底隧道最小岩石覆盖层厚度进行了详细研究。根据研究成果,工程类比法、弹塑性数值模拟等方法确定的左线、右线隧道关键剖面最小岩石覆盖层厚度见表 2.3-8、表 2.3-9。

左线隧道关键剖面最小岩石覆盖层厚度汇总　　　　　表 2.3-8

编号	里程桩号(m)	水深(m)	最小岩石覆盖层厚度(m)					
			日本最小涌水量法	挪威破碎岩石	挪威完整岩石	顶水采煤法	侧压力系数0.8	自重应力场
1	ZK4+177	12.9	20.4	31.6	21.5	13.5	18	18
2	ZK4+740	26.5	28.0	34.7	24.3	12.6	12	12
3	ZK4+919	32.6	31.1	36.1	25.5	24.0	23	23
4	ZK5+271	38.1	33.7	37.3	26.4	18.5	16	15
5	ZK5+607	43.6	36.2	38.5	27.4	26.6	23	23
6	ZK5+915	44.6	36.7	38.7	27.5	16.5	15	15

续上表

编号	里程桩号(m)	水深(m)	最小岩石覆盖层厚度(m)					
			日本最小涌水量法	挪威破碎岩石	挪威完整岩石	顶水采煤法	侧压力系数0.8	自重应力场
7	ZK6+297	37.7	33.5	37.2	26.4	25.8	21	21
8	ZK6+527	31.2	30.4	35.8	25.2	14.7	16	16
9	ZK6+785	33.8	31.6	36.3	25.7	29.1	32	29
10	ZK7+142	20.5	24.8	33.3	23.1	13.3	18	15

右线隧道关键剖面最小岩石覆盖层厚度汇总   表2.3-9

编号	里程桩号(m)	水深(m)	最小岩石覆盖层厚度(m)					
			日本最小涌水量法	挪威破碎岩石	挪威完整岩石	顶水采煤法	侧压力系数0.8	自重应力场
1	YK4+315	14.4	21.3	31.9	21.9	12.4	16	16
2	YK4+843	27.2	28.4	34.9	24.4	22.5	30	32
3	YK5+218	36.2	32.8	36.9	26.1	18.2	12	12
4	YK5+823	42.6	35.8	38.3	27.2	16.2	17	17
5	YK5+953	43.2	36.0	38.4	27.3	31.1	33	33
6	YK6+249	40.8	34.9	37.9	26.9	30.6	25	25
7	YK6+386	36.4	32.9	36.9	26.1	14.8	13	13
8	YK6+833	32.1	30.8	36.0	25.4	32.0	29	29
9	YK7+043	24.8	27.1	34.3	24.0	13.9	17	17

4）计算结果分析

隧道底板埋深＝海水深度＋岩石覆盖层厚度＋底板至拱顶高度。隧道净空断面如图2.3-11所示，隧道底板到拱顶高程5.0＋2.7＋0.6＋0.3＝8.6m。为直观地对比隧道岩石覆盖层厚度，用隧道拱顶线表示隧道纵向线路。隧道拱顶埋深＝海水深度＋岩石覆盖层厚度，分别给出各种方法确定的左线、右线隧道拱顶线高程，如图2.3-12～图2.3-15所示。

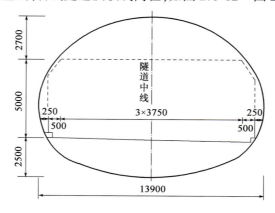

图2.3-11　隧道净空限界示意图（尺寸单位：mm）

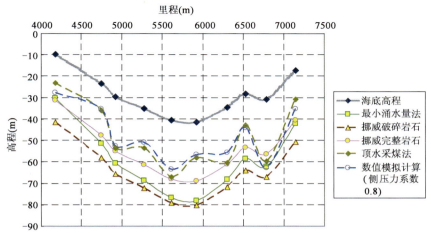

图2.3-12 侧压力系数0.8时数值模拟计算与工程类比法确定的拱顶线高程(左线隧道)

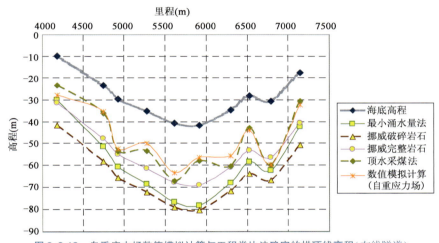

图2.3-13 自重应力场数值模拟计算与工程类比法确定的拱顶线高程(左线隧道)

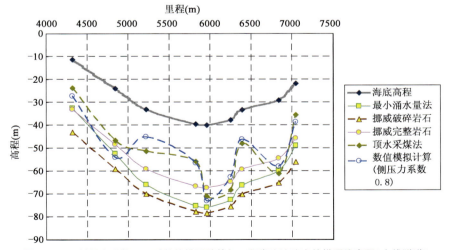

图2.3-14 侧压力系数0.8时数值模拟计算与工程类比法确定的拱顶线高程(右线隧道)

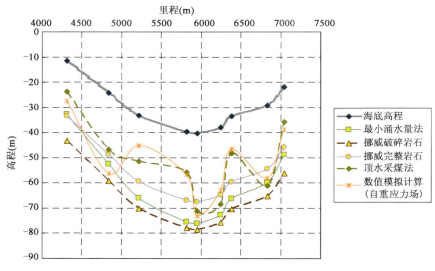

图2.3-15　自重应力场数值模拟计算与工程类比法确定的拱顶线高程（右线隧道）

从图2.3-12～图2.3-15可见，挪威图表法、日本最小涌水量法只考虑覆岩厚度与海水深度的关系，确定的最小岩石覆盖层厚度趋势一致，与海底走势也是一致的。顶水采煤法、数值模拟计算综合考虑相应剖面的工程地质、水文地质条件，变化趋势较为接近；由于受断层位置控制，与海底走势差异较大，海水深的地方最小岩石覆盖厚度未必大。

由上述分析，胶州湾海底隧道最小岩石覆盖层厚度主要根据围岩稳定性、顶水采煤防突水、最小涌水量三个方面进行确定，综合考虑其重要性与经验，分别给出数值计算0.5权重、顶水采煤0.3权重、最小涌水量0.2权重，最终确定最小岩石覆盖层厚度，见下式：

综合分析建议值 = 数值计算值×0.5 + 顶水采煤值×0.3 + 最小涌水量值×0.2　　（2.3-7）

根据上式计算出各个剖面的最小岩石覆盖层厚度，之后与挪威经验建议值进行比较。按上式确定的最小岩石覆盖层厚度见表2.3-10、表2.3-11。左线、右线隧道综合分析建议值确定的拱顶线高程、挪威经验建议值确定的拱顶线高程，如图2.3-16、图2.3-17所示。

挪威经验和综合分析确定的最小岩石覆盖层厚度（左线隧道）　　表2.3-10

编号	里程桩号（m）	地层性质	围岩级别	水深（m）	软土层厚（m）	挪威经验建议值（m）	综合分析建议值（m）
1	ZK4+177	完整岩石	Ⅱ	12.9	6.4	24.1	17.1
2	ZK4+740	完整岩石	Ⅲ	26.5	0	27.3	15.4
3	ZK4+919	f_{2-3}	Ⅴ	32.6	0	30.6	24.9
4	ZK5+271	完整岩石	Ⅲ	38.1	4.4	30.2	20.3
5	ZK5+607	f_{3-1}	Ⅳ	43.6	2.0	32.7	26.7
6	ZK5+915	完整岩石	Ⅳ	44.6	0	31.3	19.8
7	ZK6+297	f_{4-1}	Ⅴ	37.7	5.6	31.6	24.9
8	ZK6+527	完整岩石	Ⅲ	31.2	2.8	28.6	18.5
9	ZK6+785	f_{4-3}	Ⅴ	33.8	9.8	30.8	31.1
10	ZK7+142	完整岩石	Ⅳ	20.5	1.2	26.0	18.0

挪威经验和综合分析确定的最小岩石覆盖层厚度（右线隧道）　　表2.3-11

编号	里程桩号（m）	地层性质	围岩级别	水深（m）	软土层厚（m）	挪威经验建议值（m）	综合分析建议值（m）
1	YK4+315	完整岩石	Ⅲ	14.4	1.6	24.8	16.0
2	YK4+843	f_{2-3}	Ⅴ	27.2	0	29.5	28.4
3	YK5+218	完整岩石	Ⅲ	36.2	0	29.9	18.0
4	YK5+823	完整岩石	Ⅳ	42.6	2.4	31.0	20.5
5	YK5+953	f_{3-2}	Ⅴ	43.2	9.6	32.6	33.0
6	YK6+249	f_{4-1}	Ⅴ	40.8	9.6	32.2	28.7
7	YK6+386	完整岩石	Ⅲ	36.4	0	30.1	17.5
8	YK6+833	f_{4-3}	Ⅴ	32.1	13.2	30.5	30.3
9	YK7+043	完整岩石	Ⅳ	24.8	3.4	26.9	18.1

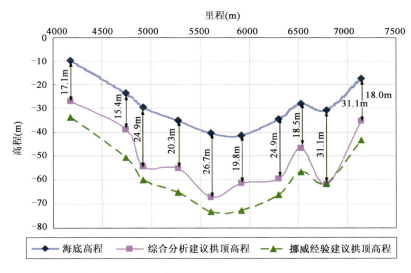

图2.3-16　左线隧道，综合分析建议值、挪威经验建议值确定的拱顶线高程

从图2.3-16、图2.3-17可见，综合分析建议值普遍小于挪威经验建议值，说明挪威经验确定的最小岩石覆盖层厚度偏于保守，随着海底隧道施工技术的发展，隧道合理埋深可以适度减小。综合分析确定的最小岩石覆盖层厚度建议值考虑了相应剖面的工程地质、水文地质、断面形状等，具有较高参考价值。

5) 最小岩石覆盖层厚度的确定

胶州湾海底隧道的埋深根据最大外水压力、围岩压力、地应力及围岩类别并结合施工方法等多种因素综合考虑。隧址围岩为未风化的花岗岩和火成岩，完整性好，施工采用爆破开挖，采用控制爆破技术，以减少对围岩的扰动。青岛地铁1号线试验段青纺医院站未风化花岗岩地段开挖跨度约20m，爆破后测试其围岩松动圈为0.8m，可以此为借鉴。采用上述确定方法，对左线隧道不同里程点进行了最小岩石覆盖层厚度计算，结果见表2.3-12。

037

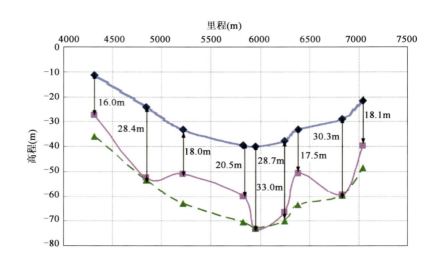

图 2.3-17　右线隧道,综合分析建议值、挪威经验建议值确定的拱顶线高程

左线隧道最小岩石覆盖层厚度　　　　　　　　　表 2.3-12

里程 (m)	水深 (m)	最小岩石覆盖层厚度(m)				
		挪威破碎岩石	挪威完整岩石	最小涌水量法	顶水采煤法	数值模拟 计算方法
ZK4+177	12.9	31.6	21.5	20.4	13.5	18
ZK4+740	26.5	34.7	24.3	28.0	12.6	12
ZK4+919	32.6	36.1	25.5	31.1	24.0	23
ZK5+271	38.1	37.3	26.4	33.7	18.5	16
ZK6+297	37.7	37.2	26.4	33.5	25.8	21
ZK6+785	33.8	36.3	25.7	31.6	29.1	32
ZK7+142	20.5	33.3	23.1	24.8	13.3	18

从计算结果对比可以看出,数值模拟计算的结果是可信的,通过数值模拟计算结合工程类比来优化最小岩石覆盖层厚度的做法是可行的。综合考虑上述因素,隧道海域段合理埋深(最小岩石覆盖层厚度)按照水深分段确定,水深在 20～40m 的为 30m,水深小于 20m 的为 25m,以此为控制标准开展隧道的纵断面设计。局部近陆域段确不能满足时,再结合工程措施进行专门研究确定。最终确定的胶州湾海底隧道纵断面如图 2.3-18 所示。

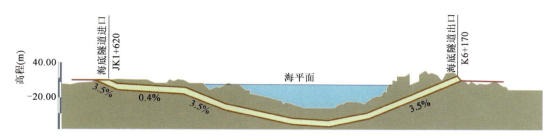

图 2.3-18　胶州湾海底隧道纵断面示意图

2.4　全寿命成本控制埋深方法

海底隧道一般采用"V"形坡设计,矿山法海底隧道通常采用"以堵为主、限量排放"的排水型隧道设计,运营期间排水费用以及相关的维护费用是海底隧道运营管理的主要成本之一,厦门翔安海底隧道、厦门第二西通道、青岛胶州湾海底隧道、青岛地铁1号线海底隧道、厦门地铁3号线海底隧道均采用排水型隧道设计。因此控制隧道排水量、减少运营排水费用以达到全寿命周期成本最优也是海底隧道选线需重要考虑的因素之一。

2.4.1　青岛地铁1号线海底隧道埋深确定方案

1) 工程地理位置

青岛地铁1号线海底隧道,起自黄岛区瓦屋庄站,下穿胶州湾海域后,接入青岛主城区贵州路站,是青岛地铁1号线重要节点工程,隧道全长8.7km,过海段长度约3.5km,为国内建成的第一条地铁过海隧道,海域段线位走向与胶州湾海底隧道基本平行,两者间距离为166~255m。

2) 工程地质条件

隧道海域段穿越的地层条件、断裂带与胶州湾海底隧道基本一致,海域段共穿越4组14条断裂带。青岛端与薛家岛两岸陆域地层以花岗岩为主,海域段岩性以火山爆发及喷溢相岩为主,次火山岩、中深成相侵入岩、脉岩与火山爆发及喷溢相岩体多为侵入接触,极少数界面为断层接触,岩性复杂且变化频繁。隧道洞身主要位于微风化火山岩及变质岩中,强度为40~145MPa。

3) 过海段线位主要控制因素

(1) 线间距

线间距考虑两个因素:区间左右线线间距、过海区间与胶州湾海底隧道线间距。

对过海段,若采用双洞单线的形式,线间距不宜小于12m;若采用单洞双线的形式,则区间直线段线间距宜采用5m。根据两岸接线情况、隧道施工风险和难度、工程投资、防灾救援等因素,综合考虑,海域段采用单洞双线、线间距5m断面设计。

根据《青岛胶州湾海底隧道管理办法》第十七条,隧道上方、沿线两侧各100m范围和洞口外沿100m范围内属于隧道安全保护区;第十八条,在安全保护区内不得从事下列活动:

①新建、改建、扩建影响隧道安全的建(构)筑物。
②设立加油站、加气站。
③存放易燃易爆品和危险化学品。
④爆破、钻探、锚泊、挖砂(沙)、采石、采矿、取土。
⑤可能危及隧道及其附属设施安全的水下施工、山体改造等活动。

因此,在线路方案研究时,按距离既有胶州湾海底隧道不小于100m考虑。

(2) 最小埋深

胶州湾湾口海域海底地形呈"V"形,最大海水深42m。区间海底隧道埋深按照前述最小岩石覆盖层厚度方法计算,计算结果见表2.4-1。根据计算结果,区间最小岩石覆盖层厚度取25~30m,最小岩石覆盖层厚度取值范围与胶州湾海底隧道类似。

隧道最小埋深设置,除考虑建设期施工安全外,尚需对运营成本进行综合考量。采用MIDAS有限元计算软件,对不同埋深下隧道涌水量进行计算分析。选取围岩破碎,工程地质条件较差的M1Z3-TWG-70钻孔处隧道作为研究对象,建立2D模型,对不同埋深下隧道渗水量进行渗流分析。

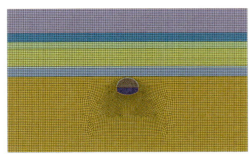

图2.4-1 渗流-应力耦合分析计算模型

岩石地层中地下水赋存、运移主要在裂隙间完成,不透水、微透水隔水层的存在,往往使得地下水与海水无直接水力联系,各含水层裂隙水形成独立的水文地质单元。隧道开挖边界及模型左右边界、底部边界均采用透水边界,顶部边界施加海水24m水头(模拟断面处海水水深24m)。隧道左右边界取5倍隧道洞径,底边界取3倍开挖洞径,顶部边界取全部覆盖层厚度,计算模型宽度132m、高度82.4m,如图2.4-1所示。

有限元分析采用莫尔-库仑本构模型,地层参数依据详勘报告取值。隧道开挖模拟前,首先进行初始渗流场及初始应力场计算,由渗流分析得到的孔隙水压力计算渗透力的效果,再将渗透力作用到模型上进行应力分析,交替迭代得到最终结果。

孔隙水压力分布结果(图2.4-2)显示,地下水渗流场主要由海底向深部岩层方向发展。风化岩、构造破碎带处地层渗透性较大,孔隙水压力较大;渗透性较小的微风化岩层孔隙水压力较小。隧道开挖对周边孔隙水形成泄压效应,洞身周边孔隙水压力降低。

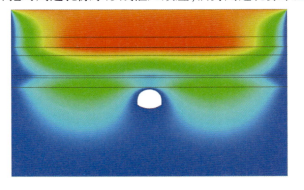

图2.4-2 孔隙水压力分布结果

瓦贵区间海域段最小岩石覆盖层厚度计算

表 2.4-1

编号	里程桩号	地层性质	围岩级别	水深 (m)	基岩深度 (m)	最小岩石覆盖层厚度计算值							
						最小涌水量法	挪威破碎岩石	挪威完整岩石	挪威2001年前隧道经验曲线	顶水采煤法	《铁规》经验公式	《水规》经验公式	太沙基计算公式	普氏公式
1	K19+825	完整岩石	Ⅲ	15.1	21.5	20.4	33.9	23.75	21.7	13.3	6.3	6.75	5.4	2.7
2	K19+400	完整岩石	Ⅲ	30.1	30.1	28.0	36.1	26.30	23.9	12.3	6.3	6.75	5.4	2.7
3	K19+230	断层	Ⅴ	31.8	31.8	31.1	37.4	26.00	24.6	22.0	31.5	27.00	26.0	13.0
4	K18+880	完整岩石	Ⅳ	39.1	43.5	33.7	38.4	26.90	27.8	17.4	15.8	13.50	16.6	8.3
5	K18+545	断层	Ⅳ	44.4	46.4	36.2	40.2	28.00	28.4	24.7	15.8	13.50	16.6	8.3
6	K18+180	断层	Ⅳ	46.4	46.4	36.7	40.4	28.30	28.4	15.6	15.8	13.50	16.6	8.3
7	K17+850	断层	Ⅴ	43.5	49.1	33.5	39.3	27.90	28.9	25.1	31.5	27.00	26.0	13.0
8	K17+620	完整岩石	Ⅲ	36.8	39.6	30.4	38.2	26.70	27.3	14.5	6.3	6.75	5.4	2.7
9	K17+365	断层	Ⅴ	33.5	43.3	31.6	37.6	26.40	27.7	27.1	31.5	27.00	26.0	13.0
10	K17+015	完整岩石	Ⅲ	21.2	22.4	24.8	35.5	23.90	19.2	12.7	6.3	6.75	5.4	2.7

注：表中《铁规》指《铁路隧道设计规范》(TB 10003—2005)，《水规》指《水工隧洞设计规范》(DL/T 5195—2004)。

M1Z3-TWG-70 钻孔处，隧道拱顶覆盖层厚度约为 39m，根据渗流-应力耦合计算结果，隧道涌水量为 1.27m³/d。采用同样计算参数，对隧道拱顶埋深 33～39m 工况下涌水量分别进行分析，计算结果如图 2.4-3 所示。

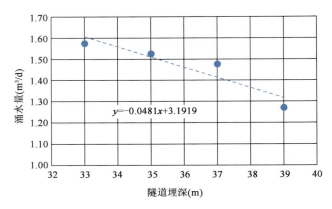

图 2.4-3　隧道涌水量与埋深关系示意图

隧道涌水量计算结果表明，随着覆盖层厚度增大，隧道涌水量递减，增加覆盖层厚度是降低隧道排水量的主要手段之一。海域段隧道总长度为 3456m，以 M1Z3-TWG-70 钻孔处隧道计算涌水量为基准，对海域段隧道涌水量进行估算，见表 2.4-2。

不同埋深隧道涌水量计算　　表 2.4-2

埋深(m)	单延米涌水量(m³/d)	海域段总涌水量(m³/d)
33	1.57	5436.66
35	1.53	5269.31
37	1.48	5100.10
39（现状埋深）	1.27	4385.64

计算结果显示，隧道埋深增加 6m，隧道总长度并未明显增加，而海域段单日涌水量减少 1051m³，节约运营成本约 110 万元/年。

根据上述控制因素，拟定区间纵断面如图 2.4-4 所示。

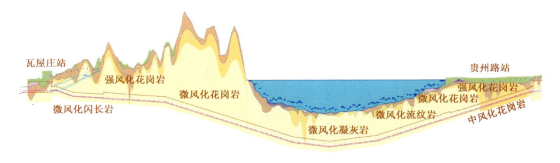

图 2.4-4　区间纵断面示意图

2.4.2 青岛地铁1号线海底隧道与胶州湾海底隧道埋深实施效果对比

青岛地铁1号线海底隧道位于胶州湾海底隧道东侧200m左右,海域段穿越同一组断层,1号线海底隧道纵断面设计时充分借鉴了胶州湾海底隧道施工过程中得到的断层特性、岩体破碎带程度、出水情况等施工经验,隧道拱顶高程相对于胶州湾海底隧道拱顶高程适当降低,减小了穿越破碎带的工程风险。其中,穿越f_{2-1}~f_{2-4}断层时两座海底隧道拱顶基本位于同一高程,穿越f_{3-1}~f_{3-2}、f_{4-1}~f_{4-5}断层时1号海底隧道拱顶较胶州湾海底隧道下降3.4~11.7m,两座隧道过断层带对比见表2.4-3。

过断层带对比 表2.4-3

序号	断层编号	地铁1号线海底隧道			胶州湾海底隧道		
		地层岩性	探孔注水量(L/min)	注浆方案	地层岩性	探孔注水量(L/min)	注浆方案
1	f_{2-1}	凝灰岩,完整	0	无	凝灰岩,较完整,发育微张型裂隙	3.2	无
2	f_{2-2}	凝灰岩,完整	0	无	凝灰岩,较完整,局部夹有绿泥石化构造破碎物	0.8	无
3	f_{2-3}	凝灰岩,完整	0	无	凝灰岩,较完整,局部夹有绿泥石化构造破碎物	0	无
4	f_{2-4}	凝灰岩,完整	0	无	凝灰岩,完整	0	无
5	f_{3-1}	凝灰岩,完整	0	无	凝灰岩,较破碎,裂隙密集	75	全断面
6	f_{3-2}	凝灰岩,完整	0	无	岩体以碎裂结构为主,夹有断裂破碎物	115	全断面
7	f_{4-1}	凝灰岩,完整	0	无	较完整,局部辉绿岩侵入,发育微张型裂隙	10	局部
8	f_{4-2}	凝灰岩,完整	0	无	较完整	15	局部
9	f_{4-3}	凝灰岩,完整	0	无	含水、破碎、夹泥	496	全断面
10	f_{4-4}	凝灰岩,完整	0.2	无	岩体为碎裂-镶嵌碎裂结构	60	全断面
11	f_{4-5}	流纹岩,完整,钻孔清脆	0	无	较完整,发育微张型裂隙	48	周边帷幕

从上表可以看出,青岛地铁1号线海底隧道拱顶下压3.4~11.7m后,基本成功规避了隧道穿越断层带,提高了施工效率、降低了工程投资,相对于胶州湾海底隧道,节约注浆费用约3000万元。

地铁1号线海底隧道施工期间穿越断层带时现场基本无水,2018年年底隧道贯通后,实测隧道渗水量0.02~0.04m³/(m·d),而胶州湾海底隧道贯通时实测排水量约0.2m³/(m·d),其排水量仅有胶州湾海底隧道排水量的1/10~1/5,大大减少了后期运营排水费用。由此证明通过适当增加隧道埋深,降低施工风险、减小运营期隧道渗漏水量的设计方法是完全合理可行的。

2.5 极限顶板厚度确定埋深方法

2.5.1 极限顶板厚度埋深方法

顶板厚度即隧道距离海床的垂直距离,是确定海底隧道纵断面的重要设计参数之一,其主要取决于最小岩石覆盖层厚度,通常以工程类比法结合数值模拟确定。工程类比法多是基于岩石地层条件和常规技术措施来确定顶板厚度。事实上对海底隧道纵断面位置起到控制作用的通常为不良地质段,因此在该类地层中确定合理的顶板厚度是一个重要且复杂的问题。

在确定实际工程顶板厚度时,通常考虑技术可行性、安全可靠性和经济合理性,同时受行车标准的影响,因此满足技术和安全要求的厚度值即认为是最小顶板厚度,而考虑经济等因素之后则认为是合理顶板厚度。但在某些情况下,工程受到两岸接线条件的限制,尤其是穿越不良地址段时,必须突破传统的最小顶板厚度值。实际上,随着地层加固和处理技术的进步,海底隧道顶板厚度也是一个相对的概念。采取地层注浆加固和辅助施工措施后,可使顶板厚度大幅度减小,其核心问题是将需要采取特殊处理措施的地段尽可能缩小,技术措施和监测手段进一步完善,并综合比较工程风险和经济合理性作出科学的决策。

1)海底隧道极限顶板厚度影响因素

确定海底隧道极限顶板厚度需要考虑以下几个方面的因素:

(1)不良地质地层特性(风化槽、风化囊、断层破碎带等)及其与海水的连通状况。

(2)开挖前的超前辅助施工措施,特别是注浆加固范围及效果。

(3)海水深度及海床下部第四系覆盖层、透水层深度。

(4)隧道开挖断面尺寸及支护参数、开挖方法等。

海底隧道穿越不良地质带时一般采用超前支护、初期支护、二次衬砌相结合的复合式衬砌方式,而采用不同的衬砌支护参数,其效果也是不同的。此处研究极限顶板厚度时,不考虑采用特殊的加强支护措施,仅考虑超前注浆对地层的加固作用。

确定的极限顶板厚度应达到以下要求:

(1)隧道覆盖层厚度应能满足隧道开挖后的松动圈或导水裂隙带不得与上部透水层连通,即隧道覆盖层厚度 $H \geq h + s + a$(h-松动圈或导水裂隙带厚度,s-保护层厚度,a-第四系覆盖层及透水层厚度),如图 2.5-1 所示。

(2)洞顶覆盖层(埋深)要有足够的厚度,以承受注浆止水时的注浆压力。

(3)隧道后期排水量应控制在设计允许范围之内。

2)海底隧道极限顶板厚度确定方法

综上所述,岩石地层极限顶板厚度按照前述最小岩石覆盖层厚度确定方法选取,遇风化槽、断层破碎带等不良地层时极限顶板厚度一般采用理论计算方法、工程类比法

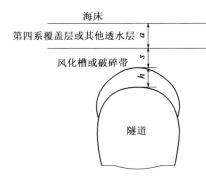

图 2.5-1 隧道穿越不良地质时覆盖层厚度示意图

和数值模拟计算法确定。

（1）理论计算方法

对于某一断面而言，在注浆条件下极限顶板的确定更多是从技术层面出发，寻找一个临界的顶板厚度安全值。然而在评价由于顶板厚度过薄引起的围岩失稳准则方面却没有很好的判别依据。目前比较常用的方法是利用塑性区或位移扰动区来判定围岩的稳定范围。基于莫尔-库仑准则和 Drucker-Prager 强度准则引入了最小安全系数来确定最小顶板厚度，有一定的实用性和参考价值，其中安全系数 F_s 可表示为：

$$F_s = \frac{H(x)}{f(\sigma)} \tag{2.5-1}$$

式中：$f(\sigma)$——总应力函数；

$H(x)$——标量的内变量 x 的函数。

对于岩石介质，Drucker-Prager 强度准则是工程界应用最为广泛的屈服条件之一，其主应力表示形式为：

$$f(\sigma_1, \sigma_2, \sigma_3) = \alpha I_1 + J_2^{\frac{1}{2}} - K = 0 \tag{2.5-2}$$

式中：α、K——材料参数；

I_1、J_2——应力第一不变量和应力偏量第二不变量，可表示为：

$$\begin{cases} I_1 = \sigma_1 + \sigma_2 + \sigma_3 \\ J_2 = \frac{1}{6}[(\sigma_1 - \sigma_2)^2 + (\sigma_2 - \sigma_3)^2 + (\sigma_3 - \sigma_1)^2] \end{cases} \tag{2.5-3}$$

当与 Coulomb 六边形的外顶点重合时，α、k 与 c、φ 的关系为：

$$\alpha = \frac{2\sin\varphi}{\sqrt{3}(3 - \sin\varphi)} \tag{2.5-4}$$

$$K = \frac{6c\cos\varphi}{\sqrt{3}(3 - \sin\varphi)} \tag{2.5-5}$$

根据式（2.5-1）可得，满足 Drucker-Prager 屈服条件的岩体破坏安全系数为：

$$F_s = \frac{K - \alpha I_1}{J_2^{\frac{1}{2}}} \tag{2.5-6}$$

当 $F_s > 1$ 时，表示未破坏（屈服面内部）；当 $F_s < 1$ 时，表示已破坏（屈服面外部）；当 $F_s = 1$ 时，表示处于临界状态（屈服面上部）。在注浆条件下，$F_s = 1$ 时的顶板厚度为该断面的极限顶板厚度。

（2）工程类比法

海底隧道下穿不良地层可参照日本经验公式法、国内顶水采煤法确定，取两者计算的较大值。日本经验公式法确定极限顶板厚度时，公式中围岩渗透系数 K 应取注浆加固后岩体的渗透系数；国内顶水采煤法确定极限顶板厚度时，h 应按照注浆加固后的岩体参数计算或按照《公路隧道设计规范　第一册　土建工程》（JTG 3370.1—2018）第 6.2.2 条中松散荷载垂直均布围岩压力计算高度公式计算，即：

$$h = 0.45 \times 2^{s-1} w \tag{2.5-7}$$

式中：s——围岩级别，按 1、2、3、4、5、6 整数取值；

w——宽度影响系数,按式(2.5-8)计算。

$$w = 1 + i(B - 5) \quad (2.5\text{-}8)$$

式中:B——隧道宽度(m);

i——隧道宽度每增加1m时的围岩压力增减率,以$B=5m$的围岩垂直均匀压力为准,按表2.5-1取值。

围岩压力增减率 i 取值   表2.5-1

隧道宽度 B(m)	$B<5$	$5≤B<14$	$14≤B<25$	
围岩压力增减系数 i	0.2	0.1	考虑施工过程分导洞开挖	0.07
			上下台阶法或一次性开挖	0.12

(3)数值模拟计算法

利用数值施工模拟计算断面的应力、位移、塑性区等,对工程类比初步选定的隧道极限顶板厚度做进一步的校验和优选。

2.5.2 极限顶板厚度法确定厦门地铁3号线海底隧道纵断面

1)厦门地铁3号线海底隧道工程概况

厦门地铁3号线海底隧道穿越厦门东海域,连接本岛和翔安,位于翔安海底隧道西北侧。区间全长4.9km,穿越海域长度约3.93km。隧道采用"盾构法+矿山法"的施工方案,共设10处联络通道。隧道平面位置如图2.5-2所示。

图2.5-2 厦门地铁3号线海底隧道平面位置示意图

区间穿越地层地质条件复杂多变。翔安侧隧道主要穿越中粗砂层、圆砾和全~强风化花岗岩地层,透水性强,与海水连通;岛内陆域段隧道主要穿越残积土、全强风化花岗岩地层,有局部基岩凸起,且孤石分布较为发育;海域范围穿越微风化花岗岩层和4组风化槽,微风化基岩平均强度110MPa,石英含量较高,风化槽填充物主要为全风化花岗闪长岩、散体状和碎裂状强风化花岗闪长岩,呈密实砂砾混黏性土状。隧道穿越的地质纵断面见图2.5-3,不同工法的隧道断面见图2.5-4、图2.5-5。

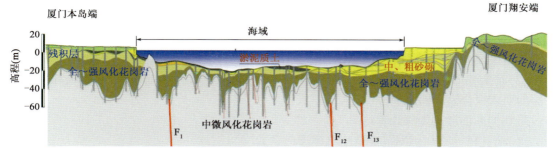

图 2.5-3 厦门地铁 3 号线海底隧道地质纵断面示意图

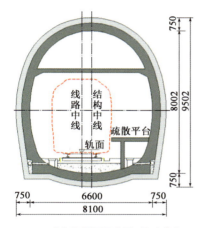

2.5-4 矿山法断面示意图(尺寸单位:mm)

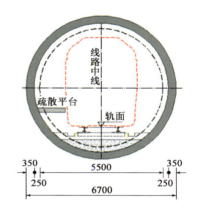

图 2.5-5 盾构法断面示意图(尺寸单位:mm)

2）计算断面选择

根据厦门地铁 3 号线海底隧道矿山法段地质情况，风化槽段 F_1、f_2、F_4、f_4 各选择一个断面，硬岩地层选择 3 个断面计算极限顶板厚度，计算断面地质情况见表 2.5-2。

计算断面地质情况　　表 2.5-2

编号	断层	地层性质	里程桩号(m)	海水深度(m)	软土层厚(m)	强风化层厚(m)
1	F_4	全风化花岗岩、散体状强风化花岗岩、中风化花岗闪长岩	DK15+475	5.0	13.0	17.8
2	F_1	全风化花岗岩、散体状强风化花岗岩、碎裂状强风化花岗岩、中风化花岗闪长岩	DK15+875	13.1	5.7	36.7
3	f_2	全风化花岗岩、散体状强风化花岗岩、碎裂状强风化花岗岩、中风化花岗闪长岩	DK17+190	17.0	7.0	39.0
4	f_4	全风化花岗岩、散体状强风化花岗岩、碎裂状强风化花岗岩	DK17+485	15.6	9.6	35.7
5		微风化花岗岩	DK16+115	12.9	2.6	22.1
6		微风化花岗岩	DK16+650	22.0	7.8	17.8
7		微风化花岗岩	DK17+315	17.1	9.4	14.4
8		微风化花岗岩	DK17+640	16.5	10.6	6.0

纵断面拟定按照以下原则及步骤进行：

(1) 矿山法海底隧道尽可能位于中、微风化基岩地层,硬岩地层按照最小岩石覆盖层厚度初定隧道拱顶埋深,风化槽段按照极限顶板厚度初定拱顶埋深。

(2) 选定典型断面,按照上述原则计算出的埋深先拟定折线状的纵断面,根据线路纵坡、平顺度要求拟合纵断面。

3) 典型断面隧道埋深计算结果

(1) 风化槽注浆加固圈范围及注浆体渗透系数

海底隧道风化槽、断层带等不良地层注浆加固,不仅要达到土体加固、保证开挖安全、减小隧道埋深的目的,还要达到减小加固圈渗透系数、控制渗水量的目的。因此,注浆加固圈厚度、注浆体加固后渗透系数与设计要求的渗水量有关,厦门地铁3号线海底隧道位于翔安海底隧道的北侧1500m左右,风化槽性质基本相同,李鹏飞、张顶立等对翔安海底隧道合理注浆加固圈参数进行了研究,认为注浆加固圈超过6m后,对海底隧道渗水量的控制将不再明显,得出"注浆加固圈渗透系数为1.0×10^{-8}m/s、注浆加固圈厚度6m"的结论,考虑到厦门3号线海底隧道断面远小于翔安海底隧道,故注浆加固圈厚度取5m,加固体的渗透系数取1.0×10^{-8}m/s,隧道涌水量按照$0.4\text{m}^3/(\text{m}\cdot\text{d})$控制。

(2) 典型断面隧道埋深计算结果

选取的厦门地铁3号线海底隧道典型断面隧道埋深计算结果见表2.5-3。

典型断面隧道埋深计算结果　　表2.5-3

编号	断层	地层性质	里程桩号	海水深度(m)	软土层厚(m)	强风化层厚(m)	日本经验公式法(m)	顶水采煤法(m)			挪威经验法最小岩石覆盖层厚度(m)	初定隧道埋深(m)
								s	h	H (埋深)		
1	F_4	风化槽	DK15+475	5.0	13.0	17.8	15.3	8.0	9.36	30.36		30.36
2	F_1	风化槽	DK15+875	13.1	5.7	36.7	16.9	15.5	9.36	30.60		30.60
3	f_2	风化槽	DK17+190	17.0	7.0	39.0	22.8	22.1	9.36	33.36		38.50
4		风化槽	DK17+485	15.6	9.6	35.7	23.4	8.0	9.36	26.96		26.96
5	f_4	完整岩石	DK16+115	12.9	2.6	22.1	12.4				22.0	46.70
			DK16+212	14.5	0.5	0.0					21.0	22.00
6			DK16+650	22.0	7.8	17.8	26.8				24.7	50.30
7			DK17+315	17.1	9.4	14.4	22.5				24.0	47.80
8			DK17+640	16.5	10.6	6.0	25.7				24.2	40.80

计算拱顶埋深与设计埋深关系见图2.5-6。

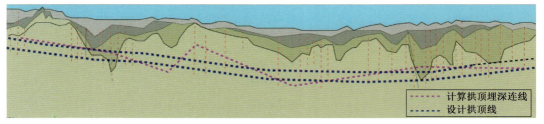

图2.5-6　计算拱顶埋深与设计埋深关系图

从上图可知，不同地质条件断面采用极限顶板厚度法确定的隧道埋深差别较大，不具备工程可实施性，但在不影响隧道线型、功能需求的前提下，可以作为确定风险最不利断面埋深的方法，从而控制工程风险、减少工程施工辅助措施、降低工程造价。

2.6 本章小结

海底隧道地质条件复杂，地质灾害问题多发，而地质勘察手段、精准度受到极大的限制，不良地质若在施工阶段暴露，可能给工程建设带来不可估量的影响，而选择最合理的隧道埋深将有助于大大降低工程施工风险、降低运营成本。

本章对复杂地质条件海底隧道合理埋深研究进行了系统总结，介绍了海底隧道埋深研究进展情况，梳理了合理埋深设计思路及原则，详细阐述了中铁第六勘察设计院集团有限公司设计的青岛胶州湾海底隧道、青岛地铁1号线海底隧道、厦门地铁3号线海底隧道这三座典型工程的合理埋深研究成果，构建了复杂条件超长地铁海底隧道合理埋深设计方法体系，归纳总结出其设计程序为：首先通过"钻探+物探"方法确定岩土分界线；再通过最小覆土厚度、全寿命周期成本最优、极限顶板厚度等设计方法确定隧道合理埋深。

1）长大海底隧道最小覆土厚度确定埋深方法

（1）矿山法海底隧道最小岩石覆盖层厚度的确定方法有工程类比法、挪威图表法、日本最小涌水量法、顶水采煤法、数值模拟计算法，上述确定方法各有差异，应根据具体的工程地质条件、海水深度综合确定。

（2）胶州湾海底隧道采用了对数值分析法、顶水采煤公式、最小涌水量公式初步计算进行加权后综合得出最小岩石覆盖层厚度的方法，最终确定的最小岩石覆盖层厚度为25~30m。

2）长大海底隧道全寿命周期成本最优确定埋深方法

（1）青岛地铁1号线海底隧道埋深充分借鉴青岛胶州湾海底隧道施工经验，最小覆盖层厚度较胶州湾海底隧道下移5~10m，避开了多条断层带，提高了施工效率、降低了施工风险和投资成本。

（2）矿山法过海隧道适当加大埋深不会明显增加结构衬砌受力，但可大大降低全寿命周期成本，可作为全寿命周期成本最优选线的手段之一。

3）长大海底隧道极限顶板厚度确定埋深方法

（1）海底隧道过风化槽、断层破碎带等不良地质时，埋深可采用极限顶板厚度法确定。

（2）极限顶板厚度值不宜作为确定隧道埋深的主要控制因素，工程设计应根据一般地段的岩石最小覆盖层厚度、线路纵坡、两岸接线综合确定。

本章参考文献

[1] 中铁隧道勘测设计院有限公司.厦门市轨道交通3号线工程五缘湾站—刘五店站区间施工图设计文件[R].2015.

[2] 中铁隧道勘测设计院有限公司.厦门市轨道交通3号线工程五缘湾站—刘五店站区间施工图设计文件[R].2015.

[3] 中铁第六勘察设计院集团有限公司.青岛地铁过海区间工程风险评价及安全保障技术研究报告[R].2020.
[4] 北京城建设计发展集团股份有限公司.青岛地铁1号线工程可行性研究报[R].2013.
[5] 北京城建设计发展集团股份有限公司.青岛市地铁1号线工程总体设计文[R].2013.
[6] 中铁大桥勘测设计院集团有限公司.青岛地铁1号线工程勘察一标段岩土工程勘察报告(可行性研究阶段)[R].2013.
[7] 中铁大桥勘测设计院集团有限公司.厦门市轨道交通3号线火炬园站(不含)至洪坑站(含)工程勘察(2标)详勘阶段五缘湾站至会展中心站区间岩土工程勘察报[R].2015.
[8] 中国铁路设计集团有限公司.厦门市轨道交通3号线工程可行性研究报告[R].2014.
[9] 陈馈,贺维国,王江卡,等.TBM设计与施工关键技术[M].福州:福建科学技术出版社,2021.
[10] 宋超业,周书明,谭志文.水下盾构隧道合理覆盖层厚度的探讨[J].现代隧道技术,2008,45(S1):47-51.
[11] 褚凯,贺维国,于勇.深江铁路珠江口隧道工程线路方案研究[J].隧道建设(中英文),2022,42(09):1597-1604.
[12] 谭忠盛,贺维国,王梦恕.琼州海峡工程地质条件及铁路隧道方案研究[J].隧道建设(中英文),2018,38(01):1-7.
[13] 杨家岭,邱祥波,陈卫忠,等.海峡海底隧道及其最小岩石覆盖层厚度问题[J].岩石力学与工程学报,2003,22(S1):2132-2137.
[14] EISENSTEIR Z D. Large undersea tunnels and the progress of tunnelling technology[J]. Tunnelling and Underground Space Technology,1994,9(03):283-292.
[15] 王芳.岩石地层水底隧道合理覆盖层厚度研究[D].成都:西南交通大学,2009.
[16] 廖学东,疏开生.松散含水地层下采煤合理煤岩柱高度确定[J].淮南工业学报,1998:2.
[17] 王刚.裂隙岩体海底隧道最小岩石覆盖层厚度研究[D].青岛:山东科技大学,2005.
[18] 李鹏飞,张顶立,赵勇,等.海底隧道复合衬砌水压力分布规律及合理注浆加固全参数研究[J].岩石力学与工程学报,2012,31(02):280-288.
[19] 周宇,陈卫忠,李术才.跨海公路隧道岩石覆盖层厚度探讨[J].岩石力学与工程学报,2004,23(S2):4704-4708.
[20] 谭志文,周书明,宋超业.青岛胶州湾湾口海底隧道最小岩石覆盖层厚度的探讨[J].设计与探讨,2007:23-29.
[21] 周书明.青岛胶州湾海底隧道总体设计与施工[J].隧道建设,2013,33(01):38-44.
[22] 贺维国,范国刚,曹威,等.适用于不同地层和埋深的盾构机掘进是否安全的计算方法:中国,111577303B[P].2021-04-20.

RESEARCH AND APPLICATION
OF KEY TECHNOLOGIES IN THE DESIGN
OF SUPER LONG SUBWAY SUBMARINE TUNNELS UNDER COMPLEX CONDITIONS

复杂条件超长地铁海底隧道设计关键技术研究及应用

第 3 章
海底隧道工法及结构设计研究

海底隧道工法选择是工程方案前期研究的重要组成部分,也是开展进一步结构设计的工作基础,选择合理工法可有效降低工程建设难度,控制建设风险。相较于一般的山岭隧道和城市隧道,海底隧道的建设条件更加独特。首先,隧道上方为广阔的海水,对海床变形控制要求高,冒顶突水的后果严重。其次,海底隧道勘察困难,准确率低,须结合施工过程的探测对不良地质的规模与范围进行不断调整。最后,由于隧道承受高水压作用的同时还须抵御海水的腐蚀,隧道衬砌结构须兼顾结构安全及耐久性要求。故海底隧道的最终工法须充分考虑工程特殊建设条件,并遵循"安全、经济、高效"的总体原则综合比选确定。

本章的主要内容为:①介绍地铁海底隧道工法选择的影响因素及主要流程,并结合厦门地铁3号线过海隧道实例做进一步的展示;②介绍海底隧道结构设计的主要步骤及重点环节,具体包括盾构法隧道的设备选型、衬砌参数、结构计算方法,矿山法隧道的衬砌参数、防水及耐久性设计、施工动态模拟及结构计算方法等;③针对盾构法隧道和矿山法隧道在施工过程中可能遭遇的不良地质条件,给出针对性的工程应对措施。

3.1 隧道工法适应性研究

修建海底隧道常用的方法有矿山法、盾构法和沉管法,三种工法纵断面对比见图3.1-1,沉管法隧道和盾构法、矿山法隧道相比,其顶部覆土浅、隧道长度短,但也存在受海域水文条件影响大、破坏海床原生环境、适应水深有限等劣势。盾构法及矿山法对海面及周边环境影响较小,是当前国内外建设海底隧道最主要的施工工法。考虑到海水的渗透补给作用,为保证施工和运营安全,盾构法和矿山法海底隧道顶部须保证一定厚度的隔水覆盖层,因此一般埋深都较大。

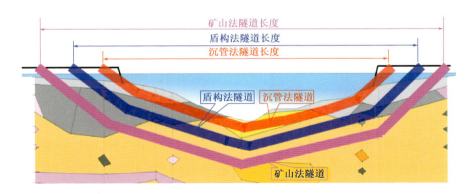

图 3.1-1 三种工法埋深和长度比较示意图

3.1.1 工法概述

1)矿山法

矿山法是采用机械钻孔、爆破法开挖,利用喷射混凝土、锚杆、钢架、现浇混凝土等对围岩进行支护并形成隧道结构的施工方法,又称钻爆法。矿山法是修建山岭隧道常用的方法,用于海底隧道修建时,需特别注意强大的水压力会增加坍方的可能性以及可能发生涌水,因而一般需要超前探明地质情况并准备充分的围岩加固和止水措施。矿山法主要适用于在围岩稳定性较好的基岩中开挖隧道,且需要一定的基岩覆盖厚度,隧道长度也因此加长。挪威的地形、地貌、地质条件较为适合采用矿山法修建海底隧道,迄今为止已经采用此种工法修建了 100 多公里的海底隧道。采用矿山法的典型实例还有日本青函海底隧道和新关门隧道、我国青岛胶州湾海底隧道和厦门翔安海底隧道等。

2)盾构法

盾构法是指采用盾构机械保持开挖面的稳定,在盾壳的保护下开挖地层土体,在其尾部拼装预制管片形成隧道结构的一种暗挖工法。盾构法的主要优点是机械化和自动化程度高、掘进速度快、施工安全,有利于环境保护和劳动保护,且盾构法对水深、隧道的埋深、地层条件的适应性很强,可适应松软土层和岩层。其主要缺点是随着隧道断面增大工程造价快速增加;开挖轮廓绝大多数情况下为圆形,对交通隧道而言断面利用率较低;结构接缝多、整体性相对较差。此外,我国盾构隧道修建技术已非常成熟,已修建了直径 3~15m 的多种用途隧道,包括大量的地铁区间隧道以及大型的市政交通隧道工程,建设实例逐年增多,已建成的代表性盾构法水下隧道有武汉长江隧道、南京长江隧道、杭州钱江隧道、杭州庆春路隧道、扬州瘦西湖隧道、武汉三阳路越江隧道、上海长江隧道、汕头海湾隧道等。

3.1.2 地铁海底隧道工法选择的影响因素

地铁海底隧道往往是一条地铁线路的控制点,其施工工法选择是关系到工程成败的关键问题,须从对环境影响、施工风险、可实施性、衬砌质量、防水性能、对两端车站影响、工期和造价 8 个方面综合分析,隧道工法选择流程如图 3.1-2 所示。

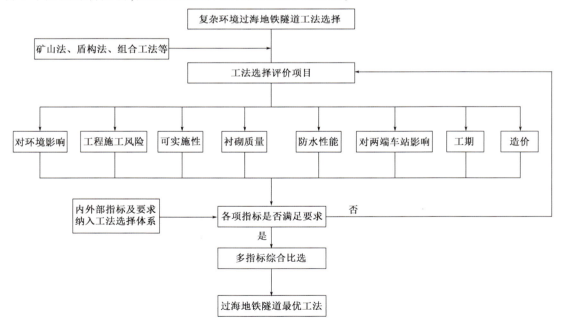

图 3.1-2 复杂环境地铁海底隧道工法选择流程图

1）工程对环境影响

盾构法隧道和矿山法隧道均属于暗挖类技术,施工期间较少受到外界条件或对外界因素产生影响,对防洪、航运、军用设施和生态保护的影响较小。但对于矿山法隧道,还须充分考虑爆破振动对周边环境的影响,包括充分调查近海建(构)筑物中是否存在储油库、储气罐、海上钻井平台等振动敏感构筑物;充分调查海域内对声波敏感的特殊保护生物物种,将爆破振动是否会对生物栖息和繁衍造成不利影响纳入评价体系。对于盾构法隧道,由于掌子面具有封闭性的特点,对掌子面不良地质的处理手段较为有限,当盾构机无法直接掘进通过时,海面深孔爆破、垂直注浆等辅助工法是有效的处理手段,在方案研究阶段须充分考虑以上辅助工法对周边环境的影响。

2）工程风险

矿山法海底隧道的施工风险主要来源于软弱地层与地下水。当穿越土层及强风化地层时,矿山法隧道面临初期支护变形开裂、海床沉陷乃至冒顶的风险;当穿越节理裂隙发育的岩石地层时,则面临裂隙水喷涌、倒灌的风险。当遇到以上地层时,即便采取了超前注浆等预加固措施,矿山法施工风险也较为突出。盾构法海底隧道的施工风险主要来自软硬不均地层、孤石发育地层及其他突变地层,由于钻探精度有限,而盾构机自带物探设备仍处于研究初期,盾构施工对于地层突变无法做到精准预测。基岩凸起和坚硬孤石易造成盾构刀具磨损,严重时发生盾构卡机事故。此外,当地层中存在钻杆、建筑废料等异物时,盾构施工也存在卡机风险。工法的确定须结合地质勘察结果,分析以上不良地质在全线所占比例,力求与工法相匹配。

3）可实施性

矿山法隧道对地层的扰动较强,为了有效控制地层变形,一般选择深埋方案,并且尽可能使大部分区段处于岩石地层中。但是对地铁工程,因受到两端地铁车站的深度以及线路最大纵坡的限制,区间隧道在入海点往往无法达到理想埋深,若隧道拱顶以上覆土无法达到基本需求时,应考虑盾构法施工。此外,若场区范围内广泛分布较厚海相沉积层,如淤泥质土、透水砂层等,而隧道无法规避时,矿山法也不具备可实施性。

盾构法隧道的可实施性取决于基岩长度和岩性,目前盾构设备对于石英含量和基岩强度较高的地层适应性仍然较差,具体表现在刀具磨损严重,频繁开仓换刀,进而导致施工进度缓慢、工程投资攀升,在某些高应力岩石地层还可能发生盾构卡机的问题。因此施工前须委托专业机构进行岩石磨蚀试验,客观评价地层的可掘进性。

4）衬砌质量

海底隧道处于氯盐腐蚀环境,根据相关混凝土耐久性规范,衬砌混凝土强度等级一般须达到C45或者C50以上,同时盾构管片为预制构件,在工厂标准养护条件下可轻易达到C50及以上标准,结构质量可靠;矿山法隧道现浇衬砌结构质量则更多依赖混凝土运输、浇筑、现场养护等施工各个环节的把控。根据目前国内矿山法海底隧道的施工经验,C45等级混凝土衬砌施工质量把控相对容易,但C50等级混凝土衬砌后期易出现结构开裂、渗水、蜂窝麻面等问题。

5）衬砌防水

盾构管片衬砌一般采用单道或双道弹性密封垫,可以实现高水压下的结构全包防水。矿山法隧道在全、强风化及断层破碎带地段,由于地下水量大,一般采用全封闭衬砌结构防水;在海底微风化地段,可采用限量排放方案。但矿山法隧道施工缝多,受当前施工技术水平和施工作业环境的限制,矿山法隧道的渗漏是较为常见的现象,因此在运营中需长期抽排渗漏水,增加了运营成本。

6) 对两端车站的影响

地铁明挖地下二层车站的底板深度一般在20m左右,若相邻区间采用矿山法,则隧道端头覆土厚度介于10~15m之间,对于土质或软岩地层,属于浅埋隧道,地表沉降控制难度较高。若车站周边建构筑物密集,对于沉降控制要求较高时,与车站相接段不宜采用矿山法。

7) 工期

长大海底隧道能否按计划统筹推进,很大程度上受不良地质段施工效率的控制。对于矿山隧道,取决于海底风化槽段掘进指标。根据翔安海底隧道、厦门地铁3号线海底隧道、海沧海底隧道的施工经验,在综合考虑帷幕注浆工期的情况下,矿山法隧道穿越风化槽的月均指标介于20~30m/月之间;对于盾构法隧道,则取决于硬岩段及软硬不均段掘进指标。表3.1-1为典型盾构海底隧道的掘进工效指标。

盾构海底隧道硬岩掘进工效指标   表3.1-1

工程名称	外径(m)	基岩类别	基岩强度(MPa)	硬岩掘进指标(m/月)
台山核电站取水隧洞	8.7	微风化花岗岩	$\bar{\sigma}=160$ $\sigma_{max}=222$	60~70
厦门地铁2号线海底隧道	6.7	微风化变质石英砂岩	$\bar{\sigma}=99.2$ $\sigma_{max}=119$	60~70
厦门地铁3号线海底隧道	6.7	微风化花岗闪长岩	$\bar{\sigma}=110$ $\sigma_{max}=195$	45~60
广深港狮子洋隧道	10.8	泥质粉砂岩	$\bar{\sigma}=39$ $\sigma_{max}=82.8$	180~240
佛莞城际狮子洋隧道	13.1	石英砂岩软硬不均岩	$\bar{\sigma}=39$ $\sigma_{max}=75.7$	200

8) 造价

一般而言,断面尺寸相近的矿山法隧道延米经济指标是低于盾构法隧道的,以厦门地铁3号线海底隧道为例,完整基岩地层中,矿山法隧道延米综合指标仅为盾构隧道的40%左右。风化槽地层,考虑帷幕注浆费用后,矿山法隧道经济指标基本接近盾构隧道。此外,盾构隧道工程造价须考虑换刀费用和辅助措施费用,在某些基岩起伏和孤石发育区,此部分费用占较大份额。

隧道的工法选择并非是单选题,对于某些建设条件具有区段性差异的长大跨海隧道工程,可以通过设置中间工作井或其他特殊工法进行工法转换,实现多种工法组合施工,从而与工程地质环境更好地匹配。

3.1.3 厦门地铁3号线海底隧道工法选择

厦门地铁3号线海底隧道在工法研究阶段充分调查了场区建设条件,场区具有如下特点:
①区间跨海段属滨海堆积区,岛内外陆域段地势平坦;海域段一般水深20m,最深处25m

左右。

②区间穿越地层地质条件复杂多变,厦门本岛陆域段和翔安侧基岩面低,海域大部分中、微风化基岩岩面起伏大,有岩石礁盘吐露,又有风化深槽下切。

③隧道海域穿越4组断裂风化深槽,风化槽内主要为全风化花岗闪长岩、散体状和碎裂状强风化花岗闪长岩,呈密实砂砾混黏性土状。

④地下水主要为碎裂状强风化带及以下的基岩裂隙水。海域地层中除砂层及可能存在的富水性较好的基岩破碎带外,其他地层渗透性较差。

⑤海域范围穿越微风化花岗岩层和风化深槽,微风化基岩强度在63.5~204.2MPa间,平均强度为110MPa,岩石强度高;翔安侧隧道主要穿越砂层、圆砾和全强风化地层,透水性强,与海水连通。

⑥海域地下水氯离子含量同海水相当,海洋氯化物腐蚀环境。

⑦穿越海域为中华白海豚核心保护区,本岛陆域地面管线密集复杂,翔安陆域为填海造地形成,环保要求高。

基于厦门东海域处于国家自然保护区的前置条件,3号线海底隧道排除了沉管法和围堰明挖法的可行性,工法主要从矿山法方案、盾构法方案及盾构法+矿山法组合方案中选择。

1)矿山法隧道建设方案

当采用矿山法时,跨海隧道纵断面采用深埋方案,尽可能将隧道洞身设置于中微风化岩层内,一般情况下按强风化覆盖层30m考虑,不利情况下强风化覆盖层不少于20m;地质选线时尽可能减小穿越断裂破碎带长度,如图3.1-3所示。

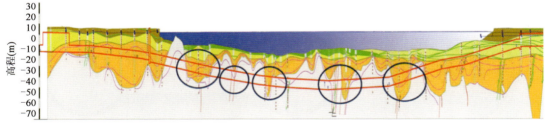

图3.1-3 矿山法隧道纵断面示意图

矿山法隧道横断面采用单洞双线大洞断面形式或单线双洞小断面形式,断面上部为纵向排烟道,如图3.1-4所示。

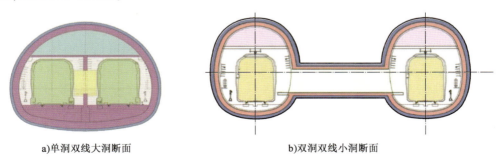

a)单洞双线大洞断面　　　　b)双洞双线小洞断面

图3.1-4 矿山法隧道横断面示意图

隧道在翔安侧水下和浅滩段部分长约 1.1km 为透水砂层、全强风化地层,地下水与海水连通,基岩埋置深度达 57m,采用全矿山法施工风险很大,不予深入研究。

2)盾构法方案研究

当跨海隧道采用盾构法时,海底隧道纵断面采用浅埋方案,隧道覆土厚度在满足隧道施工期及运营期抗浮安全性要求的同时,按不小于 1 倍洞径考虑,尽可能将隧道埋设在全、强风化软弱地层内。但由于隧道穿越海域基岩起伏大,浅埋也不能完全避开硬岩地层,故采用盾构方案时隧道纵断面选线尽可能使隧道位于均一地层,减少穿越上软下硬和软硬不均地层的情况,降低盾构掘进风险,如图 3.1-5 所示。

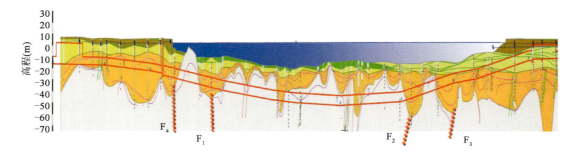

图 3.1-5 盾构法隧道纵断面示意图

盾构隧道断面采用圆形断面形式,可选用双洞双线小洞断面或单洞双线大洞断面形式,如图 3.1-6 所示。

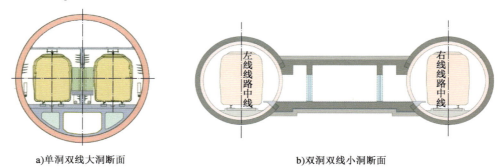

a)单洞双线大洞断面　　　　　　　　b)双洞双线小洞断面

图 3.1-6 盾构法隧道横断面示意图

(1)断面适用性分析

随着交通需求的增加、服务水平要求的提高、盾构制造技术的发展、结构设计与施工水平的提高,盾构法隧道的直径越来越大。2008 年建成的武汉长江公路隧道直径达 11.0m、2009年建成的上海长江隧道直径达 15.0m、2010 年建成的南京纬七路长江隧道直径达 14.5m、2013年建成的南京地铁 3 号线过长江隧道直径达 11.2m、2017 年建成的武汉地铁 8 号线过长江隧道直径达 12.1m、2018 年建成的武汉三阳路过长江隧道直径达 15.2m,这些大直径盾构的建设均取得了良好的工程效果。无论采用 11.2m 的大洞还是 6.7m 的小洞建设方案,其所需盾构机设备制造、施工过程均有不少类似工程可供参考,成功经验较为丰富、可行性高。

(2)地层适用性分析

地质资料显示,隧道盾构段穿越的地层分为三个典型区段:本岛侧陆域主要为全、强风化岩层,海域范围穿越微风化花岗岩层和5处风化槽,翔安侧隧道主要穿越全强风化地层和砂层。微风化花岗岩强度为63.5~204.2MPa,平均强度为110MPa。隧道穿越硬岩区段长度达43%;上软下硬地层占11%;12次进出风化槽地层,穿越风化槽总长度约770m。

工程穿越的基岩强度之高、距离之长,国内较为少见,且盾构隧道穿越高强度硬岩和复合地层,施工难度大。根据广州地铁7号线南村站—大学城站区间的施工经验:当区间岩石强度高、石英含量大时,盾构掘进慢,耗时长,每环的纯掘进时间都在300min以上,微风化段平均掘进速度左线1.07环/d,右线1.65环/d;刀具磨损快,换刀频繁,每3环检查一次刀具,单线掘进99环检查刀具33次,换刀36把;平均每米换刀费用9644元,劳务费用5333元。

厦门地铁3号线海底隧道区间穿越硬岩段共1703m,岩石平均强度在110MPa以上,同时存在较长的上软下硬不均匀地层。采用全盾构工法施工,不仅施工工期长,而且刀具、刀盘磨损会相当严重,因此采用盾构工法施工,该隧道的地层适应性较差。

(3)长距离掘进适用性分析

当采用盾构工法进行建设时,单台盾构掘进隧道段长度约2.5km。隧道穿越硬岩长度接近一半;多次穿越上软下硬地层,刀具易偏磨和损裂,隧道水压4bar(1bar = 0.1MPa)以上共计2435m,带压进仓换刀危险系数高(人员风险、刀具异常损坏多、换刀勤等);穿越断层破碎带可能发生仓内塌方堵仓、堵泵现象,仓内压力波动大,进而引起地层坍塌;采用盾构法施工遇到花岗岩孤石的概率高、处理困难。

综上分析并参考类似地质条件下盾构隧道的建设经验以及国内外工程实例,该工程隧道采用全盾构法施工,从理论上看可以实现,但存在工期长且不可控、造价高、风险控制难度大等问题。

3)盾构+矿山组合工法方案研究

根据前述分析,厦门地铁3号线海底隧道穿越地层两端为软土或全强风化软弱围岩,海域中部多为微风化岩层。根据不同的地质条件,拟选择针对性强的施工方法,即两端采用盾构工法,中部采用矿山法。盾构段隧道覆土厚度在满足隧道施工期及运营期抗浮安全性要求的同时,按不小于1倍洞径考虑;矿山法段按最小30m覆盖层厚度考虑,并尽可能减小穿越风化槽的长度,组合工法隧道纵断面如图3.1-7所示。

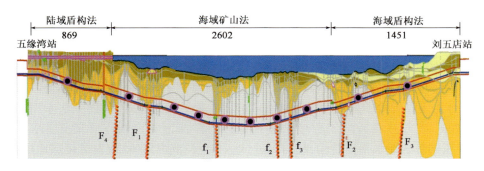

图3.1-7 组合工法隧道纵断面示意图(尺寸单位:m)

盾构法隧道断面采用圆形断面形式,可选用双洞双线小洞断面或单洞双线大洞断面形式。矿山法隧道采用马蹄形断面、复合式衬砌,可选用双洞或单洞双线大断面形式。

(1) 断面适用性分析

根据盾构和矿山法水下隧道施工实践,区间无论采用何种形式的断面,断面跨度和面积均不算大。从控制施工风险和方便运营角度,单线单洞分修的断面更为适合。为满足行车和设备布置需求,陆域盾构隧道采用内径5.5m断面,海域盾构隧道考虑预留250mm厚后浇内衬结构空间,采用内径6m断面。

(2) 地层适用性分析

根据隧道穿越不同地质情况,右CK14+453.710~右CK15+322.550段约869m,陆域段采用土压平衡式盾构法;右CK15+337.550~右CK17+939.5段共2602m,采用矿山法;右CK17+939.5~右CK19+390.736段1451m,采用泥水平衡式盾构法。矿山法段穿越微风化地层占74%,穿越4处风化槽共420m(左线)/520m(右线);盾构法穿越硬岩段占10%,上软下硬地层占3%,两次进出风化槽地层,穿越风化槽长度约225m。

按照组合工法地层分布,中间海域主要穿越微风化花岗岩地层,矿山法对地层适应性强,施工组织灵活,且有翔安海底隧道的施工经验可以借鉴,风险因素可控。本岛侧陆域主要穿越全强风化地层,翔安侧主要穿越富水砂层和全强风化地层,分别采用土压平衡盾构和泥水平衡盾构。盾构区间穿越硬岩段长148m,其余均为砂层和全强风化地层,盾构可掘性强。

(3) 长距离掘进适用性分析

本岛陆域段单线长度869m,采用1台盾构机组织施工,主要穿越全强风化地层。局部存在基岩凸起和孤石,采用地面爆破预处理和盾构掘进通过。翔安侧泥水盾构掘进长度1.4km,2台盾构机组织施工,隧道穿越硬岩段只有148m,采用勤检查、勤换刀可以通过,且工期能够接受。

海域矿山法长度2602m,采用独头掘进,且长度不大于3km时通风和排水问题容易解决。穿越硬岩地层占74%,风险大大降低,存在主要风险有3次穿越断层和风化槽,有突水涌泥风险;隧道穿越全强风化段坍方风险(岩体泡水软化);软硬交接段涌砂、涌泥、透水、坍塌风险;地质勘察失真风险,即不良地质未探明。邻近的厦门翔安海底隧道,已成功采用矿山法实施,厦门地铁3号线海底隧道断面更小,可借鉴吸收翔安海底隧道的设计施工经验,在不良地段及时采取较强的预处理措施,因此矿山法段的风险是可控的。

(4) 海底矿山法与盾构对接可行性分析

盾构地中对接方式有土木式对接法和机械式对接法两种。其中土木对接法较为常用,是通过对接地点将地层作加固处理,达到止水和防止地层失稳的效果后,完成盾构拆卸并施作隧道衬砌。机械式对接法是通过对盾构进行特殊设计,而使盾构直接进行对接的方法,包括贯入环式(MSD)和刀盘后退式(CID)两种工法。机械式对接法中相向掘进的两台盾构一台为贯入盾构,另一台为接收盾构。东京湾盾构隧道采用了土木对接的方式,辅助工法采用冻结法,取得了较好效果,该方法在后续工程中被多次引用。广深港客专狮子洋隧道采用四台直径$\phi11.18$m气压调节式泥水平衡盾构,相向掘进、地中对接、洞内解体,预先对接点地层进行加固处理,止水处理以防止地层失稳。

地铁隧道施工中,常采用矿山法施作扩大断面,之后对盾构进行接收的方法。厦门地铁3号线海底隧道矿山段和盾构段在地中进行对接,对接点选择在地质条件较好的微风化岩层,对接段矿山法施工难度相对较小。目前在新加坡地铁广泛采用了刀盘可拆卸的盾构设备,在抵达车站前在洞内对盾构进行解体,与车站施工互不干扰。因此无论是矿山法隧道施作扩大洞室、接收盾构的方案,还是盾构原位解体、采用矿山法贯通的方案,均是可行的。

综上分析,参考类似地质条件下盾构法和矿山法的建设经验以及国内外工程实例,厦门地铁3号线海底隧道采用盾构和矿山组合工法,有效降低了安全风险,提高了工法的适应性和可实施性。

3.2 隧道结构设计方法

3.2.1 盾构法隧道结构设计

1)盾构机选型

盾构机选型是开展盾构隧道结构设计的重要任务。根据施工环境,全断面隧道掘进机可分为盾构、岩石隧道掘进机(TBM)、复合盾构三大类。其中,盾构的主要特点是刀盘仅安装切削软土的切刀和刮刀;复合盾构指既适用于软土,又适用于硬岩的一类盾构,用于既有软土又有硬岩的复杂地层,其主要特点是刀盘既安装有用于切削的切刀和刮刀,又安装有破碎硬岩的滚刀及破碎砂卵石和飘石的撕裂刀。不论是盾构还是复合盾构,均可划分为土压平衡和泥水平衡两种机型,须根据工程地质和水文地质条件进行盾构机选型。

(1)盾构机选型原则

盾构机选型的基本原则是保证施工的安全性、适应性,在安全可靠的情况下再考虑技术的先进性与盾构的经济性。遵循的具体原则包括:

①应对工程地质、水文地质有较强的适应性,满足施工安全的要求。
②满足隧道外径、长度、埋深、施工场地、周围环境等条件。
③满足质量、工期、造价及环保要求。
④后配套设备的能力与主机配套,生产能力与主机掘进速度相匹配,同时具有结构简单、布置合理和易于维护保养的特点。

(2)盾构机选型依据

海底隧道穿越的地层复杂多变,普通盾构无法满足工程需求,考虑采用复合盾构,并对土压平衡和泥水平衡两种类型进行对比。土压平衡盾构和泥水平衡盾构在地质条件、环境影响、施工场地等方面均有较大差异,主要体现在:

①不同地层的适应性

土压平衡盾构主要适用于粉土、粉质黏土、淤泥质粉土、粉砂层等黏稠土壤。在黏性土地层中掘进时,由刀盘切削下来的土体进入土仓后由螺旋输送机输出,在螺旋输送机内形成压力梯降,保持土仓压力稳定,使开挖面土层处于稳定。当含砂量超过某一限值时,泥土的流塑性明显变差,土仓内土体因固结作用而被压密,导致渣土难以排出,需向土仓内注入水、泡沫、泥浆等改良材料,以改善土体流塑性。泥水平衡盾构适用于冲积形成的砂、粉砂、黏土层、弱固结地层,洪积形成的沙砾、砂、粉砂、黏土层以及含水率较高、固结松散、易于发生涌水破坏的地层,但对于难以维持开挖面稳定性的高透水地层、砾石地层,有时也需采用辅助工法。

②地层渗透性的匹配

地层渗透系数对于盾构机选型是一个很重要的因素。土压平衡盾构由于采用螺旋输送机排土,在富含水、透水性大的砂性土地层中,需要向开挖面及土仓中添加泡沫或泥浆材料,才能使开挖土形成具有良好流塑性及止水性的土体;泥水盾构通过泥浆循环,在开挖面形成密闭泥膜,有助于改善地层的自承能力,使泥浆压力在开挖面发挥有效的支护作用,因此对于富水、透水地层,泥水盾构的适应能力更强,安全性更高。根据国内外既有工程的经验和相关土体改良研究,土层的渗透性与盾构机选型关系如图 3.2-1 所示:对于软弱不稳定地层,当地层的透水系数小于 10^{-6}m/s 时,可选用土压平衡盾构;当地层的渗水系数在 10^{-4}m/s 和 10^{-6}m/s 之间时,既可选用土压平衡盾构也可选用泥水平衡盾构;当地层的透水系数大于 10^{-4}m/s 时,宜选用泥水平衡盾构。

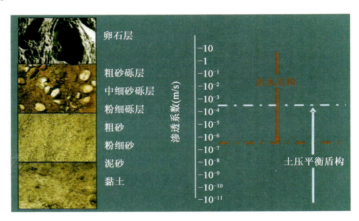

图 3.2-1 土层的渗透性与盾构机选型的关系示意图

③周边环境的扰动

盾构相较于敞开式 TBM 具有工作仓密闭、保压的特点,因此对周边环境影响更小、地表沉降更小。但是对于土压平衡盾构而言,在土仓顶部不可避免存在空腔,因此会造成一定的土体变形和地面沉降。此外,对于某些富水粉质砂性土地层,一旦螺旋输送机发生喷涌,也可能导致土体流失,进而发生地面沉降和塌陷。泥水盾构依靠开挖面泥膜和仓内带压泥浆产生支护反力,目前国内常采用具备气垫调节仓的双仓结构,通过压缩空气系统精确地进行控制和调节压力,开挖仓内的压力波动较小,一般为 $\pm(1\sim2)\times10^{4}$Pa,因此泥浆管路内的浮动变化被准确、迅速平衡,降低了外界压力变化对开挖面稳定造成的影响。

④场地条件

盾构施工场地布置需考虑盾构吊装空间及管片存放专用场地。土压盾构掘进排出主要为固态废渣,现场临时堆渣场地须设置防尘喷淋及散水收集设施。泥水盾构掘进排出为液态泥浆,其配套设施较为庞杂,包括泥浆循环池、渣土分离系统、废浆转化和压滤设备等,因此占地面积更大,施工噪声对周边环境的影响更大。

⑤盾构机类型的综合分析比较

综合以上选型影响因素及其他设备特点,土压平衡盾构与泥水平衡盾构的综合选型分析见表 3.2-1。

盾构机选型比较 表 3.2-1

比较项目	泥水平衡盾构	土压平衡盾构
地层适应性	适合各类地层,特别是在渗透系数大,且水头较高的江河大海中优越性明显	通过调节添加材料的浓度和用量适应不同地层,但当水头较高时,搅拌土难以起到封水作用
开挖面稳定能力	好	较好
进入开挖面检查和更换刀具	存在气垫调节仓,有更大的空间	直接进入开挖室,空间有限
遇到孤石等意外情况处理	碎石器处理孤石具有明显的优点,孤石经过破碎后通过排浆管排出	螺旋输送机对开挖孤石的尺寸大小有限制。没有被滚刀破碎的大的孤石,要由工作人员进入开挖仓取出
施工场地	需泥浆处理场,施工场地较大	施工场地较小
地面沉降控制	压力控制精度高,地面沉降控制好	压力控制精度相对较低,对地面沉降控制相对较差
泥土输送方式	泥水管道输送,可连续输送,输送速度快而均匀;占用隧道空间小,便于隧道内部结构同步施工	螺旋输送机出土,土箱运输,输送间断不连续,施工速度慢;占用隧道空间大,不便于隧道内部结构同步施工
对周围环境影响	泥浆处理设备噪声、振动及渣土运输对环境产生影响较大	渣土运输对环境产生一定影响
施工存在问题	水土不易分离,泥浆处理困难	地表沉降控制与施工人员经验关系密切,主观性稍强
设备费用及经济性	设备费用高,土方开挖费用低,但泥水处理费用高,综合单价高	设备费用和渣土处理费用低,土方开挖费用高,综合单价低

由表 3.2-1 可知,两种类型盾构机各有优缺点,土压平衡盾构的主要优点有设备费低、施工场地占地少、渣土处理容易;而泥水平衡盾构的主要优点有刀具更换次数少,对高渗透性、高水压有更强的适应性。

(3)厦门地铁 3 号线海底隧道盾构机选型

厦门地铁 3 号线海底隧道的建设条件具有如下特点:

①盾构掘进需通过多种地层,本岛陆域段主要为全风化花岗闪长岩、全风化辉绿岩、碎裂状强风化花岗岩、强风化辉绿岩、中风化花岗闪长岩,海域地段主要为黏土、粉质黏土、中粗砾砂、圆砾、全风化花岗闪长岩、碎裂状强风化花岗岩、微风化花岗闪长岩等。基岩地段需通过断层或节理密集带。盾构穿越基岩、上软下硬、基岩全(强)风化层和砂层的长度分别为 148m、36m、795m 和 482m,分别占掘进长度的 10.1%、2.5%、54.4%、33.0%。

②微风化花岗闪长岩属坚硬岩,RQD=65%~90%,岩石饱和抗压强度 64~195MPa;中等风化花岗闪长岩属较硬岩~坚硬岩,RQD=20%~55%,岩石饱和抗压强度范围 48~77MPa。盾构机刀盘配置必须具有破岩能力。

③海域盾构掘进地段地表大范围为水域,水下段长约 1144m,占掘进总长度的 78%,隧道最低点至高潮位的高差约 53m,隧道通过地段多为中粗砂层、全(强)风化层、碎裂状强风化层,地下水与海水水力联系较为密切,水文地质条件复杂。

④为满足本工程长距离推进和工期的要求,盾构机应可靠耐用并具有较高的掘进效率,其平均掘进距离宜为 150~220m/月。为此,盾构各系统、各部件及辅助设备应尽可能紧凑,并具有较高的可靠性,且发生故障少,维修更换方便。

⑤岛内盾构主要穿越五缘湾城市片区,场地布置范围受限;翔安侧盾构上方主要为海水和体育会展片区待开发空地,场地较为空旷。

综合盾构选型因素并结合本工程实际情况,厦门地铁 3 号线海底隧道的本岛陆域段隧道无论是从地质和水文适应性,还是场地布置条件来看,采用土压平衡盾构更为适宜;翔安侧海域盾构须穿越长距离海底透水地层,对盾构的密封性能和抵抗水压的能力要求较高,宜采用泥水平衡盾构,同时要求盾构须具备较强的破岩能力。

2)衬砌结构设计研究

管片是盾构施工的主要装配构件,是隧道的最外层屏障,承担着抵抗土层压力、地下水压力以及一些特殊荷载的作用。盾构管片质量直接关系隧道的整体质量和安全,影响隧道的防水性能及耐久性能。管片衬砌结构设计的内容包括材料、结构形式,以及管片环的外径、分块、厚度、幅宽和拼装方式。

(1)管片结构形式

按照制作材料划分,管片的类型主要有钢筋混凝土管片、钢纤维混凝土管片、钢管片、铸铁管片等。海底隧道管片处于氯盐腐蚀环境,因此多采用钢筋混凝土管片。钢筋混凝土管片通常有两种形式,即箱形管片和平板形管片。在相等厚度的条件下,箱形管片具有重量轻、材料省的优点,但抗弯刚度及抗压强度均不及平板形管片,在盾构千斤顶顶力作用下容易开裂。海底隧道的覆土厚度大,承受外部水压力高,要求管片具有较大的抗弯刚度和良好的抗压、抗渗能力,因此厦门地铁 3 号线海底隧道采用平板形管片。

(2)衬砌环类型

盾构隧道主要通过管片环的拼装达到线路拟合的目的,衬砌环有标准衬砌环 + 左转弯衬砌环 + 右转弯衬砌环组合、左转弯衬砌环 + 右转弯衬砌环组合及通用楔形环等形式。近年来,国内大直径盾构隧道多采用通用楔形环,其优点主要是:

①通过管片环旋转安装的方式可满足全线直线段、平曲线段、竖曲线及施工纠偏要求,避免了其他类型管片通过设置垫片拟合竖曲线施工的缺点,从而降低了施工风险,提高了防水性能。

②不需要设计直线环或专用的转弯环,减少了钢模数量。

③通过管片的精确定位,提高了管片的拼装质量。

④便于管片的制作、贮存、运输及施工管理。

通用楔形环的缺点在于管片需根据拟合旋转不同角度,拼装方式不固定。但采用计算机软件辅助管片的拼装,可以实现线路拟合自动化。同时通过优化结构设计,使管片环纵向螺栓及榫槽具备精确定位的效果,提高管片拼装质量。

厦门地铁 3 号线海底隧道线路平面最小曲线半径 350m,考虑纠偏和曲线拟合需要,管片设计最小曲线半径 300m,通用环管片的楔形量按 40mm 双面设置,可以满足区间曲线线路拟合及施工纠偏的要求。

(3)管片厚度、分块、环宽

厚度:管片的厚度应根据隧道直径大小、埋深、围岩荷载情况等因素来确定,一般为直径(D)的1/30~1/25。衬砌的刚度与厚度的三次方成正比,厚度的改变直接改变了衬砌的整体刚度,以及衬砌与周围地层的刚度比,进而影响衬砌周边土体压力的分布和衬砌本身的受力大小。

分块:管片的分块受结构受力、运输存储、拼装能力等因素控制,在满足以上条件情况下,减少管片分块不仅可以提高衬砌环刚度,而且可以减少隧道纵缝数量,提高隧道防水性能。地铁隧道双洞单线断面外径介于6~7m之间,常采用六块方案,一块封顶块(K),两块邻接块($B1$、$B2$),三块标准块($A1$、$A2$、$A3$)。

环宽:管片的分块及宽度主要根据管片的制作、防水、运输、拼装、隧道总体线形、地质条件、结构受力性能、盾构掘进机选型等因素确定。管片环宽越大,隧道结构的纵向刚度越大,抗变形能力增强;衬砌环节缝越少,因而漏水环节、螺栓数量越少;施工速度越快,费用越省;但盾构机千斤顶的行程很大,施工难度亦有一定提高;此外在小半径曲线上,管片的设计拟合误差大。基于以上所述情况,故直径7m量级盾构隧道管环宽度通常介于1.2~1.5m之间。

厦门地铁3号线海底隧道下穿海域,应尽可能减少接缝,以提高整体防水质量。综合考虑管片的制作、运输、拼装、防水及曲线施工的需要,且1.5m环宽相比1.2m环宽更有优势,因此,海域段推荐采用1.5m的环宽,陆域段采用1.2m环宽。

(4)管片拼装方式

管片拼装方式有错缝、通缝两种,如图3.2-2所示。错缝拼装能使圆环接缝刚度分布趋于均匀,减少结构变形,可取得较好的空间刚度,但衬砌环较通缝拼装内力大,且管片制作精度不足时在推进过程中容易被顶裂,甚至顶碎。通缝拼装施工难度小,衬砌环内力较错缝衬砌环小,因此可减少管片配筋量,但之后衬砌空间刚度稍差。而近年建设的国内盾构隧道均采用错缝拼装。

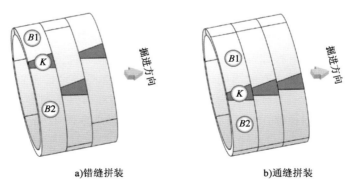

a)错缝拼装　　　　　　　　b)通缝拼装

图3.2-2　盾构管片拼接方式示意图

(5)管片环、纵缝及接缝连接

管片接缝构造包括密封垫槽、嵌缝槽及凹凸槽榫的设计。凹凸榫槽的设置有助于提高接缝刚度、控制不均匀沉降、改善接缝防水性能,也有利于管片拼装就位,但与此同时增加了管片制作、拼装的难度,是造成拼装和后期沉降过程中管片开裂的因素之一,同时客观上又削弱了管片防水性能。厦门3号线海底隧道在环缝面设置分布式凹凸榫,提高了抗剪能力、减少了不均匀沉降,且管片环面外侧设有弹性密封垫槽,内侧设嵌缝槽。

管片采用螺栓连接时一般有直螺栓、弯螺栓和斜螺栓三种形式。一般而言,弯螺栓刚度小,较易变形,螺栓较长,材料消耗较大,且在螺栓预紧力、高水土压力、地层软硬不均产生的不均匀沉降和地震作用下对端头混凝土产生较大的挤压作用,易造成混凝土破坏,对结构的长期安全不利。直螺栓连接强度高,但手孔深度大,对管片结构削弱很大。而斜螺栓施工简便、手孔小,对结构断面削弱小,在结构上可以加强构件的连接,防止接头两边错动,可有效地承担接头处的剪力。

因此,厦门地铁3号线海底隧道参考国内地铁建设经验,并考虑场地地震等级高的特点,推荐环与环、块与块之间采用成熟的弯螺栓连接,环与环之间以16根M30的纵向螺栓连接,管片的块与块之间以12根M30的环向螺栓相连,螺栓机械强度等级均为8.8级。

(6)特殊衬砌环

盾构区间联络通道处管片采用特殊衬砌环,其分为钢管片和钢筋混凝土管片2种。当采用钢管片时,通道施工只需拆除部分钢管片,向外施工通道即可,通道施工结束后,在钢管片的隔腔内填充素混凝土;当采用钢筋混凝土管片时,需进行特殊的管片配筋设计,联络通道施工时先切割混凝土管片,再向外施工,此外,在施工中需要采用切割和植筋技术,此技术对施工要求较高,但成本低,管片制作简单。

上述两种类型的管片均是可行的,在国内地铁中均有使用。综合考虑厦门地铁3号线海底隧道采用钢筋混凝土特殊管片,并在管片内壁预埋钢板,以连接开洞支撑钢构件。

(7)单、双层衬砌结构类型选择

衬砌是直接支承地层、保持隧道净空,防止渗漏,同时又能承受施工、运营阶段荷载的结构。目前国内外的大多地铁隧道均采用管片构成的单层衬砌形式,此衬砌既能控制圆环的变形、接缝张开量及混凝土裂缝开展量,又能够满足跨海隧道的受力要求,同时施工工艺简单、工程实施周期短、成本低。

但由于海底通道资源的重要性、特殊性以及地下工程极难修复的特点,一旦隧道发生质量损伤,影响巨大。若采用当前国内常用的5500mm内径的盾构管片,一旦隧道发生病害,则隧道内无补强加固空间。此外,根据经验,在硬岩及复合地层施工时,管片错台的可能性和错台量均比一般地层大。因此,从全寿命周期理念出发,综合考虑隧道设计施工、检测监测、维修和加固等因素,厦门地铁3号线海域段盾构采用单层衬砌,但在管片内部预留了250mm的二次衬砌空间,盾构隧道管片内径取6.0m,而陆地段管片内径仍然维持5.5m不变。

3)衬砌结构计算

(1)计算模型

根据隧道结构形式和地层特点,盾构隧道管片衬砌结构可分别采用修正惯用计算法和梁-弹簧模型计算法等方法进行计算。

①修正惯用计算法

结构按匀质圆环考虑,结构外力根据土力学经典理论计算所得,计算模型如图3.2-3所示。由于纵缝接头、螺栓孔的存在,导致整体抗弯刚度降低,计算时取圆环抗弯刚度为$\eta(EI)$

（η 为抗弯刚度的有效率，$\eta \leqslant 1$，一般取 $0.6 \sim 0.8$），考虑错缝拼装管片接头部弯矩的传递，结构整体补强效果，进行错缝拼装弯矩重分配，如图 3.2-4 所示。

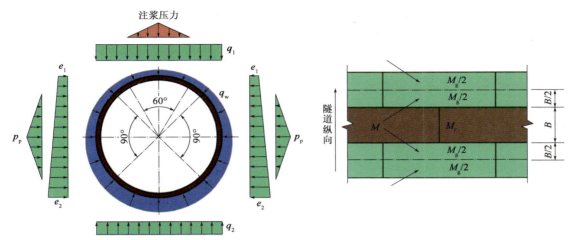

图 3.2-3 修正惯用计算法模型

q_1-垂直水土压力；q_2-基底竖向反力；e_1、e_2-侧向水土压力；
p_p-基底竖向反力

图 3.2-4 错缝拼装弯矩传递及分配示意图

接头处内力： $\qquad M_f = (1-\xi) \times M; N_f = N \qquad$ (3.2-1)

管片内力： $\qquad M_g = (1+\xi) \times M; N_g = N \qquad$ (3.2-2)

式中：ξ——弯矩调整系数，一般取 $0.3 \sim 0.5$；

M、N——分别为分配前的匀质圆环计算弯矩和轴力；

M_f、N_f——分别为分配后的接头弯矩和轴力；

M_g、N_g——分别为分配后管片本体弯矩和轴力。

②梁-弹簧模型计算法

梁-弹簧模型属于精确计算法，能考虑各类接头位置与刚度、错缝时的环间相互咬合效应，以及隧道与周围土体的实际相互作用关系，如图 3.2-5 所示。该模型将管片简化成曲梁，每一圆环均为多铰圆环，设置回转弹簧、径向剪切弹簧、切向剪切弹簧模拟管片之间错缝拼装接头。而地层抗力采用地层法向弹簧模拟。

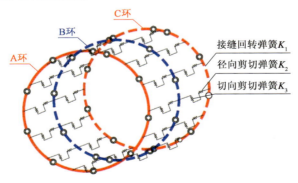

图 3.2-5 梁-弹簧模型计算法示意图

（2）计算荷载

荷载分为永久荷载、可变荷载和偶然荷载三类。

①永久荷载：主要为管片自重、水土压力，也包括海上作业平台等建构筑物基础荷载。根据地层特征采取水土合算或水土分算。

②可变荷载：对于海底隧道须考虑沉船、抛锚、清淤施工的荷载，其次还需要考虑施工荷载（盾构千斤顶推力、不均匀注浆压力），相邻隧道施工影响等。

③偶然荷载：主要包括地震荷载、人防荷载。

根据《建筑结构荷载规范》（GB 50009—2012）、《铁路隧道设计规范》（TB 10003—2016）及《地铁设计规范》（GB 50157—2013）的要求，隧道结构设计应根据施工、使用阶段在结构上可能同时出现的荷载，按承载能力和正常使用极限状态分别进行荷载组合，见表3.2-2，并取最不利的组合进行设计。

荷载组合分项系数　　　　　　　　　　　　　　表3.2-2

序号	荷载组合验算工况	永久荷载	可变荷载	偶然荷载	
				地震荷载	人防荷载
1	基本组合构件强度计算	1.3(1.0)	1.5(0)		
2	构件裂缝宽度计算	1.0	0.8*		
3	构件变形计算	1.0	0.8*		
4	地震荷载作用下构件强度验算	1.2(1.0)	0.5×1.2	1.3	
5	人防荷载作用下构件强度验算	1.2(1.0)			1.0
6	构件抗浮稳定验算	1.0			

注：①括号数字内为当荷载对结构有利时的分项系数；
②*表示构件裂缝宽度、变形计算，对于隧道结构，可变荷载分项系数均取1.0；
③活荷载应考虑设计使用年限调整系数γ_L，对设计使用年限100年，取1.1；
④构件裂缝宽度计算、变形计算可按荷载准永久组合并考虑长期作用影响的效应计算，可变荷载分项系数应符合上表要求并不得小于现行《建筑结构荷载规范》（GB 50009）的相关规定。

（3）计算结果分析

为方便比对两种计算模型，选取厦门地铁3号线海底隧道典型断面的计算结果进行分析，计算断面位于海底埋深最深处，隧道顶部覆土厚27.8m，海域水深18.5m。地层由上至下分别为中粗砂、粉质黏土、散体状强风化花岗闪长岩。采用水土分算，根据对多种荷载组合进行计算分析，基本组合为最不利组合，其他荷载组合皆不控制结构设计，故只列出基本组合时的内力计算结果。两种模型的计算结果如图3.2-6、图3.2-7所示。

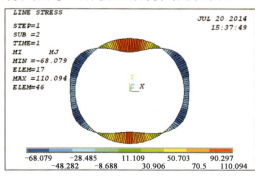
a) 弯矩图（单位：kN·m）

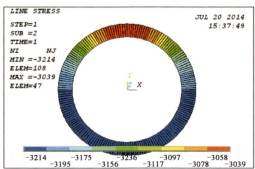
b) 轴力图（单位：kN）

图 3.2-6

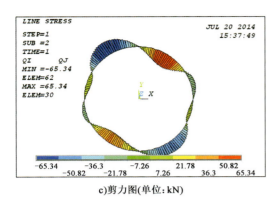
c)剪力图(单位:kN)

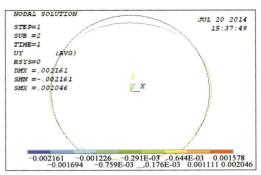
d)变形图(单位:m)

图 3.2-6 修正惯用法计算结果

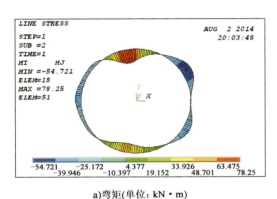
a)弯矩(单位:kN·m)

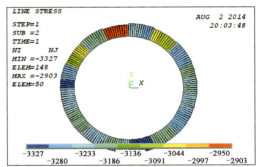
b)轴力(单位:kN)

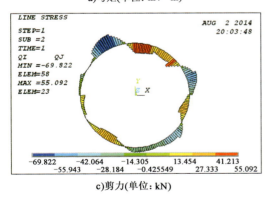
c)剪力(单位:kN)

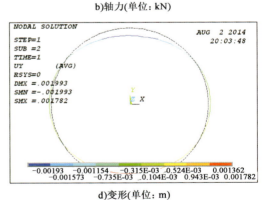
d)变形(单位:m)

图 3.2-7 梁-弹簧模型计算结果

由计算结果可知,采用修正惯用法计算时,管片最大正弯矩为110kN·m,最大负弯矩为68kN·m,最大轴力为3214kN,单点最大变形为2.1mm;采用梁-弹簧模型计算时,管片最大正弯矩为78kN·m,最大负弯矩为54kN·m,最大轴力为3327kN,单点最大变形为2.0mm。对比可以发现:采用修正惯用计算法的管片弯矩要大于梁-弹簧模型计算弯矩,管片轴力则小于梁-弹簧模型计算法,采用修正惯用计算法进行管片结构设计更偏保守。

3.2.2 矿山法隧道结构设计

1）断面轮廓形式

矿山法隧道考虑施工工艺与结构受力条件等因素，通常采用拱形隧道内轮廓形式。通过采用有限元软件分别对不同断面在荷载组合下隧道衬砌受力情况进行了大量计算分析，认为净空断面拟定时应注意以下几点：①不宜选取仰拱扁平的断面结构形式；②衬砌墙角处弧线的半径不宜小；③隧道结构受力受水压影响较大，同时考虑施工质量和耐久性影响，设计时二次衬砌断面应适当加厚；④高水压条件下，隧道断面采用多心圆形式较为经济合理，并应设置仰拱。

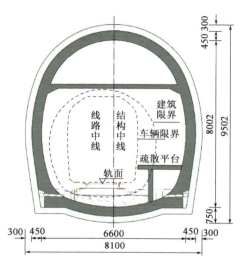

图 3.2-8　厦门地铁 3 号线海底隧道矿山法典型断面示意图（尺寸单位：mm）

厦门地铁 3 号线海底隧道地质条件复杂，穿越风化槽等不良地质范围大，为保证施工安全，二次衬砌与掌子面之间距离不得超过 70m，隧道二次衬砌施工模板台车下方必须有一定的空间保证施工车辆正常通行，根据施工机械尺寸，要求模板台车下方施工机械的通过净空为宽 3.5m + 高 4.0m。

矿山法隧道顶部为事故通风排烟道，下方为轨行区和疏散平台，隧道断面的宽度和高度合理设计使其满足快速施工和二次衬砌紧跟的需要，亦可获得宽度较大的疏散平台空间。为满足区间排烟要求，风道按照 $9m^2$ 设计；区间较长情况下将疏散平台适当加宽为 2.0m，线路中线距离疏散平台边缘不小于 1600mm。根据以上条件，结合建筑限界、施工误差、测量误差、不均匀沉降等因素确定隧道内轮廓尺寸为 6.6m × 8.0m，如图 3.2-8 所示。

2）衬砌支护结构

隧道的支护体系由围岩、初期支护、永久衬砌结构组成。初期支护包括喷射混凝土、锚杆、钢拱架或格栅拱架以及超前支护。超前支护根据循环长度分为短超前支护和长超前支护，短超前支护包括超前锚杆、小导管；长超前支护主要指钢管棚。永久衬砌以现浇混凝土结构为主，也有使用装配式衬砌的少数案例。

隧道支护体系根据围岩条件及后期运营需求确定，针对围岩十分完整、自稳性优良，对防潮、观感无特殊要求的隧洞，可采用无支护毛洞，仅对局部进行补强即可；对使用功能要求稍高的，可采用单层衬砌，即仅施作喷射混凝土和局部加强锚杆，该种形式的支护体系在施工斜井等临时辅助坑道中应用广泛；国内矿山法暗挖隧道采用最普遍的为初期支护 + 二次衬砌的复合式衬砌，并在两者之间铺设防水层。厦门地铁 3 号线海底隧道围岩裂隙发育、地下水丰富，运营期间对隧道防水性能要求极高，因此采用复合式衬砌结构，衬砌设计参数见表 3.2-3。

衬砌设计参数　　　　　　　　　　　表 3.2-3

衬砌类型	初期支护				二次衬砌
Ⅱ	局部 $\phi25mm$ 中空锚杆 $L=2.5m$	—	C25 湿喷混凝土厚 10cm	—	模筑 C50、P12 钢筋混凝土厚 450mm
Ⅲ	拱部 $\phi25mm$ 中空注浆锚杆 $L=2.5m$，环纵间距 $1.5m×1.5m$	拱墙单层 $\phi8mm$ 钢筋网 $0.2m×0.2m$	C25 湿喷混凝土厚 15cm	—	模筑 C50、P12 钢筋混凝土厚 450mm
Ⅳ	拱部 $\phi42mm$ 小导管，$L=3m$，环向间距 0.4m	拱墙 $\phi8mm$ 双层钢筋网 $0.2m×0.2m$	C25 湿喷混凝土厚 25cm	$\phi25mm$ 格栅钢架，间距 0.75m	模筑 C50、P12 钢筋混凝土厚 450mm
Ⅴ	拱部 $\phi76mm$ 自进式管棚超前预支护，$L=20m$，环向间距 0.4m，拱部 $\phi42mm$ 小导管，$L=3.5m$，环向间距 0.4m	拱墙 $\phi8mm$ 双层钢筋网 $0.2m×0.2m$	C25 湿喷混凝土厚 30cm	$\phi25mm$ 格栅钢架，间距 0.5m	模筑 C50、P12 钢筋混凝土厚 450mm

3）隧道防水设计

海底隧道海域内大量地下水可通过围岩裂隙或断层破碎带渗透到结构周围，因而如何处理地下水非常重要，一般对渗水的处理有全封闭和限量排放两种方案。海底隧道水压高，地下水补给源源不断，采用全封闭防水很难达到预期效果，后期结构渗漏水整治困难，因此目前国内已建的矿山法海底隧道，如翔安隧道、胶州湾海底隧道、海沧隧道均遵循"以防为主、限量排放"的原则。

厦门地铁 3 号线海底隧道矿山段针对不同围岩条件选用了不同的防水形式，如图 3.2-9 所示。

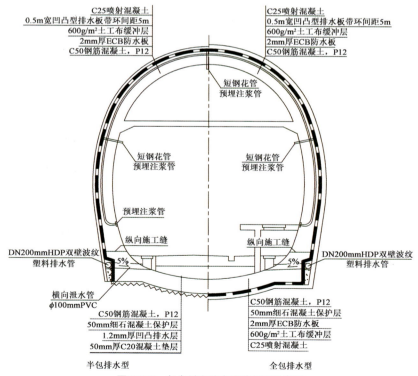

图 3.2-9　复合衬砌防水设计剖面示意图

（1）Ⅱ、Ⅲ级围岩，主要是微风化~中风化花岗闪长岩，岩体完整坚硬，水量较小，采用半包限量排放设计：隧道初期支护与二次衬砌之间拱墙设无纺布+ECB防水卷材，仰拱设置凹凸排水板，拱墙设置0.5m宽凹凸排水板带（环间距5m）；

（2）Ⅳ、Ⅴ级围岩，主要是碎裂状强风化~散体状强风化花岗闪长岩、残积土等，具有水量丰富、遇水软化的特点，采用全包限量排放设计：拱墙设无纺布+ECB防水卷材，仰拱设置无纺布+ECB防水卷材+50mm细石混凝土保护层，拱墙设置0.5m宽凹凸排水板带（环间距5m）。隧道外地下水通过拱墙排水板带导流至边墙角外侧纵向排水盲管，通过横向泄水管汇至两侧边沟后排放至废水泵房。

4）结构耐久性设计

海底隧道结构耐久性设计非常重要，同时还应根据结构和构件的可修复性需要，考虑预留补强空间。耐久性体系中应包括隧道的钢筋混凝土结构、防排水系统、管片连接构件、管片密封材料等关键节点，其中某一环节的失效不仅直接影响工程的正常使用，而且可能加速其他部位的劣化。

矿山法隧道采用复合式衬砌结构，其中二次衬砌按照承受全部外部荷载进行设计，初期支护的耐久性缺乏量化标准，仅作为进一步提高工程的耐久性和结构安全性的辅助措施考虑。

（1）初期支护的耐久性设计措施

①矿山法隧道穿越风化深槽等强渗透性地层时采用超前帷幕注浆对地下水进行封堵，以降低土体渗透性及衬砌背后水压力。注浆推荐采用普通水泥浆、硫铝酸盐水泥浆等具有良好耐久性的浆液材料，严格控制水泥-水玻璃双液浆的用量。

②软弱围岩段初期支护采用"8"字筋格栅钢架，喷射混凝土抗渗等级不低于P6，并采用湿喷工艺，钢架内外侧的净保护层厚度不小于40mm。

（2）二次衬砌的耐久性设计措施

①根据环境作用等级合理选择混凝土强度及构造措施。二次衬砌采用C50、P12钢筋混凝土，裂缝开展宽度限值0.15mm，混凝土保护层厚度60mm。

②为降低模筑混凝土水化热，工程采用低水化热的普通硅酸盐水泥；将水胶比控制在0.36以内，胶凝材料用量控制在360~480kg/m³；同时大量掺入优质的一级粉煤灰，掺量为胶凝材料的20%~30%；混凝土养护时间不少于14d，加湿养护直至28d标准强度的50%，且不少于7d。

③为进一步改善混凝土的抗裂防渗性能，添加聚丙烯纤维，掺量为0.9kg/m³。

（3）防排水系统耐久性设计

①防水卷材及止水带等材料考虑耐海水性，要求在10%的氯化钠（NaCl）溶液、温度23℃条件下浸泡168h，其拉伸强度保持率不低于80%，拉断伸长率不低于90%。

②采用可维护式排水系统，隧道外地下水沿环向排水带汇入墙角外侧大直径纵向排水盲管，之后通过横向泄水管引入隧道内边沟，沿隧道纵向每隔100m设置一座检查井，以便后期疏通检修。

5）施工动态模拟

矿山法隧道结构计算一般采用平面应变模型，即选取纵向单位长度隧道进行加载计算，可细分为"地层-结构"模型及"结构荷载"模型。其中，"地层-结构"模型建立隧道周边一定范围内的围岩模拟衬砌的梁结构单元与开挖轮廓的节点进行耦合，为削弱模型的边界效应，模型平面尺寸需满足隧道开挖轮廓两侧至少5倍洞跨宽度，仰拱以下至少3倍洞跨深度。计算可以模拟土体加固、分步开挖、设置初期支护的施工过程,用于验算初期支护变形、土体变形及衬砌结构安全。

厦门地铁3号线海底隧道选取Ⅲ型衬砌典型断面展示计算内容及结果,Ⅲ级围岩段采用台阶法施工。岩体力学参数根据《工程地质详勘工程地质报告》选取。施工模拟计算采用连续介质模型,土体用面单元模拟,修正莫尔-库仑材料;初期支护用梁单元模拟,弹性材料。根据圣维南原理和实际需要,整个模型计算范围为130m×60m(宽×高)。计算模型和结果如下:

采用MIDAS有限元程序进行分析。侧面边界为法向水平位移约束,底面边界为竖向位移约束。模型上部边界为自由边界,不受任何约束。单元网格划分如图3.2-10所示。

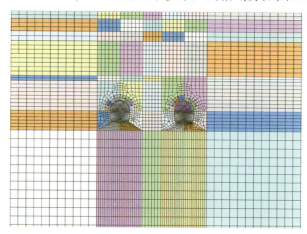

图3.2-10 单元网格图

施工先开挖左洞,之后开挖右洞,左右洞均按照"开挖上台阶—施作初期支护—开挖下台阶—施作初期支护"施工步序,共8个施工阶段。

(1)主应力情况

从结构的主应力图上分析,隧道开挖后,洞周围岩应力集中,有明显的成拱作用,沿洞周环向切向应力增大,法向应力减小,利于洞室稳定。采用锚管注浆加固,洞室周围其他地方无塑性屈服和破坏区域。左洞初期支护完成和右洞初期支护完成工况的最大主应力如图3.2-11、图3.2-12所示,开挖完成塑性区如图3.2-13所示。

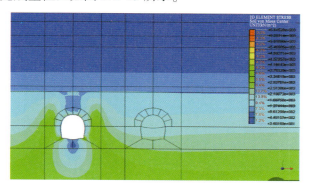

图3.2-11 左洞初期支护完成工况最大主应力分布云图

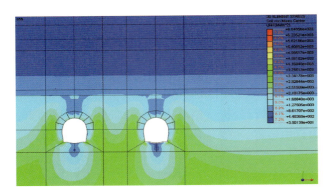

图 3.2-12　右洞初期支护完成工况最大主应力分布云图

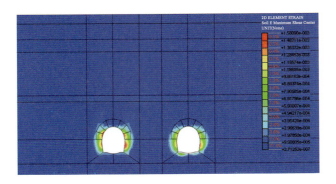

图 3.2-13　开挖完成塑性区图

（2）变形情况

拱顶沉降随开挖的进行逐步发展，在结构拱部全部开挖完成时，产生的沉降量最大，并在随后的施工过程中有小范围的波动。整个隧道产生变形较小，初期支护拱顶最大沉降量约为2mm。海底围岩沉降规律同拱顶沉降，左洞初期支护完成工况和右洞初期支护完成工况地层变形云图如图3.2-14、图3.2-15所示。

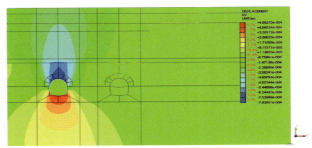

a) 隧道初期支护竖向变形分布云图

图　3.2-14

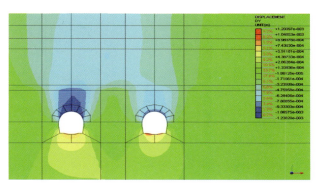

b) 隧道地层竖向变形分布云图

图 3.2-14　隧道初期支护及地层竖向变形分布云图

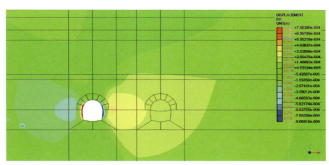

a) 隧道初期支护水平变形分布云图

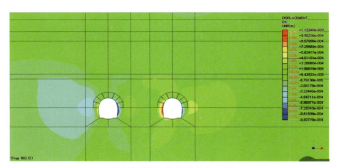

b) 隧道地层水平变形分布云图

图 3.2-15　隧道初期支护及地层水平变形分布云图

(3) 内力情况

断面初期支护结构内力如图 3.2-16、图 3.2-17 所示。轴力最大值 533kN,弯矩最大值 34kN·m,经验算安全系数满足受力要求。

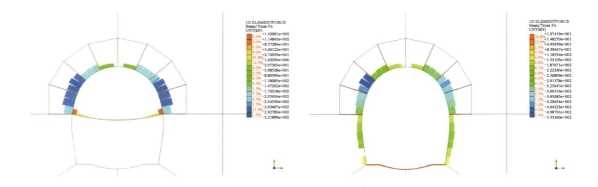

图 3.2-16 断面初期支护轴力图

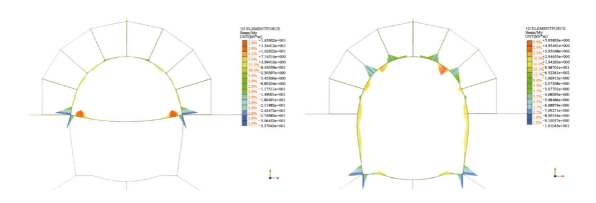

图 3.2-17 断面初期支护弯矩图

综合各种计算结果,对于Ⅲ级围岩地段,采用设计衬砌参数,隧道结构施工只要严格按照施工工序进行,即可满足施工安全、环境保护的要求。

6）二次衬砌结构计算

（1）计算模型

二次衬砌结构设计采用"结构-荷载"模型,以弹性梁单元模拟隧道二次衬砌,土体弹簧模拟围岩对隧道的约束,弹簧刚度取地勘提供的基床系数,如图 3.2-18 所示。该模型相对"地层-结构"模型而言,其外部荷载由经典土力学理论计算而来,受力机制更明确,是隧道结构设计、配筋的主流方法。

海底隧道所承担的大部分外部荷载计算方法较为明确,唯独对衬砌背后水压力的取值业内仍有争议,厦门地铁 3 号线海底隧道针对该课题开展了专题研究,具体结论详见本书第 5 章。工程设计分别考虑了衬砌背后无水压力（地下水充分排放）、衬砌背后承受 20% 静水压力和 100% 静水头压力三种工况。

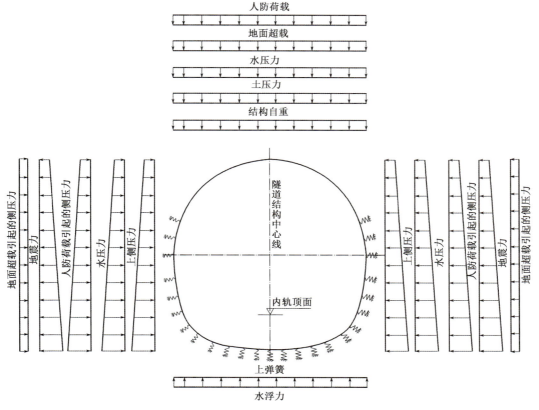

图 3.2-18 "结构-荷载"计算模型示意图

(2) 计算结果

各个工况的衬砌结构内力如图 3.2-19 ~ 图 3.2-22 所示。

(3) 计算结果分析

根据计算,随着衬砌背后水压力的上升,结构轴力明显增长,除拱顶之外的其他位置弯矩也有显著增长。衬砌结构的配筋控制点由拱顶位置移至边墙及拱脚。

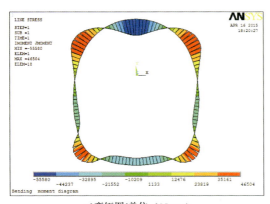

a) 弯矩图(单位: kN·m)

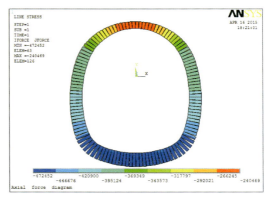

b) 轴力图(单位: kN)

图 3.2-19 衬砌背后无水压力工况衬砌内力

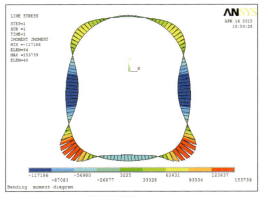 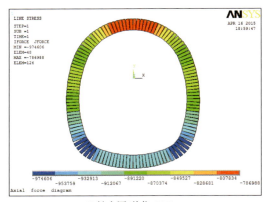

a)弯矩图(单位：kN·m)　　　　　　　　b)轴力图(单位：kN)

图 3.2-20　衬砌背后承受 20% 静水压力工况衬砌内力

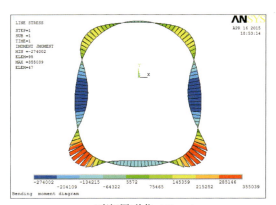 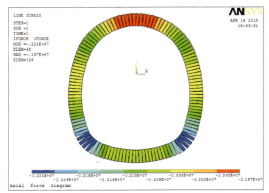

a)弯矩图(单位：kN·m)　　　　　　　　b)轴力图(单位：kN)

图 3.2-21　衬砌背后承受 60% 静水压力工况衬砌内力

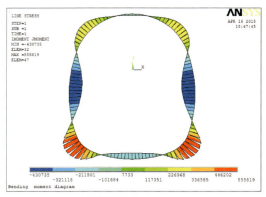 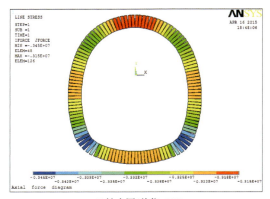

a)弯矩图(单位：kN·m)　　　　　　　　b)轴力图(单位：kN)

图 3.2-22　衬砌背后承受 100% 静水压力工况衬砌内力

3.3 盾构法隧道不良地质段主要难点及应对措施

地铁海底隧道相对于一般城市地铁隧道,规模更大,穿越的地层更加多样,地质及水文条件更加复杂,厦门地铁3号线海底隧道下穿东海域,本岛陆域隧道主要穿越残积土,以及全、强风化花岗闪长岩等地层;海域范围隧道主要穿越中、微风化花岗闪长岩及数条大型风化槽;翔安侧隧道多穿越砂层及淤泥质土等海相沉积层。该工程地质特点鲜明,作为海底隧道建设的范例具有重要借鉴意义,本节以此为例,探讨盾构法隧道穿越海底不良地质段时采取的工程措施。

3.3.1 穿越风化槽破碎带

1)主要施工难点

风化槽破碎带是长大海底隧道建设过程中常见的不良地质现象,由于破碎带形态不规则、岩体软弱不均,地质条件常发生突变,施工事故也具有突发性,如突涌水、塌方等。厦门地铁3号线海底隧道泥水盾构段穿越钟宅断层组、东排山断层组等,断裂带与区间隧道斜交,影响范围内基岩风化剧烈,节理和裂隙极其发育,岩体破碎,基岩裂隙水发育,透水性强,与海水联系密切,施工中易发生开挖面失稳、盾构刀具磕损等事故,工程实施难度较大。

2)工程应对措施

(1)超前地质预报

勘察设计阶段针对风化槽边缘进行加密钻孔勘察,摸清大致的风化槽轮廓。施工阶段采用盾构机自带物探设备及水平钻探设备,进一步明确前方不良地质的准确位置。目前常用的TSP及HSP探测仪在准确度方面仍有待提高,须结合施工经验大队部分断层破碎带采用超前水平钻孔的方式,与物探结果进行对比分析。

(2)循环泥浆制备

泥膜质量对维持开挖面的稳定至关重要,优质的泥浆,其黏度、密度、析水率等指标均需满足要求。

①密度

泥浆密度不应过高或过低,过高将影响泥水将盾构切削土体输送至地面的能力,过低将降低泥水造墙性,减弱其对掌子面的支撑能力。泥水密度设置范围一般控制在 $1.05 \sim 1.20 \mathrm{g/cm^3}$ 之间。破碎带泥水应牺牲其携渣能力,提高其造墙性,泥浆密度应不低于 $1.20 \mathrm{g/cm^3}$。

②黏度

泥水的黏度是另一个主要控制指标。从土颗粒的悬浮性要求而言,要求泥水的黏度越高越好,根据泥水处理系统的自造浆能力,随着推进环数的增加,泥浆越来越浓,黏度也呈直线上升。因此泥水黏度的范围设在30s左右。

③析水量

析水量是泥水管理中的一项综合指标,它更大程度上与泥水的黏度有关,悬浮性好的泥浆就意味着析水量小,反之则大。泥水的析水量应控制在5%以下。降低土颗粒和提高泥浆的黏度,是保证析水量合格的主要手段。

(3) 盾构掘进控制

①进入断层前,应仔细研究断层性质,及时了解和掌握正面土体的扰动情况,针对开挖面不能自稳的土体,充分利用盾构机自身配置的超前注浆系统,提前对断层区域进行注浆预加固。

②进入断层后,盾构应采取低转速、低推力的方式进行掘进,减少对地层及掌子面泥膜的扰动。设定合理的气垫仓压力,根据潮汐变化适时调整气垫仓液位。加强工作仓及设备监测,做好渣样分析,充分利用监测信息指导施工。

③穿越断层后,及时跟踪监测成形隧道的变形情况,根据监测数据,及时进行补压浆。破碎带节理及空隙发育,透水性能强,壁后注浆应采取压力控制为主,增加同步注浆量,充分填充地层空隙,并在满足砂浆的运输及泵送条件下,适当增大砂浆浓度。

3.3.2 穿越孤石发育区

1) 主要施工难点

孤石发育区是海域盾构掘进过程中最突出的风险之一,主要原因有两方面:其一,孤石分布具有离散性,受地质钻孔布置密度及孔径限制,无法完全揭示区间发育孤石数量及规模;其二,孤石一般分布在强风化残积层中,与周围土层间的强度差异性大,小尺寸孤石可能随刀盘转动进一步损害刀盘刀具。厦门地铁3号线海底隧道勘察阶段探明孤石左线洞身4处,右线洞身3处,中微风化花岗岩两线共计700m。孤石天然单轴抗压强度80～140MPa,中微风化花岗岩单轴抗压强度最大达202MPa。孤石、硬岩不仅严重影响盾构正常掘进,导致工期滞后,还可能导致盾构卡机,管片错台渗漏水,从而影响工程质量。

2) 工程应对措施

(1) 孤石及基岩凸起爆破预处理

通过地质加密补勘,对发现的孤石及基岩凸起,在盾构施工前,采取地面(海面)钻孔爆破预处理措施,将其碎裂成小于30cm的石块,之后抽芯检验爆破效果,再注浆封堵爆破钻孔及抽芯孔。

(2) 高压进仓孤石处理

对盾构掘进过程中新发现和爆破未完全的孤石,需进行带压进仓处理。对于存在刀盘前方孤石,采用带压进仓静态爆破或液压碎裂手段;对于大量堆积在开挖仓底部,无法通过泥浆循环系统带出石块,采取带压进仓打捞手段。

(3) 盾构掘进控制

①在掘进过程中通过观察盾构机掘进的异常情况及掘进参数的异常变化(掘进振动大,推力、扭矩突然增大,盾构机有异响等),来判断是否遇到孤石。

②加强渣样分析,对泥水分离出来的渣土取样水洗,看其是否含有中风化(或微风化)岩石碎块来判断是否遇到孤石。

③盾构机通过孤石群掘进参数宜采用适当推力(16500～20000kN)、低转速(1.0～1.2r/min)掘进。

3.3.3 穿越上软下硬地层

1)主要施工难点

上软下硬地层对盾构施工的主要影响为盾构机易抬头、姿态难以控制,操作不当会造成盾构姿态偏移量过大。同时因无法对海床变形进行实时动态监测,若开挖量与出渣量不匹配,则容易造成开挖面上部软弱土体塌陷,甚至发生海床击穿、海水倒灌现象。

2)工程应对措施

(1)盾构姿态预控

①盾构掘进遵循慢、稳的原则,上软下硬地层中刀盘转速不超过 1r/min,贯入度不大于 10mm,掘进速度控制在 30mm/min 以内。

②将盾构姿态控制在设计轴线以下(4cm 左右),预留盾构偏移量。

③盾构机趋向(单位:mm/m)表示盾构机轴线与设计轴线的夹角。趋向为负,表示盾构机相对于轴线为低头状态。上软下硬地层应尽可能保持趋向在负值和零之间波动;除非盾构姿态向下偏移较大,需要向上调整时,才调整趋向为正值。向上或向下的趋向都不能过大,应控制在 ±3mm/m 内。

④根据偏移量、趋向建立姿态预警机制,并划分蓝、黄、红三个等级。偏移量达到 3cm 或趋向达到 3mm/m 为蓝色预警;偏移量达到 5cm 或趋向达到 5mm/m 为黄色预警;偏移量达到 10cm 或趋向达到 8mm/m 为红色预警,现场根据预警级别制定针对预案。

(2)纠偏措施

①低速度掘进一方面为纠偏过程提供较长的时间,另一方面可逐步验证采取措施是否得当。纠偏过程中应将推进速度降低至 10mm/min 左右。

②纠偏应先着手于趋向的改变,即逐步增加分区千斤顶的压力差,若趋向发生有利变化,即使偏移量还在增加,也可认为盾构姿态调整取得效果。

③打开超挖刀,利用超挖刀超挖掌子面来强制盾体低头下行(由于超挖刀磨损后更换难度较大,一般不推荐使用,除非特殊情况)。

④盾构纠偏应缓慢进行,每环盾构姿态改变量应控制在 10mm 以内,防止纠偏过急使得盾尾挤压已拼装管片。

⑤纠偏过程中应时刻注意盾尾铰接千斤顶的压力,如压力突然上升,则表示纠偏过急。千斤顶推力应控制在 150bar 以下,防止管片破碎或产生裂缝。

(3)其他技术措施

①合理选择刀盘刀具,主要利用滚刀破岩,控制好掘进参数并做好同步注浆等辅助工作,满足不同地层条件的要求。

②盾构机应配备泥浆密度监测及出渣量核算设备,使得出渣量应与进尺相匹配。

3.3.4 穿越长距离高强度全断面硬岩

1)主要施工难点

盾构在全断面硬岩地层掘进时,容易发生刀具异常磨损进而导致刀箱、刀盘磨损;刀具变形脱落;成形管片上浮;盾构推力过大导致管片受损等问题。厦门地铁 3 号线海底隧道左线盾构需穿越163m全断面中微风化花岗岩闪长岩,右线盾构需穿越217m全断面中微风化花岗岩闪长岩。岩石强度高,中风化花岗闪长岩强度30.13~85.4MPa,平均61.18MPa,微风化花岗闪长岩饱和单轴抗压强度78.37~174.53MPa,平均106.21MPa,最高强度202MPa。基岩段分布较为集中,且岩石强度和石英含量均较高,对盾构正常掘进存在挑战。

2)工程应对措施

(1)盾构刀盘、刀具改造

①对刀盘进行耐磨性改造,增加刀盘的耐磨性。根据以往的经验,刀盘外周环的前面、外周表面和后面最易磨损,在刀盘圆周面、刀盘辐条及格栅等结构堆焊网格状高强度 HARDOX450 特种耐磨钢条,增加刀盘的耐磨性。

②为保证长距离盾构掘进过程中刀具的正常使用,不产生刀具松动、脱落等现象,对盾构机刀具进行加固,将连接螺栓的螺母与盾构机刀盘之间用 $\phi 8mm$ 的钢筋进行焊接,防止连接螺栓的松动、脱落。

(2)盾构掘进控制

①全断面硬岩地层掘进采用低贯入度、高转数掘进原则,刀盘贯入度介于 $1\sim 3mm/r$,刀盘转速介于 $2\sim 2.5r/min$。

②定期检查刀具,就是在掘进中应每隔 $1\sim 2$ 环进行刀具的检查和量测。在遭遇地质突变,掘进参数异常以及渣土出现异常等特殊情况时,应立即进行刀具检查。

③刀具在正常磨损情况下的更换标准为:边缘滚刀磨损超过 $8\sim 10mm$,中心滚刀磨损超过 $15\sim 20mm$ 时就需要进行更换。此时磨损的刀圈刀刃变宽,其冲击压碎和切削岩石的能力降低,盾构掘进时的推力和扭矩就会增大,从而加大了盾构液压系统和电机系统的负荷,严重降低掘进效率。对非正常磨损的损坏的刀具也需及时进行更换。一旦一把刀具失去作用,势必将加重相邻刀具的负荷,加快相邻刀具的损害,造成连锁反应,产生不可挽回的重大损失。

④盾构推进过程中应控制好姿态,避免频繁纠偏。在硬岩中,若不断调整盾构姿态会使滚刀受力不均,而某个方向受力过大可能导致局部刀具变形损坏,同时过大的纠偏量还会出现后期盾构卡壳的现象,使得推力增加、速度降低、管片破损。

(3)管片防上浮、破损措施

①同步注浆尽可能选择初凝时间短的浆液,初步拟定初凝时间 $6\sim 10h$。及时采用双液速凝浆液进行二次注浆,双液速凝浆液在浆液性能的选择上应保证浆液的充填性能、初凝时间与早期强度,限定扩散范围以防止流失。

②盾构机姿态控制。

盾构机过量的蛇形运动必然产生频繁的纠偏,纠偏的过程使得管片环面受力不均匀,故要求盾构机掘进过程中必须控制好盾构机的姿态,尽可能地沿隧道轴线做少量的蛇形运动。发现偏差时应及时逐步纠正,不要过急过猛地纠正偏差,避免人为造成管片环面受力不均匀,根据厦门地铁3号线海底隧道统计结果,每环管片纠偏量不应大于每环3mm,可有效防止管片上浮及破损。

③合理控制盾构机掘进高程。

在施工过程中,根据检测到的管片上浮的统计值,通过和隧道设计轴线的比较,确定盾构掘进高程降至设计轴线预上浮值,以此来抵消后续掘进的管片上浮值,使隧道轴线最大程度地接近设计轴线。

3.3.5 穿越浅覆土砂层

1) 主要施工难点

虽然泥水平衡盾构相对于土压平衡盾构在软弱或富水地层中掘进具有较大的优势,但在浅覆土透水砂层中掘进时,若控制参数设置不合理或应对措施不当,也可能击穿上覆地层,导致隧道与海水直接贯通。厦门地铁3号线海底隧道在翔安一侧穿越中、粗、砾砂层,根据地勘资料显示,砂层为中密~密实状态,成分主要为石英,含少量黏粒,为强透水层。该段隧道的最小覆土厚度介于 12.5~13.6m,从上至下依次为淤泥、粉细砂层、砂层,海水深度约 8m。为控制海床变形及开挖面稳定,施工中采取了一系列风险控制措施。

2) 工程应对措施

(1) 切口压力控制

根据以往工程类似地层的经验,设定切口泥水压力 P = 水土压力 + 附加压力,附加压力设定为 10~20kPa。开挖面是一种动态的平衡,因此对切口泥水压力的管理应该是动态的。盾构在海底施工时,无论是掘进阶段还是停止掘进阶段,必须动态设定切口压力并防止切口压力的波动,保证土体稳定的同时又不击穿覆土层。

(2) 开挖量控制

掘进过程加强计算开挖量与实际出渣量之间的匹配性分析。根据理论计算,盾构掘进一环(1.5m)的干砂量 G 为 $46.43m^3$。实际单环干砂量 G' 的测算是将 γ 线密度计安装在送泥管和排泥管途中,测量管内的流量和密度,从排泥量和送泥量的差值上计算出实际干砂量。之后根据 $g = (G' - G)/G$ 得出超挖率 g,当 $g > 10\%$,则开挖面有可能发生塌方或地层出现塌陷。

(3) 泥浆质量控制

在透水砂层中掘进,优质的泥膜是开挖面稳定的重要因素之一,高质量泥膜可以防止土仓内泥浆流失,维持开挖面泥水压力的稳定,从而保持开挖面稳定。盾构掘进过程随时对泥浆质量进行检测,每环至少检查一次,若泥浆质量不能满足要求,则在泥浆中加入膨润土和羧甲基纤维素(CMC),确保泥浆质量合格。

(4) 注浆控制

管片背后注浆是控制地表沉降、隧道渗漏、管片上浮和错台的重要措施。要达到较好的填充效果,一般应保证注浆量是理论值的 120%~150%。注浆量还应结合注浆压力进行控制,注浆压力一般控制在超出切口压力 60~80kPa 之间。若压力明显增大,则暂时停止注浆,以免注浆压力击穿地层。

(5) 姿态控制

海底隧道底部局部有砂层,由于盾构前体较重,盾构在砂层中掘进容易出现"栽头"现象。因此在掘进过程中,盾构姿态始终保持稍微抬头趋势,俯仰角控制在 3~5mm/m。同时保持盾构轴线与设计轴线在水平方向和垂直方向偏差在 ±20mm 之内,一旦出现姿态偏差过大,立即进行调整,但应避免紧急纠偏,且纠偏操作逐步进行。

(6) 盾构密封管理

盾构密封管理主要是指盾尾密封管理和铰接密封管理,它是避免盾构在透水砂层穿越江底可能造成灾难性后果的关键所在。由于盾构掘进以后盾尾密封和铰接密封的修补更换非常困难,因此必须采取适当措施并加强管理以保证盾构的密封效果。

3.4 矿山法隧道不良地质段主要难点及应对措施

矿山法隧道适用于具有较高强度和自稳性的岩石地层,相对于盾构隧道具有施工组织灵活、基岩段施工效率高的优点。但由于强烈的地质作用,海底隧道场区分布着密集的裂隙及断层,部分受风化作用逐步发展成大型风化槽,矿山法隧道穿越这些地层时面临掌子面突水、涌泥甚至塌方冒顶的风险。本节结合厦门地铁3号线海底隧道工程地质特点,介绍矿山工法穿越风化槽和基岩裂隙带的风险控制措施。

3.4.1 矿山法隧道穿越风化槽

1)主要施工难点

矿山法隧道穿越海底风化槽面临的主要风险有:

(1)风化槽边缘范围的不确定性,受限于物探手段精确度以及钻孔数量问题,风化槽与基岩地带的边界并不精准,若不能及时调整矿山法隧道的开挖进尺和超前支护措施,则极易引发塌方、涌水,乃至冒顶事故。

(2)风化槽内的填充物遇地下水发生软化,自身稳定性变差,对支护结构的压力也明显增加,若不采取适宜的预加固措施,则掌子面稳定性和初期支护变形难以控制。厦门地铁3号线海底隧道左线分布F1、F4、f2、f4四个风化槽,右线分布F1、F4、f1、f3、f4五个风化槽,累计长度超过1km,施工难点极为突出。

2)工程应对措施

(1)超前地质预报

工程以"安全第一、预防为主"为设计原则,将超前地质预报作为施工前的第一道工序。超前地质预报方法根据实施手段可分为地质分析法、物探方法、超前钻探预报法;根据预测距离可分为长距离、中长距离和短距离三种。长距离预报,主要采用地质分析法,根据地面测绘和其他基础资料对隧道通过区的地质界线、地层岩性、地质构造、围岩级别、储水构造、富水规模、岩溶发育规律及特征、其他不良地质及特殊地质发育情况进行长距离、宏观预测预报,预报距离一般在掌子面前方200m以上,并根据揭示情况进行不断地修正。中长距离预报,主要采用地震波反射法或声波反射法、深孔水平钻探等对掌子面前方30~200m范围内的地质情况做进一步的预报,例如对不良地质体的位置、规模、性质作较为详细的预报,粗略地预报围岩级别和地下水情况等。短距离预报:主要采用掌子面素描、红外探测、地质雷达和超前钻孔等方法进行预报,探明掌子面前方30m范围内地下水出露、地层岩性及不良地质发育情况等,对可能发生突泥、突水和其他不良地质情况的地段进行钻孔验证。

以上超前地质预报方法的主要针对不良地质体、探测距离、适用条件各有不同,现场应结合工程具体地质风险,以超前水平钻孔为必选方法,搭配若干物探方法,制定综合超前地质预报方案,常用的地质预报方法及其特点对比见表3.4-1。

常用的地质预报方法对比　　　　　　　　　表 3.4-1

预报方法	适用性	预报距离	费用	对施工的干扰	受场地条件的限制
地质调查法	所有不良地质预报	30m 左右	低	除开挖工作面地质素描外,几乎不占用隧道施工时间	盾构施工无法开展隧道洞内地质调查
超前钻探法	所有不良地质预报	视孔深而定	高	占用隧道开挖工作面施工时间长	无
地震波反射法	主要对断层、软弱夹层(含煤层)、岩溶前界面等界面位置预报,可分析确定界面间介质性质	100~200m	较高	需在隧道边墙上钻凿 24 个深 1.5m 的激振炮孔,2 个深 1.5m 的接收钻孔,炸药爆破激发地震波,现场测试时间约 1h	施测现场地震波接收孔至隧道开挖工作面间需清场并停止洞内爆破施工作业
电磁波反射法(地质雷达探测)	主要对断层、软弱夹层(含煤层)、岩溶前界面等界面位置预报,可分析确定界面间介质性质	≤30m	适中	无须任何准备,现场测试时间 30min	测线附近不得有管线等附着物
红外探测法	主要对含水围岩岩体位置预报,但水量大小无法确定	≤30m	适中	无	对集中涌水效果较好;受隧道洞内空气温度影响明显

(2)超前帷幕注浆

厦门地铁 3 号线海底隧道在借鉴以往经验的基础上,对暗挖隧道超前预加固技术进行研究探索,总结形成台阶法帷幕注浆工法,提高了注浆施工效率,更易于控制注浆范围和质量,提高了围岩的自稳能力,更易控制隧道变形。

①注浆方案

选择注浆方案的主要影响因素有地质及水文情况、设计要求、隧道埋深、施工工艺、机械设备型号等,其中地质及水文情况是注浆加固堵水方案的最重要影响因素。表 3.4-2 列出了软弱围岩段注浆方案对比。

软弱围岩段注浆方案对比　　　　　　　　　表 3.4-2

超前预注浆方案	适用地质情况
全断面超前预注浆	前方围岩岩体风化严重,断面无法自稳,地下水丰富
局部断面超前预注浆	前方局部围岩节理裂隙较发育或破碎风化严重,其余部位围岩较完整
隧道周边帷幕注浆	前方围岩风化较严重,周边岩土体无法自稳
超前大管棚或小导管注浆	作为全断面、周边和局部超前预注浆的辅助加固手段

②注浆工艺

根据以往海底隧道注浆经验表明,对于富水软弱不良地质段,一般以一次性注浆和分段前进式注浆为主,以分段后退式注浆为辅,分段长度一般为 3~5m。表 3.4-3 列出了一次性注浆和分段前进式注浆的工艺对比。

主要注浆工艺对比　　　　　　　　　　　　　　　　表 3.4-3

注浆工艺	适用地质情况	优点	缺点
全孔一次性	浅埋易成孔	简单、方便、高效	注浆质量依赖钻孔效果
分段前进式	富水、破碎难成孔	安全、适用性广、孔前段注浆质量有保证	工艺复杂,扫孔工作量大,塌孔后质量不易控制

③注浆材料

注浆应选择无毒、无污染材料,并满足防水、加固要求。普通硅酸盐水泥单液浆的材料来源丰富,价格低廉,注浆工艺相对简单,但颗粒粒径较大,在微小裂隙条件下渗透困难,且凝胶时间不易调节,注浆过程中浆液易流失;而超细水泥浆性能稳定,其析水性、流动性显著改善,且水泥经过特殊磨细加工,能渗入细砂层和岩石的细小裂隙中;此外,硫铝酸盐水泥浆液结石体具有较高的强度和耐久性,凝胶时间可控,有效弥补了普通硅酸盐水泥单液浆凝结时间长的缺点。

④注浆参数

a.注浆段长:加固长度应综合考虑工程水文地质、机械设备性能、预留止浆墙厚度等因素,每循环注浆段长为25m。

b.注浆范围:加固范围取决于注浆后围岩强度和抗渗性能两方面,范围过小达不到预期加固堵水效果,影响工程质量和现场安全;范围过大造成经济资源浪费。通过物理力学计算并结合工程经验确定横向加固范围开挖轮廓线外 5m。

c.扩散半径:扩散半径的大小一般采取工程类比法,根据地质水文情况、注浆材料种类、注浆范围大小,从而调整浆液扩散半径为 1.5m。

d.注浆压力和速度:注浆压力一般通过工程类比、现场试验、经验计算和数值模拟等方法确定,通常裂隙岩体注浆压力一般要比静水压力大 0.5~1.5MPa,依据水压确定注浆压力为 1.5~2.5MPa。

e.注浆孔设计:注浆孔设计要以浆液扩散不出现空白为原则,在保证注浆加固堵水要求的条件下,依据扩散半径,结合实际地质特殊情况,兼顾整体局部,确定注浆孔数目并合理布孔,厦门 3 号线海底隧道全断面帷幕注浆孔布置如图 3.4-1 所示。

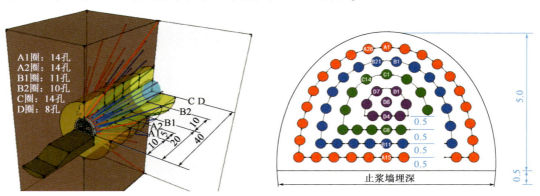

图 3.4-1　全断面帷幕注浆孔布置(尺寸单位:m)

⑤地层加固质量检测

注浆效果是决策开挖施工方案的依据,依据现场钻孔所揭示的地质状况,注浆结束后,采取注浆 P-Q-t 曲线分析(图 3.4-2)、注浆前后涌水量对比和反算注浆后地层浆液填充率,对注浆效果进行评价。此外,选择可能出现的薄弱环节进行钻孔检查,检查钻孔不坍孔,不涌泥,若涌水量小于 $0.2L/(m \cdot min)$,则证明注浆效果达标。

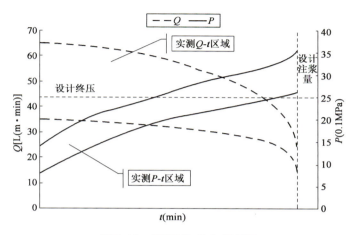

图 3.4-2　实测注浆 P-Q-t 区域图

(3)风化槽开挖支护

①超前支护

风化槽超前支护方式有超前大管棚和超前小导管两种。采用无工作间管棚施作技术,在标准断面采用设备将管棚顶到开挖断面外。该技术不需要扩大断面,不切割大量的管棚,因此降低了施工风险,提高了工效,节约了投资成本。超前小导管作为管棚的补充措施,与格栅钢架形成有效连接。超前管棚施工工艺如图 3.4-3 所示。

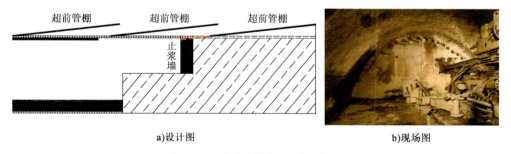

图 3.4-3　超前管棚施工工艺示意图

②开挖工法

风化槽开挖工法分为三台阶、三台阶预留核心土法。开挖工法应根据地质情况和地层加固情况确定,原则上在确保安全条件下,应从简单到复杂,尽可能减少开挖步骤。一般情况下风化槽过渡段采用三台阶,纯风化槽段采用三台阶预留核心土法。

a.三台阶:该工法一般适合于风化槽过渡段,上台阶每循环开挖进尺不大于 1 榀钢架,边墙开挖进尺不大于 2 榀,仰拱开挖前必须完成钢架锁脚锚杆(管),每循环开挖进尺不大于

3m,如图 3.4-4 所示。

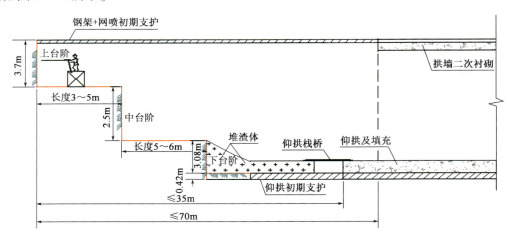

图 3.4-4　三台阶法施工示意图

b. 三台阶预留核心土法:该方法适合于纯风化槽段,利用核心土稳定掌子面,之后开挖两侧边墙、中部核心土,最后开挖仰拱。该工法步骤多,工艺要求高,安全系数高,如图 3.4-5 所示。

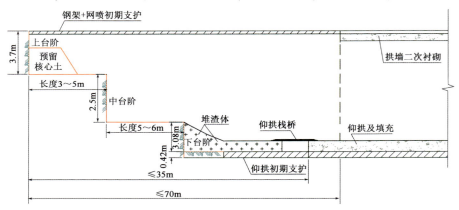

图 3.4-5　三台阶预留核心土法施工示意图

③初期支护

初期支护:格栅拱架 + 双层钢筋网 + 喷射混凝土,其施工组织步序如图 3.4-6 所示。

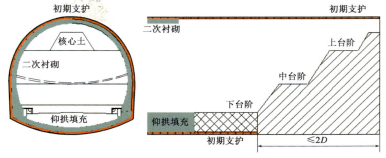

图 3.4-6　初期支护施工示意图
D-隧道外径

隧道Ⅴ级围岩采用台阶法开挖时，必须设置锁脚锚杆（管）等控制拱（墙）脚位移的措施。钢拱架宜采用八字节格栅拱架。钢拱架应工厂化制造，出厂前必须进行检验、试拼装。喷射混凝土原则上采用湿喷工艺，特殊地质条件下可另行设计。

3.4.2 矿山法隧道穿越富水基岩裂隙带

1）主要施工难点

厦门地铁3号线海底隧道在海中基岩面整体较高，但受区域构造地质作用的影响，围岩的节理、裂隙较为发育。在施工过程中，表现为围岩变化频繁，裂隙水极为发育，日出水量可达到26000m^3，其出水段落及水量如图3.4-7所示。

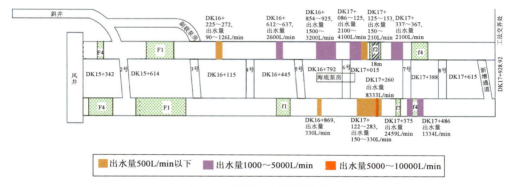

图3.4-7　隧道出水段落统计图

现场施工记录表明，出水量较大的段落主要集中在隧道最低点及海域中部风化槽（f2、f3、f4）附近，出水状态如图3.4-8所示。地勘揭露为中风化及微风化花岗闪长岩，裂隙较发育，定级为Ⅱ～Ⅲ级围岩不等。突发裂隙水不仅影响正常施工进度，且容易引发塌方掉块等次生事故，同时存在裂隙水堵漏困难，水量控制难以达到设计要求，因此对永久运营排水系统也将形成考验。

图3.4-8　现场裂隙出水照片

2）工程应对措施

（1）加强地质预判

经过分析，基岩裂隙带往往与相邻隧道的小型风化槽呈伴生关系。因此应结合既有地勘资料和先行洞暴露的地质情况，对隧道的潜在裂隙发育段进行初步判断。梳理关注以下区段：左右线支护等级相差2级以上；物探基岩面与钻孔结果不一致；基岩面起伏较大段落，经风化槽走向推断或物探显示的潜在破碎带。

①超前水平钻孔

针对潜在的基岩裂隙带,应至少布置 5 个超前水平钻孔,分别布置在拱顶、两侧拱肩和两侧拱脚,如图 3.4-9 所示。掌子面中部可根据现场地质素描情况,增加中部钻孔。钻孔水平投影长度 30m,前后相邻循环搭接 5m,外插角度 10°~15°。钻孔成孔后应尽快施作孔口法兰和止水装置,在测量水量和静止水压力之后进行注浆封孔。

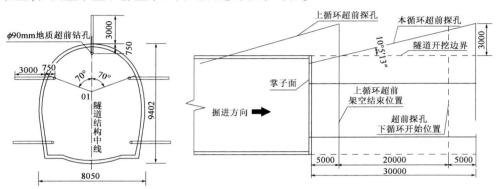

图 3.4-9　超前水平钻孔(尺寸单位:mm)

②超前物探手段

针对地下水的物探手段主要为红外探水,针对基岩裂隙带的物探手段主要为 TSP(地震波反射法)和地质雷达(电磁波反射法)。物探手段主要作用为定性评价前方基岩裂隙与地下水发育情况,辅助钻孔分析掌子面短距离内地质体。

(2)裂隙填充注浆

①周边帷幕注浆止水

针对超前地质预报发现,水平探孔证实的富水裂隙带,主要采用周边帷幕注浆方式进行预处理堵水,如图 3.4-10 所示。掌子面周边注浆孔间距 3m(可根据现场实际情况调整注浆长度、增加注浆孔数),注浆孔自掌子面沿开挖方向,以隧道中轴线为中心呈伞状,注浆孔位置距主隧道外轮廓线 5m,注浆段长度为 15m,一个注浆段完成后留 5m 不开挖作为下一注浆段的止浆岩盘。

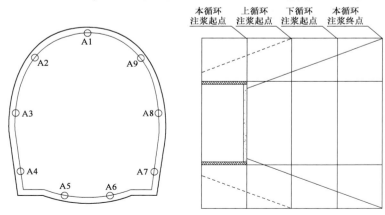

图 3.4-10　周边帷幕注浆止水示意图

②径向补充注浆止水

针对开挖后大面积淋水或股状涌水的部位,在集中出水部位周围不小于2m范围内布设注浆孔,如图3.4-11所示。注浆孔间距1.5m,孔径56mm,孔深4.0m,梅花形布置,孔内安装止浆塞或$\phi 32$mm花管进行注浆处理,分孔实施,由四周向中间、由下向上的原则进行注浆。

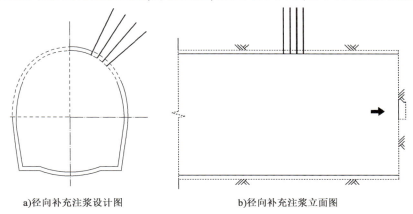

a) 径向补充注浆设计图　　b) 径向补充注浆立面图

图3.4-11　径向补充注浆止水

（3）突发涌水的处理

①掌子面封闭

对于掌子面稳定性较好、裂隙水呈面状且流量不大时,采用喷射混凝土和钢筋网支护相结合的方式进行掌子面封闭,如图3.4-12所示。掌子面采用厚15cm、C20喷射混凝土结构形式,并加设$\phi 20$mm纵向连接钢筋、内外绑扎钢筋网片。

图3.4-12　掌子面紧急封闭照片

针对掌子面局部坍塌,大量涌水的情况,则应立即采用洞渣进行局部堆填,并喷射混凝土或模筑固定。其后利用型钢工作架搭设骨架,打设放射状锚杆与周边围岩连接,最后喷射钢筋混凝土形成封堵墙。

②隧道内引排水

排水是隧道涌水处理的重要方法,为了将涌水及时排出,在下台阶涌水位置前方设置集水坑进行抽排,即设置一个1m×1m×1m的集水坑。对于渗流部位有格栅钢架的,应在喷射混凝土封闭面设置引排水管,确保地下水有序排放。地下水的抽排采用分级提升,每隔600m(联络通道处)设置一处中转泵房,逐级提升至隧道外。

③注浆封堵

注浆是利用重点突水部位进行周边高压注浆,利用引水管出水量判定注浆效果的方式。普通水泥单液浆水灰比为(0.4~1.0)∶1。

(4)永久排水系统加强

海底矿山法隧道一般采遵循"以防为主,限量排放,刚柔并济,多道设防,因地制宜,综合治理"的原则。根据设计给定的排放标准[一般为 $0.2 \sim 1.0 m^3/(m \cdot d)$]进行注浆主动堵水;利用衬砌排水孔、纵向排水沟、废水泵房组成的一整套排水体系,将剩余地下水排出洞外。

针对裂隙出水集中区域,应采取以下的排水加强措施:①加密拱脚处的衬砌排水孔(普通段单侧间距15m处排水孔,加强段间距5m),避免地下水集中于隧道最低点,进而增加衬砌背后水压力;②针对多次径向补充注浆仍呈滴漏状态的出水点,采用盲管将水点对点引排至拱脚排水孔位置,避免衬砌背后面状渗水;③裂隙出水端底板排水路径采用仰拱初期支护满铺凹凸排水板的方式,避免仰拱积水。

3.5　本章小结

盾构法与矿山法是目前国内外最常使用的两种海底隧道修建工法。矿山法一般用于岩石地层,要求上部有较厚的覆盖层,矿山法施工的机械化程度相对较低,但是具有工程造价较低、不良地层处理手段灵活等优势。盾构法一般用于软土地层,由于开挖扰动小、盾体支护及时等原因,对上部覆土厚度要求较为宽松。此外,盾构施工的机械化程度较高,现场作业环境较矿山法有很大改善,但是受限于设备功能,对高强度硬岩、软硬不均地层的适应性不佳。超长跨海隧道所处的环境复杂多变,单独一种工法无法满足差异性需求。为此,厦门地铁3号线海底隧道和青岛地铁8号线海底隧道在综合考虑了地质适应性、周边环境影响、施工风险、工期、造价等因素后,采用了盾构+矿山的组合工法,采用盾构法穿越砂层及强风化地层,而海域中部基岩面较高区段则采用矿山法通过,两种工法在海底进行对接。

在实现工法与环境匹配度最大化的情况下,两种工法仍需克服局部的不良地层,其中盾构段面临的主要问题包括穿越风化槽基岩破碎带、孤石分布区、软硬不均地层、高强度全断面硬岩以及浅覆土砂层。解决问题的思路主要从加密勘察钻孔、条件允许时采取必要的预处理措施(如爆破、注浆等)、针对性调配循环泥浆、合理控制盾构掘进参数、加强同步注浆及二次注浆等方面入手,尤其是要根据地质特点选配适宜的盾构设备,重视刀盘、刀具选型,此外盾构机应具备超前物探、超前注浆、设备监测系统。

矿山段面临的主要问题为穿越风化槽和富水基岩裂隙带。风化槽段掌子面岩体的自稳能力较差,在地下水渗透、浸泡作用下,呈现快速崩解、软化的状态。解决该问题的思路主要为加强风化槽,尤其是边缘区域的超前地质预报,以超前水平钻孔为主,搭配长短距离物探,准确框定风化槽范围;根据地质预报结果选用不同的帷幕注浆方案加固前方土体并降低渗透性;采用小导管+管棚进行超前支护，并结合断面尺寸及施工便利等因素合理选用台阶法、核心土法等开挖工法。针对富水基岩裂隙带，须加强地质分析，提前发现问题并解决问题，利用完整的止浆岩盘对前方出水裂隙进行补充注浆堵水。

本章参考文献

[1] 中铁隧道勘测设计院有限公司.厦门市轨道交通3号线过海隧道工程专题研究[R].2014.

[2] 中铁隧道勘测设计院有限公司.厦门市轨道交通3号线工程五缘湾站—刘五店站区间施工图设计文件[R].2015.

[3] 杜宝义,宋超业,贺维国,等.一种跨海地铁隧道盾构始发端头加固方法[J].隧道建设,2017,37(06):761-767.

[4] 贺维国.明暗结合法在地铁车站设计中的运用[J].西部探矿工程,2002(03):74-75.

[5] 宋超业,贺维国.厦门轨道交通3号线复杂环境过海区间隧道设计关键技术[J].隧道建设(中英文),2018,38(03):414-420.

[6] 宋超业,贺维国,吴钇君.高水压过海盾构隧道建设关键技术可行性初探[J].隧道建设(中英文),2020,40(05):717-726.

[7] 住房和城乡建设部科技发展促进中心.盾构法隧道施工及验收规范:GB 50446—2017[S].北京:中国建筑工业出版社,2017.

[8] 曹威.盾构法隧道施工中地层特性对地表沉降的影响[J].建设科技,2022,08(02):126-128.

[9] 郭卫社.越海盾构施工技术:台山核电站1号、2号机组海底取水隧洞工程技术总结[M].北京:中国矿业大学出版社,2015.

[10] 蒋超.佛莞城际铁路狮子洋隧道盾构选型研究[J].施工技术,2016,45(23):67-71.

[11] 丁志诚,张志勇,白云.广州地铁隧道施工中的盾构选型及盾构改进应用[J].岩石力学与工程学报,2002,21(12):1820-1823.

[12] 王定宝.狮子洋隧道水底盾构江中对接施工[C]//中国隧道与地下工程大会分会.《现代隧道技术》编辑部,2016:713-716.

[13] 孙波,傅鹤林,张加兵.基于修正惯用法的水下盾构管片的内力分析[J].铁道科学与工程学报,2016,13(05):929-937.

[14] 朱合华,陶履彬.盾构隧道衬砌结构受力分析的梁-弹簧系统模型[J].岩土力学,1998,(02):26-32.

[15] 范国刚,贺维国,周华贵,等.盾构刀具对软土中孤石和硬岩凸起可掘性判别装置及方法:中国,202210227930.5[P].2022-06-14.

第 4 章
超长海底隧道地震响应分析研究

4.1 概述

与大量地面结构震害相比,隧道等地下结构的大规模建设相对较晚,大部分地下结构还未经受过强震的考验,震害资料相对较少,以至于一段时间内,地下结构的抗震研究工作并未得到足够的重视。地下结构的抗震设计仍然沿用地面结构的抗震设计方法,即结构的抗震性能受自身水平惯性力控制,从而认为在周围岩土介质的约束下,地下结构的水平惯性力不大,其抗震性能应远优于地面结构。

但近些年来,世界多次地震灾害现象显示,现有的地下结构在强震作用下并不一定安全,有时甚至会发生较为严重的破坏。

1906 年美国旧金山 8.3 级地震中,发生了大量地下结构的破坏现象,城市配水管网发生上千处破裂。1923 年日本关东 7.9 级地震中,100 多座隧道发生严重破坏,不少地方拱部和边墙出现塌落,多处衬砌发生开裂甚至出现大变形和错动。1933 年美国长滩 6.3 级地震中,7 处地下管道发生破坏,并且引起严重火灾。1952 年美国圣安德烈亚斯断层附近的克恩地区发生 7.7 级地震,4 条处于断裂带的铁路隧道发生严重扭曲破坏。1971 年美国圣费尔南多 6.6 级地震中,地下隧道、运输管道等均受到严重破坏。1975 年我国海城 7.3 级地震中,营口、盘锦等地区近 400 处地下输水管道发生破坏。1976 年我国唐山 7.8 级地震中,唐山市地下结构出现大面积破坏,城市输水系统、地下矿道和地下室等结构发生严重破坏,甚至出现地下人防工程倒塌的现象。1978 年日本伊豆近海地区发生 7.0 级地震,多条隧道结构出现破坏,震害调查显示,多数隧道的破坏是由较大的水平剪切位移所引起。1985 年墨西哥近海 8.1 级地震中,各类地下管道均有损坏,城市地铁地下结构也受到了不同程度的破坏。

1995 年日本阪神地震,30 座隧道受轻、中度损坏,10 座隧道受到严重破坏,如图 4.1-1 所示。其中,大开车站—永田町站之间 120 余米的区间隧道完全塌毁,大开车站约 231 根中柱出现了严重的弯曲和剪切裂缝,有的甚至被压溃。这一灾难提醒人们地下结构存在地震破坏风险,同时也揭示了当时地下结构抗震设计方法存在的重要缺陷。

a) 顶拱剥落　　　　　　　　　　　　　　b) 侧壁压缩破坏

图 4.1-1　阪神地震时的隧道破坏

1999年台湾集集地震中,许多输水隧道遭受严重破坏,其中50%是由于土体震动造成的剪切破坏,另外50%是由于土体滑移和液化造成的。1座隧道遭断层错动剪断损坏,此外该断层上盘区域共50座隧道遭到损坏(13座损坏严重),下盘区域有3座隧道损坏(1座损坏严重)。在2004年日本新潟地震中,共有24座隧道因地层挤压遭受严重破坏,其中部分隧道离震中较近,损害情况较为严重,需震后进行修复加固,如图4.1-2所示。

a) 衬砌脱落　　　　　　　　b) 隧道仰拱　　　　　　　　c) 纵向开裂

图4.1-2　新潟地震时的隧道破坏

2008年5月12日我国发生了汶川地震(里氏Ⅷ级),根据四川省交通厅公路规划勘察设计研究院的调查统计,56座隧道发生了不同程度的损坏,其中23座损坏程度较重,而位于都汶公路上的龙溪公路隧道拱顶塌方严重,如图4.1-3所示。汶川地震中隧道洞口段震害的主要表现为洞口边仰坡垮塌、掩埋洞口;洞口落石,局部边仰坡地面开裂变形;边仰坡防护、截排水沟开裂变形;洞门墙开裂、渗水(未垮塌);衬砌开裂变形、渗水等。洞身段的主要震害形式为衬砌出现纵向、环向和斜向裂缝并渗水;地下水积聚;衬砌掉块、错台,衬砌边墙局部或上部拱圈整体掉落;钢筋扭曲变形甚至断裂;路面、电缆沟开裂、错台,路面仰拱沉陷或隆起;钢支撑扭曲变形、锚杆垫板脱落;隧道整体塌陷封洞等。洞身初期支护和二次衬砌发生严重损坏的地段大多处于高地应力区段或者穿越软弱破碎带区域。

a) 拱部地震塌方　　　　　　　　b) 进口拱顶二次衬砌塌落

图4.1-3　汶川地震时的龙溪隧道破坏

上述震害警示我们对于地下结构抗震安全的认识还未深入,之后大量调查总结工作的开展使人们逐渐认识到地下结构的地震响应主要受到周围岩土介质的变形控制而不表现其自振特性,这是地下结构地震响应区别于地面结构的重要特征。因此,地下结构的抗震安全性研究受到学术界和工程界前所未有的关注。2006年颁布的《铁路工程抗震设计规范》(GB

50111—2006)指出:隧道抗震设防目标应达到抗震性能要求Ⅱ,抗震计算方法可采用静力法。2013年颁布的《公路工程抗震规范》(JTG B02—2013)指出:隧道的地震作用可按静力法计算。2014年颁布的《城市轨道交通结构抗震设计规范》(GB 50909—2014)指出:对于重点设防类的区间隧道结构,性能要求Ⅰ时可采用反应位移法或反应加速度法,性能要求Ⅱ时可采用反应加速度法或非线性时程分析方法。

2016年开工,2022年建成通车的汕头海湾隧道是我国首座位于8度地震烈度区的超大直径海底隧道,隧道全长5300m,结构外径达14.5m,隧道主要位于淤泥质土、粉细砂地层中,局部穿越上软下硬的花岗岩基岩突起地段。该项目由于地震烈度高、地质变化差异大,隧道地震作用显著,因此在设计过程中便对其地震作用与响应规律开展了大量的数值模拟研究,包括横断面地震作用计算、局部三维实体抗震性能分析、整体纵向抗震性能分析等,得出以下主要研究结论:隧道横断面计算显示,现有结构已具有足够的抗震承载力,无须再做额外处理;整体纵向计算表明,盾构隧道在地震作用下会导致环缝大量张开,对海底隧道而言,当张开量过大时将导致海水的大量渗漏,从而危及隧道安全,因此,通过在特殊地段设置具有防水能力的消能减震装置(图4.1-4),使发生地震时隧道变形相对集中,从而减小一般地段管片的环缝张开量,以保证隧道安全;而隧道内二次衬砌的存在会放大地震作用,引起结构内力增大。

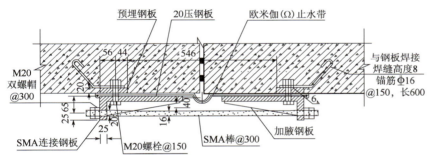

图4.1-4 汕头海湾隧道消能减震装置示意图(尺寸单位:mm)

厦门地铁3号线海底隧道(即五缘湾—刘五店区间隧道,简称"五刘区间")区间全长4.9km,采用盾构+矿山组合工法修建,地震作用分析时具有以下主要特点:

(1)隧道下穿海域长,地质条件复杂多变,穿越地层包括砂层、黏土以及全风化、强风化、微风化花岗岩,同时还遇到多个风化深槽、地质断裂带,穿越地层纵向不均匀程度大。

(2)区间采用盾构+矿山组合工法修建,盾构段与矿山段结构刚度不同,从而抗震性能和地震响应规律不同。对接部位对接刚度过大则会产生应力集中,威胁结构安全,而对接刚度过小则会出现过大的变形,不利于结构防水和正常使用。

设计阶段,五刘区间开展了一系列复杂场地环境下长大海底隧道结构抗震设计分析研究,结合工程特点进行了计算方法、抗震性能、模型试验等方面的研究与探索,并以此开展了相关结构设计优化工作,以保障海底隧道在地震作用下的结构安全。

基于上述案例,本章将对长大海底隧道的地震响应分析方法予以全面介绍,并重点开展复杂场地条件以及组合工法对接等抗震不利条件下的地震响应分析研究。

4.1.1 抗震设防要求

(1)抗震设防目标

依据住房和城乡建设部下发的《市政公用设施抗震设防专项论证技术要点(地下工程篇)》及《城市轨道交通结构抗震设计规范》(GB 50909—2014),并考虑到地下结构的重要性和震后修复难度,五刘区间隧道抗震设防目标分两级设防:

①结构在遭受 E2 地震作用下,不破坏或轻微破坏,应能够保持其正常使用功能,结构处于弹性工作阶段,不应因结构的变形导致轨道的过大变形而影响行车安全(性能要求 I)。

②结构在遭受 E3 地震作用下,可能破坏,经修补,短期内应能恢复其正常使用功能,结构局部进入弹塑性工作阶段(性能要求 II)。

其中,E2 地震作用为 475 年一遇,对应 50 年超越概率 10% 的地震作用;E3 地震作用为 2450 年一遇,对应 50 年超越概率 2% 的地震作用。

(2)地震安全性评价报告结论

五刘区间抗震设防烈度为 7 度,近场区具备发生中强地震的构造条件。根据场区地形地貌条件、岩土类型及其工程地质性质、地质构造、水文等地质条件来看,场地不具备发生滑坡、崩塌、泥石流、黄土震陷、岩溶塌陷、地裂缝等地震地质灾害的条件,故可不考虑发生上述地震地质灾害的情况。

(3)抗震设计条件

根据国家标准《中国地震动参数区划图》(GB 18306—2015)和《建筑抗震设计规范》(GB 50011—2010)附录 A,厦门市区抗震设防烈度为 7 度,设计基本地震加速度值为 $0.15g$,设计地震分组为第二组。依据《建筑抗震设计规范》(GB 50011—2010),并结合本工程具体情况综合判定:建筑场地类别为 II 类,地震动反应谱特征周期为 0.4s;区段地质条件简单,划分为对建筑抗震有利地段。不考虑砂土地震液化问题,抗震设防分类为乙类,抗震等级为三级。

4.1.2 抗震计算方法

地下结构抗震设计中地震效应的计算方法主要有静力分析法、反应位移法和动力分析法。动力分析法又可分为反应加速度法、反应谱分析法、时程分析法等。对于海底隧道结构,性能要求 I 时可采用反应位移法计算,性能要求 II 时可采用非线性时程分析方法计算。

根据汕头海湾隧道的经验,对于空间起伏较大、沿线地形地质条件变化大的海底隧道,地震动作用下将同时产生横断面的剪切变形、纵向的拉伸变形和弯曲变形等。另外,五刘区间隧道同时采用了盾构法与矿山法两种工法,不同工法衔接段结构刚度变化差异大,将产生局部应力集中,威胁结构安全,故应采用三维分析手段进行地震响应分析和抗震设计。为了全面精确分析隧道结构在地震作用下的受力特征,五刘区间的地震响应分析研究主要开展了以下工作:

(1)标准断面性能要求 I 时采用反应位移法计算,得到标准横断面地震作用下的控制内力与变形。

(2)标准断面性能要求 II 时采用二维地层-结构模型动力时程分析法计算,得到标准横断面地震作用下的控制内力与变形。

（3）采用三维梁-弹簧模型动力时程分析法，根据地层分布特性及工法特点沿隧道纵向建立三维结构模型，研究得出了盾构隧道、矿山隧道及工作井等关键节点在地震作用下的时程曲线与内力峰值情况。

（4）对于盾构法与矿山法两种工法对接段衬砌结构重点部位，通过建立整体三维有限元实体模型和对接段衬砌结构模型，研究得出了在地震作用下复合衬砌的影响范围以及不同断面的结构应力峰值情况。

（5）开展了基于盾构隧道-对接段-矿山法隧道复杂土-结构相互作用体系的大比尺振动台模型试验，研究得出了不同地震激励下隧道对接段等关键节点的动力响应规律及损坏模式。

4.2 标准断面反应位移法计算

海底隧道结构性能要求Ⅰ时标准横断面的地震响应分析常采用反应位移法，计算模型如图 4.2-1 所示。五刘区间隧道全长近 5km，依据隧道结构和岩土地层分布特征，共选取四个最不利标准断面进行计算分析，盾构和矿山断面各 2 个，如图 4.2-2 所示。标准断面的选取规则为尽可能选择土和岩石地质变化段、较深和较浅两种埋深以及隧道结构坡度变化段等抗震不利地段。

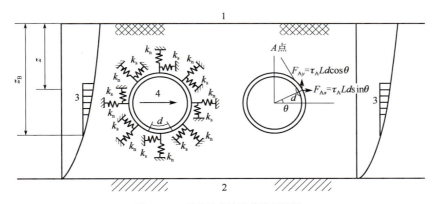

图 4.2-1 反应位移法计算模型简图
1-地面；2-设计地震作用基准面；3-土层位移；4-惯性力

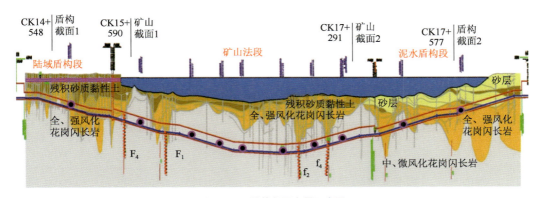

图 4.2-2 计算断面布置示意图

计算模型采用弹性梁单元模型，周围土体简化为地基弹簧，并采用仅受压弹簧单元模拟，地震波选用安全评估报告提供的50年超越概率10%地震波。

地基弹簧刚度可按下式计算：

$$k = KLd \tag{4.2-1}$$

式中：k——压缩或剪切地基弹簧刚度（N/m）；
K——基床系数（K/m³）；
L——垂直于结构横向的计算长度（m）；
d——土层沿隧道与地下车站纵向的计算长度（m）。

土层相对位移可按下式计算：

$$u'(z) = u(z) - u(z_B) \tag{4.2-2}$$

式中：$u'(z)$——深度z处相对于结构底部的自由土层相对位移（m）；
$u(z)$——深度z处自由土层地震反应位移（m）；
$u(z_B)$——结构底部深度z_B处的自由土层地震反应位移（m）。

结构惯性力按下式计算：

$$f_i = m_i \ddot{u}_i \tag{4.2-3}$$

式中：f_i——结构i单元上作用的惯性力（kg·m/s²）；
m_i——结构i单元的质量（kg）；
$\ddot{u}_i$——自由土层对应结构i单元位置处的峰值加速度（m/s²）。

根据上述计算方法得出各计算截面地质条件及地震作用土层相对位移，见表4.2-1。

各计算截面地质条件及地震作用土层位移　　　　表4.2-1

盾构截面		土层名称	深度（m）	弹簧刚度（×10⁸N/m）		50年超越概率10%地震作用
				法向	切向	土层相对位移（m）
盾构截面1	洞顶	⑰₁ 全风化花岗闪长岩	15.50	2.50	1.88	0.00385
	洞底	⑰₂ 散体状强风化花岗闪长岩	21.34	2.50	1.88	0.00000
盾构截面2	洞顶	⑰₂ 散体状强风化花岗闪长岩	18.34	3.35	2.51	0.00266
	洞底	⑰₂ 散体状强风化花岗闪长岩	24.44	3.35	2.51	0.00000
矿山截面1	洞顶	⑰₂ 散体状强风化花岗闪长岩	28.5	5.18	3.88	0.00130
	洞底	⑰₄ 中等风化花岗岩	36.51	38.17	28.63	0.00000
矿山截面2	洞顶	⑰₃ 碎裂状强风化花岗岩	19.70	12.82	9.62	0.00030
	洞底	⑰₄ 中等风化花岗岩	27.69	38.17	28.63	0.00000

(1)选取盾构截面 1 为典型计算截面,计算结果如图 4.2-3、图 4.2-4 所示。

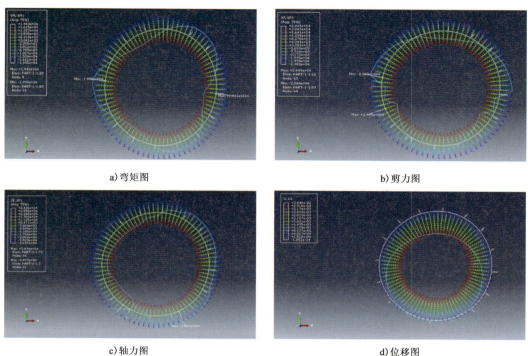

图 4.2-3　盾构截面 1 50 年超越概率 10% 的地震动作用下结构内力及位移图

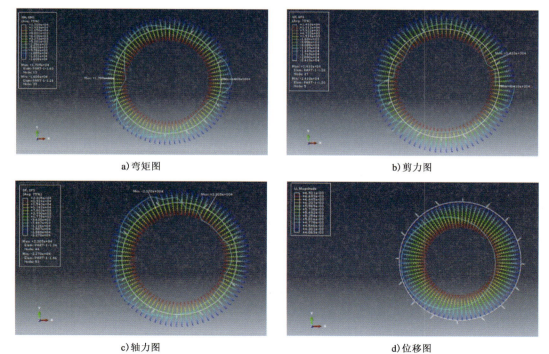

图 4.2-4　盾构截面 2 50 年超越概率 10% 的地震动作用下结构内力及位移图

(2)选取矿山截面1为典型计算截面,计算结果如图4.2-5、图4.2-6所示。

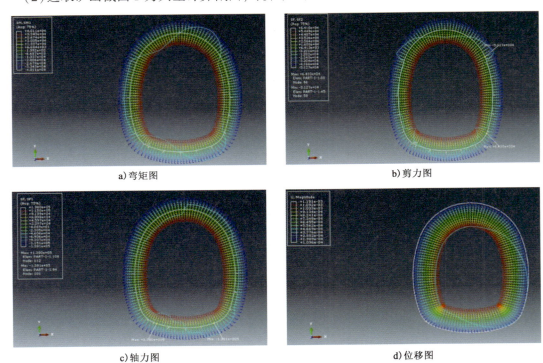

图4.2-5 矿山截面150年超越概率10%的地震动作用下结构内力及位移图

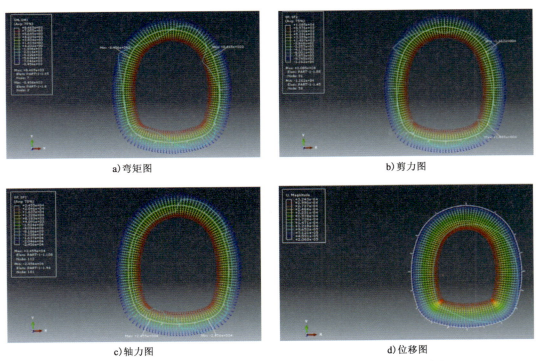

图4.2-6 矿山截面250年超越概率10%的地震动作用下结构内力及位移图

在50年超越概率10%的地震动作用下,盾构截面1结构最大位移为4.05mm,发生在拱顶右侧,直径变化率为0.069%;盾构截面2结构最大位移为6.91mm,发生在拱顶,直径变化率为0.1133%;矿山截面1结构最大位移为1.811mm,发生在拱顶,直径变化率为0.02744%;矿山截面2结构最大位移为0.324mm,发生在拱顶,直径变化率为0.0049%,均小于《地铁设计规范》(GB 50157—2013)中规定的0.4%。结构内力计算结果见表4.2-2,均满足设计要求。

地震工况下各截面结构内力计算结果 表4.2-2

位置	盾构截面1		盾构截面2		矿山截面1		矿山截面2	
	弯矩(kN·m)	轴力(kN)	弯矩(kN·m)	轴力(kN)	弯矩(kN·m)	轴力(kN)	弯矩(kN·m)	轴力(kN)
拱顶	16.95	-26.58	7.32	22.20	38.66	-70.06	4.96	-16.13
拱墙	19.90	15.74	17.58	-9.58	21.37	40.19	8.78	5.60
拱底	12.47	-34.823	13.59	-14.63	40.11	-137.90	6.92	24.214

4.3 二维地层-结构模型动力时程分析法计算

对于地层较均匀的标准断面,可采用二维地层-结构模型动力时程分析法进行地震响应分析,该分析方法将地下结构和周围土体介质视为共同受力变形的整体,通过直接输入地震加速度时程记录,在满足变形协调的前提下分别计算结构和土体介质在各个时刻的位移、速度、加速度以及应变和内力。

根据地质勘查资料以及设计资料,分别选取反应位移法中采取的盾构截面1、盾构截面2、矿山截面1、矿山截面2四个典型断面进行计算,地震波选用安全评价报告提供的50年超越概率2%的基岩面地震波,见图4.3-1。

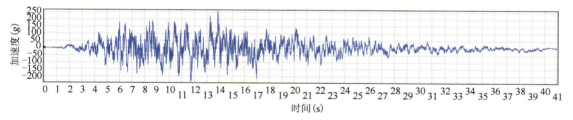

图4.3-1 50年超越概率2%基岩水平地震动时程

4.3.1 计算模型

数值建模及计算采用ABAQUS有限元软件进行。初步分析中,隧道结构采用弹性模型,土体采用考虑瑞利阻尼的等效线性化模型,且考虑初始地应力影响。依据岩土钻孔试样试验所得动剪切模量比(G_d/G_{dmax})与剪应变(γ_d)关系曲线、阻尼比(λ)与剪应变(γ_d)关系曲线,用Shake91计算出每个断面中各土层等效线性化后的动剪切模量相对于原始动剪切模量的比例系数,进而求出各土层等效线性化后的动剪切模量,再根据公式$G = E/2(1+\mu)$求出各土层的动弹性模量作为模型参数输入。考虑水平地震波的影响,所有计算模型的侧面人工边界距地下结构取 10 倍地下结构水平有效宽度,见图 4.3-2。底面人工边界选取时,由纵断面图可知,隧道整体已位于基岩中,分析中各模型偏保守考虑从隧道断面最低位置向下取 50m(大于 5D,D 为隧道外径)作为底面人工边界范围,模型底面作为基岩地震波输入位置,上表面取至实际地表,以此保证各横断面地震波输入位置的一致性,与实际情况相符合。实际场地是一个半无限区域,但在对土体-结构进行有限元动力分析时,土体只能选取有限的计算范围。对于范围有限的计算区域,在地震激励下,波动能量将在人工截取的边界上发生反射,使地震波发生震荡,导致模拟失真。为了解决有限截取模型边界上波的反射问题,土体侧向边界条件采用无限元,即有限元模型中两侧最外层单元设置为无限单元,能较好模拟土体半无限区域的性质。

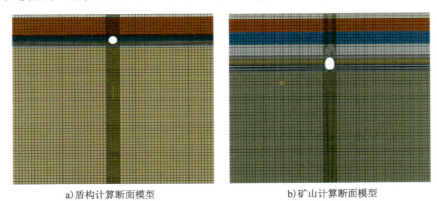

a) 盾构计算断面模型　　　　　　　b) 矿山计算断面模型

图 4.3-2　区间二维地层-结构时程分析计算模型

根据安全评估报告要求,该区间选取的在 E3 作用下的地震波峰值加速度为 258cm/s^2,满足《中国地震动参数区划图》要求。

4.3.2　计算结果

(1) 盾构截面 1 计算结果,见图 4.3-3 和图 4.3-4。

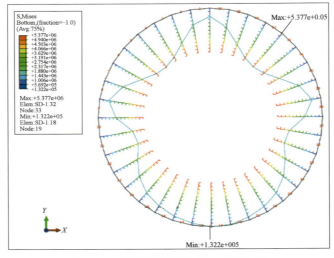

图 4.3-3　地震作用下结构 Mises 应力云图

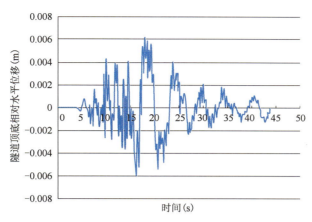

图 4.3-4　地震作用下结构拱顶与仰拱相对水平位移图

根据结构受力云图可以看出,在 E3 地震作用下盾构截面 1 结构的最大 Mises 应力值为 5.377MPa,小于结构屈服应力。根据结构水平位移差异曲线可以看出,仰拱与拱顶最大水平差异位移为 6.133mm,圆形隧道直径为 6.2m,结构直径变化率为 0.989‰,小于《城市轨道交通结构抗震设计规范》(GB 50909—2014)对结构抗震性能Ⅱ级要求的 4‰~6‰,说明在 E3 地震作用下盾构截面 1 仍能满足正常使用要求。

(2)盾构截面 2 计算结果,见图 4.3-5 和图 4.3-6。

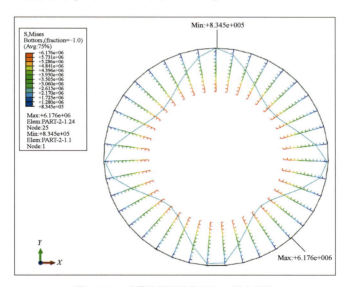

图 4.3-5　地震作用下结构 Mises 应力云图

根据结构受力云图可以看出,在 E3 地震作用下盾构截面 2 结构的最大 Mises 应力值为 6.176MPa,小于结构屈服应力。根据结构水平位移差异曲线可以看出,仰拱与顶拱最大相对水平位移为 5.768mm,对应位置的节点水平间距为 6.2m,结构直径变化率为 0.93‰,小于《城市轨道交通结构抗震设计规范》(GB 50909—2014)对结构抗震性能Ⅱ级要求的 4‰~6‰,说明在 E3 地震作用下盾构截面 2 仍能满足正常使用要求。

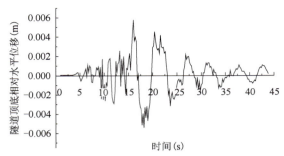

图 4.3-6　地震作用下结构拱顶与仰拱相对水平位移图

（3）矿山截面 1 计算结果，见图 4.3-7 和图 4.3-8。

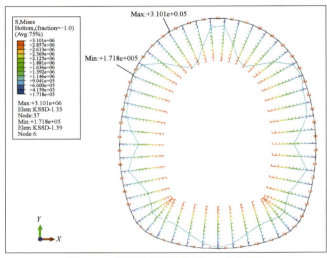

图 4.3-7　地震作用下结构 Mises 应力云图

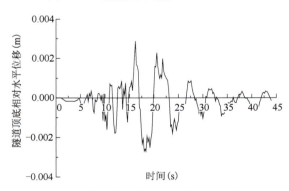

图 4.3-8　地震作用下结构拱顶与仰拱相对水平位移图

根据结构受力云图可以看出，在 E3 地震作用下矿山截面 1 结构的最大 Mises 应力值为 3.101MPa，小于结构屈服应力。根据结构水平位移差异曲线可以看出，仰拱与顶拱最大相对水平位移为 2.855mm，对应位置的节点间距为 8m，结构直径变化率为 0.357‰，远小于《城市轨道交通结构抗震设计规范》（GB 50909—2014）对结构抗震性能 Ⅱ 级要求的 4‰~6‰，说明在 E3 地震作用下矿山截面 1 仍能满足正常使用要求。

（4）矿山截面2计算结果,见图4.3-9和图4.3-10。

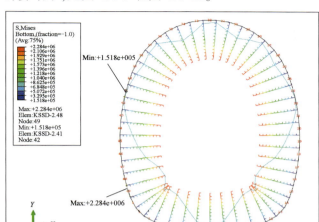

图4.3-9　地震作用下结构Mises应力云图

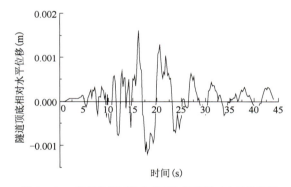

图4.3-10　地震作用下结构拱顶与仰拱相对水平位移图

根据结构受力云图可以看出,在E3地震作用下矿山截面2结构的最大Mises应力值为2.284MPa,小于结构屈服应力。根据结构水平位移差异曲线可以看出,仰拱与顶拱最大相对水平位移为1.616mm,对应位置的节点间距为8m,结构直径变化率为0.202‰,远小于《城市轨道交通结构抗震设计规范》(GB 50909—2014)对结构抗震性能Ⅱ级要求的4‰~6‰,说明在E3地震作用下矿山截面2仍能满足正常使用要求。

4.4　三维梁-弹簧模型动力时程分析法计算

4.4.1　模型建立及模型参数

在三维梁-地基弹簧模型动力时程分析中,采用三维自定义梁截面模拟盾构隧道、矿山法隧道及联络通道等地下结构,并将周围土体介质视为弹性地基,采用仅受压弹簧来考虑土-结构的动力相互作用,通过直接输入地震加速度时程记录,分别计算结构和土体介质在各个时刻的受力和变形状态。

五刘区间采用ABAQUS有限元软件进行数值建模和动力时程分析。模型中,由于隧道地基纵向分布不均匀,差异性较大,为此沿隧道纵向根据地层的分布特性,分别计算得到隧道结构在三个方向的地基弹簧动力刚度系数;在建立工作井模型时,根据实际情况采用实体单元建立三维有限元模型,并通过耦合约束的方式将隧道结构与工作井进行连接,如图4.4-1~图4.4-4所示。地基弹簧刚度系数根据隧道沿线的地层分布特征及地质条件计算得到,隧道结构计算参数根据实际结构设计参数选取。

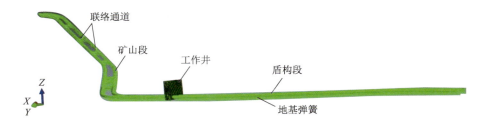

图4.4-1 三维梁-弹簧动力时程分析整体模型示意图

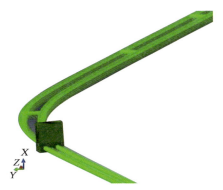

图4.4-2 三维分析模型局部示意图

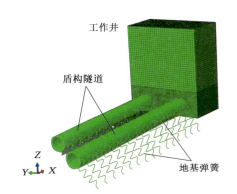

图4.4-3 三维分析模型盾构-工作井对接段示意图

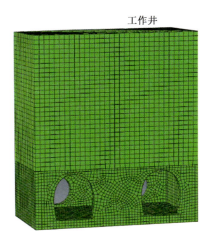

图4.4-4 工作井三维实体单元模型示意图

4.4.2 输入地震动

五刘区间抗震分析时,重点研究了7度抗震设防基本地震动和罕遇地震动水平下区间隧道结构的动力响应规律,输入地震动等级如下:

475年一遇地震作用,对应50年超越概率10%地震作用,即《城市轨道交通结构抗震设计规范》(GB 50909—2014)中E2地震作用;加速度时程及频谱曲线如图4.4-5所示。

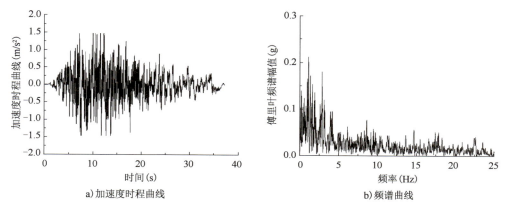

a) 加速度时程曲线　　　　b) 频谱曲线

图4.4-5　加速度时程及频谱曲线

2450年一遇地震作用,对应50年超越概率2%地震作用,即《城市轨道交通结构抗震设计规范》(GB 50909—2014)中E3地震作用;加速度时程及频谱曲线如图4.4-6所示。

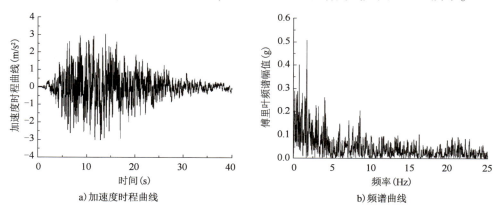

a) 加速度时程曲线　　　　b) 频谱曲线

图4.4-6　加速度时程及频谱曲线

在进行动力时程分析时,地震动在地基弹簧端部水平双向同时输入,模拟水平横向及纵向地震激励。

4.4.3 结果分析

根据梁-弹簧模型的动力时程分析结果,隧道结构的不利断面主要出现在结构断面形式和刚度发生突变处。因此,重点分析工作井及工法对接段两侧隧道结构端部的内力响应。此外,盾构隧道位于强风化岩及淤泥软土等不利地层,选取左右两侧盾构区间隧道的中部为分析对象并提取内力响应,为结构抗震设计提供参考和依据。

1) E2 级地震动作用下结构内力响应

轴力、剪力及弯矩是描述混凝土结构受力状态最重要的指标,也是结构设计的主要参考依据,因此本节主要分析各关键断面的内力响应。

(1) 陆域段盾构隧道左段跨中内力响应,见图 4.4-7～图 4.4-9。

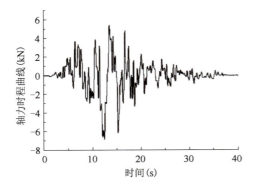

图 4.4-7　盾构隧道左段跨中轴力时程曲线

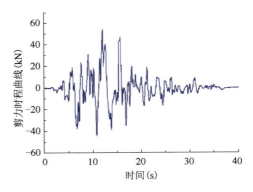

图 4.4-8　盾构隧道左段跨中水平剪力时程曲线

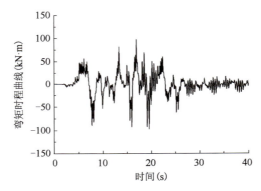

图 4.4-9　盾构隧道左段跨中水平弯矩时程曲线

(2) 陆域段盾构隧道左段右端内力响应,见图 4.4-10～图 4.4-12。

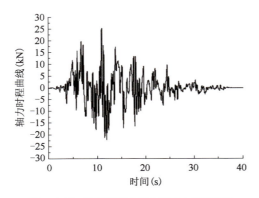

图 4.4-10　盾构隧道左段右端轴力时程曲线

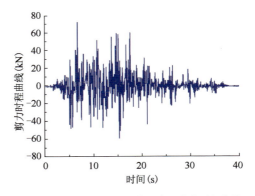

图 4.4-11　盾构隧道左段右端水平剪力时程曲线

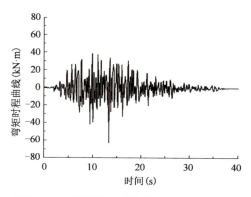

图 4.4-12　盾构隧道左段右端水平弯矩时程曲线

（3）陆域段盾构隧道左段工作井端内力，见图 4.4-13 ～ 图 4.4-15。

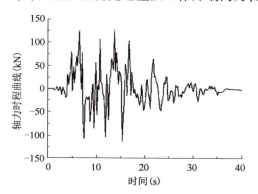

图 4.4-13　盾构隧道左段工作井端轴力时程曲线

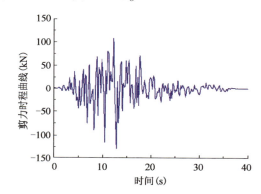

图 4.4-14　盾构隧道左段工作井端水平剪力时程曲线

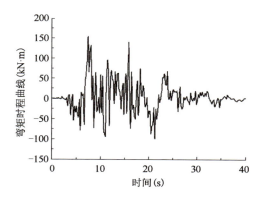

图 4.4-15　盾构隧道左段工作井端水平弯矩时程曲线

（4）矿山隧道左端内力响应，见图 4.4-16 ～ 图 4.4-18。
（5）矿山隧道右端内力响应，见图 4.4-19 ～ 图 4.4-21。
（6）海域段盾构隧道右段跨中内力响应，见图 4.4-22 ～ 图 4.4-24。
（7）海域段盾构隧道右端内力响应，见图 4.4-25 ～ 图 4.4-27。

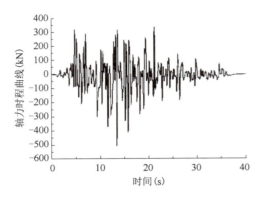

图 4.4-16 矿山隧道左端轴力时程曲线

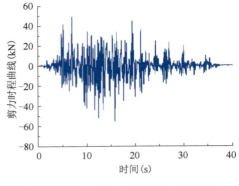

图 4.4-17 矿山隧道左端水平剪力时程曲线

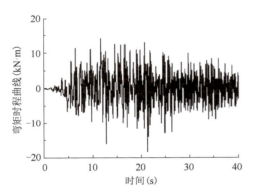

图 4.4-18 矿山隧道左端水平弯矩时程曲线

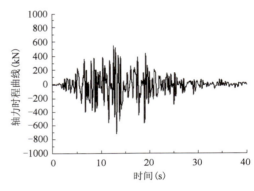

图 4.4-19 矿山隧道右端轴力时程曲线

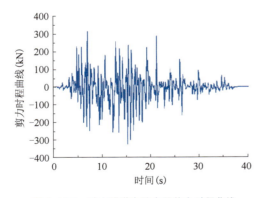

图 4.4-20 矿山隧道右端水平剪力时程曲线

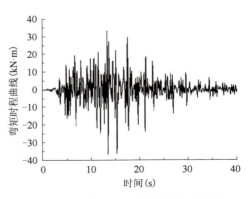

图 4.4-21 矿山隧道右端水平弯矩时程曲线

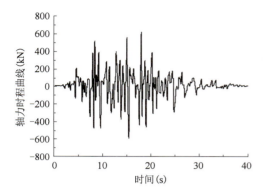

图4.4-22 盾构隧道右段跨中轴力时程曲线

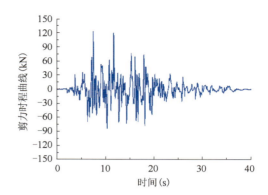

图4.4-23 盾构隧道右段跨中水平剪力时程曲线

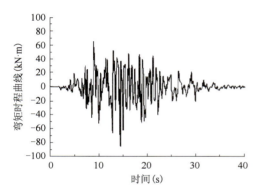

图4.4-24 盾构隧道右段跨中水平弯矩时程曲线

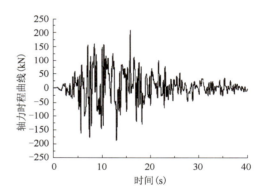

图4.4-25 盾构-矿山右端交接处轴力时程曲线

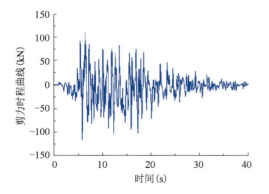

图4.4-26 盾构-矿山右端交接处水平剪力时程曲线

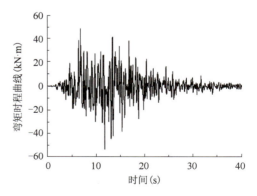

图4.4-27 盾构-矿山右端交接处水平弯矩时程曲线

2）E3 级地震动作用下结构内力响应
（1）陆域段盾构隧道左段跨中内力响应，见图 4.4-28～图 4.4-30。

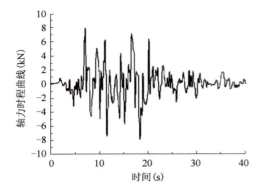

图 4.4-28　盾构隧道左段跨中轴力时程曲线

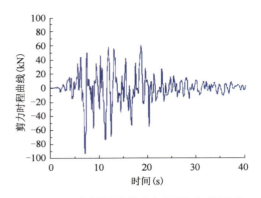

图 4.4-29　盾构隧道左段跨中水平剪力时程曲线

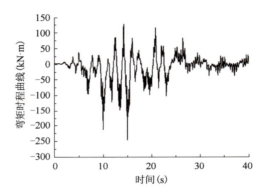

图 4.4-30　盾构隧道左段跨中水平弯矩时程曲线

（2）陆域段盾构隧道左段右端内力响应，见图 4.4-31～图 4.4-33。

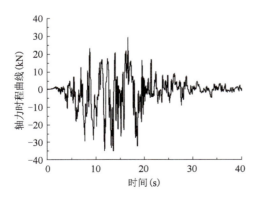

图 4.4-31　盾构隧道左段右端轴力时程曲线

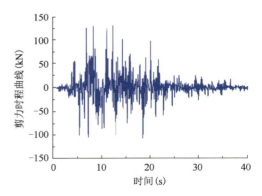

图 4.4-32　盾构隧道左段右端水平剪力时程曲线

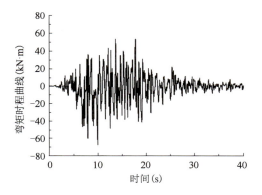

图 4.4-33　盾构隧道左段右端水平弯矩时程曲线

(3)陆域段盾构隧道左段工作井端内力,见图 4.4-34～图 4.4-36。

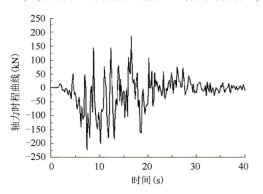

图 4.4-34　盾构隧道左段工作井端轴力时程曲线

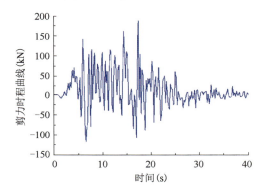

图 4.4-35　盾构隧道左段工作井端水平剪力时程曲线

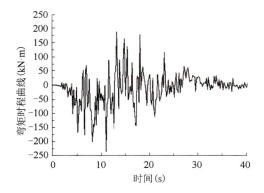

图 4.4-36　盾构隧道左段工作井端水平弯矩时程曲线

(4)矿山隧道左端内力响应,见图 4.4-37～图 4.4-39。
(5)矿山隧道右端内力响应,见图 4.4-40～图 4.4-42。
(6)海域段盾构隧道右段跨中内力响应,见图 4.4-43～图 4.4-45。
(7)海域段盾构隧道右端内力响应,见图 4.4-46～图 4.4-48。

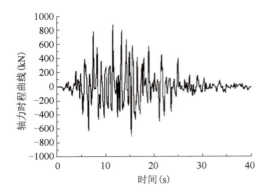

图 4.4-37　矿山隧道左端轴力时程曲线

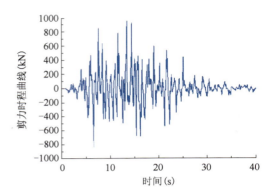

图 4.4-38　矿山隧道左端水平剪力时程曲线

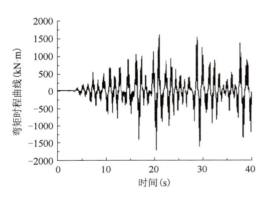

图 4.4-39　矿山隧道左端水平弯矩时程曲线

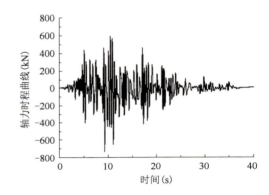

图 4.4-40　矿山隧道右端轴力时程曲线

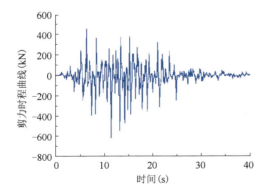

图 4.4-41　矿山隧道右端水平剪力时程曲线

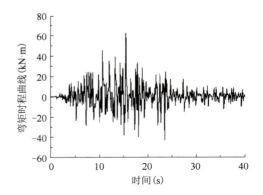

图 4.4-42　矿山隧道右端水平弯矩时程曲线

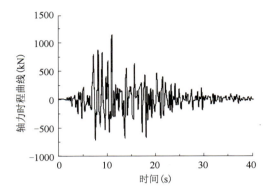

图 4.4-43　盾构隧道右段跨中轴力时程曲线

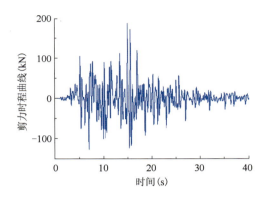

图 4.4-44　盾构隧道右段跨中水平剪力时程曲线

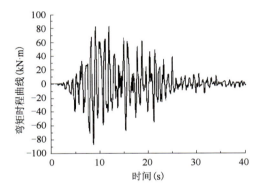

图 4.4-45　盾构隧道右段跨中水平弯矩时程曲线

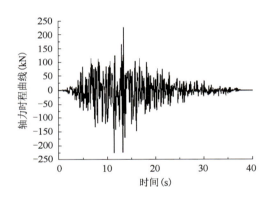

图 4.4-46　盾构-矿山右端交接处轴力时程曲线

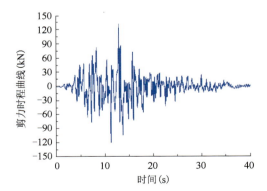

图 4.4-47　盾构-矿山右端交接处水平剪力时程曲线

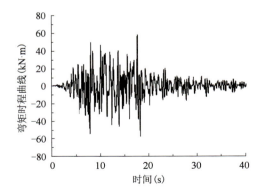

图 4.4-48　盾构-矿山右端交接处水平弯矩时程曲线

根据计算结果七个典型断面的内力最大值、最小值统计见表4.4-1。

三维梁-弹簧模型七个典型断面内力峰值汇总　　　　　　表4.4-1

截面	地震水准	轴力（kN）（最大值/最小值）	剪力（kN）（最大值/最小值）	弯矩（kN·m）（最大值/最小值）
盾构陆域段中部	E2	5.38/−6.86	53.97/−44.30	96.64/−96.87
	E3	7.82/−7.98	59.35/−93.21	126.76/−246.80
盾构陆域段左端	E2	25.25/−21.98	73.71/−59.20	38.86/−62.54
	E3	28.98/−35.08	142.74/−107.45	53.28/−67.46
盾构陆域段工作井端	E2	127.36/−11.26	108.62/−131.35	153.92/−99.59
	E3	187.20/−223.00	186.96/−118.02	188.19/−236.19
矿山左端	E2	337.32/−504.48	48.88/−55.32	14.21/−18.68
	E3	878.40/−708.97	956.26/−831.03	1589.66/−1722.89
矿山右端	E2	551.22/−716.07	314.69/−323.65	33.42/−36.64
	E3	592.77/−738.52	460.76/−618.13	62.18/−43.11
盾构海域段中部	E2	610.94/−601.59	123.55/−83.63	65.51/−84.52
	E3	1138.75/−731.84	186.56/−127.36	82.17/−86.85
海域段盾构隧道左端	E2	207.42/−188.62	110.23/−114.83	48.66/−53.73
	E3	225.97/−224.24	133.68/−119.62	57.44/−56.99

由内力时程曲线及内力峰值可以看出，总体而言，E3地震动水准作用下，隧道结构的内力增大较为明显；此外，结构形式及刚度变化处隧道结构截面内力明显偏大，如工作井端部及对接段两侧端部。内力结果表明，隧道结构在E2和E3地震作用下结构强度均满足设计要求。

4.5　复合衬砌对接段抗震性能研究

梁-弹簧模型可以对长隧道的地震响应特征进行总体分析，但对于复杂的隧道结构地段，难以精确地反映隧道结构局部的受力状态。因此，对于复杂节点如工法对接段，需通过建立三维实体模型，基于动力时程分析法研究节点结构的受力状态，以及强震作用下的破坏特征。

4.5.1　模型建立

以盾构法与矿山法海中对接接头为例，根据对接段隧道结构所处的场地条件及复合衬砌结构的构造特征，围岩及隧道衬砌结构均采用三维实体单元进行模拟。有限元整体模型如图4.5-1～图4.5-3所示。

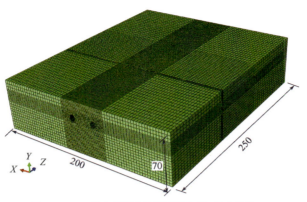

图 4.5-1　三维有限元整体模型示意图(尺寸单位:m)

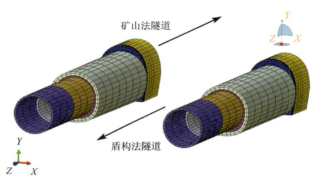

图 4.5-2　复合衬砌对接段结构模型示意图

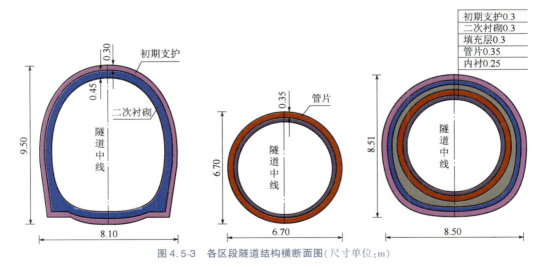

图 4.5-3　各区段隧道结构横断面图(尺寸单位:m)

4.5.2　材料模型及参数

混凝土材料采用弹塑性损伤本构模型,即一种以塑性为基础的连续损伤混凝土模型,其由 Lubliner 和 Lee 等人提出,它假定混凝土的破坏形式是拉裂或压碎,且混凝土的单轴抗压和抗拉强度不同,相差达 10 倍以上,因此混凝土进入塑性后的损伤系数分别由两个独立的参数控制,混凝土受拉(压)塑性损伤后卸载反向加载受压(拉)的刚度恢复亦分别由两个独立的参数控制。

在强震作用下,岩土体将发生屈服破坏,尤其是隧道洞周的松动围岩区域将进一步扩大,因此本计算模型岩体采用基于 D-P 屈服准则的弹塑性本构模型,且 D-P 准则在地下结构抗震计算研究领域的合理性已得到验证。

结构及岩体的物理力学参数见表 4.5-1 和表 4.5-2。

衬砌结构混凝土基本物理参数　　　　　　　表 4.5-1

项目	密度 ρ(kg/m³)	弹性模量 E(GPa)	泊松比 v
C25 混凝土	2250	21	0.2
C50 混凝土	2500	33.5	0.2
C25 砾石混凝土	2200	15	0.25
盾构隧道管片	2550	35.5	0.2

各类围岩基本物理力学参数　　　　　　　表 4.5-2

项目	密度 ρ(kg/m³)	弹性模量 E(GPa)	泊松比 v	内摩擦角 φ(°)	黏聚力 c(MPa)
Ⅲ级围岩	2400	7.69	0.29	36	1.2
Ⅳ级围岩	2300	4.54	0.32	32	0.6
Ⅴ级围岩	2210	1.71	0.46	28	0.4
Ⅵ级围岩	1960	0.74	0.47	27.5	0.2
淤泥层	1800	0.20	0.48	14.5	0.03

4.5.3　计算工况

根据不同的抗震验算标准,在对复合衬砌对接段进行动力时程分析时主要选取 E2 和 E3 两个地震动等级,主要分析内容见表 4.5-3。

计算工况　　　　　　　表 4.5-3

序号	分类方式	地震动级别	输入地震波	地震动输入方案
1	不同地震动水准	E2	人工波	水平双向同时输入
2		E3		

4.5.4　结果分析

结合对接段隧道的结构形式及刚度变化处结构受力状态等,拟重点分析矿山法隧道、对接段及盾构隧道等特征区段隧道结构关键点的应力响应特征,分析断面如图 4.5-4 所示。

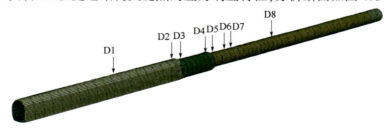

图 4.5-4　分析断面示意图

关键分析断面说明如下：

D1：矿山法隧道常规段，距离对接段为40m（数值模拟预分析结果表明对接段结构对矿山法隧道的影响范围为10m，因此该断面可作为常规段进行分析）。

D2：矿山法隧道与对接段临近断面。

D3：复合衬砌对接段矿山端。

D4：复合衬砌对接段盾构端。

D5：盾构隧道与对接段临近断面。

D6：有内衬盾构隧道断面。

D7：与内衬相接的盾构常规断面。

D8：常规盾构断面。

选取刚度变化较大的 D2~D7 断面计算结果进行分析。

（1）D2 断面，计算结果见表 4.5-4 和图 4.5-5。

各关键点应力峰值汇总　　　　　　　　　　　表 4.5-4

衬砌	类型	位置	E2级地震动	E3级地震动	增大比例（%）
初期支护	最大主应力（MPa）	拱顶	0.32	0.55	73.88
		拱肩	0.32	0.61	90.51
		拱腰	0.34	0.55	64.36
		拱脚	0.30	0.43	43.24
		拱底	0.41	0.68	67.46
	最小主应力（MPa）	拱顶	-0.39	-0.65	67.42
		拱肩	-0.40	-0.72	79.27
		拱腰	-0.34	-0.66	96.07
		拱脚	-0.23	-0.44	93.22
		拱底	-0.34	-0.68	101.32
二次衬砌	最大主应力（MPa）	拱顶	0.44	0.98	124.05
		拱肩	0.59	1.18	99.22
		拱腰	0.57	0.98	71.93
		拱脚	0.72	1.03	42.73
		拱底	0.28	0.54	94.87
	最小主应力（MPa）	拱顶	-0.53	-0.73	37.25
		拱肩	-0.76	-1.42	86.79
		拱腰	-0.56	-1.21	118.14
		拱脚	-0.55	-1.09	97.82
		拱底	-0.25	-0.59	136.41

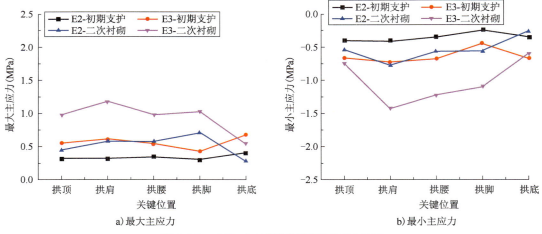

图 4.5-5　E2 和 E3 地震动作用下结构应力峰值

不同地震动作用下结构关键点峰值应力分布图表明，与 D1 断面相比，各关键点的应力峰值均相对较小，说明与对接段相邻的矿山法衬砌结构承受相对较小的动土压力，截面相对偏大的对接段结构承担了较大的地震动荷载。此外，初期支护和二次衬砌的应力分布基本类似：最小拉应力及压应力主要发生在拱底处，拱顶、拱腰及拱肩等区域的应力峰值差异并不明显。与二次衬砌相比，初期支护的拉、压应力均相对偏小。此外，随着地震动强度的提高，结构各关键点的峰值应力基本成比例增大。

（2）D3 断面，计算结果见表 4.5-5 和图 4.5-6。

各关键点应力峰值汇总　　　　　　　　　　　　表 4.5-5

衬砌	类型	位置	E2 级地震动	E3 级地震动	增大比例（%）
初期支护	最大主应力（MPa）	拱顶	0.35	0.61	77.86
		拱肩	0.29	0.53	86.44
		拱腰	0.39	0.56	42.15
		拱脚	0.34	0.55	59.41
		拱底	0.42	0.69	64.47
	最小主应力（MPa）	拱顶	−0.43	−0.75	75.90
		拱肩	−0.35	−0.58	67.06
		拱腰	−0.32	−0.66	102.54
		拱脚	−0.27	−0.60	121.95
		拱底	−0.39	−0.61	57.40
二次衬砌	最大主应力（MPa）	拱顶	0.42	0.81	93.94
		拱肩	0.52	0.95	82.67
		拱腰	0.43	0.75	73.18
		拱脚	0.65	0.87	32.93
		拱底	0.42	0.67	58.50

续上表

衬砌	类型	位置	E2级地震动	E3级地震动	增大比例(%)
二次衬砌	最小主应力（MPa）	拱顶	−0.52	−0.81	57.86
		拱肩	−0.63	−1.05	65.11
		拱腰	−0.38	−0.78	103.59
		拱脚	−0.50	−0.96	92.34
		拱底	−0.37	−0.64	70.65
内衬	最大主应力（MPa）	拱顶	0.40	0.92	131.16
		拱肩	1.13	1.96	74.23
		拱腰	0.40	0.86	114.07
		拱脚	1.37	1.96	42.51
		拱底	0.25	0.39	54.29
	最小主应力（MPa）	拱顶	−0.49	−0.69	41.79
		拱肩	−1.41	−2.36	66.65
		拱腰	−0.48	−0.91	90.34
		拱脚	−1.06	−1.98	86.26
		拱底	−0.21	−0.46	120.58

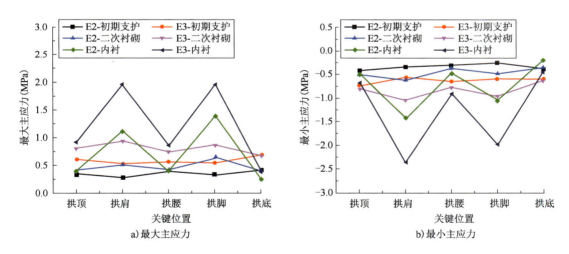

图4.5-6　E2和E3地震动作用下结构应力峰值

对于复合衬砌对接段，不同衬砌层各关键点的应力分布差异较大：初期支护和二次衬砌在不同关键点的应力差别不大，应力峰值均较小；而内衬在拱肩及拱脚处的拉、压应力明显偏大，拱底和拱顶的应力较小。对于不同的衬砌层，内衬的应力峰值明显偏大，二次衬砌次之，初期支护最小；尤其是在拱肩及拱脚区域。此外，不同衬砌层随着地震动强度的提高，应力也呈比例增大。

(3) D4 断面,计算结果见表 4.5-6 和图 4.5-7。

各关键点应力峰值汇总　　　　　　　表 4.5-6

衬砌	类型	位置	E2 级地震动	E3 级地震动	增大比例(%)
初期支护	最大主应力(MPa)	拱顶	0.29	0.52	76.38
		拱肩	0.27	0.44	60.50
		拱腰	0.35	0.55	55.50
		拱脚	0.28	0.43	52.43
		拱底	0.37	0.56	50.57
	最小主应力(MPa)	拱顶	-0.36	-0.62	74.15
		拱肩	-0.29	-0.50	72.55
		拱腰	-0.30	-0.61	101.65
		拱脚	-0.26	-0.53	106.92
		拱底	-0.36	-0.57	60.54
二次衬砌	最大主应力(MPa)	拱顶	0.35	0.67	90.67
		拱肩	0.48	0.79	65.50
		拱腰	0.41	0.66	63.03
		拱脚	0.53	0.80	50.99
		拱底	0.38	0.57	50.09
	最小主应力(MPa)	拱顶	-0.43	-0.71	64.33
		拱肩	-0.52	-0.88	70.05
		拱腰	-0.38	-0.74	97.12
		拱脚	-0.44	-0.93	110.80
		拱底	-0.35	-0.60	69.42
内衬	最大主应力(MPa)	拱顶	0.30	0.71	135.82
		拱肩	0.95	1.68	77.47
		拱腰	0.50	0.82	65.29
		拱脚	1.08	1.65	52.55
		拱底	0.22	0.36	64.78
	最小主应力(MPa)	拱顶	-0.37	-0.60	60.21
		拱肩	-1.16	-1.87	61.22
		拱腰	-0.49	-0.97	99.06
		拱脚	-0.87	-1.72	98.55
		拱底	-0.17	-0.40	138.33

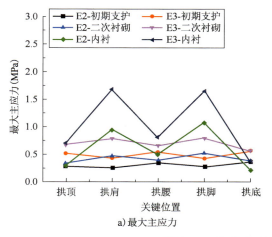
a) 最大主应力

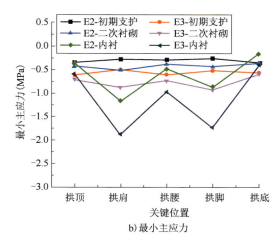
b) 最小主应力

图 4.5-7　E2 和 E3 地震动作用下结构应力峰值

对于复合衬砌对接段衬砌断面 D4，其不同衬砌层各关键点的应力分布规律与断面 D3 类似：内衬最大，二次衬砌次之，初期支护最小，尤其在拱肩及拱脚区域表现明显。同时，初期支护和二次衬砌在不同关键点的应力差别不大，应力峰值均较小；而内衬在拱肩及拱脚处的拉压应力明显偏大，拱底和拱顶的应力较小。此外，与 D3 断面相比，结构各关键点的应力均稍微偏小。因此，对接段两侧断面的应力总体分布规律相似，而盾构侧对接段应力较小。此外，不同衬砌层随着地震动强度的提高，应力也呈比例增大。

（4）D5 断面，计算结果见表 4.5-7 和图 4.5-8。

各关键点应力峰值汇总　　　　　　　　　　　　　　　　　　　　表 4.5-7

衬砌	类型	位置	E2 级地震动	E3 级地震动	增大比例(%)
管片	最大主应力（MPa）	拱顶	0.33	0.69	106.99
		拱肩	0.70	1.22	75.51
		拱腰	0.52	0.81	55.26
		拱脚	0.82	1.26	53.80
		拱底	0.32	0.51	56.29
	最小主应力（MPa）	拱顶	−0.41	−0.66	61.64
		拱肩	−0.81	−1.31	61.26
		拱腰	−0.47	−0.91	93.94
		拱脚	−0.66	−1.39	108.96
		拱底	−0.25	−0.52	108.26
内衬	最大主应力（MPa）	拱顶	0.31	0.68	121.54
		拱肩	0.94	1.66	77.76
		拱腰	0.51	0.79	57.09
		拱脚	1.05	1.62	54.06
		拱底	0.23	0.37	63.51

续上表

衬砌	类型	位置	E2级地震动	E3级地震动	增大比例(%)
内衬	最小主应力（MPa）	拱顶	-0.36	-0.60	63.98
		拱肩	-1.14	-1.83	60.31
		拱腰	-0.48	-0.94	96.29
		拱脚	-0.85	-1.68	98.72
		拱底	-0.17	-0.40	134.23

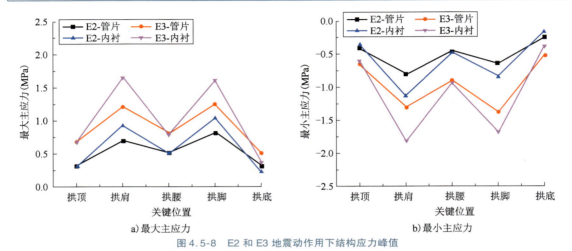

图 4.5-8　E2 和 E3 地震动作用下结构应力峰值

对于临近对接段的盾构段，内衬和管片的应力峰值分布规律基本一致：拱肩和拱脚处较大，呈现明显的椭圆变形时的应力分布模式。此外，值得注意的是内衬在拱肩和拱脚处的拉压应力均比管片大；而在拱顶和拱腰处的应力峰值基本一致，而且内衬拱底处的拉、压应力反而偏小。随着地震动强度的增加，所有关键点的应力峰值均呈比例增大，说明结构始终处于弹性变形阶段。

（5）D6 断面，计算结果见表 4.5-8 和图 4.5-9。

各关键点应力峰值汇总　　　　　　　　　　　　　　　　　　表 4.5-8

衬砌	类型	位置	E2级地震动	E3级地震动	增大比例(%)
管片	最大主应力（MPa）	拱顶	0.35	0.76	115.03
		拱肩	0.74	1.33	80.40
		拱腰	0.55	0.85	54.06
		拱脚	0.95	1.33	40.15
		拱底	0.42	0.53	26.22
	最小主应力（MPa）	拱顶	-0.33	-0.67	101.81
		拱肩	-0.74	-1.33	80.53
		拱腰	-0.51	-1.04	105.52
		拱脚	-0.81	-1.42	76.45
		拱底	-0.37	-0.51	38.73

续上表

衬砌	类型	位置	E2级地震动	E3级地震动	增大比例(%)
内衬	最大主应力（MPa）	拱顶	0.32	0.71	123.54
		拱肩	0.88	1.82	106.59
		拱腰	0.51	0.80	58.86
		拱脚	1.18	1.68	42.49
		拱底	0.36	0.42	17.03
	最小主应力（MPa）	拱顶	-0.29	-0.62	115.28
		拱肩	-1.08	-1.85	72.07
		拱腰	-0.51	-0.97	89.66
		拱脚	-0.99	-1.77	79.05
		拱底	-0.34	-0.38	12.36

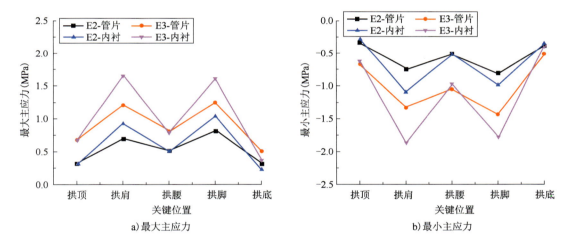

a) 最大主应力　　　　　b) 最小主应力

图 4.5-9　E2 和 E3 地震动作用下结构应力峰值

对于常规有内衬加固的盾构段，D6 断面内衬和管片的应力峰值分布规律与 D5 断面一致，且应力峰值差别不大。

（6）D7 断面，计算结果见表 4.5-9 和图 4.5-10。

各关键点应力峰值汇总　　　　表 4.5-9

衬砌	类型	位置	E2级地震动	E3级地震动	增大比例(%)
管片	最大主应力（MPa）	拱顶	0.43	0.69	59.92
		拱肩	0.91	1.55	69.97
		拱腰	0.67	1.14	70.91
		拱脚	1.12	1.81	62.04
		拱底	0.36	0.63	77.19

续上表

衬砌	类型	位置	E2 级地震动	E3 级地震动	增大比例(%)
管片	最小主应力（MPa）	拱顶	-0.43	-0.79	83.74
		拱肩	-0.88	-1.34	52.18
		拱腰	-0.59	-1.18	101.42
		拱脚	-0.95	-2.07	117.50
		拱底	-0.33	-0.73	118.24

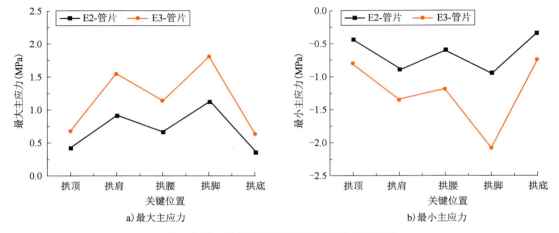

图 4.5-10　E2 和 E3 地震动作用下结构应力峰值

对于单层管片衬砌的盾构段，D7 断面的管片应力峰值分布规律与 D6 断面基本一致：拱肩和拱脚处较大，呈现明显的椭圆变形时的应力分布模式。此外，当地震动强度从 E2 提高到 E3 时，管片各关键点的应力峰值也呈比例增大。

通过工法对接段三维数值模拟，重点分析了对接段各关键断面在不同地震动等级 E2 和 E3 作用下以及不同地震波类型（人工波、El-Centro 波和 Kobe 波）作用下的应力响应，主要结论如下：

（1）工法对接复合衬砌段对矿山法隧道及盾构段隧道结构的影响范围约为 10m（1~1.5 倍洞径）。

（2）隧道结构在拱肩及拱脚处的应力相对偏大，如矿山段 D2，对接段 D3 和 D4，盾构段 D5~D7 等。因此，拱肩和拱脚是抗震设防设计及优化分析的关键区域。

4.6　大型振动台模型试验分析

五刘区间针对组合工法对接段结构等关键连接部位的构造特点，基于动力相似比理论、模型土配置技术等，开展盾构隧道-对接段-矿山法隧道的复杂的土-结构相互作用体系的大比尺振动台模型试验，研究不同地震激励下隧道对接段等关键节点的动力响应规律及损坏模式。

4.6.1 相似比设计

根据相似理论,土体和结构的相似模拟主要应从几何尺寸相似、物理性态相似和力学特性相似三个方面来考虑。目前使用的相似设计理论,主要依据 Buckingham-π 定理建立相似关系,以模型的几何尺寸、密度、弹性模量作为动力相似的基本参数,相似关系基本方程为:

$$\begin{cases} S_\sigma = S_E \\ S_t = S_l S_E^{-1/2} S_\rho^{1/2} \\ S_\mu = S_l \\ S_a = S_E S_l^{-1} S_\rho^{-1} \end{cases} \quad (4.6\text{-}1)$$

式中:S_σ——应力相似比;
  S_E——弹性模量相似比;
  S_μ——线位移相似比;
  S_t——时间相似比;
  S_l——几何尺寸相似比;
  S_a——加速度相似比;
  S_ρ——密度相似比。

振动台试验模型采用几何尺寸相似比 $S_l = 1:10$ 和加速度相似比 $S_a = 5.0$。

土-结构的相对刚度是进行相似比设计的另一个重要影响因素。对于圆截面隧道,围岩与隧道的相对弯曲刚度可通过下式计算:

$$F = \frac{E_m(1-\nu^2)R^3}{6EI(1+\nu_m)} \quad (4.6\text{-}2)$$

式中:F——土与结构的相对弯曲刚度;
  E_m——土体弹性模量;
  ν——隧道泊松比;
  R——隧道外径;
  E——隧道弹性模量;
  I——隧道管片沿纵向 1m 长的横向截面相对隧道轴线的惯性矩;
  ν_m——土体泊松比。

为了保证模型与结构原型在地震波作用下土-结构相互作用效果一致,需要使相对刚度相似比 S_F 为 1,由以下方程可得圆形隧道相似比设计准则:

$$S_F = \frac{S_{Em} S_R^3}{S_E S_t^3} = 1 \quad (4.6\text{-}3)$$

式中:S_{Em}——土弹性模量相似比;
  S_R——隧道外径相似比;
  S_E——隧道弹性模量相似比;
  S_t——时间相似比。

上述方程即为本试验的圆形隧道相似比设计准则,土弹性模量相似比 S_{Em} 和隧道弹性模

量相似比 S_E 由模型围岩和隧道模型的材料特性数据确定,隧道模型的时间相似比 S_t 和隧道外径相似比 S_R 必须满足上式。

试验中模型动力相似比的确定基于以下原则:

(1)将主要构件的几何相似比及主要材料的弹性模量相似比和质量密度相似比作为模型设计的独立参数。

(2)土-结构相对刚度不变,使土-结构模型体系可在一定程度上反映原型系统土与结构相互作用的特性。

(3)确定模型相似关系时考虑振动台的性能、制作模型的条件、实验室起吊设备的能力和模型安装工艺要求等因素对试验实施的影响。

根据以上原则,并结合实验室条件,采用承重为70t、台面尺寸为4m×6m的大型振动台进行单点一致激励下的海底隧道地震动模拟试验,并以此确定试验中模型土材料和结构模型材料的质量密度相似比例、弹性模量相似比例以及应变相似系数。在此基础上,由Buckingham-π定理即可导出其他物理量如位移、时间、频率、应力和加速度之间的相似关系,见表4.6-1。

振动台试验各参数相似比　　　　表4.6-1

类型	物理量	相似关系
材料特性	应力	0.02
	应变	1
	弹性模量	0.02
	泊松比	1
	质量密度	0.2
几何特性	长度	0.1
	线位移	0.1
	角位移	1
	面积	0.01
荷载	集中荷载	0.001
	线荷载	0.01
	面荷载	0.1
	力矩	0.0001
动力性能	质量	0.0002
	时间	0.316227766
	频率	3.16227766
	速度	0.316227766
	加速度	1

4.6.2　模型制作和试验准备

针对盾构隧道-矿山法隧道刚度变化段的构造特点,基于动力相似比理论及简化原则,建立复杂节点结构简化模型,优化节点动力等效模型设计方案,并制定模型加工制作标准。试验中的结构模型主要分为盾构段隧道主体、工法对接段、矿山法隧道主体三个部分,如图 4.6-1 所示,具体为盾构管片衬砌环模型、对接段隧道复合衬砌模型、矿山法马蹄形隧道结构模型。

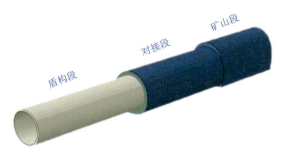

图 4.6-1　结构模型示意图

1) 模型材料

矿山法隧道衬砌及盾构管环模型采用泡沫混凝土材料制作。本试验所采用的泡沫混凝土材料主要由水泥浆、泡沫和合成纤维混合配制而成,既能满足模型材料在力学特性等方面的相似比要求,该轻质混凝土又能满足振动台承载能力的要求。泡沫混凝土配制的简要流程如图 4.6-2 所示。

图 4.6-2　泡沫混凝土配制流程图

2) 结构模型设计与简化

矿山段隧道及对接段主要采用模筑现浇的方式制作,并将隧道本身假设为均质连续。对于盾构隧道采用简化模型,隧道结构的每个衬砌环单独制作,原型隧道结构衬砌环宽度 1.5m,

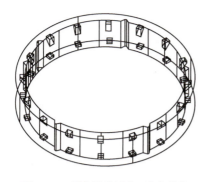

图 4.6-3　盾构隧道衬砌环管片简化三维模型示意图

模型按 1∶10 的几何相似比缩尺后，模型衬砌环宽度为 15cm。模型中同一衬砌环整体一次浇筑，不再考虑纵缝之间的环向螺栓连接，并在衬砌环模型原纵缝处设置削减槽，削减槽环向宽度及径向深度通过刚度等效原理进行设计验证，通过模型衬砌环上的削减槽，模拟原型结构衬砌环上的纵缝和环向螺栓的传力效果。模型衬砌环在原型结构纵向螺栓设置处也通过螺栓进行连接，并以此模拟原型结构纵向螺栓的传力效果，盾构隧道衬砌环模型简化如图 4.6-3 所示。该模型衬砌环的设计，经过有限元数值计算验证，能够真实地模拟原隧道结构中纵缝、环缝、环向螺栓和纵向螺栓的存在造成的结构不连续性。

3) 模型制作流程

考虑对接段位于中风化岩层，地质条件较好，因此，试验中直接使用稳定性和完整性均较好的混凝土围岩地层模型。为满足本试验的动力特性及试验设备的吊装要求，应先浇筑钢筋混凝土底板作为基岩面。此外，整个模型体系的基本制作流程如图 4.6-4 所示。

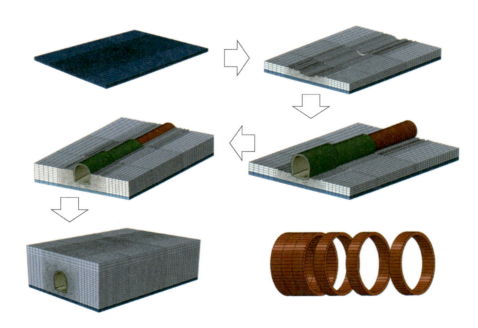

图 4.6-4　围岩-结构试验模型制作流程图

此外，盾构隧道管片相对复杂，需要单独制作每一环管片，之后再通过螺栓进行连接，因此可也采用单独模筑的方式进行制作，盾构段内衬浇筑及连接完成的盾构隧道结构如图 4.6-5 所示。

隧道结构模型制作完成后，再将结构吊装平放并移动到设计位置，之后进行围岩模型的浇筑，最终形成的围岩-隧道结构模型如图 4.6-6 所示。

图 4.6-5　盾构段结构模型

图 4.6-6　围岩-隧道结构模型

4) 测试方案及测点安装

在振动台激励过程中记录隧道模型关键点加速度及隧道模型的应变等响应过程,所选用的传感器分别为压电式加速度传感器及电阻式应变传感器等。在振动台模型试验的设计中,先进行工法对接段隧道结构模型尺度下的三维地震响应分析,了解和掌握模型中潜在的薄弱或不利断面位置,据此再结合以上有关测试传感器的布置原则确定最终的布置位置,如图 4.6-7 和图 4.6-8 所示,其中,加速度传感器编号单数(1/3/5 等)表示水平 X 方向(垂直于隧道轴线),双数(2/4/6 等)表示水平 Y 方向(平行于隧道轴线)。

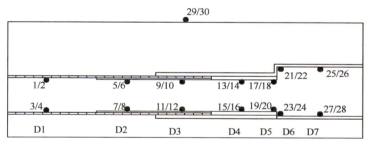
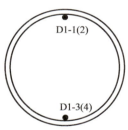

图 4.6-7　加速度计布置示意图

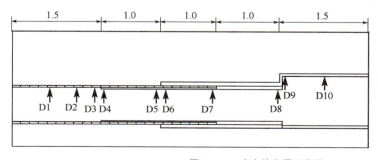
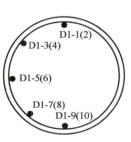

图 4.6-8　应变片布置示意图

5)试验工况

由于隧道所处地层地质条件,围岩完整性较好,在多遇地震动(峰值为 $0.05g$)作用下,隧道结构安全可靠;因此重点研究 7 度抗震设防基本地震动、罕遇以及极罕遇等不同地震动等级下海底隧道刚度变化段的动力响应规律。在进行振动台试验时主要输入以下地震动等级的厦门人工波,三种试验工况如下:

(1)工况一,基本地震动作用,即《城市轨道交通结构抗震设计规范》(GB 50909—2014)中 E2 地震动,重现期 475 年,峰值加速度为 $0.15g$。

(2)工况二,罕遇地震动作用,即《城市轨道交通结构抗震设计规范》(GB 50909—2014)中 E3 地震动,重现期 2450 年,峰值加速度为 $0.31g$。

(3)工况三,极罕遇地震动作用,峰值加速度为 $0.5g$。

4.6.3 结果分析

三种试验工况下结构动力响应规律类似,以下介绍工况三——极罕遇地震动作用下的试验结果。

1)加速度响应分析

加速度时程及峰值是评价结构物受地震荷载作用最直接的评价指标,可以分析结构对地震波的直接响应,由于隧道所处地层的地质条件较好,岩石地层对加速度放大效应较小,因此重点分析隧道结构的加速度响应。为满足工程设计以及进一步研究的需要,选取代表不同工法的断面,重点分析结构加速度响应及反应谱与输入地震动的相互关系。断面位置如图 4.6-7、图 4.6-8 所示。

首先分析盾构法隧道 D1 断面的动力响应,隧道拱底在 X 方向和 Y 方向的加速度时程曲线及相应的反应谱对比曲线如图 4.6-9 和图 4.6-10 所示。可以看出,加速度时程曲线并没有明显改变,结构在水平 X 方向和 Y 方向的加速度峰值分别约为 $0.5g$ 和 $0.6g$。此外,从加速度反应谱的对比曲线可以看出当周期在 $0.03 \sim 0.1s$ 的区间,结构在水平 X 方向有部分放大效应;而在水平 Y 方向,周期 $0 \sim 0.4s$ 区间内均有不同程度的放大。

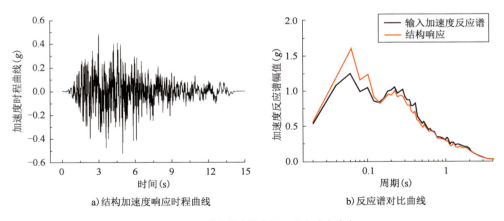

a)结构加速度响应时程曲线　　b)反应谱对比曲线

图 4.6-9　隧道拱底沿水平 X 方向动力响应

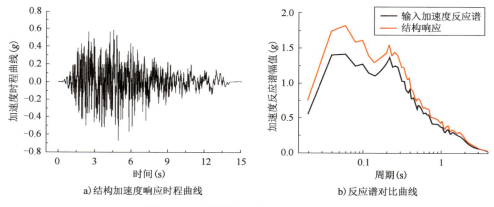

图 4.6-10　隧道拱底沿水平 Y 方向动力响应

与拱底加速度响应类似,隧道拱顶加速度时程曲线同样没有明显改变,如图 4.6-11 和图 4.6-12 所示,结构在水平 X 方向和 Y 方向的加速度峰值分别为 $0.53g$ 和 $0.66g$,加速度峰值均有所增大,且在 Y 方向的增幅较大。此外,从加速度反应谱的对比关系可以看出在周期为 $0\sim0.1\text{s}$ 的区间,结构加速度在水平 X 方向有部分放大效应;而在水平 Y 方向,周期为 $0\sim0.3\text{s}$ 区间内均有不同程度的放大,且在周期为 0.06s 时放大明显。

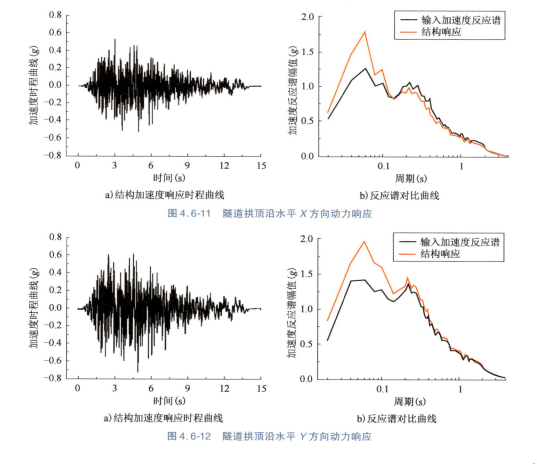

图 4.6-11　隧道拱顶沿水平 X 方向动力响应

图 4.6-12　隧道拱顶沿水平 Y 方向动力响应

对于对接段结构,主要选取 D4 断面作为分析对象,隧道拱底在 X 方向和 Y 方向的加速度时程曲线及相应的反应谱对比曲线如图 4.6-13 和图 4.6-14 所示。可以看出,加速度时程曲线并没有明显改变,结构在水平 X 方向和 Y 方向的加速度峰值分别为 $0.54g$ 和 $0.62g$,结构在两个方向的放大效应相同。此外,从加速度反应谱对比曲线可以看出,周期为 $0 \sim 0.2s$ 的区间,结构在水平 X 方向和 Y 方向均有不同程度的放大效应。

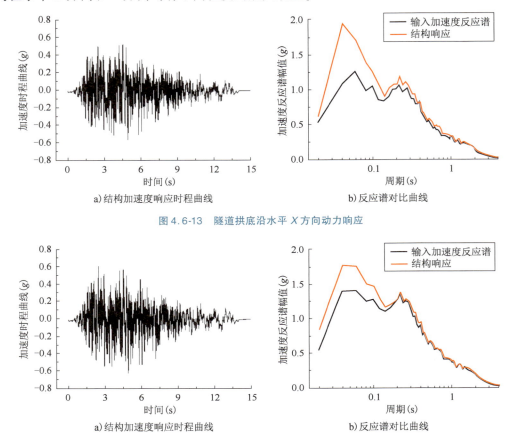

a)结构加速度响应时程曲线   b)反应谱对比曲线

图 4.6-13　隧道拱底沿水平 X 方向动力响应

a)结构加速度响应时程曲线   b)反应谱对比曲线

图 4.6-14　隧道拱底沿水平 Y 方向动力响应

与拱底加速度响应类似,隧道拱顶加速度时程曲线并没有明显改变,如图 4.6-15 和图 4.6-16 所示,结构在水平 X 方向和 Y 方向的加速度峰值分别为 $0.52g$ 和 $0.68g$,加速度峰值有所增大,且在 Y 方向的增幅较大。此外,从加速度反应谱的对比曲线可以看出,周期在 $0 \sim 0.1s$ 的区间,结构在水平 X 方向有部分放大效应;而在水平 Y 方向,周期 $0 \sim 0.2s$ 区间内均有不同程度的放大,尤其是在周期为 $0.05s$ 和 $0.06s$ 时放大明显。

对于矿山法隧道结构,主要选取 D7 断面作为分析对象,隧道拱底在 X 方向和 Y 方向的加速度时程曲线及相应的反应谱对比曲线如图 4.6-17 和图 4.6-18 所示。可以看出,加速度时程曲线并没有明显改变,结构在水平 X 方向和 Y 方向的加速度峰值分别为 $0.57g$ 和 $0.63g$,结构在两个方向的放大效应相同。此外,从加速度反应谱的对比曲线可以看出,结构水平 X 方向和 Y 方向加速度在周期为 $0 \sim 0.15s$ 的区间内均有不同程度的放大。

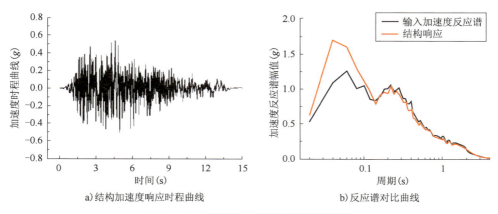

图 4.6-15　隧道拱顶沿水平 X 方向动力响应

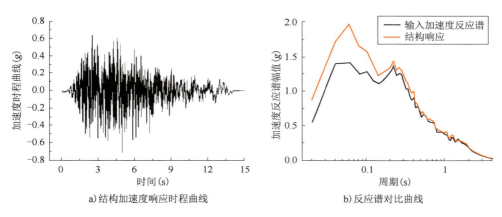

图 4.6-16　隧道拱顶沿水平 Y 方向动力响应

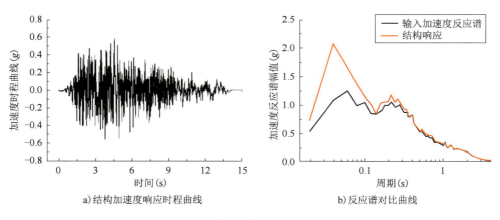

图 4.6-17　隧道拱底沿水平 X 方向动力响应

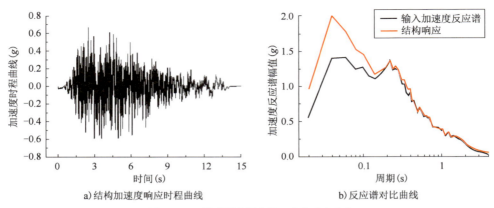

图 4.6-18　隧道拱底沿水平 Y 方向动力响应

与拱底加速度响应类似,隧道拱顶加速度时程曲线并没有明显改变,如图 4.6-19 和图 4.6-20 所示。结构在水平 X 方向和 Y 方向的加速度峰值分别为 $0.55g$ 和 $0.74g$,加速度峰值有所增大,且在 Y 方向的增幅较大。此外,从加速度反应谱对比曲线可以看出,在周期为 $0\sim0.1s$ 的区间,结构水平 X 方向加速度有部分放大效应;而在水平 Y 方向,结构加速度在周期 $0\sim0.3s$ 区间内均有不同程度的放大,尤其是在周期为 $0.03\sim0.06s$ 时放大明显。

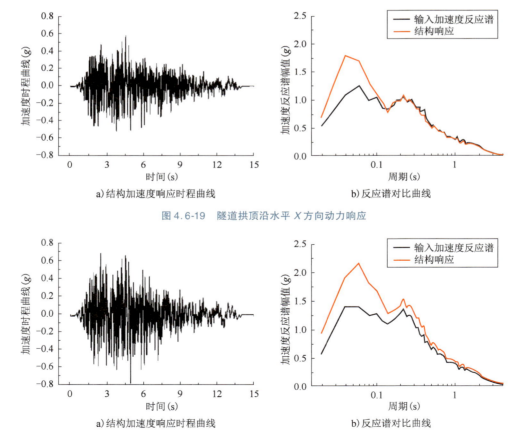

图 4.6-19　隧道拱顶沿水平 X 方向动力响应

图 4.6-20　隧道拱顶沿水平 Y 方向动力响应

2)结构应变响应分析

在隧道结构地震动响应的应力应变研究中通常取结构的 5 个关键点进行分析,即拱底、拱脚、拱腰、拱肩以及拱顶。由于海底隧道对接段结构形式及刚度沿轴线方向差异性较大,因此分别分析各断面关键点的峰值拉应变和压应变。此外,在地震动输入和应变片布置时考虑到垂直隧道轴线方向和平行隧道轴线方向的应力应变特性,还分别对隧道环向和纵向的峰值应变展开分析。图 4.6-21 所示为隧道各断面在拱底处的峰值应变分布。从图中可以看出,沿隧道纵向,峰值应变在 D4 断面处远远大于其余断面拱底处的应变值;沿隧道环向,盾构隧道断面 D1~D3 以及对接段 D7 断面处应变值相对较大。

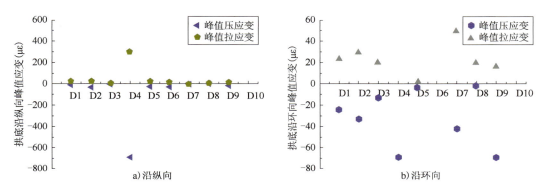

图 4.6-21 隧道各断面的拱底峰值应变变化趋势图

图 4.6-22 所示为隧道各断面在拱脚处的峰值应变分布。从图中可以看出,沿隧道纵向,峰值应变在盾构隧道 D1 断面和 D2 断面均较大。对接段 D5 和 D6 断面的应变峰值明显偏小。此外,值得注意的是沿隧道环向,拱脚处峰值拉应变比压应变大,主要承受环向拉力,其中 D4 断面峰值应变明显大于其他断面。

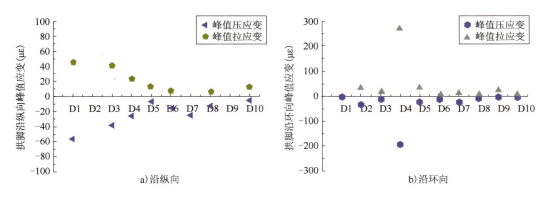

图 4.6-22 隧道各断面的拱脚峰值应变变化趋势图

图 4.6-23 所示为隧道各断面在拱腰处的峰值应变分布图。可以看出,沿隧道纵向,峰值应变在盾构隧道 D2 断面较大,盾构段与对接段相邻处 D4 断面峰值拉应变较大,其余断面峰值拉压应变值相对较小。此外,沿隧道结构环向,刚度变化处断面 D4 和 D9 断面的峰值应变相对偏大,其余断面应变峰值均较小。

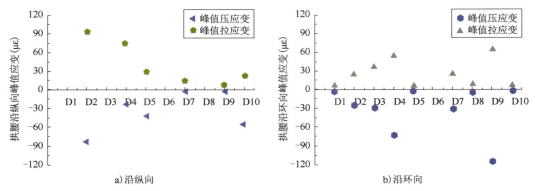

图 4.6-23　隧道各断面的拱腰峰值应变变化趋势图

图 4.6-24 所示为隧道各断面在拱肩处的峰值应变分布。从图中可以看出,沿隧道纵向,各断面的拱肩应变峰值差异不大,为 15~30με。但沿隧道环向,拉压应变差异较为明显,其中 D7~D10 断面拉应变峰值相对较大,为 22~40με,其余断面应变峰值较小。

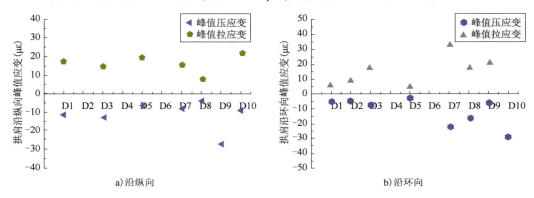

图 4.6-24　隧道各断面的拱肩峰值应变变化趋势图

图 4.6-25 所示为隧道各断面在拱顶处的峰值应变分布图。可以看出,沿隧道纵向,峰值应变在盾构隧道 D4 断面较大,拉应变峰值达到 210με;此外,盾构段 D1 和 D2 断面,矿山段 D9 和 D10 断面应变值相对较大。沿隧道结构环向,D6 和 D7 断面拉应变峰值相对偏大,约为 70με,其余断面关键点拉压应变值相对较小。

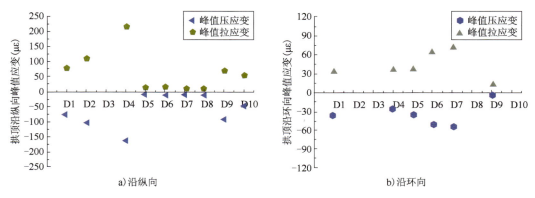

图 4.6-25　隧道各断面的拱顶峰值应变变化趋势图

3) 盾构管片接缝变形分析

盾构隧道由预制混凝土管片拼接而成,沿隧道轴线和衬砌环向均为非均质不连续结构,在地震作用下,螺栓连接处往往是隧道衬砌的薄弱区域。衬砌环之间的接缝变形,对隧道衬砌的整体抗震极为不利,若衬砌管片接缝的张开位移过大,将导致管片发生刚体转动、渗水等病害。因此,有必要分析盾构隧道管片在地震作用下的管环接缝变形。本节选取代表不同工法形式的关键断面,重点分析管片接缝变形分布与不同断面位置的相互关系。

图 4.6-26 所示为盾构隧道管片接缝观测断面 D1 各关键点的接缝变形量峰值。从图中可以看出最大接缝变形量出现在 180°位置,峰值张开量为 0.037mm。其次,0°位置和 135°位置处的管片接缝张开量也较大,分别为 0.033mm 和 0.031mm。最小管片接缝张开量出现在 90°位置。同时可以看到接缝张开量和压缩量基本呈对称分布,表明隧道在 E2 地震动作用下管环结构没有产生永久变形。

图 4.6-27 给出了盾构隧道管片接缝观测断面 D2 各关键点的接缝变形量峰值。可以看到最大管片张开量和压缩量出现在 0°位置,张开量峰值为 0.035mm;其次,180°位置处的接缝张开量也较大,峰值为 0.029mm。与观测断面 D1 类似,90°位置和 135°位置处的管片接缝张开量相对较小。

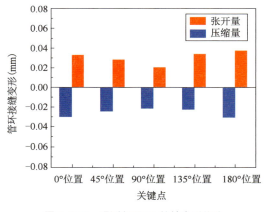

图 4.6-26 观测断面 D1 接缝变形位移

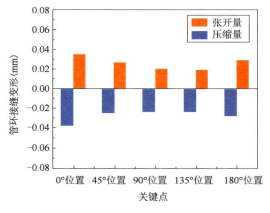

图 4.6-27 观测断面 D2 接缝变形位移

对于盾构隧道管片接缝观测断面 D3,如图 4.6-28 所示,接缝张开量与压缩量基本呈对称分布。最大的管片接缝张开量出现在 180°位置,峰值为 0.038mm。其次,45°位置处的管片接缝张开量峰值为 0.028mm;90°位置和 0°位置处的管片接缝张开量相对较小,其峰值分别为 0.023mm 和 0.019mm。与观测断面 D1 和 D2 相比,D3 断面的峰值位移分布有所改变,0°位置处接缝变形量相对较小。此外,135°位置处电感式位移计在试验中被破坏,无有效数据。

图 4.6-29 所示为盾构隧道与内衬段相接区域观测断面 D4 的接缝变形量峰值。可以看出与上述三个断面相比,D4 断面各关键点的接缝变形量峰值增大明显,最大峰值变形量出现在 180°位置处,峰值张开量为 0.062mm。其次,135°位置处盾构管片接缝张开量也较大,峰值为 0.053mm。相比之下,90°位置处的峰值张开量较小,为 0.038mm。以上测试数据表明,内衬加强盾构隧道所引起的结构形式突变和刚度变化对相接区域盾构管片的接缝张开影响较大,管片接缝变形量明显增大。

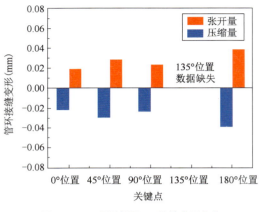
图 4.6-28 观测断面 D3 接缝变形位移

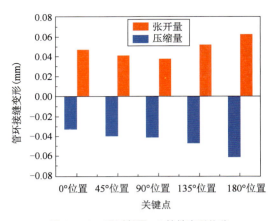
图 4.6-29 观测断面 D4 接缝变形位移

4) 强震对隧道的破坏

图 4.6-30 给出了盾构隧道在试验后观察到的裂缝分布和素描图。衬砌结构开裂是盾构隧道的主要震害类型,裂缝主要分布在 0°位置、90°位置和 135°位置等区域。试验后,针对衬砌裂缝的观测结果表明,多数裂缝出现在盾构隧道简化模型的切槽处,即隧道管环的纵缝处,且裂缝宽度相对较大,为 1~2mm。此外,在管片的中部也出现沿纵向发展的细小裂缝,宽度通常为 0.2~1mm。纵缝是衬砌管环模型的薄弱区域,因此首先发生开裂,且裂缝相对较大并形成沿纵向的贯穿裂缝;同时,由于衬砌采用错缝拼装方式,管环纵缝处的变形和开裂也沿纵向扩散,导致相邻管环的管片中部也出现裂缝,即为管片构件的开裂破坏。因此,衬砌裂缝的开展首先受环向位置控制,如 0°位置、135°位置等;其次,在纵缝处首先发生变形破坏,并沿纵向扩散至相邻管片。

a) 结构破坏现象

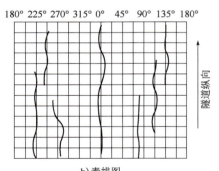

b) 素描图

图 4.6-30 盾构隧道段在强震下破坏现象及素描图

图 4.6-31 给出了内衬加强盾构段结构在试验后观察到的裂缝分布和素描图。从图中可以看到,衬砌结构多处区域沿隧道纵向和环向均出现开裂。试验后,针对衬砌裂缝的观测结果表明,与盾构段隧道相比内衬加强盾构段隧道的裂缝宽度相对较小。多数纵向裂缝的宽度较小,约为 0.5mm,长度为 300~700mm;环向裂缝的长度较纵向裂缝偏短,约为 40mm。较大的裂缝多出现在与盾构段管片相邻区域,其中,180°位置处的裂缝端部开口宽度最大约 2mm,但沿纵向发展的裂缝宽度逐渐变小。

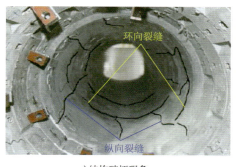
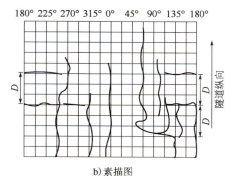

a) 结构破坏现象　　　　　　　　　b) 素描图

图 4.6-31　内衬加强盾构段在强震下破坏现象及素描图

图 4.6-32 给出了类似工程隧道震害现场观察到的环向裂缝和纵向裂缝,与试验的结构破坏现象有相似之处。现场震害分析表明,环向裂缝多由纵向地震波或地层环境的变化引起,即围岩-结构沿纵向的相对刚度发生变化,产生局部的不协调变形,导致环向裂缝的产生。值得注意的是,图 4.6-31b) 中环向裂缝间距 $D≈0.15m$,表明内衬的环向裂缝均出现在背后盾构管片的环缝处,内衬背后刚度的变化导致环向裂缝的产生。因此,内衬沿纵向的开裂破坏主要是受衬砌的位置控制,如 45°位置、135°位置等区域;同时,内衬背后的盾构管环是导致环向裂缝产生的直接原因。

a) 环向和纵向裂缝　　　　　　　　　b) 环向剪切破坏

图 4.6-32　类似工程现场震害中的环向裂缝和纵向裂缝

图 4.6-33 给出了复合衬砌对接段隧道结构在试验后观察到的裂缝分布和素描图。可以看到,与内衬加强盾构段的破坏现象相似,衬砌结构多处发生纵向和环向开裂。沿隧道的纵向裂缝主要发生在 0°位置、45°位置及 135°位置等区域。试验后,针对衬砌裂缝的观测结果表明,纵向裂缝的宽度约为 0.5mm,而较长的裂缝沿隧道纵向延伸较远,约达 600mm;环向裂缝的宽度与纵向裂缝相似,长度较纵向裂缝偏短,多数环向裂缝长度约为 50mm。此外,复合衬砌对接段与矿山法隧道相邻区域的裂缝宽度相对较大,在 135°位置和 180°位置处的最大宽度约为 1.5mm,环向裂缝间距 $D≈0.15m$,再次证明衬砌结构刚度或地层的变化是产生环向裂缝的直接原因。

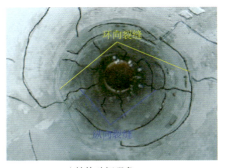 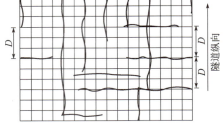

a) 结构破坏现象　　　　　　　　b) 素描图

图 4.6-33　复合衬砌对接段在强震下破坏现象及素描图

图 4.6-34 给出了矿山法隧道结构在试验后观察到的裂缝分布和素描图。可以看到，该隧道区段的破坏主要表现为 45°位置、135°位置及 0°位置处的纵向开裂。试验后针对衬砌裂缝的观测结果表明，多数纵向裂缝的宽度为 0.2~0.5mm，而较长的裂缝沿隧道纵向延伸较远，达 1500mm；其中 180°位置处沿纵向的最大裂缝宽度约为 2mm。此外，也观测到少量的环向裂缝，其宽度约为 1.0mm，而长度相对较短，约为 250mm。

 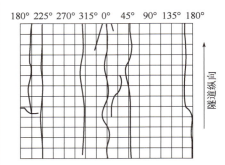

a) 结构破坏现象　　　　　　　　b) 素描图

图 4.6-34　矿山法隧道段在强震下破坏现象及素描图

图 4.6-35 所示为隧道结构的典型开裂模式。由于复合衬砌对接段与矿山法隧道衬砌形式和刚度的突变，裂缝首先出现在两隧道区段的交接处，同时在地震动作用下产生横向剪切变形，导致 135°位置和 180°位置纵向裂缝的产生。

通过上述大比尺振动台模型试验，可以得出以下基本结论：

（1）不同等级地震动作用下，结构加速度响应规律不变，峰值同步增大。

（2）截面形式及结构刚度突变处可能发生应力集中，如盾构隧道与对接段临接处、矿山法衬砌与对接段连接处。

（3）内衬加强盾构隧道所引起的结构形式突变和刚度变化对相接区域盾构管片的接缝张开影响较大，管片接缝位移明显增大。

（5）盾构隧道段开始发生破坏的地震强度为 $0.4g$~$0.5g$，其后随着地震强度提高结构破坏持续加剧。内衬加强盾构段和矿山法隧道段的破坏地震动相同，为 $0.5g$；结构状态主要包括稳定阶段(0.15g～0.4g)和持续破坏阶段(0.5g～1.0g)。复合衬砌对接段在输入地震动峰值为0.6g时开始发生破坏,其后无新的结构破坏发生。

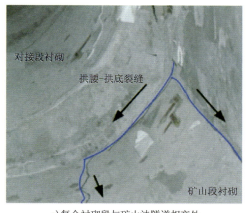
a) 复合衬砌段与矿山法隧道相交处

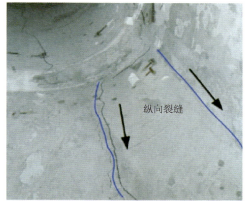
b) 矿山段衬砌

图4.6-35 矿山法隧道衬砌典型开裂模式

4.7 本章小结

本章研究主要针对地铁海底隧道地层软硬不均及工法组合等特殊地段,利用数值模拟和振动台模型试验,开展复杂场地环境下过海地铁隧道结构抗震仿真研究和抗震性能分析工作,可得出以下结论:

(1)复杂条件下超长地铁海底隧道根据抗震性能要求、地层分布特性及工法特点,可采用标准断面反应位移法、二维地层-结构模型动力时程分析法、三维梁-弹簧模型动力时程分析法和三维实体模型动力时程法的抗震计算方法。对于地层相对均匀地段,抗震性能要求Ⅰ时可采用标准断面反应位移法计算,抗震性能要求Ⅱ时可采用二维地层-结构模型动力时程分析法计算。对于隧道纵向空间起伏较大、沿线地形地质条件变化大、断面变化及不同工法衔接段等特殊地段,宜采用三维分析手段进行地震响应分析和抗震设计。

(2)海底隧道结构的地震响应受地层动力特性的影响较大,内力较大的区域多出现在地质条件较差及地层性质发生突变的区域。此外,在不同等级地震动作用下,工法对接复合衬砌段隧道结构沿环向的峰值应力分布模式基本类似,通常在拱肩及拱脚处取得最大,是抗震设防设计及优化分析的关键区域。

(3)通过大比尺(1:10)振动台模型试验,研究了对接段隧道结构在地震作用下的动力响应,可得出以下基本结论:

①不同等级地震波作用下,结构加速度响应规律不变,峰值同步增大。

②截面形式及结构刚度变化处内力响应较大,可能发生应力集中,如盾构隧道与对接段临接处、矿山法衬砌与对接段连接处。此外,工法对接复合衬砌段对矿山法及盾构隧道结构的影响范围约为10m。

本章参考文献

[1] 贺维国,周华贵,刘庆方,等.高烈度区超大直径汕头海湾隧道工程勘察设计研究及关键技术[M].北京:人民交通出版社股份有限公司,2022.

[2] 陈馈,贺维国,王江卡,等.TBM设计与施工关键技术[M].福州:福建科学技术出版社,2021.

[3] 禹海涛,宋毅,李亚东,等.沉管隧道多尺度方法与地震响应分析[J].同济大学学报(自然科学版),2021,49(06):807-815.

[4] 袁勇,李若舟,贺维国,等.岩石场地群洞地铁车站联络通道地震响应分析[J].城市轨道交通研究,2022,25(08):182-186.

[5] 李清菲.地铁大跨度群洞隧道抗震设计分析[J].工程建设与设计,2021(04):89-91.

[6] 王宁,周华贵,贺维国,等.一种水下盾构隧道结构抗震方法与装置:中国,105019918B[P].2017-09-12.

[7] 王维.软硬突变地层盾构隧道地震响应特性研究[D].成都:西南交通大学,2015.

[8] 川岛一彦.地下构筑物の耐震设计[M].鹿岛:鹿岛出版会,1994.

[9] 赵武胜,何先志,陈卫忠,等.盾构隧道与竖井连接处管片及接头震害分析[J].岩石力学与工程学报,2012,31(增刊2):3847-3854.

[10] 张景,何川,耿萍,等.穿越软硬突变地层盾构隧道纵向地震响应振动台试验研究[J].岩石力学与工程学报,2017,36(01):68-77.

[11] STAMOS A A,BESKOS D E. Dynamic analysis of large 3-D underground structures by the BEM[J]. Earthquake Engineering and Structural Dynamics,1995,24(6):917-934.

[12] STAMOS A A,BESKOS D E. 3-D seismic response analysis of long lined tunnels in half-space[J]. Soil Dynamics and Earthquake Engineering,1996,15(2):111-118.

[13] PARK D,SAGONG M,KWAK D Y,et al. Simulation of tunnel response under spatially varying ground motion[J]. Soil Dynamics and Earthquake Engineering,2009,29(11/12):1417-1424.

[14] YU H T,YUAN Y,BOBET A. Multiscale method for long tunnels subjected to seismic loading[J]. International Journal for Numerical and Analytical Methods in Geomechanics,2013,37(04):374-398.

[15] YU H T,YUAN Y,QIAO Z Z,et al. Seismic analysis of a long tunnel based on multi-scale method[J]. Engineering Structures,2013,49(02):572-587.

[16] LI P,SONG E X. Three-dimensional numerical analysis for the longitudinal seismic response of tunnels under an asynchronous wave input[J]. Computers and Geotechnics,2015,63:229-243.

[17] HASHASH Y M A,HOOK J J,SCHMIDT B,et al. Seismic design and analysis of underground structures[J]. Tunnelling and Underground Space Technology,2001,16(04):247-293.

[18] JOHN C M S,ZAHRAH T F. Aseismic design of underground structures[J]. Tunnelling and Underground Space Technology,1987,2(02):165-197.

[19] 李鹏.饱和地基中隧道纵向地震反应的数值分析[D].北京:清华大学,2013.
[20] 廖少明.圆形隧道纵向剪切传递效应研究[D].上海:同济大学,2002.
[21] DRISS IM,SUN J. User's manual for SHAKE91:a computer program for conducting equivalent linear seismic response analyses of horizontally layered soil deposits center for geotechnical modeling[R]. Davis:Department of Civil and Environmental Engineering,University of California,1992.
[22] YU H T,CHEN J T,YUAN Y,et al. Seismic damage of mountain tunnels during the 5.12 Wenchuan earthquake[J]. Journal of Mountain Science,2016,13(11):1958-1972.
[23] YU H T,CHEN J T,BOBET A,et al. Damage observation and assessment of the Longxi tunnel during the Wenchuan earthquake[J]. Tunnelling and Underground Space Technology,2016,54:102-116.
[24] 禹海涛,袁勇.长大隧道地震响应分析与试验方法新进展[J].中国公路学报,2018,31(10):19-35.
[25] 禹海涛,袁勇.地下结构多尺度动力分析方法[J].力学学报,2012,44(6):1028-1036.
[26] 陈国兴,陈苏,杜修力,等.城市地下结构抗震研究进展[J].防灾减灾工程学报,2016,36(01):1-23.
[27] 耿萍,何川,晏启祥.隧道结构抗震分析方法现状与进展[J].土木工程学报,2013,46(增刊1):262-268.

第 5 章
海底隧道衬砌水压力及结构受力特性研究

相对于其他隧道,海底隧道的受力环境主要有以下显著特点:一是渗流场与应力场的相互影响,由于有水的存在,会改变围岩的物理力学性质,从而改变围岩的受力状态,而应力状态的改变也会影响隧道的渗流量和衬砌承受的水压力;二是隧道结构承受的荷载主要是水压力,包括静水压力和动水压力,因此如何合理确定作用在衬砌上的水压力,使隧道结构更加经济、合理、安全,是一个亟待研究的问题。

对于海底隧道来说,完全避免渗水很难也是不必要的,通过采取一系列的措施,降低渗流量,使其达到可以接受的水平则是更为经济合理的做法。降低渗流量的基本思路是堵水限排,其方案的关键在于确定隧道的合理允许排水量。现行铁路、公路等设计规范对衬砌承受的水压力均未做出明确的规定,对由海水、围岩、注浆圈、衬砌组成的渗流场中水压力分布规律的认识还不透彻。中铁第六勘察设计院集团有限公司(原中铁隧道勘测设计院有限公司)充分利用在青岛胶州湾海底隧道建设过程中丰富的设计经验,同时联合北京交通大学、西南交通大学等高校在厦门地铁3号线海底隧道、青岛地铁8号线海底隧道等项目开展了大量深入的研究,通过理论分析、现场测试、数值模拟等方法研究海底隧道衬砌水压力分布形态和规律、隧道衬砌水压力计算模型及结构受力特性,形成了一套具有理论支撑并经工程实践验证的长大海底隧道衬砌水压力计算方法,为今后长大海底隧道的设计和施工积累了经验。

5.1 海底隧道衬砌水压力及结构受力特性研究进展

海底隧道无论在施工期还是运营期,均时刻处于有无限水源补给且水头基本恒定的水体环境之下,水压是海底隧道衬砌结构设计的主要荷载之一,并且由于海底隧道防排水系统的复杂性,使得隧道衬砌承受多大的水压力一直存在不少争议,鉴于其具有相当的不确定性和重要性,故水压力大小的确定是海底隧道衬砌结构设计的难点和研究的热点。

美国《隧道工程手册》强调,隧道设计首先应考虑水的存在,对于高水压海底隧道来说,水压力的大小决定了整个设计;且由于海底隧道水源无限供给,在高水压以及穿越不良地质段的情况下更易发生涌水突泥事故,而一旦发生事故,后果将是灾难性的。丹麦斯多贝尔海峡公路隧道和日本青函海底隧道在建设过程中均发生了严重的涌水事故。2021年7月15日,在建的珠海石景山隧道发生重大透水事故,造成了严重后果。

现阶段,我国对于隧道衬砌外水压力计算并没有统一标准,不同行业部门根据自身特点,对衬砌外水压力均有不同的观点和计算方法。

《铁路隧道设计规范》(TB 10003—2016)中规定,隧道多采取以排为主的地下水处理方式,隧道的荷载计算一般不考虑水压力,荷载分类中也未包含水压力,仅说明必要时应考虑水压力作用。

《公路隧道设计规范》(JTG 3370.1—2018)中规定,隧道位于水位以下时,应考虑衬砌外水压力,采用抗水压衬砌,但并没有给出明确的计算方法。

《地铁设计规范》(GB 50157—2013)中规定,地下结构应采取以防为主的地下水处理方式,结构外水压力应按静水压力计算。

《水工隧洞设计规范》(NB/T 10391—2020)中认为水荷载是衬砌的主要荷载,决定了衬砌形式和尺寸,水压力一般采用水压力折减系数法计算,折减系数根据地下水活动状态和围岩稳定性选取,有条件时还可通过渗流分析计算。

隧道工程对地下水的传统处理方式分为两种,即全封堵方式和排导方式。一直以来铁路和公路隧道对地下水坚持"以排为主"的设计思想,在衬砌结构时不考虑水压力,但以排为主的方式破坏了生态环境,也出现了由于水压力造成衬砌结构开裂、破坏等病害。全封堵的地下水处理方式多见于地铁工程,地铁隧道大部分埋深小于30m,认为衬砌结构可以将所有地下水完全封堵在结构之外,因而衬砌结构应考虑全水头作用。但是对于海底隧道来说,完全避免衬砌结构的渗水是不可能也是不必要的,其主要的工作方向应是通过采取一定的堵水措施降低渗流量,使其达到可以接受的水平,简称为"堵水限排"。采用堵水限排方案的关键在于确定隧道的允许排水量。现行的铁路、公路等设计规范均未能对"堵水限排"时隧道衬砌承受的水压力大小作出明确的规定,对由海水、围岩、注浆圈、衬砌组成的渗流场中水压力分布规律还未了解透彻。

相比于其他隧道,堵水限排条件下海底隧道渗流场与应力场相互耦合,应力场作用会影响围岩的体积、应变和孔隙率等特性,而改变围岩的渗透性质,进而影响渗流场,同样,渗流场作用会影响围岩物理力学性质,改变围岩的力学特性,从而影响衬砌受力状态。国内外学者通过理论分析、数值计算及模型试验等方法,研究了隧道衬砌外水压力及渗流作用下围岩及衬砌力学特性,作出了相当多的假定,但存在较大的局限性。

青岛胶州湾海底隧道按照地下水不同的处理方式,假定材料的渗透系数各向同性,基于围岩和注浆圈、初期支护以及二次衬砌渗透系数之比(n_g、n_1、n_2),推导出海底隧道的涌水量模型,并对隧道衬砌外水压力计算及折减系数的影响因素进行了变量控制分析,制定了适宜的地下水控制排放标准。厦门翔安海底隧道利用复变函数和地下水动力学理论,求解出海水、围岩、注浆圈、衬砌混凝土组成的海底隧道渗流场,推导了圆形海底隧道衬砌外水压力解析法公式,并通过海底隧道水压力模型试验建立了限量排放下的水压力计算公式,经与现场实测数据对比,确定了初期支护在施工期间的水压力折减系数。但无论是胶州湾海底隧道还是翔安海底隧道,在研究衬砌结构水压力时,均更偏重于理论分析,现场试验数量偏少,得到的结论较为理想化,因此当地质条件、施工条件变化时结果差异大。

编者在厦门地铁3号线五缘湾站—刘五店站、青岛地铁8号线大洋站—青岛北站这两座地铁海底隧道建设期间开展了衬砌水压力理论分析、水压力分布特征数值模拟以及衬砌水压力现场测试等一系列的研究工作,得出了衬砌水压力与围岩渗透系数、注浆圈参数以及初期支护参数的变化关系;根据渗透系数对围岩进行分类,提出了各类围岩对应的衬砌水压力折减系数选取表;并根据渗流理论,提出了水-围岩-衬砌相互作用关系,形成了一套考虑渗流场作用的海底隧道衬砌设计方法。

5.2 衬砌水压力理论解析

5.2.1 理论公式推导

假定海底隧道衬砌及周围岩土体都是均质体,忽略介质的自重,同时假设材料的渗透系数在各个方向相同,且渗流方向以径向为主,则渗流体积力中浮力部分比例较小。因此为研究海底隧道开挖后地下水渗流的影响机制,浮力的影响可暂不考虑。针对海底隧道初期支护背后水压力计算建立计算模型,如图5.2-1所示,其中,模型计算边界半径 r_0 为隧道中心至海床距离,r_1 为隧道初期支护内径;r_2 为隧道初期支护外径;r_g 为隧道注浆圈半径;h_0 为隧道中心处远场水头高度,其中 $r_1 < r_2 < r_g < r_0$。

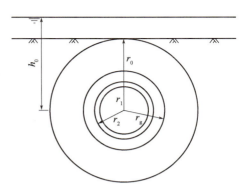

图 5.2-1　初期支护水压力计算模型示意图

为了简化计算,假定半径 r_0 以外形成的稳定渗流场水头与隧道中心点的原始静水压力水头 h_0 相等,一般认为 $h_0 = r_0$。

渗流结合流体连续性方程考虑,则有:

$$\frac{1}{r}\frac{\partial}{\partial r}\left(r\frac{\partial h}{\partial r}\right) + \frac{1}{r^2}\frac{\partial^2 H}{\partial \theta^2} + \frac{\partial^2 H}{\partial z^2} = 0 \tag{5.2-1}$$

由于本模型中渗流方向为隧道径向,且水头关于 z 轴对称,所以:

$$\frac{1}{r}\frac{d}{dr}\left(r\frac{dH}{dr}\right) = 0 \tag{5.2-2}$$

可得:

$$r\frac{dh}{dr} = C \tag{5.2-3}$$

已知,各过水断面的流量相同,流量为:

$$Q = 2\pi r k \frac{dh}{dr} \tag{5.2-4}$$

设 Q_1 为 $r = r_1$ 断面流量;Q_2 为 $r = r_2$ 断面流量;Q_3 为 $r = r_g$ 断面流量;k_r、k_g、k_i 分别为围岩、注浆圈和初期支护的渗透系数。联立式(5.2-3)、式(5.2-4)并积分,带入初始边界条件可得:

$$\begin{cases} Q_1 = 2\pi k_i (h_2 - h_1) \Big/ \ln\dfrac{r_2}{r_1} \\ Q_2 = 2\pi k_g (h_g - h_2) \Big/ \ln\dfrac{r_g}{r_2} \\ Q_3 = 2\pi k_r (h_0 - h_g) \Big/ \ln\dfrac{r_h}{r_g} \end{cases} \tag{5.2-5}$$

由于各过水断面的流量相同,则 $Q_1 = Q_2 = Q_3 = Q$;因此假定初期支护施作后,地下水均匀由其表面渗出,则 $h_1 = 0$,可解得初期支护背后水头 h_2 为:

$$h_2 = h_0 \ln\frac{r_2}{r_1} \Big/ \left(\ln\frac{r_2}{r_1} + \frac{k_i}{k_r}\ln\frac{r_h}{r_g} + \frac{k_i}{k_g}\ln\frac{r_g}{r_2}\right) \tag{5.2-6}$$

由此,可以得到初期支护内渗水量 Q 及初期支护外水压力 P 为:

$$Q = 2\pi h_0 \bigg/ \left(\frac{1}{k_i}\ln\frac{r_2}{r_1} + \frac{1}{k_r}\ln\frac{r_h}{r_g} + \frac{1}{k_g}\ln\frac{r_g}{r_2} \right) \quad (5.2\text{-}7)$$

$$P = \gamma_w h_2 = \gamma_w h_0 \ln\frac{r_2}{r_1} \bigg/ \left(\ln\frac{r_2}{r_1} + \frac{k_i}{k_r}\ln\frac{r_h}{r_g} + \frac{k_i}{k_g}\ln\frac{r_g}{r_2} \right) \quad (5.2\text{-}8)$$

则初期支护外水压力折减系数 β 的解析计算公式为：

$$\beta = \frac{h_2}{h_0 - r_2} = h_0 \ln\frac{r_2}{r_1} \bigg/ \left(r_h - r_2 \right) \left(\ln\frac{r_2}{r_1} + \frac{k_i}{k_r}\ln\frac{r_h}{r_g} + \frac{k_i}{k_g}\ln\frac{r_g}{r_2} \right) \quad (5.2\text{-}9)$$

5.2.2 影响因素分析

由式(5.2-8)及式(5.2-9)可知，h_0、r_0、r_1、r_2、r_g、k_r、k_g 和 k_i 为 P 与 β 的影响因子，因此在实际工程中，初期支护外水压力 P 及其折减系数 β 主要有 6 个影响因素，即初始水位高度、围岩渗透系数、初期支护厚度、初期支护渗透系数、注浆圈厚度及注浆圈渗透系数，由于注浆圈渗透系数与围岩条件有很大关系，因此用围岩与注浆圈渗透系数比 k_r/k_g 代替，用于描述注浆效果。为方便分析，取基本计算参数为 $h_0 = 100\text{m}$, $r_1 = 6\text{m}$, $r_2 = r_g = 6.5\text{m}$, $k_r = 0.1\text{m/d}$, $k_g = 1 \times 10^{-3}\text{m/d}$, $k_i = 1 \times 10^{-4}\text{m/d}$。

1) 初始条件

初始条件主要考虑了水位高度和围岩渗透系数，为分析远场水头高度 h_0 及围岩渗透系数 k_r 的影响，分别取 $h_0 = 50\text{m}$、100m、150m、200m，取 $k_r = 1 \times 10^{-4}\text{m/d}$、$1 \times 10^{-3}\text{m/d}$、$5 \times 10^{-3}\text{m/d}$、$1 \times 10^{-2}\text{m/d}$、$1.5 \times 10^{-2}\text{m/d}$。计算结果如表 5.2-1 及图 5.2-2 所示。

表 5.2-1 不同初始条件下初期支护外水压力计算（单位：kPa）

h_0(m)	k_r(m/d)				
	1×10^{-4}	1×10^{-3}	5×10^{-3}	1×10^{-2}	1.5×10^{-2}
50	21.69(0.043)	161.9(0.324)	380.6(0.761)	457.9(0.916)	490.8(0.982)
100	30.41(0.030)	242.3(0.243)	635.5(0.635)	797.3(0.797)	870.4(0.870)
150	38.97(0.026)	318.4(0.212)	878.5(0.586)	1126.(0.751)	1241.(0.828)
200	47.16(0.022)	391.3(0.185)	1113.(0.537)	1447.(0.724)	1606.(0.803)

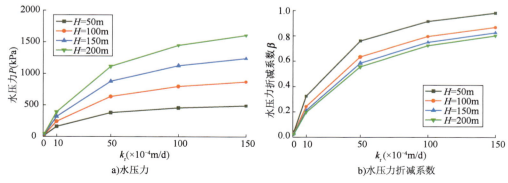

图 5.2-2 不同初始条件下初期支护外水压力折线图

由表 5.2-1 及图 5.2-2 可以看出，随着远场水位升高，初期支护外水压力明显增长，水压力折减系数有所减小，但减小程度逐渐降低；随着围岩渗透系数增大，初期支护外水压力及其折减系数均逐渐增长，但增长速率逐渐降低。

2）注浆圈影响参数

注浆圈影响参数包括注浆圈厚度与注浆效果，为分析注浆圈厚度 t_2 与注浆效果 k_r/k_g 的影响，分别取 $t_2 = 2m$、$4m$、$6m$、$8m$，$k_r/k_g = 50$、100、150、200、250，计算结果如表 5.2-2 及图 5.2-3 所示。

不同注浆圈参数下初期支护外水压力计算（单位：kPa）　　　表 5.2-2

t_2 (m)	k_r/k_i				
	50	100	150	200	250
2	892.40	782.87	697.30	628.58	572.20
4	805.42	657.10	554.91	480.23	423.26
6	745.47	580.19	474.90	401.95	348.43
8	701.05	527.62	422.98	352.98	302.85

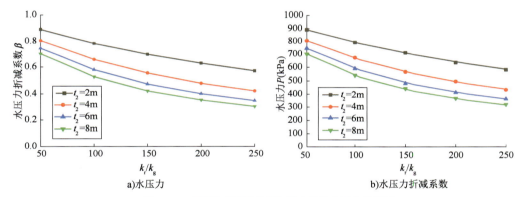

a) 水压力　　　　　　　　　　　　b) 水压力折减系数

图 5.2-3　不同注浆圈参数下初期支护外水压力折线图

由表 5.2-2 及图 5.2-3 可以看出，随着 t_2 或 k_r/k_g 增大，即注浆圈厚度增加或注浆效果改善，初期支护外水压力及其折减系数明显降低，且降低速率逐渐减小。

3）初期支护影响参数

初期支护影响参数包括初期支护厚度与初期支护渗透系数，为分析初期支护厚度 t_1 及渗透系数 k_i 对初期支护外水压力及其折减系数的影响，令 $k_r = 0.1m/d$，并分别取 $t_1 = 0.2m$、$0.3m$、$0.4m$、$0.5m$，取 $k_r/k_i = 10$、50、100、150、200，计算结果如表 5.2-3 及图 5.2-4 所示。

不同初期支护参数下初期支护外水压力计算（单位：kPa）　　　表 5.2-3

t_1 (m)	k_r/k_i				
	10	50	100	150	200
0.2	112.46	395.43	576.89	679.84	748.66
0.3	160.09	500.28	681.23	773.56	831.62
0.4	203.14	576.92	749.25	831.18	880.80
0.5	242.25	635.49	797.26	870.38	913.54

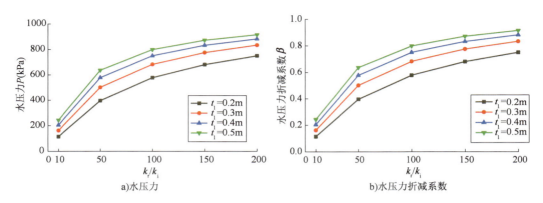

图 5.2-4　不同初期支护参数下初期支护外水压力折线图

由表 5.2-3 及图 5.2-4 可以看出，随着初期支护厚度增加，初期支护外水压力及其折减系数均会有所增加，但增加程度逐渐减小；随着 k_r/k_i 增长，即初期支护相对渗透系数减小，初期支护外水压力及其折减系数有显著增长，但增长速率逐渐降低。

综上所述，初始水位越高，则水压力越大，折减系数越小；围岩渗透系数越小、初期支护厚度越薄、初期支护渗透系数越大、注浆圈厚度越大及注浆效果越好，则水压力及其折减系数越小，说明工程地质水文条件、支护体系设计参数以及施工质量均会对初期支护外水压力及其折减系数产生影响。

5.3　海底隧道衬砌外水压力特征数值模拟

上节通过海底隧道渗流场解析解确定了初期支护外水压力及其折减系数的主要影响因素，并初步分析了影响效果，简化模型建立时也进行了假设，例如将隧道视为圆形、围岩为各向同性等，并且该计算模型渗流场是轴对称的，但这些假设与实际情况往往有较大出入。因此，用其分析各因素的影响效果会有较大的偏差。本节结合青岛市地铁 8 号线海底隧道工程，通过数值计算，分析了不同防排水方案下初期支护外水压力分布规律，进一步分析了各影响因素对堵水限排海底隧道初期支护外水压力及其折减系数的影响效果。

5.3.1　初期支护外水压力分布规律

分别计算两种渗流场下地层变形及衬砌结构内力情况。工况一，拱顶上方 53m 的位置设置恒定水位，隧道堵水限排，初期支护表面为均匀渗流面，二次衬砌为不透水结构；工况二，拱顶上方 53m 的位置设置恒定水位，隧道全封堵不排水。两种工况水压力分布见图 5.3-1、图 5.3-2。

由计算结果可知：在全封堵工况下，衬砌设置为不透水结构，因此没有渗流场作用，施工过程中及施工完成后，初期支护外水压均沿埋深均匀分布，基本为静水压力；在堵水限排工况下，由于初期支护是可排水结构，通过渗流场径向流作用，初期支护外水压力由全水头静水压力逐渐稳定到一个较低的水平，稳定后隧道拱脚处水压力明显大于其他部位，其次是仰拱部位，拱顶与拱腰部位水压力较小。

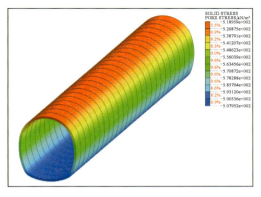
图 5.3-1　全封堵工况初期支护外水压力分布

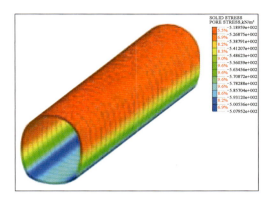
图 5.3-2　堵水限排工况初期支护外水压力分布

5.3.2　堵水限排工况下衬砌水压力特征研究

为对比验证理论解析堵水限排工况下海底隧道初期支护外水压力的影响,通过数值计算,分别把初始水位高度、围岩渗透系数、初期支护厚度、初期支护渗透系数、注浆圈厚度及注浆圈渗透系数等作为单一控制因素,研究隧道初期支护外水压力及压力系数变化规律。

数值计算采用 FLAC 3D 软件,模型中隧道上覆土取实际厚度 47m,下侧取 50m,左、右侧各取 40m,如图 5.3-3 所示,模型上部为恒定水头边界,左、右及下部为不透水边界,模型中水位距隧道拱顶 50m。围岩、注浆圈及支护结构的计算参数根据依托工程确定,其中围岩渗透系数 $k_r = 0.3\text{m/d}$;注浆圈厚度为 5m,其渗透系数 $k_g = 6 \times 10^{-3}\text{m/d}$;初期支护厚度为 0.2m,其渗透系数 $k_i = 3.62 \times 10^{-6}\text{m/d}$。

1) 水位高度

为研究水位高度的影响效果,在上述模型的基础上,分别计算了拱顶上方水位高度 $H = 10\text{m}$、50m、100m、150m 和 200m 时,模型初期支护外水压力。不同水位高度下的计算结果变化趋势如图 5.3-4 所示。

图 5.3-3　计算模型图

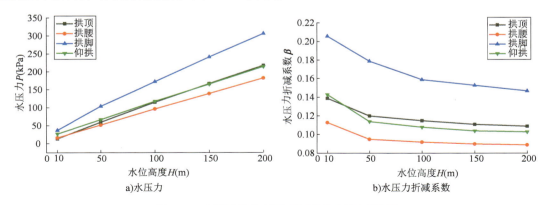

a) 水压力　　　b) 水压力折减系数

图 5.3-4　不同水位高度下初期支护外水压力折线图

由结果可知,随着水位升高,初期支护外水压力呈近似线性增长,其中拱脚部位增长最快,$H=10m$时拱脚处水压力为37.62kPa,$H=100m$时拱脚处水压力增长为172.61kPa,$H=200m$时拱脚处水压力增长为307.13kPa;随着水位升高,水压力折减系数逐渐降低,且降低速率逐渐减小,以拱顶部位为例,$H=10m$时拱顶处水压力折减系数为0.139,$H=50m$时拱顶处水压力折减系数为0.120,水位继续升高,水压力折减系数降低速率明显减小,$H=200m$时拱顶处水压力折减系数降低为0.109,由此可见水位达到一定高度后,对水压折减系数影响不明显。

2）围岩渗透系数

为研究围岩渗透系数的影响效果,分别计算围岩渗透系数$k_r=0.1m/d$、0.2m/d、0.3m/d、0.5m/d、0.7m/d、0.8m/d、0.9m/d、1m/d时,模型初期支护外水压力。不同围岩渗透系数下的计算结果变化趋势如图5.3-5所示。

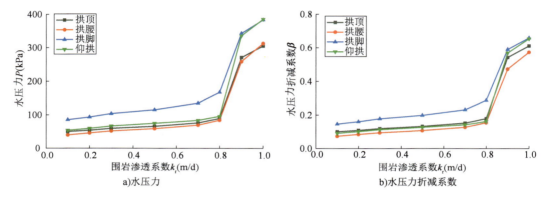

图5.3-5　不同围岩渗透系数初期支护外水压力折线图

随着围岩渗透系数增大,初期支护外水压力及其折减系数逐渐增长,且增长速率先增大后减小。以拱顶部位为例,$k_r=0.1m/d$时拱顶处水压力为50.35kPa,为全水头的10.1%;$k_r=0.8m/d$时拱顶处水压力增长为89.96kPa,仅为全水头的18.0%;$k_r<0.8m/d$时,初期支护外水压力及其折减系数增长较缓慢;$k_r=0.9m/d$时拱顶处水压力达到了271.25kPa,为全水头的54.2%,增长超过了2倍,而初期支护外水压力及其折减系数增长迅速,随后增长速率变缓,水压力逐渐接近全水头静水压力,且初期支护外水压力分布逐渐接近静水压状态。可见,围岩渗透系数是初期支护外水压力及其折减系数的重要影响因素。

3）初期支护厚度

为研究初期支护厚度的影响效果,分别计算初期支护厚度$t_1=0.15m$、0.2m、0.25m和0.3m时,模型初期支护外水压力。不同初期支护厚度下的计算结果变化趋势如图5.3-6所示。

由计算结果可知,随着初期支护厚度的增加,初期支护外水压力及其折减系数逐渐增长,且增长速率逐渐下降。随着初期支护厚度增加,拱腰部位初期支护外水压力增长最多,$t_1=0.15m$时拱腰处水压力为40.19kPa,为全水头的7.3%;$t_1=0.25m$时拱腰处水压力为80.61kPa,为全水头的14.7%;但初期支护厚度继续增加,影响效果不再明显;$t_1=0.30m$时拱腰处水压力增长为81.20kPa,仅为全水头的14.8%。由于初期支护变厚增加了地下水渗流路径,堵水作用增强,从而承担了更大的水压力,但初期支护厚度超过0.25m后,影响效果显著减小。

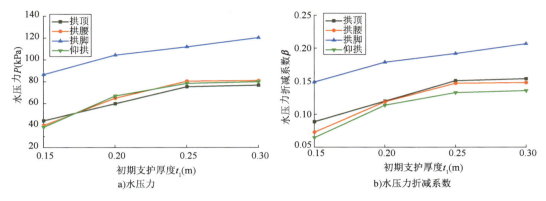

图 5.3-6　不同初期支护厚度下初期支护外水压力折线图

4) 初期支护渗透系数

为研究初期支渗透系数的影响效果,分别计算初期支护渗透系数 $k_i = 1×10^{-4}$ m/d、$1×10^{-5}$ m/d、$1×10^{-6}$ m/d、$1×10^{-7}$ m/d、$1×10^{-8}$ m/d 和 $1×10^{-9}$ m/d 时,模型初期支护外水压力。不同初期支护渗透系数下的计算结果变化趋势如图 5.3-7 所示。

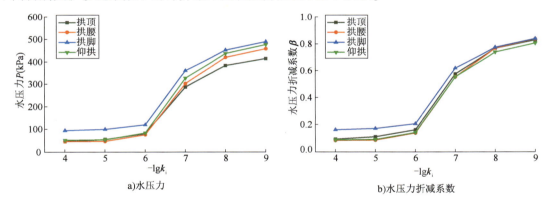

图 5.3-7　不同初期支护渗透系数下初期支护外水压力折线图

由计算结果可知,随着初期支护渗透系数降低,即抗渗性加强,初期支护外水压力及其折减系数逐渐增长。当 $k_i > 1×10^{-6}$ m/d 时,初期支护外水压力及其折减系数增长缓慢;$k_i = 1×10^{-4}$ m/d 时拱脚处水压力为 94.42kPa,为全水头的 16.2%;$k_i = 1×10^{-6}$ m/d 时拱脚处水压力为 120.05kPa,仅增长为全水头的 20.6%。当初期支护渗透系数继续降低,对初期支护外水压力及其折减系数影响显著,但增长速率逐渐降低,$k_i = 1×10^{-7}$ m/d 时拱脚处水压力为 360.65kPa,增长为全水头的 61.9%;$k_i = 1×10^{-9}$ m/d 时拱脚处水压力为 589.88kPa,为全水头的 84.0%。当折减系数逐渐趋近 1,水压力逐渐趋近全水头静水压力。因此,初期支护渗透系数对初期支护外水压力及其折减系数的影响非常明显。

5) 注浆圈厚度

为研究注浆圈厚度的影响效果,分别计算注浆圈厚度 $t_2 = 0$m、1m、3m、5m 和 7m 时,模型初期支护外水压力。不同注浆圈厚度下的计算结果变化趋势如图 5.3-8 所示。

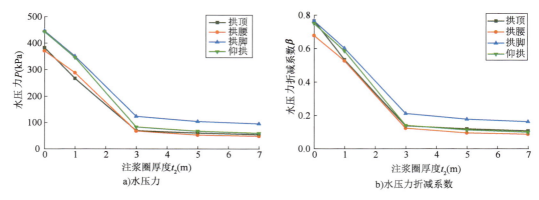

图 5.3-8　不同注浆圈厚度下初期支护外水压力折线图

由计算结果可知,随着注浆圈厚度的增加,初期支护外水压力及其折减系数逐渐降低。以拱顶部位为例,当注浆圈厚度达到 3m 时,初期支护外水压力由 383.22kPa 降低为 68.99kPa,水压力折减系数由 0.766 降低为 0.138,可见注浆圈厚度对初期支护外水压力及其折减系数有很明显的影响。当注浆圈厚度继续增大,影响效果明显减小,注浆圈由 3m 增加到 7m,初期支护外水压力由 68.99kPa 降低为 54.03kPa,水压力折减系数仅由 0.138 降低为 0.108。可得,注浆圈厚度对初期支护外水压力及其折减系数的影响较大,但随着注浆圈厚度增加,影响效果会显著减小,因此应合理选取注浆圈厚度,在保证达到堵水效果的前提下,提高工程经济性。

6)注浆效果

为研究注浆效果的影响效果,分别计算注浆圈相对渗透系数 k_r/k_g = 1、10、50、100、150 和 200 时,模型初期支护外水压力。不同注浆效果下的计算结果变化趋势如图 5.3-9 所示。

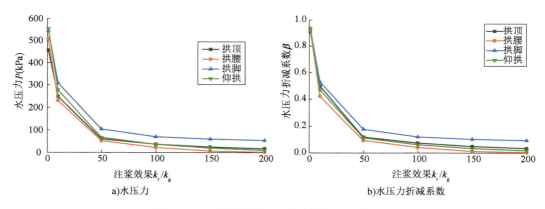

图 5.3-9　不同注浆效果下初期支护外水压力折线图

随着注浆效果增强,初期支护外水压力及其折减系数逐渐降低,且降低速率逐渐减小。当 k_r/k_g < 50 时,初期支护外水压力及其折减系数下降非常迅速。以拱顶部位为例,水压力由 457.12kPa 降低为 60.01kPa,折减系数由 0.914 降低为 0.120,可见改善注浆效果对降低衬砌外水压力非常有效;当 k_r/k_g 超过 50 后,初期支护外水压力及其折减系数下降较缓慢;k_r/k_g 由 50 增加到 200,初期支护外水压力由 60.01kPa 降低为 17.67kPa,水压力折减系数由 0.120 降低为 0.035,注浆改善效果已不明显,而且考虑到注浆技术及经济性,盲目提高注浆效果是不

合理的。

综上所述,水位高度对初期支护外水压力有显著影响,但对水压力折减系数的影响较小,初期支护厚度对初期支护外水压力及其折减系数的影响不明显,当围岩渗透系数增大、初期支护渗透系数降低、注浆圈厚度减小及注浆效果变差时,初期支护外水压力及其折减系数会产生显著增长。

5.3.3 衬砌外水压力分布规律

本节将通过数值计算,分析有无排水方案下的二次衬砌外水压力分布规律,研究在全封堵方式转变为排导方式过程中隧道衬砌结构的受力变化与规律,并进一步分析各影响因素对堵水限排海底隧道二次衬砌外水压力及其折减系数的影响效果。

1)全封堵方式下衬砌背后水压力分布

数值计算采用 FLAC 3D 软件,模型中隧道上覆土取实际厚度 47m,下侧取 50m,左、右侧各取 40m,模型上部为恒定水头边界,左、右及下部为不透水边界,模型中水位距隧道拱顶 50m。依据青岛地铁 8 号线海底隧道工程地层条件及衬砌结构设计情况建立计算模型,隧道设置 5m 注浆圈,注浆圈计算参数按微风化岩层考虑,初期支护为 0.3m 厚 C25 喷射混凝土,抗渗等级为 P6,渗透系数为 3.62×10^{-6} m/d;二次衬砌为 0.45m 厚 C50 现浇钢筋混凝土结构,在全封堵工况下,衬砌均设置为不透水结构。

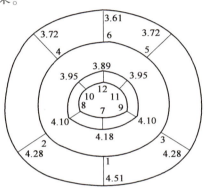

图 5.3-10　全封堵方式下注浆圈外、衬砌背后水压力分布图(单位:m)

计算内力分布结果如图 5.3-10 及表 5.3-1 所示。

全封堵时水压力与水压力作用系数　　　表 5.3-1

位置	编号	水压力 P (m)	水压力作用系数 α	位置	编号	水压力 P (m)	水压力作用系数 α
仰供	1	4.5004	1.00	仰供	7	4.1848	1.00
左拱脚	2	4.2772	0.99	左拱脚	8	4.09644	0.99
右拱脚	3	4.2772	0.99	右拱脚	9	4.09916	0.99
左拱腰	4	3.721	1.00	左拱腰	10	3.937	0.99
右拱腰	5	3.721	1.00	右拱腰	11	3.946	1.00
拱顶	6	3.61	1.00	拱顶	12	3.8924	1.00

由表 5.3-1 可知,在全封堵防水状态下,水压力作用系数基本为 1.00,衬砌外水压力基本无折减。结论:当衬砌采用完全封堵防水时,不论围岩、注浆圈渗透系数的大小,均不能降低作用在衬砌上的水压力,衬砌背后最终承受的水压力均等于静水压力,在计算水压力时,必须采用同地下水位相应的量值,不能折减。

2)堵水限排方式下注浆圈外、衬砌背后水压力分布

在上述模型的基础上,分析堵水限排工况下外水压力分布规律,初期支护设置为可排水结

构,并考虑渗流场作用,设置纵向盲管与环向盲管,纵向盲管设置在两侧拱脚处,纵向盲管与环向盲管布设在初期支护与二次衬砌之间。

计算内力分布结果如图 5.3-11 ~ 图 5.3-16 所示。

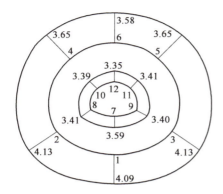

图 5.3-11　排水量 6.85mL/s 时水压力分布(单位:m)　　图 5.3-12　排水量 15.26mL/s 时水压力分布(单位:m)

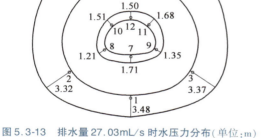

图 5.3-13　排水量 27.03mL/s 时水压力分布(单位:m)　　图 5.3-14　排水量 37.89mL/s 时水压力分布(单位:m)

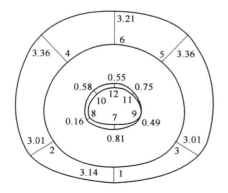
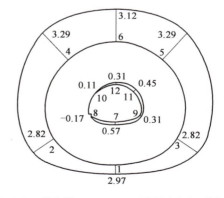

图 5.3-15　排水量 43.28mL/s 时水压力分布(单位:m)　　图 5.3-16　排水量 55.83mL/s 时水压力分布(单位:m)

由图 5.3-17 可知,由于测压点埋设位置不同,水压力会产生变化,其中注浆圈外测点水压力基本不受位置影响(忽略重力水压),基本呈圆形分布;而注浆圈内水压力随位置的变化差异较大,距离排水口越近,水压力降低得越小,在断面上的分布大致为葫芦状。

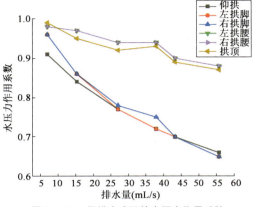

图 5.3-17 限排方式下的水压力作用系数

有时衬砌外水压力会出现不对称情况,这与注浆圈效果和排水系统的设置有很大关系,如在衬砌背后设置纵向、环向盲管排水系统可使衬砌背后水具有更强的流动性,对减小局部的应力集中和促进水压力均匀分布有较大作用。

衬砌背后水压力作用系数随隧道控制排水量的增大而减小,仰拱、拱脚处水压力受排水量影响相对较大,拱腰和拱顶受排水量影响相对较小,尤其拱脚处水压力作用系数降低最多。

注浆圈外侧仰拱、拱脚等部位的水压力作用系数变化规律较为一致,受排水量影响相对较大,由 0.96 减小到 0.65;拱腰、拱顶等部位的水压力作用系数变化规律较为一致,受排水量影响相对较小,由 0.99 减小到 0.89。

注浆圈内侧拱脚部位受排水量影响最大,水压力作用系数基本折减为 0;其次受排水量影响较大的部位为拱腰、拱顶等部位,水压力作用系数由 0.86 减小到 0.1;仰拱部位,受排水量影响次之,由 0.85 折减为 0.14。

3)环向排水盲管间距对衬砌外水压力的影响

隧道的排水主要依靠环向盲管与纵向盲管组成的排水网络。本节将通过数值模拟的方法来确定环向排水盲管间距对二次衬砌背后水压力的影响,在前述模型基础上,在排水量较大情况下对环向排水管间距分别为 3m、5m、7m 时的衬砌背后水压力进行计算分析。图 5.3-18~图 5.3-20 为二次衬砌背后拱顶、拱腰、拱底水压力随盲管间距的变化。

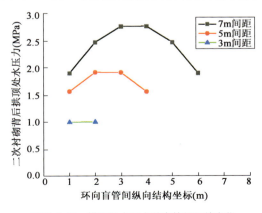

图 5.3-18 拱顶处水压力随盲管间距的变化

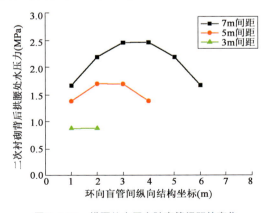

图 5.3-19 拱腰处水压力随盲管间距的变化

由图中可以看出,隧道断面各个位置的最大水压力均位于两相邻环向盲管中点处,并且中点两侧水压力值呈对称分布;各个位置的水压力随环向盲管间距的增大而增大。当初始水压力、盲管间距较大时,纵向水压力分布会有较大变化,在结构设计中应考虑其对结构纵向受力的影响。

由图 5.3-21 可知,环向盲管间距确定时,二次衬砌背后的水压力拱顶处最大,水压力值上大下小,近似呈圆形分布;随着环向盲管间距的增大,拱顶、拱腰、拱底处水压力均增大。

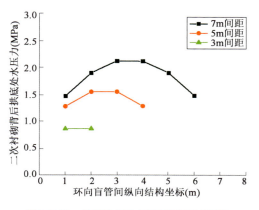

图 5.3-20　拱底处水压力随盲管间距的变化

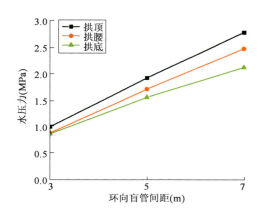

图 5.3-21　环向盲管间距与二次衬砌背后水压力关系

5.4　衬砌水压力现场测试

海底隧道初期支护外水压力与场址水文地质条件、防排水体系及设计施工方法有直接关系,由于岩土工程具有介质不均匀、施工影响大的特点,理论分析须结合现场测试的方法对理论计算成果进行复核与修正,同时掌握衬砌实际外部荷载和结构受力情况,更好地指导后续项目的施工。为此在青岛地铁 8 号线海底隧道及厦门地铁 3 号线海底隧道施工现场布设了衬砌水压力监测断面,进行实时跟踪量测。

5.4.1　监测断面及测点布置

1)监测断面的选取

监测断面的选取遵循以下原则:①各自选取Ⅱ级、Ⅲ级、Ⅳ级、Ⅴ级围岩段中地层特点较为鲜明的断面;②监测区段宜布置在不同级别围岩过渡区段,各断面连续布置,方便控制变量并进行施工监测。

(1)青岛地铁 8 号线海底隧道

矿山段监测断面起始里程为 ZDK41+780,终止里程为 ZDK42+330,断面位于 F5a、F5b 基岩破碎带内,围岩类别为Ⅲ~Ⅴ级。断面间距 50~100m,断面间距根据现场施工实际情况调整,共布设 5 个监测断面,如图 5.4-1 所示。

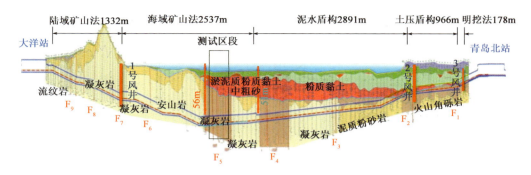

图 5.4-1　青岛地铁 8 号线海底隧道地质纵断面图

①监测断面一：位于 ZDK41+780 里程处，Ⅲ$_2$ 级围岩。隧道拱顶覆土埋深 50.7m，水头高度 55.2m，上部覆土由上至下依次为淤泥质粉质黏土 5.8m、中粗砂 0.8m、粉质黏土 1.8m、强风化安山岩 3.2m、中风化安山岩 9.8m、微风化安山岩 29.3m，掌子面为微风化安山岩，岩体较完整，局部有风化节理裂隙面，掌子面干燥，无线状滴渗水。

②监测断面二：位于 ZDK41+943 里程处，Ⅳ$_1$ 级围岩。隧道拱顶覆土埋深 47.1m，水头高度 54.2m，上部覆土由上至下依次为淤泥质粉质黏土 4.9m、中粗砂 5.0m、粉质黏土 2.1m、中粗砂 1.9m、粉质黏土 1.4m、凝灰岩（砂土状碎裂岩）12.6m、凝灰岩（节理发育带）19.2m，掌子面为凝灰岩，临近 F$_5$ 断层破碎带，节理离线发育。

③监测断面三：位于 ZDK42+092 里程处，Ⅴ级围岩。隧道拱顶覆土埋深 47.2m，水头高度 53.4m，上部覆土由上至下依次为淤泥质粉质黏土 8.8m、中粗砂 3.8m、粉质黏土 0.3m、粉质黏土 11.5m、凝灰岩（节理发育带）2.1m、凝灰岩（砂土状碎裂岩）6.9m、凝灰岩（节理发育带）13.8m，掌子面为凝灰岩，隧道位于 F$_5$ 断层破碎带，受构造影响显著，围岩破碎。

④监测断面四：位于 ZDK42+151 里程处，Ⅳ$_1$ 级围岩段。隧道拱顶覆土埋深 47.1m，水头高度 53.0m，上部覆土由上至下依次为淤泥质粉质黏土 8.4m、中粗砂 16.6m、凝灰岩（节理发育带）7.9m、凝灰岩（块状碎裂岩）8.9m、微风化凝灰岩 5.4m。掌子面为微风化凝灰岩，该段隧道位于断层影响带，围岩较破碎。

⑤监测断面五：位于 ZDK42+330 里程处，Ⅳ级围岩。隧道拱顶覆土埋深 46.5m，水头高度 51.8m，上部覆土由上至下依次为淤泥质粉质黏土 2.6m、中粗砂 24.0m、强风化凝灰岩 0.5m、中风化凝灰岩 5.1m、微风化凝灰岩 14.2m。掌子面为微风化凝灰岩，岩体较完整，局部有风化节理裂隙面，掌子面干燥，无线状滴渗水。

（2）厦门轨道交通 3 号线海底隧道

主要针对矿山法过 f$_2$ 风化囊段开展监测工作。矿山段监测断面位于 f$_2$ 风化囊前的破碎状微风化岩段附近。围岩类别为 Ⅱ、Ⅳ、Ⅴ 级。其中全断面破碎状微风化花岗闪长岩区段为 23m，拱顶为碎裂状强风化花岗闪长岩及中风化花岗闪长岩区段（风化槽），为 37m，共布设 5 个监测断面，如图 5.4-2 所示。

①监测断面一：位于 ZDK16+635 里程处，Ⅱ级围岩。隧道拱顶覆土埋深 36.8m，水头高度 58.6m，上部覆土由上至下依次为淤泥 2.5m、残积砂质黏性土 5.2m、全风化花岗闪长岩

3.67m、散体状强风化花岗闪长岩14.1m、中等风化花岗闪长岩2.2m、微风化花岗闪长岩9.2m,掌子面为微风化花岗闪长岩,岩体较完整,局部有风化节理裂隙面,掌子面干燥,无线状滴渗水。

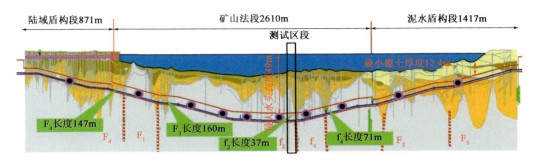

图5.4-2　厦门地铁3号线海底隧道地质纵断面图

②监测断面二:位于YDK17+114里程,Ⅲ级围岩。隧道拱顶覆土埋深41.6m,水头高度约60m,上部覆土由上至下依次为中粗砾砂3.0m、残积砂质黏性土3.3m、全风化花岗闪长岩4.1m、强风化花岗闪长岩6.4m、中风化花岗闪长岩2.7m、微风化花岗闪长岩15.5m。现场实际开挖显示掌子面岩体破碎,节理裂隙发育,掌子面存在滴渗水。

③监测断面三:位于YDK17+134里程处,Ⅳ级围岩。隧道拱顶覆土埋深42.3m,水头高度约59.9m,上部覆土由上至下依次为中粗砾砂3.8m、残积砂质黏性土2.4m、全风化花岗闪长岩1.9m、强风化花岗闪长岩3.2m、中风化花岗闪长岩3.6m、微风化花岗闪长岩42.4m。实际开挖显示掌子面围岩为中等风化花岗闪长岩,掌子面右侧及拱顶呈灰白色、黄褐色、岩质坚硬,掌子面左侧颜色混杂,岩质较硬,岩体整体破碎,节理裂隙发育,掌子面左侧节理面突出,呈多方向发展,左下角有小股水渗出。

④监测断面四、监测断面五:位于YDK17+200、YDK17+215里程处,均为Ⅴ级围岩。隧道拱顶覆土埋深42.3m,水头高度约59.5m,上部覆土由上至下依次为中粗砾砂1.1m、残积砂质黏性土1.1m、中风化花岗闪长岩7.0m、微风化花岗闪长岩32m。现场实际开挖显示掌子面为强～中风化花岗闪长岩,掌子面主要以褐黄色、灰白色为主,上台阶左侧拱脚部位存在强风化辉绿岩风化槽,岩质软,右侧岩体较破碎,为中风化花岗闪长岩,岩质坚硬,掌子面拱顶及上台阶左下角均有渗水。

根据现场实际施工进度,最终实际布置的监测断面及里程见表5.4-1。

试验断面概况　　　　　　　　　　　　　　　表5.4-1

工程	断面里程	水头高度(m)	围岩级别	衬砌类型	开挖方法	防排水
青岛地铁8号线海底隧道	ZDK41+780	55.2	Ⅲ$_2$	Ⅳ$_{1b}$	全断面法	半包防水
	ZDK41+943	54.2	Ⅳ$_1$	Ⅳ$_{1b}$	台阶法	半包防水
	ZDK42+092	53.4	Ⅴ	Ⅴ$_b$	台阶法+超前小导管+超前管棚	半包防水
	ZDK42+151	53.0	Ⅳ$_1$	Ⅳ$_{1b}$	台阶法	半包防水
	ZDK42+330	51.8	Ⅳ$_1$	Ⅳ$_{1b}$	台阶法	半包防水

续上表

工程	断面里程	水头高度（m）	围岩级别	衬砌类型	开挖方法	防排水
厦门地铁3号线海底隧道	ZDK16+635	58.6	Ⅱ	Ⅱ	全断面法	半包防水
	YDK17+114	60.0	Ⅲ	Ⅲ	全断面法	半包防水
	YDK17+134	59.9	Ⅳ	Ⅳ	台阶法+超前小导管	半包防水
	YDK17+200	59.5	Ⅴ	$Ⅴ_b$	台阶法+超前管棚+帷幕注浆	半包防水
	YDK17+215	59.4	Ⅴ	$Ⅴ_b$	台阶法+超前管棚+帷幕注浆	半包防水

2）监测仪器及测点布置

（1）监测仪器

衬砌水压力监测采用 BGK-4500S 振弦式渗压计，见图 5.4-3。该传感器适合埋设在水工建筑物和基岩内，或安装在测压管、钻孔、堤坝、管道或压力容器中，以测量孔隙水压力或液位，数据读取见图 5.4-4，其主要部件均为特殊钢材制造，适合在各种恶劣环境中使用。标准的透水石选用带 $50\mu m$ 小孔的烧结不锈钢制成，具有良好的透水性，性能稳定，长期可靠性高。渗压计主要技术指标见表 5.4-2。

图 5.4-3 渗压计探测头　　　　　　　图 5.4-4 数据读取

渗压计主要技术指标　　　　　　　表 5.4-2

型号	BGK-4500S	型号	BGK-4500S
标准量程	1MPa	过载能力	50%
非线性度	直线：≤0.5%F·S；多项式：≤0.1%F·S	仪器长度	133mm
灵敏度	0.025%F·S	外径	19.05mm

（2）测点布置

每个断面布置6个孔隙水压力测点，布设于初期支护背后，位置为拱顶、左拱肩、右拱肩、左拱腰、右拱腰和仰拱处。具体位置及布设方式见图5.4-5。埋设时，先在初期支护上打一贯穿孔，再将渗压计放入，渗压计头部传感器位置应用装砂布袋进行保护，随后用水泥砂浆将渗压计四周空隙填充密实，将与压力计、渗压计连接的电缆线穿管保护后牵引至指定位置，之后利用频率仪进行数据采集。

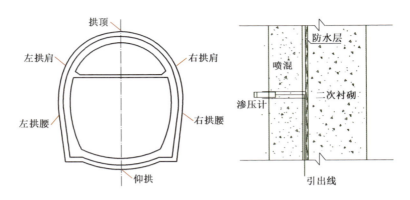

图 5.4-5　初期支护外水压力测点及传感器埋设位置图

5.4.2　监测实施及现场渗涌水情况

水压力测点在初期支护完成后,二次衬砌施工前安装,并在二次衬砌完成后开始定期读取数据。由于各个监测断面的安装时间不一致,故监测时长有所差异,厦门地铁 3 号线的水压力监测持续约 8 个月,读取数据共 145 组(1 个断面 1 次作为 1 组),见图 5.4-6。其间衬砌背后渗水通过横向泄水管持续排放。现场监测周期及频率见表 5.4-3。

图 5.4-6　现场读取水压力数据

现场监测周期及频率　　　　　　　　　　　表 5.4-3

监测断面	起始时间(年/月/日)	终止时间(年/月/日)	监测频率	有效数据
ZDK16+635(Ⅱ)	2019/9/26	2020/9/27	第一个月 1 次/d, 第二个月 1 次/2d, 第三个月 1 次/周, 三个月后 1 次/月	41 组
YDK17+114(Ⅲ)	2020/1/12	2020/3/28		30 组
YDK17+134(Ⅳ)	2020/1/7	2020/2/07		24 组
YDK17+200(Ⅴ)	2020/4/10	2020/6/27		26 组
YDK17+215(Ⅴ)	2020/4/12	2020/6/7		24 组

厦门地铁3号线监测段落位于区间最低点向翔安侧100~200m范围内,是整个海底隧道排水量较大的位置。通过观察横向泄水孔水量,可以发现在衬砌完成一段时间后,风化槽段基本无较大渗水,但硬岩段衬砌背后渗水量逐渐增大,部分泄水孔满孔出水,且出水压力较大,水质清澈。通过现场观测及统计,横向泄水孔涌水较大段落主要集中于最低点向翔安侧约600m范围内,见图5.4-7。

图5.4-7 横向泄水管出水情况

隧道在2020年施工期间,隧道整体的围岩出水量约为15000m³/d,衬砌完工(2020年9月)后排水量略有下降,并稳定保持在13500~14500m³/d范围,具体见表5.4-4。

厦门地铁3号线排水量统计　　　　　　表5.4-4

日期(年/月/日)	水量(m³/d)	日期(年/月/日)	水量(m³/d)
2020/09/20	15423	2021/04/20	14448
2020/10/20	14958	2021/05/20	13705
2020/11/20	14792	2021/06/20	14321
2020/12/20	14601	2021/07/20	14118
2021/01/20	14335	2021/08/20	13887

5.4.3 初期支护外水压力分布规律监测结果

1)青岛地铁8号线海底隧道监测结果

青岛地铁8号线海底隧道初期支护水压力监测结果如图5.4-8所示。由于现场安装操作不当以及后期维护不足,导致部分渗压计失效,失效部分已在图中用红色字体标出。

由图5.4-8可以看出:

(1)总的来看,8号线海底隧道衬砌水压力初期呈现波动性上升,经过两个月左右逐渐趋于稳定。ZDK41+780及ZDK42+330两断面水压力较为稳定,由于ZDK41+943、ZDK42+092及ZDK42+151三个断面位于F_5基岩破碎带内(F_5基岩破碎带位于ZDK41+830~ZDK42+200之间,宽度约370m),因此水压力波动性大。

(2)5个监测断面衬砌水压力最终均稳定在50kPa以下,相当于5m水头产生的静水压力,这5个断面的总水头介于51~56m之间,即现场监测的水压力不足总水压的10%。

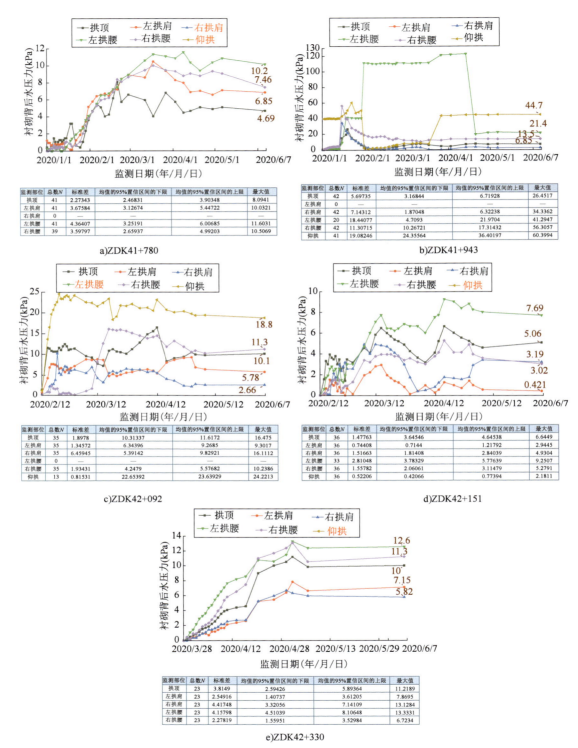

图 5.4-8 大青区间衬砌水压力历时折线图

（3）以现有数据来看，水压稳定后，仰拱部位的水压力最大，ZDK41+943 与 ZDK42+092 两断面仰拱部位稳定后水压力均超出该断面其他部位约 1 倍，其次是拱腰部位，但拱顶及拱肩部位水压很小。

（4）ZDK41+943 断面水压力波动剧烈。第一，在监测的第 14 天左右，该断面各部位水压力均发生突增，基本都发生了一个数量级的增长，增长后水压力在仰拱部位最大，水压达到 60.4kPa，约为总水压的 11.1%，并且除左拱腰部位外，其他部位水压力随后稳定下降，经分析，原因为排水不畅导致水压力整体上升；第二，在前述的水压力突增后，左拱脚部位水压力稳定在此水平 6d 后，水压力从 40.4kPa 跃升到 111.4kPa，维持了 18d 后降至 21kPa 左右，原因为左侧拱脚部位排水管路堵塞。

2）厦门地铁 3 号线海底隧道监测结果

厦门地铁 3 号线海底隧道初期支护水压力监测结果如图 5.4-9 所示。

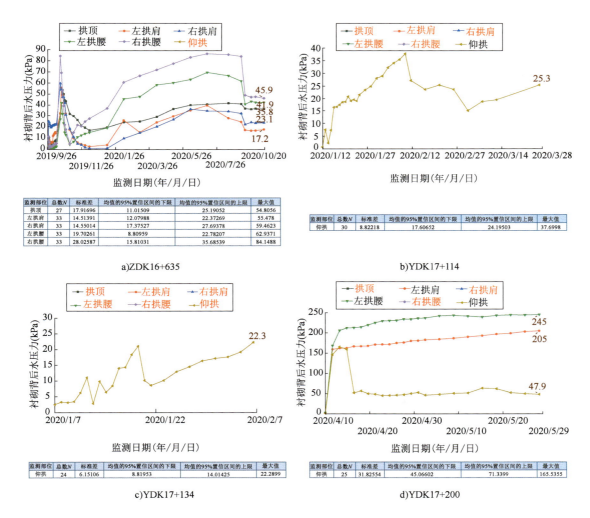

图 5.4-9

e) YDK17+215

图 5.4-9 五刘区间衬砌水压力历时折线图

由图 5.4-9 可以看出：

（1）厦门地铁 3 号线海底隧道存在超过 50% 的渗压计失效，YDK17+114 及 YDK17+134 两断面仅剩仰拱部位渗压计完好，YDK17+200 和 YDK17+215 两断面均仅剩拱肩、拱腰部位各 1 个和仰拱部位渗压计完好。

（2）从现有数据看，总体上隧道衬砌水压力呈现波动性上升，而后逐渐达到稳定。

（3）YDK17+200 断面左拱肩和左拱腰处稳定后水压力很大，分别为 205kPa 和 245kPa，达到总水压的 34.5% 和 41.2%。除该断面外，其余断面各部位稳定后水压力均在 70kPa 以下，不足总水压的 12%。

（4）ZDK16+635 断面在监测的第 22 天水压力发生整体突增，右拱腰部位水压上升最大，上升约 80kPa 后达到 84.1kPa，约为总水压的 14.4%，其他部位增加约 30kPa。紧接着，各部位水压力下降到较低水平后，开始稳定上升，左拱腰和右拱腰部位上升最明显，分别达到 69.3kPa 和 89.0kPa，约为总水压的 11.8% 和 15.2%，随后各部位水压均下降并逐渐稳定。

3）结论

对比青岛地铁 8 号线、厦门地铁 3 号线两座海底隧道水压力监测结果，可以得出如下主要结论：

（1）监测初期水压力均呈现波动性上升，并逐渐趋于稳定，1~2 个月后基本稳定。两座隧道中均有监测断面发生整体性水压上升并且短时间恢复的现象，原因为隧道排水不畅导致的水压力整体上升，并在排水畅通后迅速恢复。两隧道均发生了个别拱腰部位或仰拱部位水压力单独上升，原因为单侧排水管路堵塞导致，堵水侧水压力迅速上升至较高水平，而另一侧水压力会伴随上升，但增长量不会很大。

（2）两座隧道初期支护外水压力大小有一定差距，青岛地铁 8 号线海底隧道衬砌水压力明显小于厦门地铁 8 号线海底隧道。青岛隧道水压力稳定后，最大值 44.7kPa 出现在 ZDK41+943 仰拱部位，约为总水压的 8.2%；厦门隧道水压力稳定后，最大值 245kPa 出现在 YDK17+200 左拱腰部位，约为总水压的 41.2%。

但在测点总数偏少、测量布置位置规律性不强、测量的时间跨度偏短以及部分测点失效等多方面原因的共同影响下，两座隧道的水压力监测结果呈现的规律性不强，因此还需要未来在类似工程中继续进一步开展测试工作。

5.4.4 初期支护外水压力折减系数研究

将青岛地铁8号线海底隧道数值计算结果与现场实测结果进行对比分析,结果如图5.4-10所示。数值计算与现场实测初期支护外水压力分布有区别,现场实测结果对比数值计算结果明显偏小,拱顶及拱腰部位尤其明显。导致差异的原因主要有以下几点:①青岛隧道未做抗渗设计,初期支护水压力明显偏小;②数值计算将地层视为各向同性,与实际不符;③数值计算认为初期支护渗透性是均匀的,未考虑初期支护实际抗渗的不均匀性。虽然数值计算结果偏大,但与厦门隧道在数值上并没有太大差距,并且考虑到传感器安装造成的误差以及后期水位上升等情况。因此,本数值模型在该地区有较强的适用性。

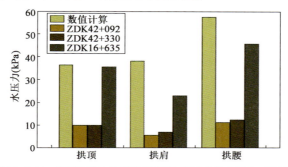

图5.4-10 青岛地铁8号线海底隧道初期支护外水压力对比图

由前文分析可知,水压力折减系数主要存在水位高度、围岩渗透系数、注浆圈厚度、注浆效果、初期支护厚度及初期支护渗透系数六个影响因素。通过数值计算分析各因素影响效果得出:隧道水位超过50m后,对水压力折减系数影响很小,海底隧道一般会有较高的总水头,若水头较低,即无须考虑水压力折减,根据全水头设计衬砌即可。在矿山法隧道衬砌中,初期支护在一定时间内稳定围岩,为二次衬砌施作提供时机即可,初期支护厚度一般为0.15~0.3m,对折减系数的影响幅度不大。初期支护渗透系数大于1×10^{-6}m/d时,对水压力折减系影响不明显,仅当初期支护渗透系数小于1×10^{-6}m/d时,才会对水压力折减系产生显著影响,但通常海底隧道为了降低施工难度要求初期支护渗透系数为3.62×10^{-6}m/d,但对折减系数影响程度不大。而初期支护喷射混凝土经海水长期侵蚀,会导致其抗渗性能严重下降,因此,为安全起见,一般衬砌水压力计算通常均按承担作用在初期支护上的全部水压力进行考虑。

根据渗透系数k_r,将围岩划分为A类围岩($k_r\leq0.2$m/d)、B类围岩(0.2m/d$<k_r\leq0.8$m/d)和C类围岩(0.8m/d$<k_r\leq1$m/d),并分别提出了考虑注浆圈厚度及注浆效果的衬砌水压力折减系数选取表,见表5.4-5~表5.4-7,中间值采用插值法计算。

A类围岩水压力折减系数选取 表5.4-5

t_2(m)	k_r/k_g				
	5	10	50	100	200
1	0.95	0.90	0.75	0.65	0.60
3	0.95	0.60	0.25	0.20	0.15
5	0.95	0.50	0.16	0.15	0.10
7	0.90	0.45	0.15	0.15	0.10

B类围岩水压力折减系数选取　　　　　　　　　表5.4-6

t_2(m)	k_r/k_g				
	5	10	50	100	200
1	1.00	0.95	0.80	0.70	0.65
3	1.00	0.70	0.30	0.25	0.20
5	0.95	0.60	0.25	0.20	0.15
7	0.95	0.55	0.20	0.20	0.10

C类围岩水压力折减系数选取　　　　　　　　　表5.4-7

t_2(m)	k_r/k_g				
	5	10	50	100	200
1	1.00	0.95	0.85	0.75	0.70
3	1.00	0.80	0.35	0.30	0.25
5	1.00	0.65	0.30	0.25	0.20
7	0.95	0.60	0.25	0.20	0.15

5.5 矿山法跨海隧道结构受力特性研究

5.5.1 衬砌结构受力数值分析

上节提出的水压力折减系数选取表，计算方便，且可以较准确地计算初期支护外水压力。但其将初期支护外水压力考虑为折减后静水压力，未考虑渗流场与应力场耦合作用对衬砌结构变形和受力产生的影响，可能会导致衬砌结构设计安全度不足。因此，本节通过数值模拟对比分析不同渗流场作用下结构受力和变形特征。

1）数值模型建立

依据青岛地铁8号线海底隧道工程地层条件及衬砌结构设计情况建立计算模型。计算区段处于节理发育的微风化～中风化岩层中，隧道设置5m注浆圈，注浆圈计算参数按微风化岩体考虑，见表5.5-1。初期支护为0.3m厚C25喷射混凝土，抗渗等级为P6，渗透系数为3.62×10^{-6}m/d；二次衬砌为0.45m厚C50现浇钢筋混凝土结构。

围岩计算参数　　　　　　　　　　　　　　　　　　表5.5-1

岩土类型	重度(kN/m³)	弹性模量(GPa)	泊松比 ν	内摩擦角 φ(°)	渗透系数(m/d)
Ⅱ、Ⅲ级围岩	23.4	9	0.20	60	0.01
Ⅳ、Ⅴ级围岩	23	2	0.25	50	0.9

该模型采用Midas-GTS计算软件，模型中隧道上覆土厚度为47m，水深6m，下侧土体为50m，两侧各取40m，纵向长度为50m，模型上边界为定水头边界，其余均设置为不透水边界，计算模型见图5.5-1。模型计算考虑了施工过程。注浆圈每循环长度20m，开挖14m后即施作下一循环。采用全断面法开挖，开挖步长2m，开挖完成后，立即封闭初期支护，二次衬砌落后初期支护20m施作。

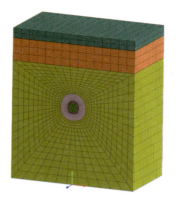

图 5.5-1　计算模型图

2）计算结果分析

本节分别计算了两种渗流场下地层变形及衬砌结构内力情况。工况一，拱顶上方 53m 的位置设置恒定水位，隧道沿轮廓线均匀排水；工况二，水位设置在隧道拱顶上 8.5m 的位置，隧道全封堵不排水。计算结果云图如图 5.5-2 ~ 图 5.5-4 所示。

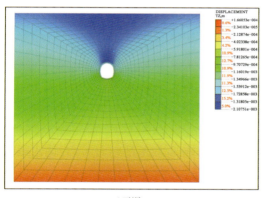
a) 工况一

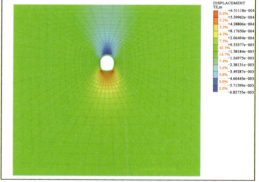
b) 工况二

图 5.5-2　地层竖向变形云图

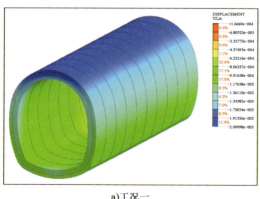
a) 工况一

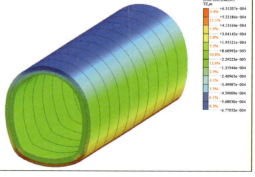
b) 工况二

图 5.5-3　衬砌结构竖向变形云图

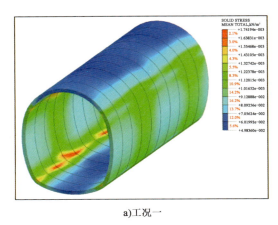 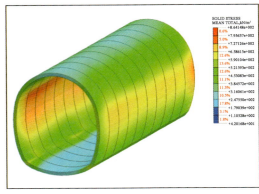

|a)工况一|b)工况二|

图 5.5-4　衬砌结构平均总应力云图

由图 5.5-2 及图 5.5-3 中可以看出,隧道堵水限排工况下,由于渗流场作用,会对地层变形造成较大影响,隧道施工的影响范围和程度明显大于全封堵工况,并且造成衬砌结构的变形大于全封堵工况。从衬砌结构竖向变形比较,全封堵工况下,隧道拱顶相对下沉量为 1.112mm;堵水限排工况下,隧道拱顶相对下沉量为 1.572mm,约为全封堵工况的 1.5 倍。

由图 5.5-4 可以看出,全封堵工况下,衬砌应力整体分布较为均匀,拱腰部位应力最大,为 709.01kPa,其次是拱脚部位,为 502.94kPa,拱顶及仰拱部位应力较小,分别为 203.44kPa 和 244.964kPa。堵水限排工况下,衬砌应力分布较为不均,在拱脚部位有明显的应力集中现象,拱脚部位应力达到了 1419.74kPa,拱腰处为 740.01kPa,拱顶与仰拱部位较小,分别为 492.56kPa 和 515.67kPa。两种工况相比之下,无论应力分布形态还是应力大小,堵水限排工况下衬砌的受力状态均更差。

综上所述,虽然堵水限排工况与采用折减后水头的全封堵工况计算得到的初期支护外水压力基本相同,但是由于堵水限排工况会受到渗流场的作用,引起地层变形加大,从而导致衬砌结构的变形和受力更大。因此,使用折减系数法计算衬砌外水压力,从而进行衬砌结构设计时,不应仅关注水压力大小,还应考虑到渗流场对地层和衬砌结构的影响,根据工程地层条件及支护措施,通过数值计算和工程经验,适当增大衬砌结构计算内力值。

5.5.2　不同水压力下二次衬砌结构承载力研究

根据前文研究成果,初期支护可形成具有强抗渗性的封闭结构,其承受较大的水压力,而二次衬砌受到的水压力很小;但初期支护喷射混凝土经海水长期侵蚀,会导致其抗渗性能严重下降,无法起到良好的堵水作用,使得二次衬砌水压力增大。二次衬砌作为隧道的最后一道防线,在设计时需要考虑上述情况,因此必须有较高的抗渗性和承载力作为安全储备。

为保证隧道衬砌结构安全,本节衬砌结构承载力计算时,考虑将前文研究的初期支护外水压力全部作用于二次衬砌上,计算衬砌结构内力,进而计算其配筋量及安全系数。

1)衬砌结构内力分析

计算模型采用MIDAS有限元计算软件建立荷载-结构模型(图5.5-5),以二次衬砌中线为模型轮廓线,轮廓线为五心圆,模型最大高度为8.16m,最大宽度为7.05m。计算荷载主要考虑围岩压力、水压力、结构自重和地层弹性抗力,其中,地层弹性抗力通过径向弹簧模拟。

水压力折减系数分别选取0、0.1、0.2、0.4、0.6、0.8、1.0情况下,二次衬砌结构内力计算结果如图5.5-6~图5.5-12所示。通过提取计算结果,得到二次衬砌关键部位内力值,见表5.5-2,各部位轴力、弯矩随水压力变化如图5.5-13及图5.5-14所示。

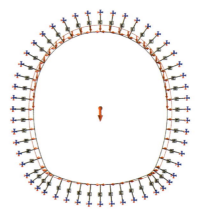

图5.5-5 荷载-结构计算模型图

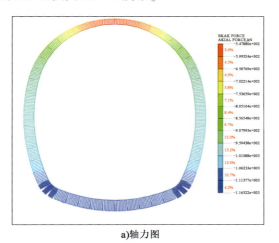
a)轴力图

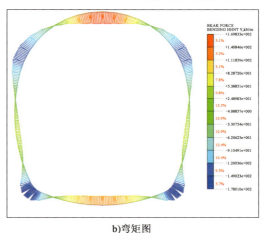
b)弯矩图

图5.5-6 水压力折减系数为0.0

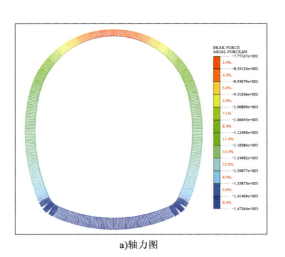
a)轴力图

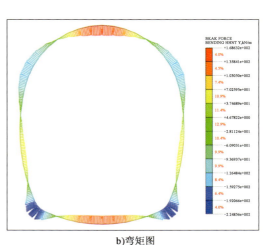
b)弯矩图

图5.5-7 水压力折减系数为0.1

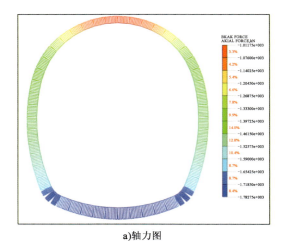 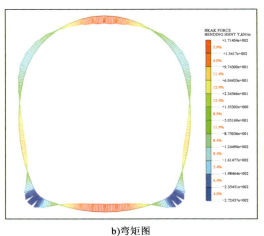

a)轴力图　　　　　　　　　　　　　　b)弯矩图

图 5.5-8　水压力折减系数为 0.2

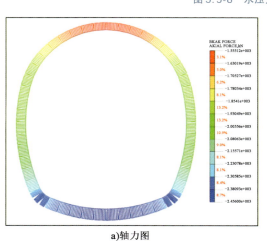 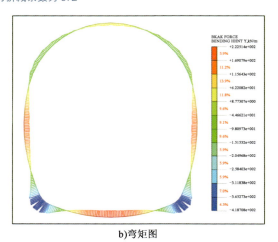

a)轴力图　　　　　　　　　　　　　　b)弯矩图

图 5.5-9　水压力折减系数为 0.4

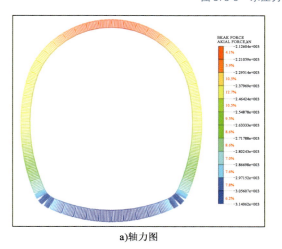 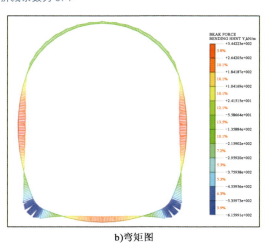

a)轴力图　　　　　　　　　　　　　　b)弯矩图

图 5.5-10　水压力折减系数为 0.6

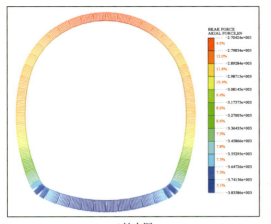

a)轴力图

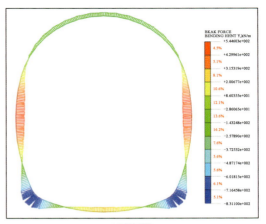

b)弯矩图

图 5.5-11　水压力折减系数为 0.8

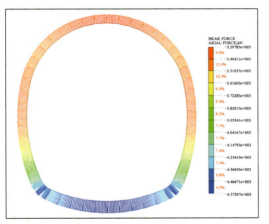

a)轴力图

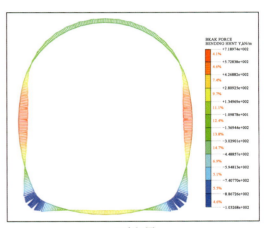

b)弯矩图

图 5.5-12　水压力折减系数为 1.0

计算结果统计　　　　　　　　　　　　　　　表 5.5-2

水压力折减系数 β	拱顶		拱腰		拱脚		仰拱	
	弯矩 (kN·m)	轴力 (kN)	弯矩 (kN·m)	轴力 (kN)	弯矩 (kN·m)	轴力 (kN)	弯矩 (kN·m)	轴力 (kN)
0.0	154.4	555.1	47.7	1002.2	-169.5	1165.2	128.3	1112.2
0.1	151.7	784.3	61.5	1228.0	-217.4	1472.6	149.6	1444.5
0.2	144.7	1018.9	72.8	1456.9	-266.0	1782.8	171.4	1779.0
0.4	46.8	1562.3	155.9	1934.3	-407.6	2432.1	222.5	2456.0
0.6	-92.2	2133.2	312.8	2411.8	-599.2	3100.7	267.4	3140.6
0.8	-243.5	2711.4	489.7	2889.2	-810.9	3780.5	305.1	3835.9
1.0	-338.2	3305.0	646.8	3409.8	-1009.9	4500.6	349.3	4573.0

由图 5.5-13 可以看出，随着水压力折减系数 β 增大，除拱顶部位外，各部位弯矩均呈增长状态，其中拱脚及拱腰部位增长速率逐渐增加，仰拱部位增长速率逐渐降低。随着 β 的增大，拱顶部位衬砌结构由内侧受拉转换为外侧受拉，随后弯矩逐渐增长。β 由 0 增长至 1 过程中，拱顶部位弯矩 154.4kN·m 变化为 −338.2kN·m；拱腰部位由 47.7kN·m 增长为 646.8kN·m，增长了 12.6 倍；拱脚部位由 −169.5kN·m 增长为 −1009.9kN·m，约增长了 5 倍；仰拱部位由 128.3kN·m 增长为 349.3kN·m，增长了 1.7 倍。由此可见 β 的变化对拱腰部位弯矩影响最大，其次是拱脚部位。而 β 值相同时，拱脚部位弯矩会明显大于其他部位。

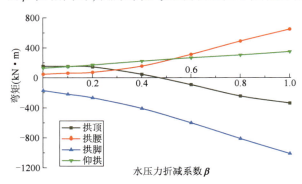

图 5.5-13　弯矩与水压力折减系数关系折线图

由图 5.5-14 可以看出，随着 β 的增加，各部位的轴力基本呈线性增长，其中拱顶、拱脚和仰拱部位增长速率较高，拱腰处增长速率低。β 由 0 增长为 1 过程中，拱顶部位轴力由 555.1kN 增长为 3305.0kN，约增长了 5 倍；拱腰部位由 1002.2kN 增长为 3409.8kN，增长了 2.4 倍；拱脚与仰拱部位轴力值几乎一致，由 1140kN 左右增长为 4500kN 左右，增长了近 3 倍。而 β 值相同时，拱脚和仰拱部位轴力明显偏大，拱顶部位轴力最小，轴力分布基本与深度呈正相关。

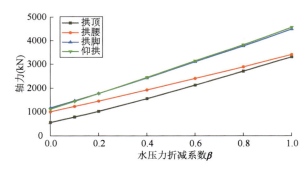

图 5.5-14　轴力与水压力折减系数关系折线图

2）衬砌结构承载力研究

根据结构内力计算结果，按破损阶段法对衬砌所需配筋量及现有配筋方案下衬砌安全系数进行计算。混凝土截面受压区高度 x 按式(5.5-1)计算，对于大偏心受压截面($x \leqslant 0.55h_0$)按式(5.5-2)计算，小偏心受压截面($x \geqslant 0.55h_0$)按式(5.5-3)计算。

$$x = \frac{N}{R_w b} \quad (5.5\text{-}1)$$

$$KN_e = R_w bx(h_0 - x/2) + R_g A'_g(h_0 - a') \quad (5.5\text{-}2)$$

$$KN'_e = R_a b h_0'^2 + R_g A'_g(h_0 - a') \quad (5.5\text{-}3)$$

式中：R_w——混凝土弯曲抗压极限强度，取 45.6MPa；

R_a——混凝土抗压极限强度，取 36.5MPa；

R_g——钢筋屈服强度，采用 HRB400 钢筋，取 400MPa；

a'——保护层厚度，$a' = 50$mm。

(1) 水压力对衬砌配筋量影响

水压力折减系数分别取 0、0.1、0.2、0.4、0.6、0.8、1.0 时，二次衬砌关键部位单侧所需配筋量如表 5.5-3 与图 5.5-15 所示。

衬砌所需配筋量（单位：mm²）　　　表 5.5-3

β	拱顶	拱腰	拱脚	仰拱
0	2190.2	688.5	2444.5	1850.3
0.1	2159.3	909.0	3170.4	2197.4
0.2	2070.7	1102.2	3921.6	2569.4
0.4	748.1	2382.0	6112.4	3475.6
0.6	1521.2	4751.9	9091.5	4368.2
0.8	3860.7	7443.1	12433.6	5237.0
1.0	5450.9	9907.1	15692.1	6301.2

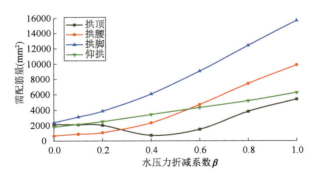

图 5.5-15　衬砌需配筋量与水压力折减系数关系

由图 5.5-15 可以看出，随 β 的变化，二次衬砌所需配筋量的变化曲线基本与弯矩绝对值的变化曲线相同，这与式(5.5-1)~式(5.5-3)是一致的。β 由 0 增长为 1，拱顶部位截面单侧所需配筋面积由 2190.2mm² 增长为 5450.9mm²，增长了 1.5 倍；拱腰部位由 688.5mm² 增长为 9907.1mm²，增长了 13.4 倍；拱脚部位由 2444.5mm² 增长为 15692.1mm²，增长了 5.4 倍；仰拱部位由 1850.3mm² 增长为 6301.2mm²，增长了 2.4 倍。由此可知，拱腰部位对水压力折减系数最为敏感，拱脚次之，仰拱及拱顶对水压力系数的敏感度不高，因此高水压隧道衬砌结构设计的重点部位应在拱腰及拱脚，此外，若水压力折减系数取值偏大，会造成钢筋需求量的显著增加，降低工程经济性。

（2）水压力对衬砌安全系数影响

衬砌现有配筋方案为对称配筋，主筋强度等级 HRB400，一般按 $\phi25\text{mm}@150\text{mm}$ 配置，拱脚处按 $2\times\phi25\text{mm}@150\text{mm}+\phi25\text{mm}@150\text{mm}$ 配置。安全系数计算基于以上配筋方案，规范对安全系数 K 要求见表 5.5-4。衬砌结构安全系数计算结果如表 5.5-5 及图 5.5-16 所示。

安全系数要求　　　　　　　　　　　　　　　　　　　　　　　表 5.5-4

破坏原因	主要荷载	主要荷载+附加荷载
钢筋屈服或混凝土达到抗压/剪强度	2.0	1.7
混凝土达到抗拉极限强度	2.4	2.0

安全系数计算结果　　　　　　　　　　　　　　　　　　　　　表 5.5-5

水压力折减系数 β	拱顶		拱腰		拱脚		仰拱	
	受压区高（mm）	安全系数	受压区高（mm）	安全系数	受压区高（mm）	安全系数	受压区高（mm）	安全系数
0.0	12.17	2.58	21.98	3.49	25.55	3.45	24.39	2.58
0.1	17.20	2.51	26.93	3.10	32.29	2.94	31.68	2.35
0.2	22.34	2.49	31.95	2.85	39.10	2.60	39.01	2.19
0.4	34.26	3.00	42.42	2.23	53.34	2.07	53.86	1.96
0.6	46.78	2.48	52.89	1.74	68.00	1.70	68.87	1.83
0.8	59.46	1.89	63.36	1.45	82.91	1.47	84.12	1.74
1.0	72.48	1.69	74.78	1.29	98.70	1.32	100.29	1.66

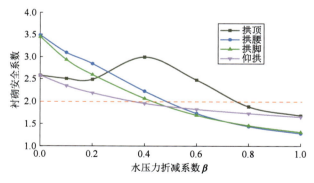

图 5.5-16　安全系数随水压力折减系数变化关系

由图 5.5-16 可以看出，在现有的配筋方案下，随着 β 的增大，除拱顶部位有短暂增加外，其余部位安全系数均逐渐下降，且下降速率逐渐减小；β 由 0 增长为 1，拱顶处安全系数由 2.58 降低为 1.69，拱腰部位由 3.49 降低为 1.29，拱脚部位由 3.45 降低为 1.32，仰拱部位由 2.58 降低到 1.66，衬砌整体安全系数由 2.58 降为 1.29。在相同衬砌设计方案下，随着水压力增长，衬砌安全系数明显降低，若水压力折减系数取值偏小，会造成衬砌结构安全系数计算值偏大，影响结构安全性。$\beta<0.5$ 时，衬砌设计由仰拱部位控制；$\beta>0.5$ 时，衬砌设计由拱腰和拱脚部位控制。设计时应根据折减系数大小对相应部位适当加强。

5.5.3 衬砌结构受力现场测试

青岛地铁 8 号线海底隧道及厦门地铁 3 号线海底隧道施工现场,对初期支护与二次衬砌接触压力及二次衬砌环向主筋内力进行了跟踪监测。监测断面与衬砌外水压力现场试验相同。仪器选用基康(BGK)或国内知名品牌生产的振弦式系列传感器,衬砌与围岩接触压力采用 XYJ-4 型振弦式双膜压力盒,该压力盒通过频率输出信号,抗干扰能力强,通过 ZXY-2 型频率读数仪进行量测。钢筋应力监测选用 BGK-4911 钢筋计,其可用于长期监测钢筋应力,具有测值准确、性能稳定的特点。

1) 初期支护与二次衬砌接触压力

初期支护与二次衬砌接触压力监测采用仪器及现场安装照片如图 5.5-17 所示。

图 5.5-17 接触压力传感器及现场安装图

(1) 青岛地铁 8 号线海底隧道接触压力监测结果

经过长期跟踪量测,得到 ZDK41+780、ZDK41+943、ZDK42+092、ZDK42+151、ZDK42+330 断面初期支护与二次衬砌的接触压力时程曲线,如图 5.5-18 所示。

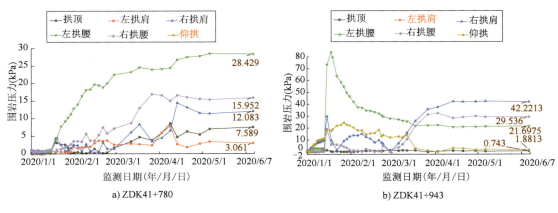

图 5.5-18

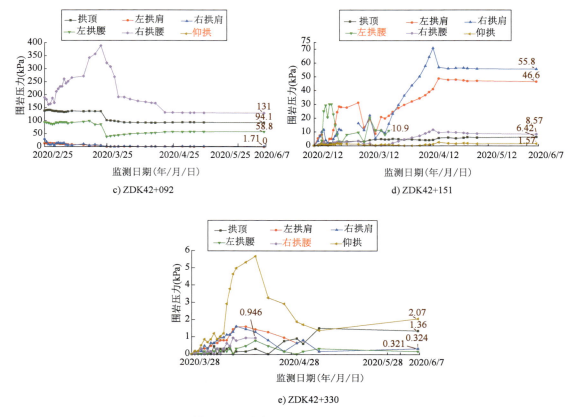

图 5.5-18 大青区间接触压力时程曲线图

其中,ZDK41+780 断面处于Ⅲ级围岩段,ZDK41+943、ZDK42+151 及 ZDK42+330 断面处于Ⅳ级围岩段,二次衬砌施作完毕后未立即承担过大的荷载,因此前期衬砌各部位的接触压力均较小,且此阶段接触压力呈现较大的波动性。压力值达到稳定后,拱肩及拱腰部位的接触压力较大,基本在 30~50kPa 范围,拱顶及仰拱部位接触压力很小,均在 10kPa 以下。

ZDK42+092 断面位于Ⅴ级围岩段,该断面在开始监测时二次衬砌就承担了较大接触压力。由于施工的影响,前期呈现了较大的波动性,经过 1~2 个月达到稳定状态,接触压力稳定后最大值出现在右拱腰部位,达到 131kPa,其次是拱顶和左拱腰部位,分别为 94.1kPa 和 58.8kPa,且左、右拱肩部位接触压力小于 2kPa。

由此可以看出,隧道存在一定偏压现象,即左右量测接触压力值有明显差别。Ⅲ、Ⅳ级围岩段二次衬砌承受较小的荷载,且经过较长时间才可达到稳定状态,而Ⅴ级围岩段二次衬砌承受了较大荷载,且荷载上升非常快。因此在Ⅲ、Ⅳ级围岩段,初期支护可以起到更好的支护作用,随着其缓慢变形,逐渐将荷载传递到二次衬砌上。

(2)厦门地铁 3 号线海底隧道接触压力监测结果

经过长期跟踪量测,得到 ZDK16+635、YDK17+114、YDK17+134、YDK17+200、YDK17+215 断面初期支护与二次衬砌的接触压力时程曲线,如图 5.5-19 所示。

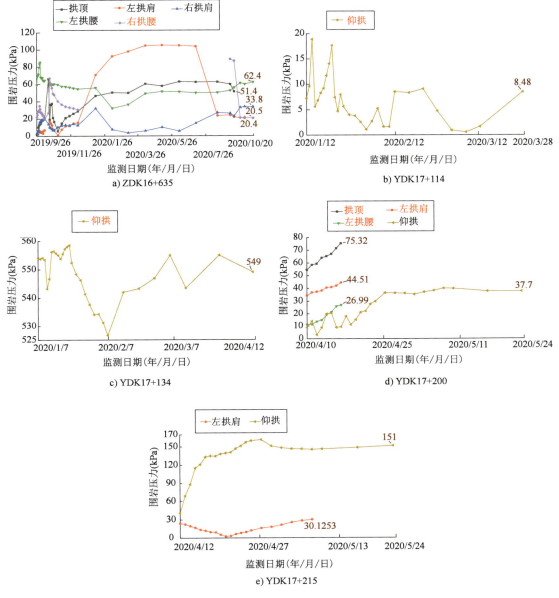

图 5.5-19 五刘区间接触压力时程曲线图

现场实测显示,五刘区间埋设的土压力盒损坏率达到 60%,且现存仪器得到的数据正确性不能保证。例如,YDK17+114 断面仰拱部位接触压力为 8.48kPa,YDK17+134 断面仰拱部位接触压力为 549kPa,二者有很大差距,很难判断数据正确性。因此,仅由数据完整性较好的 ZDK16+635 及 YDK17+200 断面进行分析。

ZDK16+635 断面处于 Ⅱ 级围岩段,接触压力数值稳定后,最大值出现在左拱腰部处,为 62.4kPa,其次拱顶部位接触压力为 51.4kPa,拱肩及右拱腰部位接触压力基本为 20~30kPa,接触压力整体偏小,且波动性较大,监测近 13 个月,数据仍未达到稳定状态。

YDK17+200断面为Ⅴ级围岩段,施工采用了超前管棚和帷幕注浆技术。该断面仰拱部位监测了40余天,接触压力基本稳定在37.7kPa,而拱顶、左拱肩及左拱腰部位仅监测约一周,接触压力还没有达到稳定状态,但可以看出曲线已经趋于平缓,推断最终稳定值与目前监测值差距不大。此外,最大值出现在拱顶处,为75.3kPa,其次左拱肩部位为44.5kPa。整体上,接触压力值略大于ZDK16+635断面,但并未有太大差距,从而说明超前管棚和帷幕注浆技术有效控制了围岩变形,改善了衬砌结构受力状态。

2）二次衬砌钢筋应力

监测在水压力及围岩压力作用下衬砌中钢筋的应力变化,可为以后隧道衬砌配筋的设计及施工提供依据,二次衬砌钢筋应力监测采用仪器及现场安装照片如图5.5-20所示。

图5.5-20 钢筋应力传感器及现场安装图

（1）青岛地铁8号线海底隧道钢筋应力时程曲线

经过长期跟踪量测,得到ZDK41+780、ZDK41+943、ZDK42+092、ZDK42+151、ZDK42+330断面二次衬砌钢筋应力时程曲线,如图5.5-21所示。

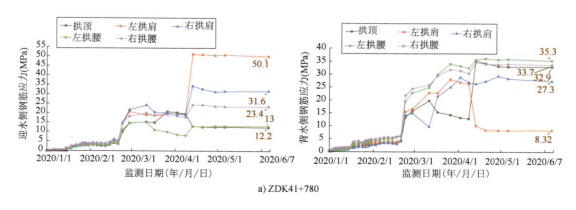

a) ZDK41+780

图 5.5-21

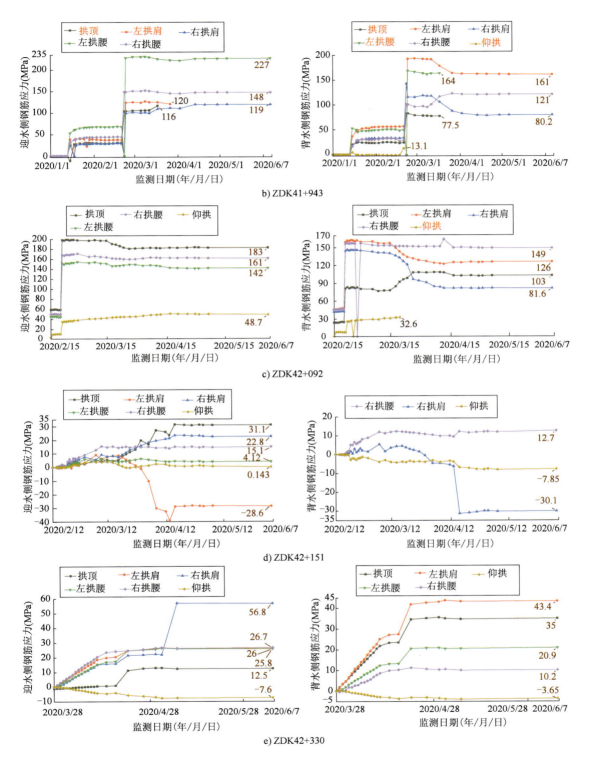

图 5.5-21 青岛 8 号线海底隧道钢筋应力时程曲线图

ZDK41+780、ZDK42+151 及 ZDK42+330 断面的钢筋应力较为相似。其中 ZDK41+780 断面二次衬砌钢筋应力在开始监测的很长一段时间内仅为 5MPa 左右,经过两次明显的增长后逐渐达到稳定状态。ZDK42+151 及 ZDK42+330 断面钢筋应力时程曲线上升较为均匀,ZDK42+151 断面在拱肩处出现了钢筋受拉应力现象,以上 3 个断面钢筋应力均小于 60MPa,远没有达到钢筋屈服应力。

ZDK41+943 及 ZDK42+092 断面钢筋应力时程曲线形态较为相似,钢筋应力初始均较小,后经过阶梯式上升达到稳定状态。稳定后,ZDK41+943 断面钢筋应力最大值出现在左拱腰处,迎水侧为 227MPa,背水侧为 164MPa;ZDK42+092 断面钢筋应力最大值出现在拱顶处,迎水侧为 183MPa,背水侧为 103MPa。

通过二次衬砌钢筋应力监测,可看出地层条件对衬砌结构内力有较大影响,位于 F_5 构造破碎带范围内的 ZDK41+943 及 ZDK42+092 断面的衬砌结构内力明显大于其他断面,但在二次衬砌受力达到稳定后仍有较大的强度储备。

(2)厦门地铁 3 号线海底隧道钢筋应力时程曲线

经过长期跟踪量测,得到 ZDK16+635、YDK17+114、YDK17+134、YDK17+200、YDK17+215 断面二次衬砌钢筋应力时程曲线,如图 5.5-22 所示。

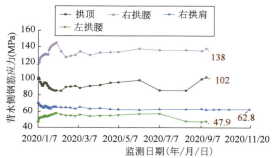

a) ZDK16+635

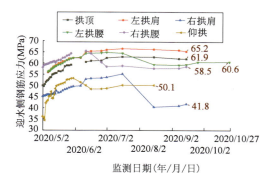

b) YDK17+114

图 5.5-22

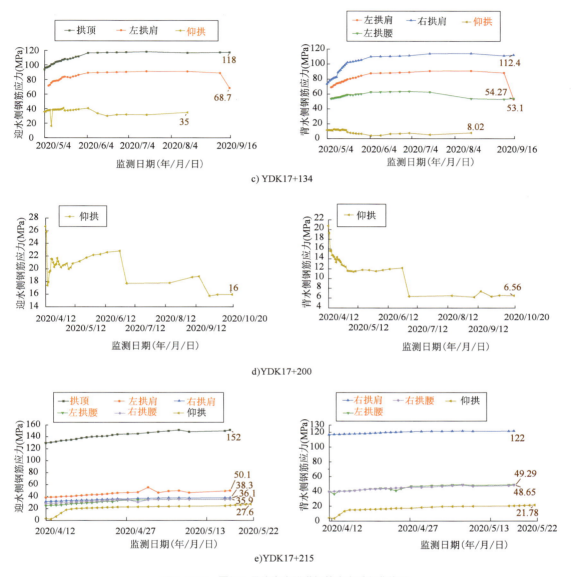

图 5.5-22　厦门 3 号线海底隧道钢筋应力时程曲线图

根据以上二次衬砌钢筋应力时程图可知，钢筋都处于受压状态。其中，ZDK16+635 及 YDK17+114 的钢筋应力时程曲线形态较为相似，监测初期钢筋应力有较大的波动性，在二次衬砌混凝土浇筑完成后，钢筋与混凝土协同工作，产生协调变形，应力逐渐趋于稳定。ZDK16+635 断面迎水侧钢筋应力稳定在 45~70MPa，背水侧右拱腰及拱顶处应力较大，分别为 138MPa 和 102MPa，YDK17+114 断面迎、背水侧钢筋应力基本稳定在 40~70MPa 范围。

YDK17+134 及 YDK17+215 断面的钢筋应力时程曲线较为平缓，未出现比较大的波动，经过 30d 的稳定上升达到了稳定状态。稳定后，YDK17+134 及 YDK17+215 断面迎水侧钢筋应力最大值均出现在拱顶处，分别为 118MPa 和 152MPa，背水侧钢筋应力最大值均出现在右拱肩处,分别为112MPa和122MPa,其他部位钢筋应力明显更小,基本不大于60MPa。

综上所述,围岩中水的排泄条件主要取决于岩石的透水程度。岩体是由岩石和结构面组成,具有一定的孔隙和裂隙,它们是流动水下渗的主要渠道。岩体裂隙宽度越大,岩体透水性越好。排水对岩体的力学作用主要如下:①静水压力对裂隙的拉-张型扩展作用,表现为裂隙结构面发生拉-张型扩展作用,裂隙结构面宽度的增大,裂隙结构面发生剪切延展及结构面延伸长度的增长;②动水压力对裂隙的剪切作用,表现为结构面的扩展,裂隙率、透水性和渗透速度的增加;③地下水对围岩力学参数的弱化作用,表现为降低岩体轴压强度及弹性模量。因此排水会增大围岩变形,而围岩变形产生的形变荷载是衬砌承受的主要荷载之一,围岩级别越低,则自稳能力越差,在渗流力的作用下会产生较大的变形,因此隧道衬砌结构受力较大。从现场监测结果可以看出,Ⅲ、Ⅳ级围岩段衬砌结构受力状态明显好于Ⅴ级围岩段。

因此,应综合考虑地下水-围岩-衬砌三者相互作用关系,在衬砌结构设计时充分考虑渗流作用对地层和衬砌结构的不利影响,施工过程中做好超前地质预报工作,准确掌握地层条件,及时调整设计参数。

5.6 本章小结

本章依托青岛地铁8号线海底隧道及厦门地铁3号线海底隧道工程,通过工程类比、理论分析、数值计算及现场试验结合的方法,研究了长大海底隧道衬砌水压力及结构受力特性,形成了如下结论。

(1)高水位复合式衬砌海底隧道应综合考虑工程安全性、结构设计合理性以及运营成本等因素,遵循"以堵为主,限量排放"的防排水原则,形成主动堵水与被动排水的协同作用,控制隧道内渗流量,减小衬砌结构外水压力,达到安全可靠、经济合理。

(2)通过研究堵水限排条件下水位高度、围岩渗透系数、注浆圈厚度、注浆效果、初期支护厚度及其渗透系数等因素对初期支护外水压力及其折减系数的影响,得到了各因素对水压力折减系数的影响规律,并结合工程实际情况,提出了考虑围岩渗透系数、注浆圈厚度及注浆效果的水压力折减系数选取参数,便于设计过程中根据不同的环境条件选取水压力折减系数。

(3)通过理论分析,并结合青岛、厦门地铁海底隧道工程现场试验,研究了渗流作用对围岩和衬砌结构的影响,提出了水-围岩-衬砌相互作用关系,形成了一套考虑渗流场作用的海底隧道衬砌设计方法,解决了水压力折减系数法未考虑渗流影响的问题,增强了衬砌结构的安全性。

本章所介绍的地铁海底隧道地下水压力折减及计算方法和合理化建议,对于类似工程具有一定的参考价值,可对今后基于堵水限排条件下水下隧道结构计算分析提供参考借鉴。

本章参考文献

[1] 中铁第六勘察设计院集团有限公司,北京交通大学.长大过海隧道衬砌水压力及结构受力特性研究报告[R].2021.

[2] 中铁第六勘察设计院集团有限公司,中铁发展投资有限公司,中铁二局集团有限公司,

等.青岛地铁8号线高水压复杂地质海底隧道综合修建技术研究报告[R].2021.
[3] 中铁第六勘察设计院集团有限公司.复杂环境下超长过海地铁隧道修建关键技术研究[R].2020.
[4] 中铁隧道勘测设计院有限公司.厦门市轨道交通3号线工程五缘湾站—刘五店站区间施工图设计文件[R].2015.
[5] 中铁大桥勘测设计院集团有限公司.厦门市轨道交通3号线火炬园站(不含)至洪坑站(含)工程勘察(2标)详勘阶段五缘湾站至会展中心站区间岩土工程勘察报告[R].2015.
[6] 中国铁路设计集团有限公司.青岛市地铁8号线工程大洋站至青岛北站过海隧道专题报告[R].2016.
[7] 中国铁路设计集团有限公司.青岛地铁8号线工程可行性研究报告[R].2016.
[8] 中国铁路设计集团有限公司.青岛市地铁8号线工程总体设计文件[R].2016.
[9] 褚凯,贺维国,于勇.深江铁路珠江口隧道工程线路方案研究[J].隧道建设(中英文),2022,42(09):1597-1604.
[10] 贺维国,刘鹏.青岛地铁8号线海底隧道[J].Engineering,2018,4(02):11-16.
[11] 宋超业,周书明,谭志文.海底隧道衬砌水荷载计算[J].现代隧道技术,2008,45(S01):134-138.
[12] 周华贵,谭满生,徐玉峰.矿山法地铁隧道结构耐久性分析及二次衬砌结构计算[J].隧道建设,2008,122(03):298-301.
[13] 杨世东,贺维国,傅鹤林,等.复合式衬砌置换缺陷盾构隧道管片技术在实际工程中的应用[J].隧道建设(中英文),2018,38(03):444-455.
[14] 国家铁路局.铁路隧道设计规范:TB 10003—2016[S].北京:中国铁道出版社,2017.
[15] 交通运输部.公路隧道设计规范 第一册 土建工程:JTG 3370.1—2018[S].北京:人民交通出版社股份有限公司,2019.
[16] 住房和城乡建设部.地铁设计规范:GB 50157—2013[S].北京:中国建筑工业出版社,2014.
[17] 国家能源局.水工隧洞设计规范:NB/T 10391—2020[S].北京:中国水利水电出版社,2021.
[18] 《中国公路学报》编辑部.中国隧道工程学术研究综述·2015[J].中国公路学报,2015,28(05):1-65.
[19] 王建宇,胡元芳.对岩石隧道衬砌结构防水问题的讨论[J].现代隧道技术,2001(01):20-25,35.

第 6 章
超长海底隧道防灾通风技术研究

随着城市化建设和轨道交通技术的迅猛发展,城市核心区域内长距离,甚至超长距离地铁区间隧道也不断增多,尤其是超长地铁海底隧道也在沿海城市不断规划建设。但地铁区间隧道内部相对封闭,火灾产生的高温烟气很难排除,往往造成隧道内温度迅速升高,严重威胁衬砌结构的完整性和稳定性,同时极易造成人员伤亡。与常规的陆域地铁区间隧道和铁路隧道相比,地铁海底隧道的突出特点是区间长度长、乘客密度大,且同一时间段有多列车辆同向运行。传统的地铁区间隧道,为保障隧道内部乘客舒适度及火灾排烟需求,当隧道长度超过一定距离时设置一座中间风井,确保两风井之间只有一辆列车运行,如图 6.0-1、图 6.0-2 所示。若地铁海底隧道受环评或通航等外部条件限制无法设置中间风井时,隧道火灾工况防排烟以及乘客逃生疏散就成为超长海底隧道亟须解决的关键问题。此外,超长海底隧道防灾通风设计还直接影响隧道平纵断面及施工工法选择,对施工风险、工程投资都有重大影响。

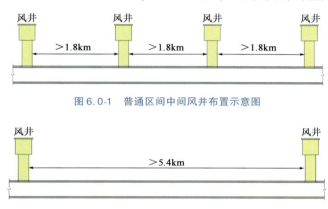

图 6.0-1　普通区间中间风井布置示意图

图 6.0-2　海底隧道区间风井布置示意图

6.1　地铁隧道防灾通风研究现状

6.1.1　隧道防灾通风系统研究现状

地铁隧道防灾通风研究方法主要有理论分析、模型试验、现场试验以及数值模拟等方法。国外学者在地铁火灾数值模拟研究方面起步较早且较为全面,如 Somcox 等采用数值模拟方法再现了火灾烟气在金十字地铁车站内的流动情况;Abu-Zaid 等研究了地铁车站发生火灾时火源位置不同对车站速度场和温度场的影响,并重点研究了机械排烟系统对于乘客安全疏散的重要性;Elias 等对比分析了地铁列车在改变网格密度、网格形状和区域网格加密等几种情况下的火灾蔓延情况;Park 等将地铁车站通风状态下烟气运动规律的数值模拟结果与站台排风口的实测流量进行了对比,验证了模拟结果的正确性;Roh 等通过对地铁站台加装屏蔽门系统时烟气蔓延情况的研究,得出屏蔽门系统可以为乘客赢得更多逃生时间的结论;Tsukanhar 等采用 FDS 软件对大邱地铁车站火灾烟气扩散情况进行了仿真模拟,分析了逃生楼梯处的有毒气体、烟气、温度的分布情况。在公共安全领域,始于 20 世纪 50 年代的人员疏散专项研究是火灾研究的重要组成部分,而人员疏散行为统计和计算机仿真技术是该项研究的主要手段。

20世纪90年代,对人员疏散的研究越发深入,特别是加拿大 Palus 指出人员疏散行为是疏散运动和人在紧急状态下的各种行为反应的结合之后,拥有强大计算功能的计算机仿真技术在人员疏散领域得到了广泛的重视和应用。国外学者在20多年间开发了大约30种成熟的人员疏散模型,其中大部分已经广泛应用于商场、体育馆等大型公共场所。计算机仿真技术作为一种微观模型,与依赖人群疏散观测的经验数据,与将人群看作一个整体进行建模的宏观模型不同,计算机仿真技术更加注重个体差异,该微观模型大致分为连续型和离散型两种仿真模型。连续型仿真模型主要运用热力学和流体力学的理论,将各个变量用运动学方程联系在一起,构建力学方程,在这个模型中个体所处的位置和时间都是连续的。目前,国际上较为经典的连续型仿真模型有将个体之间及个体与环境之间的相互影响进行结合的社会力模型、适用于多层复杂建筑物的 SIMULEX 模型、对地铁车站及超市等大型建筑物有较高拟真度的 Building Exdous 模型以及 Bradley 建立的类流体力学方程等。离散型仿真模型引入库仑定律,将个体和障碍物看作正极、个体移动方向看作负极,整个疏散环境被划分为网格,在等长分割的时间段里,每个网格仅能处于空白或被占据的状态,疏散个体在磁场力作用下依据疏散环境和自身机制选择单元格行进,从而选择较为理想的出口快速逃离。

  国内对于地铁车站火灾烟气控制的数值模拟起步较晚,但是成果颇丰。Chen 等利用 CFD 软件模拟了垂向通道对烟气的竞争现象。那艳玲采用 Fluent 软件模拟了国内某无屏蔽门的地铁岛式车站火灾情况下的温度场和流场,得出在边界条件设置合理的条件下,数值模拟结果具有可靠性的结论。蔡波等采用 FDS 软件对韩国大邱地铁车站强制通风模式下的火灾烟气扩散情况进行了分析。刘红元等利用 PHOENICS 对某地铁车站火灾模式下通风控制进行了数值模拟,并提出最优通风方式。Yuan 等用 AIRPAK 模拟了某侧式站台在通风模式改进前后发生火灾时温度、速度等的分布情况,据此对通风模式提出了改进意见,以提高该站台的通风性能;张培红等利用 FDS 软件模拟了火灾烟气在不同送风角度空气幕下的蔓延情况,得出了空气幕的最佳送风角度。何利英利用 Legion 行人仿真模型和 FDS 两种软件模拟分析了中庭式地铁车站的安全疏散性能;吴显超等根据地铁设计规范计算了中庭式地铁车站的疏散时间,并与数值模拟结果进行了对比分析。张立茂等以武汉市某地铁车站为研究背景,建立了 FDS 火灾仿真模型和 Pathfinder 人员疏散仿真模型,通过改变仿真中的待疏散人员数量和火源功率,探究了该车站的人流量容纳能力和火源功率容纳能力。邢志祥等人简述了近百年来地铁轨道交通系统的发展,分析了地下轨道交通系统事故灾害的特殊性和严重性,以 FDS 火灾烟气模拟软件和 Pathfinder 人员疏散模拟软件为例,概述了将 Revit 三维建模软件导入仿真模拟软件的可行性及便利性,从而为地铁车站火灾和人员疏散仿真模拟技术的发展提供新思路。钟茂华等进行了一系列的地铁同站台高架换乘车站火灾全尺寸试验研究,研究地铁同站台高架换乘车站火灾烟气蔓延特性和防排烟技术,在不同火源规模、火源位置、通风方式和列车运行模式下的全尺寸试验研究。朱常琳和孟双双等进行了阻塞比对地铁区间隧道火灾半横向排烟方式排烟效果的影响研究,并总结不同阻塞比下排烟风速的改变对半横向排烟方式排烟效果的影响,以及时对排烟条件作出调整,以达到更好的排烟效果。朱常琳和李富渊等利用火灾动力学模拟软件 FDS,构建了3种不同吊顶形式(平板式、方形内凹式和格栅式)的站台层物理模型,对比分析了3种不同吊顶形式下地铁车站站台层火灾的排烟效果。刘志亮等提出将空气幕应用于地铁火灾中,有利于人员安全疏散和灭火救援。杜巍巍、王季鹏等对火源设置在轨道区中间时站台和隧道的送排风情况进行模拟发现,站台区采用送风模式更有利。李建、史聪灵等研究 4 种屏蔽门开启模式下地下岛式站台火灾时排烟效果,发现火灾发展阶段开启两侧屏蔽门首尾及中间活动门的排烟效果最好。

目前地铁区间隧道的通风排烟方式主要采用纵向排烟的方式,对于陆地长区间隧道,当多辆地铁车次同时运行在同一隧道中时,可通过设置竖井进行分段通风排烟。地铁海底隧道长度长,隧道上方是海域,往往无法照搬陆地长区间隧道设置多处竖井分隔的方式,必须另外寻找办法,以确保事故灾害条件下人员疏散安全,因此亟待针对超长地铁跨海区间隧道开展防灾通风安全技术研究。

6.1.2 地铁火灾事故统计及分析

地铁运营期间的主要灾害为火灾、大客流的人群踩踏、水淹、恐怖袭击时的爆炸和毒气泄漏、高架线路列车脱轨等事故。国内外地铁运营期间各事故比例如图 6.1-1 所示。从图中可以看出:火灾事故是威胁地铁安全的主要因素,火灾事故约占地铁事故总数的 46%;其次为列车出轨、相撞事故,为 14%。

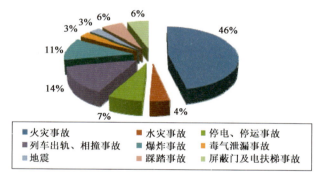

图 6.1-1 城市轨道交通事故分布图

根据众多隧道火灾事故统计,隧道火灾的发生主要是由技术或人为等多方面因素造成的,其大致可以归纳为以下几类:

(1)车辆装载的可燃、易燃物品起火。
(2)车辆之间相互撞击起火。
(3)机动车化油器、紧急制动时制动器起火或气动系统故障起火。
(4)车辆由于机械或操控原因与隧道壁相撞起火。
(5)隧道运营或维修养护时电气线路或机电、电气设备短路起火。

地铁隧道火灾事故的主要特点为:

(1)火灾发生、发展的时空因素不确定性较强。火灾发生时间和位置的随机性很强,给隧道火灾预警和消防救援工作都增加了难度。

(2)火区温度高。高温引起混凝土耐久性与力学性能的降低;隧道衬砌结构体系承载力降低变形以及内力变化,此外还有对隧道内通信、照明、通风、监控、动力等电子设施的影响与破坏等方面,以上情况均可能导致隧道失稳发生结构性坍塌危及人员安全。

(3)烟气致害程度高。隧道是一个狭长的管状空间,发生火灾时火区会充满浓烟,因扩散途径有限,生成的烟雾多数积存在有限的空间内,毒烟雾扩散快,能见度低,毒性大,不易排出。火灾中85%以上的死者是由于大量吸入烟尘及有毒有害气体(如CO,CO_2,HCl等)昏迷后致死。

(4)火灾蔓延快。隧道空间狭长,空间近似封闭,隧道内一旦发生火灾,数分钟之内即可在隧道内形成火势,并易在车辆间快速蔓延。由于隧道壁周围衬砌和围岩导热系数较小,火灾产生热量散失缓慢,温度居高不下,一般可持续几十分钟至数小时,不易控制。

(5)人员救援难度大。隧道纵深距离长、路面窄、出入口少、空间受限制,发生火灾时,火势顺着车辆蔓延,烟雾蔓延更加迅速,并易导致供电中断,内外联络困难,使得内部人员疏散和外部人员灭火救援形成巨大障碍。

目前,国内外已建的海底隧道工程所设置的通风排烟系统多采用纵向或分段纵向通风排烟方式。例如,英法海底隧道长度50km,海底长度39km,采用分段纵向通风系统,利用服务隧道进行通风。

6.1.3 地铁海底隧道防灾救援体系

地铁区间隧道与高铁隧道的防灾救援体系有着巨大差异,见表6.1-1。根据《铁路隧道防灾疏散救援工程设计规范》(TB 10020—2017)要求,防灾救援疏散工程设计应遵循以人为本、应急有备、方便自救、安全疏散的原则。当列车在隧道内发生火灾时,应优先考虑控制列车驶出洞外或停靠邻近车站进行救援。当区间隧道超过20km时,需要设置消防救援站,着火列车停靠救援站进行疏散和救援。按照高铁列车最低挡的设计速度120km/h计算,5min可行进10km,即长度小于10km的隧道5min内即可驶出隧道。此外,车站旅客通过严格的进站上车检查,可消除大部分的火灾隐患;列车每节车厢上配备消防灭火器,可以控制和降低起火隐患。车厢内火灾与高铁列车失去全部动力同时发生的概率非常小,因此一旦发生火灾,可将列车起火点放在明线、车站或者消防站进行防灾和救援。

防灾救援体系对比 表6.1-1

项目	高铁隧道	普通地铁区间隧道	地铁海底隧道
防灾疏散原则	着火列车行驶到救援站、室外或就进入车站进行救援和疏散,不考虑列车着火停留在区间隧道进行救援和疏散	着火列车在不失去动力的情况下优先考虑行驶到就近的车站进行救援和疏散,当失去动力时,需要考虑列车停留在区间隧道进行救援和疏散	着火列车在不失去动力的情况下优先考虑行驶到就近的车站进行救援和疏散,当失去动力时,需要考虑列车停留在区间隧道进行救援和疏散
建筑形式	多为地上明线,局部存在穿山、水下隧道	多为地下隧道,长区间隧道可设置中间风井划分区段	地下隧道,隧道处于海域以下,无法设置中间风井
运载量	16节编组的高铁列车运载人数约1000人	6B编组的地铁列车运载人数约1400人	6B编组的地铁列车运载人数约1400人
隧道防排烟系统	隧道超过20km,须设置紧急救援站	设置中间风井,分段纵向排烟	海域段无法设置中间风井,须考虑其他排烟措施

地铁在运输能力方面远超高铁。

(1)在单次运载能力方面,一般16节编组CRH380AL型动车组的最大运载量约1000人次,而一列6B编组的地铁列车最大运载量约1400人次,一列8A编组的地铁列车最大运载量约 2400 人次。

（2）地铁列车的发车频次远远高于高铁。根据《地铁设计规范》（GB 50157—2013）要求，地铁运输能力是在分析预测客流的基础上，根据沿线规划性质和乘客出行特征、客流变化风险等多种因素综合确定，为满足远期最大运输能力，应满足行车密度不小于 30 对/h 的要求，即远期高峰时段，每间隔 2min 就会发出一列车；而发车密度较高的城际动车组，发车间隔在 20min 左右。

运载能力的差别也造成了地铁区间隧道与高铁隧道在防灾救援体系上的巨大差异。地铁列车在区间隧道内发生火灾时优先考虑将着火列车开行到前方车站进行救援和疏散，如失去动力，则要求列车在区间隧道进行疏散和救援，并开启排烟系统和智能疏散指示，辅助乘客通过道床和疏散平台疏散至相邻隧道。

目前地铁区间隧道的通风排烟方式主要采用纵向排烟的方式，对于陆地长区间隧道，当多辆地铁车次同时运行在同一隧道中时，可通过设置竖井进行分段通风排烟。地铁海底隧道的防灾救援原则同普通区间隧道一致，但地铁海底隧道长度长，上方是海域，无法照搬陆地长区间隧道设置多处竖井分隔的方式，因此防灾救援难度更大，亟待开展防灾通风安全技术研究。

以青岛地铁 1 号线和 8 号线过海区间为例。1 号线瓦贵区间总长度约 8.1km，海域段长度约 3.9km，列车设计时速 80km，远期高峰时段该区间隧道内同一时刻有 5 辆列车同时运行，其中海域段有两辆列车同时运行；8 号线大青区间总长度约 7.9km，海域段长度约 5.4km，列车设计时速 120km，远期高峰时段该区间隧道内同一时刻有 4 辆列车同时运行，其中海域段有两辆列车同时运行。因此，必须采用隧道排烟，若不进行分段排烟，一旦着火必将对非火灾列车的疏散和救援造成极大困难。

6.1.4　地铁海底隧道通风设计的原则及要求

1)《地铁设计防火标准》（GB 51298—2018）中有关规定

（1）一条线路、一座换乘车站及其相邻区间的防火设计可按同一时间发生一处火灾考虑。

（2）连续长度大于一列列车长度的地下区间和全封闭车道应设置排烟设施。

地下区间的排烟宜采用纵向通风控制方式，采用纵向通风方式确有困难的区段，可采用排烟道（管）进行排烟。采用纵向通风时，区间断面的排烟风速不应小于 2m/s，不得大于 11m/s；正线区间的通风方向应与乘客疏散方向相反，列车出入线、停车线等无载客轨道区间的通风方向应能使烟气尽快排至室外。

（3）地下区间的排烟应考虑相邻区间及出入线、渡线、联络线等对着火区间气流的不利影响。

（4）两座车站之间正常同时存在两列或两列以上列车同向运行的地下区间，排烟时应能使非着火列车处于无烟区。

2)《地铁设计规范》（GB 50157—2014）有关规定

（1）区间隧道火灾的排烟量，应按单洞区间隧道断面的排烟流速不小于 2m/s 且高于计算的临界风速计算，但排烟流速不得大于 11m/s。

（2）排烟口的风速不宜大于 10m/s。

（3）当排烟干管采用金属管道时，管道内的风速不应大于 20m/s，采用非金属管道时不应大于 15m/s。

3)《地铁安全疏散规范》(GB/T 33668—2017)有关规定

地铁通风,排烟系统应满足车站和区间隧道安全疏散时,及时有效地排除烟气并提供有效可用安全疏散时间的要求:

(1)当列车在区间隧道发生火灾事故时,应具备纵向组织通风排烟的功能;当车站内发生火灾事故时,应具备防灾排烟、通风功能。

(2)区间隧道火灾时启动通风排烟系统应能在隧道内控制火灾烟气定向流动,上风向人员逃生迎着新风向疏散,区间火灾排烟量按单洞区间隧道断面的排烟流速不小于2m/s且高于计算的临界烟气控制流速,但排烟流速不得大于11m/s设计。

(3)区间隧道发生火灾时,区间隧道通风排烟系统的排烟模式,应满足单线区间隧道内正常运行时两区间风井间只有一辆列车的要求,否则应设区间中间封闭或与顶棚土建风道连接的区间中间排烟口;区间火灾时隧道排烟应保证烟气不进入车站隧道区域。

(4)区间隧道事故、排烟风机、地下车站公共区和车站设备与管理用房排烟风机应保证在250℃时能连续有效工作1h,并不应少于区间事故疏散时间;烟气流经的辅助设备如风阀及消声器等级应与风机耐高温等级相同。

(5)在事故工况下参与运转的设备,从静止状态转换为事故工况状态所需的时间不应超过30s,从运转状态转换为事故工况状态所需的时间不宜超过60s。

(6)在事故工况下需要开启或关闭的设备,启、闭所需的时间不应超过30s。

6.1.5 超长地铁海底隧道防灾通风方案比选

海底区间隧道内同一时刻有两辆或两辆以上列车运行,在火灾时可以采用纵向排烟方案或设置专用排烟道。因后方列车着火时,前方列车可继续前行至车站,最不利情况为前方车辆着火,两辆列车上人员均须疏散。而后方车辆有两种疏散方式,即列车退至后方紧急出口或乘客下车疏散。采用专用排烟道方案时,结合隧道结构断面形式,海域段主要有双洞单线+服务隧道排烟、双洞单线顶部设排烟道及单洞双线顶部设排烟道等三种。

(1)双洞单线+服务隧道排烟方案

海域段设置两条主隧道,两条主线隧道中间设置服务隧道,服务隧道上下两层布置,上层为排烟通道,下层为疏散及检修通道,断面如图6.1-2所示。

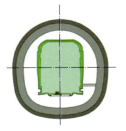  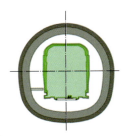

图6.1-2 双洞单线隧道+服务隧道断面示意图

为保证区间内无列车追踪,在过海区间中部设置一条横向排烟道,采用服务隧道分段纵向通风排烟方案,横向排烟道与服务隧道上层排烟道间设置电动组合风阀,发生火灾时开启火灾隧道与服务隧道间的电动风阀,非火灾隧道风阀关闭。发生火灾时服务隧道上方土建排烟道排烟,主隧道自然补风,非火灾隧道及疏散通道内加压送风,横向排烟道处断面局部加高,断面如图6.1-3所示。

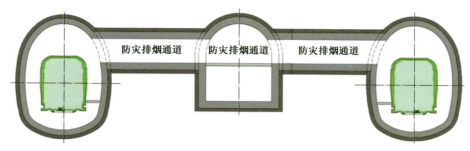

图6.1-3 双洞单线隧道+服务隧道横向排烟道断面示意图

(2)双洞单线顶部排烟道方案

海域段设置两条主隧道,双线中间无服务隧道。主隧道下方为行车空间,上方设置土建排烟道,排烟道与轨行区设置电动组合风阀,火灾时开启电动组合风阀排烟,主隧道自然补风,非火灾隧道加压送风,如图6.1-4所示。

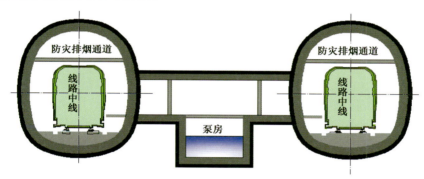

图6.1-4 双洞单线隧道顶部排烟道断面示意图

(3)单洞双线顶部排烟道方案

海域段设置一条主隧道,主隧道顶部设置土建排烟道,中间设置中隔墙,排烟道与轨行区设置电动组合风阀,发生火灾时开启电动组合风阀排烟,主隧道自然补风,非火灾隧道加压送风,如图6.1-5所示。

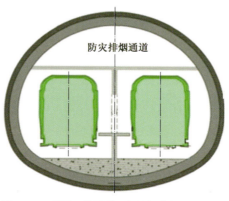

图6.1-5 单洞双线隧道顶部排烟道断面示意图

(4)海域段三种通风排烟方式比较

三种通风方案理论上均能满足正常运营、阻塞工况及火灾工况下通风需求。各方案对比见表6.1-2。

海域段排烟方案对比   表6.1-2

项目	双洞单线+服务隧道	双洞单线顶部排烟道	单洞双线顶部排烟道
通风方案	纵向或分段纵向通风	纵向或分段纵向通风	纵向或分段纵向通风
排烟方案	服务隧道上部排烟道排烟	顶部排烟道排烟	顶部排烟道排烟
通风控制	难。事故隧道送排风,服务隧道上层排烟,下层需加压送风;需确定火灾位置	一般。事故隧道送排风,非事故隧道送风;需确定火灾位置	一般。事故隧道送排风,非事故隧道送风;需确定火灾位置
土建施工影响	两主线均需设置专用排烟风道与服务隧道相连,服务隧道通常设置排烟道	两主线设置排烟道	需设置中隔墙和排烟道

根据表6.1-2分析,考虑到通风系统及相关系统控制方便,双洞单线顶部排烟道及单洞双线顶部排烟道的排烟方式更为优越,这也是目前国内、外地铁区间隧道应用最多的两种通风排烟方式。

针对以上两种长大海底区间隧道通风排烟方式,仍存在诸多问题需要进一步探索和研究:

(1)通风排烟系统排烟能力:常规地铁区间可结合地形合理设计中间风井,及时排除火灾工况产生的有毒有害烟气。过海地铁区间由于通航要求、环评或工程造价等多方面原因,设置海域中间风井困难。而通过设置顶部排烟道作为替代中间风井的替代形式,其排烟能力是否可靠需要进一步验证。

(2)通风系统阻力及通风机选型:常规地铁区间采用推拉式纵向通风排烟方案,选用大风量低风压的轴流风机。过海区间需要利用隧道顶部空间排烟,若通风系统阻力急剧增加,常规风机将无法满足通风需求,因此如何选用风机或组合风机才能更加节能,需要进一步研究。

6.2 单洞双线隧道排烟模型试验研究

6.2.1 工程概况

单洞双线隧道排烟模型试验依托项目为青岛地铁1号线瓦贵区间工程。瓦贵区间起自黄岛区瓦屋庄站,线路沿既有胶州湾海底隧道东侧向北下穿胶州湾湾口海域后,接入青岛主城区贵州路站,采用矿山法施工,线路全长约8.1km,其中海域段长度约3.9km。瓦贵区间平面缩略图如图6.2-1所示。

瓦贵区间共设置3处风井及风机房,其中1号风井设置于陆域段,2号风井和3号风井设置于海域段两侧。每处风机房设置两台隧道风机,与主隧道相连,配合一定数量风阀,实现主隧道运营通风、阻塞通风、火灾排烟等工况转换。海域段设置吊顶风道,风道两侧各接一台隧道风机及风井,风机和风井分别设置于2号风井和3号风井内。隧道通风原理如图6.2-2所示。

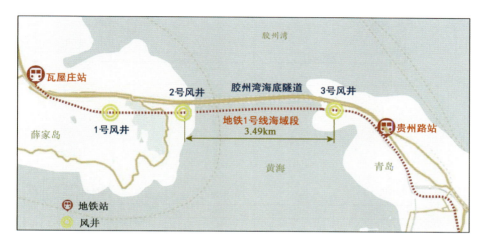

图 6.2-1　瓦贵区间平面缩略图

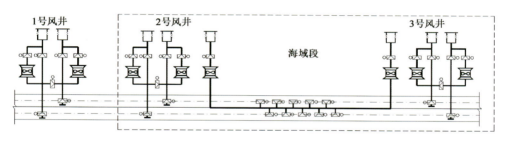

图 6.2-2　瓦贵区间隧道通风原理图

6.2.2　模型设计

依据相似理论,各物理量的相似比尺见表6.2-1。

物理量的相似比尺　　　　表6.2-1

比尺名称	线性比尺 α_l	面积比尺 α_A	速度比尺 α_u	压力比尺 α_p
模型:原型	1:10	1:100	1:1	1:1

本试验主要目的是探索隧道烟气流动规律及某些工况的设备组合情况,相比于实际工程已进行简化。隧道模型全长20m,共使用了4台风机,其中1号风机和2号风机为送风机(额定功率11kW的变频风机),与主洞连接,模拟区间正线隧道送风机;3号风机和4号风机为排风机(额定功率5.5kW的变频风机),与吊顶风道连接,模拟海域段排烟风机,通风系统原理及风流如图6.2-3、图6.2-4所示。

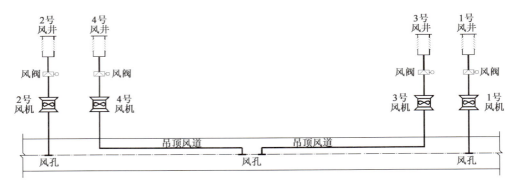

图 6.2-3 模型隧道通风原理图

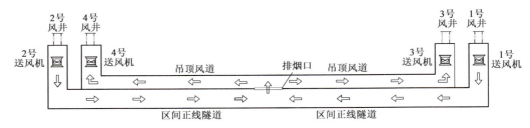

图 6.2-4 模型隧道剖面风流示意图

测试系统主要由传感器和线缆组成。传感器类型主要采用压力传感器和风速传感器。

如图 6.2-5 所示,从模型最左端至最右端依次是:

(1)2 号送风机以及 2 号风井。

(2)4 号排风机以及 4 号风井。

(3)2 号送风机端设风速传感器和压差传感器。

(4)模型中部是排烟口。

(5)1 号送风机端设风速传感器和压差传感器。

(6)3 号排风机以及 3 号风井。

(7)1 号送风机以及 1 号风井。

图 6.2-5 隧道模型部件位置分布示意图

6.2.3 物理模型通风排烟试验

模型试验主要目的是探索风机以何种组合方式能达到最好的隧道排烟要求。在进行一些探索性试验后发现,若只开启排风机对隧道内行车道风速提升不大,但能量损耗很大,因为排风机只与隧道专用排烟道连接,在风机功率较大时会造成更多的局部能量损失。因此与行车道连接的两台送风机必须开启,这样才能在保证隧道内行车道断面风速的同时又考虑到经济性,以此展开试验,共进行4组试验,详见表6.2-2。

通风排烟试验工况　　　　　　　　　　　　　　　　表6.2-2

工况	风机组合方式
工况1	开启1号、2号送风机
工况2	开启1号、2号送风机与3号排风机
工况3	开启1号、2号送风机与4号排风机
工况4	开启1号、2号送风机与3号、4号排风机

1)风机1号、2号组合排烟性能试验

试验过程中2号送风机每完成一组试验频率值上调1Hz,1号送风机根据试验现象调整频率值。将两对送风机组合开启排烟不同频率下的风机功率、风速和压差进行分析(图6.2-6、图6.2-7),试验结果如下:

(1)两送风机排烟试验风机功率变化

由图6.2-6可知,随着频率的增大后,1号风机功率与2号风机功率都在持续增大,但1号风机功率增大趋势明显放缓,与2号风机差距越来越大。

(2)隧道行车道断面风速

由图6.2-7可发现明显规律:两隧道断面风速整体呈上升趋势,但在其中当靠近2号风机端的烟气隧道断面风速上升时,靠近1号风机端的无烟气隧道风速会下降;而无烟气隧道断面风速上升时,烟气隧道断面风速下降。

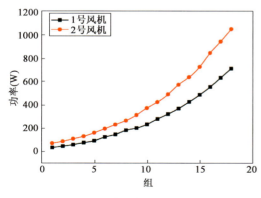

图6.2-6　功率变化(1号,2号)

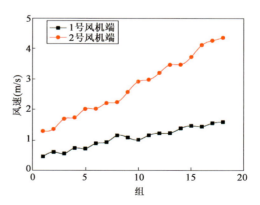

图6.2-7　行车道断面风速对比(1号,2号)

（3）专用排烟道断面风速对比

随着1号,2号风机频率的上调,隧道行车道风量越来越大;同理专用排烟道内气流流速也将不断增大,隧道专用排烟道断面风速对比如图6.2-8所示。

（4）隧道行车道断面静压变化

对两送风机临界排烟工况排烟口两侧隧道行车道断面静压进行分析,如图6.2-9和图6.2-10所示。两送风机组合排烟时,排烟口两侧行车道的静压大小几乎相差无几。

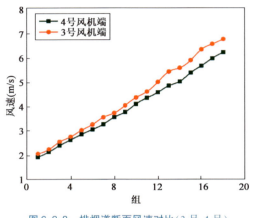

图6.2-8 排烟道断面风速对比(3号,4号)

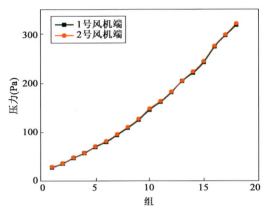

图6.2-9 行车道断面静压对比(1号,2号)

2）风机1号、2号与3号组合排烟性能试验

在两送风机组合排烟的基础上增加3号排风机,保持1号、2号送风机频率不变,逐渐增加3号排风机频率值,开展试验。

（1）风机1号、2号、3号风机组合排烟试验功率变化

在确定1号、2号送风机频率值的情况下,增加3号排风机进行排烟试验,记录三台风机功率变化数据,如图6.2-11所示,可得随着风机频率调高,风机功率增大。

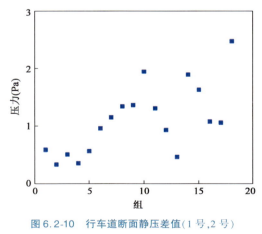

图6.2-10 行车道断面静压差值(1号,2号)

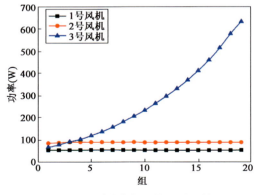

图6.2-11 功率变化(1号,2号,3号)

（2）隧道行车道断面风速

由图6.2-12可知增加3号排风机后,前几组对2号送风机端行车道断面风速提升较大,而对1号送风机端行车道断面风速并未产生提升效果。之后几组2号风机端断面风速有了下

降,而1号送风机端断面速度增长率上升。

(3) 专用排烟道断面风速变化

由图 6.2-13 可知:开启 3 号排风机后,3 号排风机端排烟道断面风速随着频率值的增大变得越来越大,而 4 号排风机端排烟道断面风速变得越来越小;在第 18 组的断面风速已经接近于零;到了第 19 组的断面风速为负值。说明 3 号排风机开启后排烟道气流大部分均被抽往 3 号排风机端。

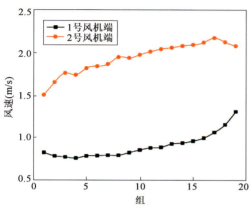

图 6.2-12　行车道断面速度变化(1号,2号)

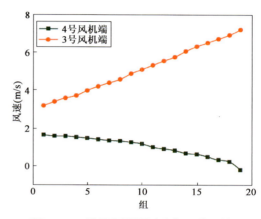

图 6.2-13　排烟道断面风速变化(3号,4号)

(4) 隧道行车道断面静压变化

由图 6.2-14 与图 6.2-15 可知:1 号、2 号、3 号风机组合排烟试验隧道行车道断面静压大小并无太大差距。说明在排烟口两端的静压处于一个动平衡的状态。

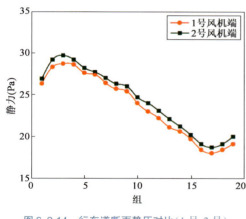

图 6.2-14　行车道断面静压对比(1号,2号)

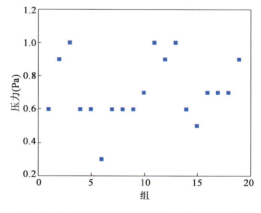

图 6.2-15　行车道断面静压差值(1号,2号,3号)

3) 风机 1 号、2 号、3 号与 4 号组合排烟性能试验

在前几种类型试验的基础上进行 1 号、2 号、3 号与 4 号风机全开启排烟性能试验,观察隧道内烟气流动状态。

(1) 风机功率变化

从图 6.2-16 可知:1 号风机、2 号风机频率不变,但其功率还是受到 3 号风机、4 号风机频率的变化影响,产生一些小幅度的波动;此外 3 号风机与 4 号风机频率值保持同步增长。

(2)行车隧道断面风速

4台风机全开的排烟模式下行车道断面风速提升将比前三种类型试验多,但排风机并不是提升行车道断面风速的最佳方法。试验证明,直接调高两台送风机的频率效果会更加显著。4台风机组合排烟试验隧道行车道断面风速变化如图6.2-17所示。

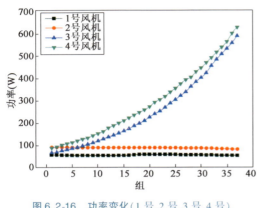

图6.2-16 功率变化(1号,2号,3号,4号)

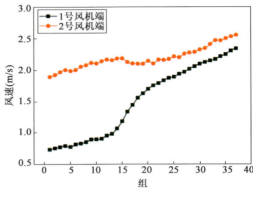

图6.2-17 行车道断面速度变化(1号,2号)

从图6.2-17可知:随着3号风机、4号风机频率的上调排烟口两端行车道风速都在持续增长;但在第15组后2号风机端隧道行车道断面风速开始下降,1号风机端风速上升趋势剧增。

(3)专用排烟道断面风速变化

由图6.2-18可知:首先两个断面风速都是随着3号、4号风机频率的增加而提升;从前几组试验中发现3号风机端的排烟道断面风速比4号风机端大;在第12组后,4号风机端排烟道断面风速上升趋势增加了,3号风机端风速保持趋势不变;在第一次试验中第15组4号风机端风速已经超过了3号风机端风速。

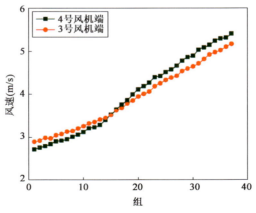

图6.2-18 排烟道断面风速变化(3号,4号)

(4)隧道行车道断面静压变化

为了研究4台风机全开启排烟试验对行车道断面静压变化的特性,从而获取隧道行车道断面静压数据进行分析,如图6.2-19、图6.2-20所示。

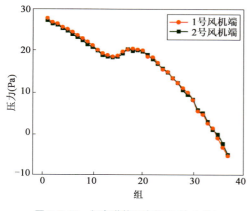
图6.2-19　行车道静压变化(1号、2号)

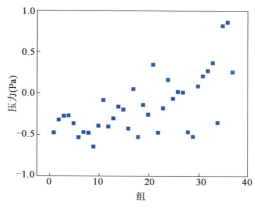
图6.2-20　行车道静压差值(1号、2号、3号、4号)

由图6.2-19、图6.2-20可知:4台风机全开启排烟试验中行车道两端断面静压随着3号、4号风机频率升高而降低,在14组后呈上升的趋势;从第18组后就一直保持下降的趋势,第34组两端面均是正值,第35组后两端断面静压值变为负值。

4)火灾排烟试验结论

通过对试验数据的分析可知,该通风系统完全能够满足火灾工况下的火灾通风要求,能够有效控制烟雾流向,使烟雾按照预期方式排出,且可以达到最小的排烟行程,在正确的操作下,可以避免烟气回流和蔓延至下游情况的发生,并初步形成以下结论和建议。

(1)两送风机开启是提升隧道行车道断面风速最直接的手段,增大1号、2号风机的功率是提升行车道断面风速最节能的方法,在两风机风量配合良好的情况下,能够避免烟气回流或者蔓延到下游,两股气流汇合后直接从排烟口进入排烟道排出。

(2)当火灾位置位于2号风机端则应开启1号、2号风机进行烟气的控制,2号风机频率值应当比1号风机频率值大,同时可以开启与2号风机同一端的4号风机,也可以将4台风机全部开启。其中开启4号风机的目的是:第一,既增加了两端行车道断面风速;第二,对1号风机端行车道断面风速速度提升更大,同时有利于避免出现烟气蔓延至下游的情况;第三,在排烟口位置直接将一部分烟气吸进排烟道,对烟气在排烟口的掌控力更强。

(3)当火灾位置位于1号风机端则应开启1号、2号风机进行烟气的控制,1号风机频率值应当比2号风机频率值大。同时可以开启3号风机,其目的与2号风机端开启原因相同。

(4)若火灾位置正位于排烟道下方,则应开启3号、4号风机,并将功率调大。因列车车体在排烟口下方占据隧道断面大部分面积,开启风机后行车道断面风速值很大,但不影响人员疏散。

(5)在烟雾向前扩散的同时,冷空气从烟流底部以逆烟雾流动的方向进入烟雾区并与烟雾混合,空气与烟雾区的接触面为波纹状。而且,空气从烟层底部逆向进入烟雾区的速度明显大于烟雾向前扩散的速度。

(6)在两送风机组合排烟工况中,建议避开烟气隧道中风速下降的工况点,风机功率提升后并未给断面风速带来提升,反而导致风速下降,这不仅是对隧道火灾通风排烟效果造成了影响,还是对能量的浪费。

(7)在1号风机、2号风机与3号风机组合排烟,3号风机频率不断调大的过程中,两端面风速都会有增有减,但始终处于一个增长的过程。综合第一次试验与第二次试验可知,当3号风机频率值增长到一定程度后,其对压入风量较小一侧的隧道断面风速提升将更大。

(8)两送风机与一台排风机组合排烟,行车道断面风速呈波动的增长趋势,是因其克服了从另一台未开启的排风机的风井吸入新风进隧道的阻力,功率较大的送风机端行车道断面风速将持续减小,直至从未开启的风机端排烟道断面风速提升导致阻力增大到一定值时,功率较大的送风机端行车道断面风速才会继续增长。

(9)过海区间隧道太长,风井位置距离太远隧道内沿程阻力过大,风压不足,射流风机具有高效率的升压作用,升压效果很明显,随着射流风机开启的数量增多,能大大降低送、排风机的功率,提高通风效率。

6.3 双洞单线隧道排烟模型试验研究

6.3.1 工程概况

双洞单线隧道排烟模型试验依托青岛市地铁8号线大青区间工程进行。大青区间起自青岛市红岛大洋村,下穿胶州湾海域后接入李沧区青岛北站,采用盾构+矿山组合工法施工。线路全长约7.8km,下穿胶州湾海域段长约5.4km,是目前国内穿越海域段最长地铁区间隧道,如图6.3-1所示。

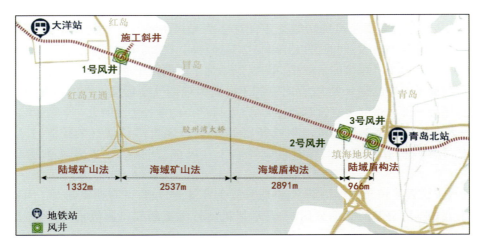

图 6.3-1 大青区间平面缩略图

大青区间共设置3处风井及风机房,其中3号风井设置于陆域段,1号风井和2号风井设置于海域段两侧。每处风机房设置两台隧道风机,与主隧道相连,配合一定数量风阀,实现主隧道运营通风、阻塞通风、火灾排烟等工况转换。海域段设置吊顶风道,风道的红岛端接隧道风机及风井,风机和风井分别设置于1号风井内。隧道通风原理如图6.3-2所示。

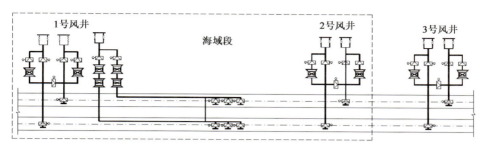

图 6.3-2　大青区间隧道通风原理图

6.3.2　模型设计

根据相似理论,以青岛地铁 8 号线大青区间为原型,根据模型设计原则所确定的各物理量的相似比尺,详见表 6.3-1。

物理量的相似比尺　　　　　　　　表 6.3-1

比尺名称	线性比尺 α_l	面积比尺 α_A	速度比尺 α_u	压力比尺 α_p
模型:原型	1:15	1:225	1:1	1:1

隧道模型全长 13.5m,共使用 5 台风机,其中 1 号、4 号、5 号风机与主洞连接,模拟区间正线隧道送风机(1 号风机采用额定功率为 37kW 的变频风机,4 号、5 号风机采用额定功率为 5.5kW 的变频风机);2 号和 3 号排风机与吊顶风道连接,模拟海域段排烟风机(风机采用额定功率为 5.5kW 的变频风机),通风系统原理图及风流如图 6.3-3、图 6.3-4 所示。

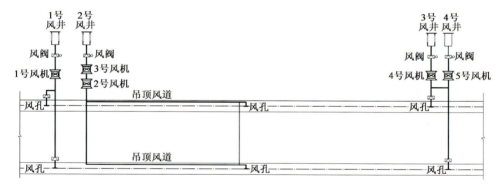

图 6.3-3　模型隧道通风原理图

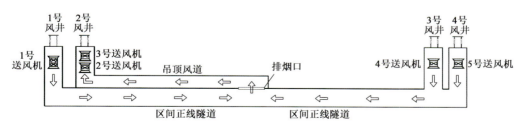

图 6.3-4　模型隧道剖面风流示意图

测试系统主要由传感器、一体化温度变送器和线缆组成。传感器类型主要采用压力传感器和风速传感器。

如图 6.3-5 所示，从模型最左端至最右端依次是：

（1）1 号风机以及其连接的 1 号风井。

（2）可调通风口 1，可以将下部盖板上移封堵通风口。

（3）2 号风机与 3 号风机串联及其连接的 2 号风井。

（4）1 号联络通道。

（5）燃烧段观察窗，在燃烧段设置观察窗是为了方便添加燃烧物，此外，还可以兼做检修窗口，修复高温导致的隧道内部漏风问题。

（6）燃烧段温度测量断面。

（7）可调排烟口 1。

（8）电控柜，控制风机启闭，调控风机频率。

（9）左侧测量断面，测量整个断面包括行车道与排烟道风速。

（10）近排烟口风速测量断面。

（11）可调排烟口 2，烟气经行车道流入排烟口，再通过排烟道经 2 号、3 号风机从 2 号风井排出。

（12）2 号联络通道及测量断面。

（13）右侧测量断面，测量整个断面行车道风速。

（14）可调通风口 2。

（15）4 号风机。

（16）4 号风机及其连接的 3 号风井。

（17）5 号风机。

（18）5 号风机以及其连接的 4 号风井。

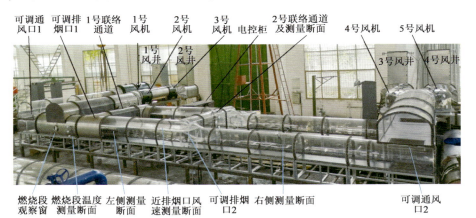

图 6.3-5　隧道模型部件位置分布示意图

6.3.3　物理模型通风排烟试验

模型试验主要目的是探索风机以何种组合方式能达到最好的隧道排烟要求。在进行过一些探索性试验后发现,仅开启排风机对隧道内行车道风速提升不大,但能量损耗很大,原因为排风机只与隧道专用排烟道连接,在风机功率较大时会造成更多的局部能量损失。因此与行车道连接的两台送风机必须开启,才能在保证隧道内行车道断面风速的同时又考虑到经济性。以此展开试验共进行 4 组试验,见表 6.3-2。

通风排烟试验工况　　　　　　　　　　　　表 6.3-2

工况	风机组合方式
工况一	开启 2 号、3 号风机
工况二	开启 1 号、4 号、5 号风机
工况三	开启 1 号、2 号、4 号、5 号风机
工况四	开启 1 号、2 号、3 号、4 号、5 号风机

1) 2 号、3 号排风机组合排烟性能试验

进行送风机排烟试验在隧道左侧行车道内发烟,模拟火灾产生的浓烟,开启两台排风机,2 号、3 号风机位于 2 号竖井的前端。当两台风机同时开启后,抽出气流在排烟口的下方汇合进入专用排烟道,再从排烟口的上方分流,即气流流向排烟道不同侧,最后经过 2 号与 3 号风机从 2 号竖井排出。

本试验的目的是了解在临界排烟状态下(即烟气既不向下游蔓延也不回流),改变风机频率,观察隧道内各参数的变化,以此确定各种频率匹配下风机的排烟性能系数。

（1）风机功率变化

由图 6.3-6 可知,风机总功率都随着频率的升高呈指数增长趋势。在风机频率有差值的两种情况下可以发现:在风机总频率相等的情况下,风机总功率基本保持一致;而在频率等值情况下,因为风机每一次上调的总频率较小,故风机功率增长较慢。

（2）隧道行车道断面风速

由图 6.3-7 和图 6.3-8 可知,车道风速基本呈线性增长。在有差值情况下,当总频率相等时,3 号风机大于 2 号风机时的隧道断面风速始终略大于 2 号风机大于 3 号风机时的隧道断面风速。

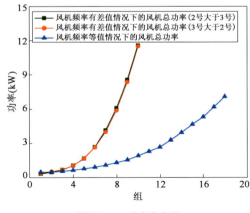

图 6.3-6　功率变化图

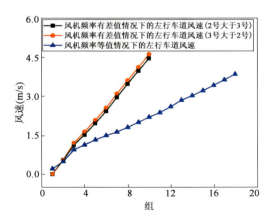

图 6.3-7　左行车道断面风速对比(2 号、3 号)

（3）排烟道断面风速对比

从图 6.3-9 和图 6.3-10 可看出：第 1 组排烟口近端排烟道风速与远端左侧测量断面测得排烟道风速几乎相等，随着风机频率增大排烟口近端与排烟口远端排烟道断面风速均增大，但近端排烟道断面风速增长更快；同时烟气从可调排烟口 2 流入排烟道，一部分烟气流向左侧测量断面排烟道，一部分流向 2 号联络通道；由于排烟口近端处于气流分流处，一部分气流回流进入 2 号联络通道，并且随着风速越大，风量回流得越多。

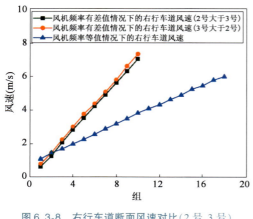

图 6.3-8　右行车道断面风速对比（2 号，3 号）

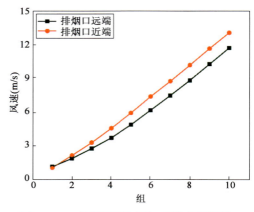

图 6.3-9　3 号风机频率大于 2 号情况下排烟口远近端风速对比（2 号，3 号）

（4）隧道行车道断面静压变化

对三种不同情况下的送风机组合临界排烟工况可调排烟口 2 号两侧行车道断面静压进行分析，如图 6.3-11～图 6.3-13 所示。

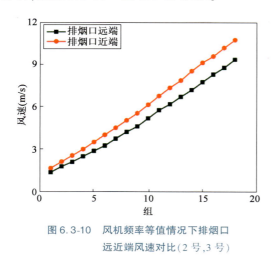

图 6.3-10　风机频率等值情况下排烟口远近端风速对比（2 号，3 号）

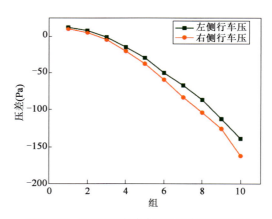

图 6.3-11　2 号风机频率大于 3 号情况下行车道左右静压对比（2 号，3 号）

从图上呈现的趋势来看，无论在哪种情况静压都呈现向下的趋势，而且右行道的静压始终低于左行车道的静压，考虑到是排风机在做功，故隧道内出现的静压特征是符合实际情况的。

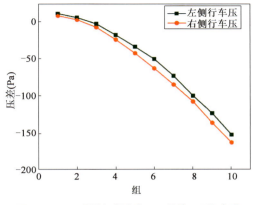 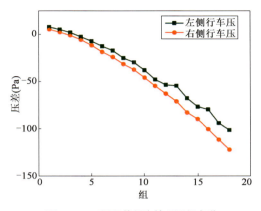

图6.3-12　3号风机频率大于2号情况下行车道左右静压对比(2号,3号)　　图6.3-13　风机等频率情况下行车道左右静压对比(2号,3号)

此外,可以观察到静压的分布情况与隧道内的风速大小相吻合,当静压越低,则风速越大。在三种情况中,左侧行车道的风速也始终低于右侧行车道的风速,而且风速差与压差也有一定的对应关系。

2）1号、4号、5号送风机组合排烟性能试验

在隧道左侧行车道内发烟,模拟火灾产生的浓烟,开启三台送风机,1号风机位于排烟口2的左侧,4号风机与5号风机位于排烟口的右侧,三台送风机同时开启后压入气流在排烟口的下方汇合进入专用排烟道,再从排烟口的上方分流,即气流流向排烟道不同侧,最后经过2号与3号风机从2号竖井排出。

试验目的是了解在临界排烟状态下(即烟气不向下游蔓延),改变风机频率,观察隧道内各参数的变化。因此先确定1号风机的频率,再根据观察试验现象确定4号、5号风机对应频率值,保证烟气在排烟口向上流动,不会向下游蔓延。4号、5号风机频率保持一致,单开其中一台送风机是不可行的,根据观察试验现象,单开会导致烟气蔓延到排烟口2的右侧,进而从未启动风机相连的竖井排出。因此将1号风机开启,4号、5号送风机同时开启并保持一致频率可以达到临界排烟状态。

试验中1号送风机每完成一组试验频率值上调一个固定值,4号、5号送风机根据试验现象同步调整频率值,在此过程拍摄排烟效果视频,便于后期分析。

(1)送风机排烟试验风机功率变化

由图6.3-14可知,1号、4号、5号风机功率随着频率的升高呈指数增长趋势,4号、5号风机频率相同,故两风机功率相差不大,但随着风机频率增大,功率差值越大。

(2)隧道行车道断面风速

由图6.3-15可发现明显规律:从第1组到第6组行车道两侧风速基本呈同步增长趋势;第7组后左侧行车道风速出现增长平缓以及下降现象,而右侧行车道风速急速增大。

基于此,工程实践中建议避开左侧行车道中风速增长平缓或下降的工况点,因风机功率提升后并未给断面风速带来提升,反而导致风速下降,这不仅对隧道通风排烟效果造成了影响,还会造成能量的损耗。

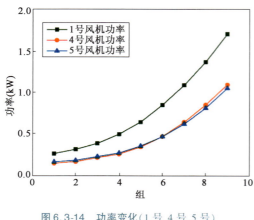

图6.3-14 功率变化(1号,4号,5号)　　图6.3-15 行车道断面风速对比(1号,4号,5号)

(3)排烟道断面风速对比

从图6.3-16可看出:第1组排烟口近端排烟道风速与远端左侧测量断面测得排烟道风速几乎相等,随着风机频率增大排烟口近端与排烟口远端排烟道断面风速均增大,但近端排烟道断面风速增长的更快。烟气从可调排烟口2流入排烟道,一部分烟气流向左侧测量断面排烟道,一部分流向2号联络通道。由于排烟口近端处于气流分流处,一部分气流回流进入2号联络通道,并且随着风速越大,风量回流的越多。

(4)隧道行车道断面静压变化

从图6.3-17可看出:1号、4号、5号送风机组合排烟时排烟口两侧行车道的静压大小相差无几,两侧静压差值最大出现在第6组,且最大差不超过6Pa。

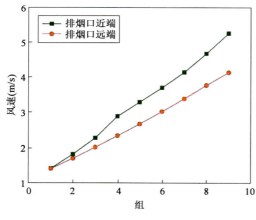
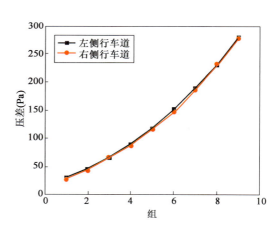

图6.3-16 排烟道断面风速对比(1号,4号,5号)　　图6.3-17 行车道断面静压对比(1号,4号,5号)

3)1号、2号、4号、5号风机组合排烟性能试验

在1号、4号、5号压入式组合排烟的基础上增加2号排风机,观察试验过程中隧道烟气流动状态,收集相关参数,分析增加2号风机对隧道排烟工况的影响,还有此风机组合排烟方式可行性。

(1) 风机1号、2号、4号、5号风机组合排烟试验功率变化

从图 6.3-18 可看出:在未调整三台送风机频率的情况下,开启排风机使得送风机功率出现减小的趋势,且随着 2 号排风机频率上调而减小,但其风机功率呈指数持续增长。

此外,在第 8 组试验中三台送风机功率出现一个明显下降的现象,但在第 9 组随即恢复了原本趋势。

(2) 隧道行车道断面风速

由图 6.3-19 可知:增加 2 号排风机后左侧与右侧行车道风速均呈线性增长趋势,第 1 组到第 5 组靠近 1 号送风机端的左侧行车道断面风速大于靠近 4 号、5 号送风机端的右侧行车道断面风速,但右侧行车道断面风速线性增长率更大;第 6 组后右侧行车道断面风速超过左侧行车道,之后两者保持线性持续增长。

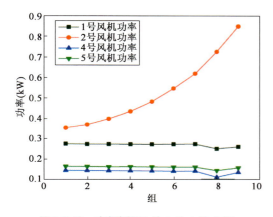

图 6.3-18　功率变化(1号,2号,4号,5号)

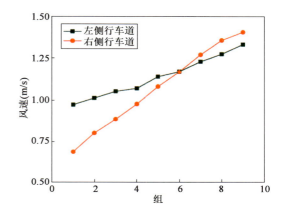

图 6.3-19　行车道断面速度变化(1号,2号,4号,5号)

从试验结果可发现,开启 2 号排风机后右侧行车道断面风速增长效果更好。气流总是从压力大的点流向压力小的点,而只开启 1 号、4 号、5 号压入风机组合试验时行车道两侧静压几乎相等,最大差值不超过 6Pa。因右侧行车道断面面积小于左侧行车道,故风速增长更快。此处也可以说明,右侧行车道直至 4 号、5 号风机及其各自风井这条路线的管道阻力小于左侧行车道直至 1 号风机及其风井线路。

(3) 专用排烟道断面风速变化

由图 6.3-20 可知:开启 2 号排风机后,排烟口近端与排烟口远端排烟道断面风速呈线性增长,从第 1 组至第 9 组近端排烟道断面风速均大于远端排烟道断面风速。

此外,只增加 2 号排风机功率并没有增加两端送风机功率对排烟道断面风速的提升大,但开启 2 号排风机后排烟口近端与远端的排烟道断面风速整体变化趋势是相似的,即表明排烟道内气流流动状态无明显变化。

(4) 隧道行车道断面静压变化

从图 6.3-21 可以看出:由于增加了 2 号排风机,左侧行车道与右侧行车道内静压开始出现线性减小的趋势,且两者趋势非常接近,左右侧行车道静压差值不大于 2Pa。此处可与图 6.3-20 相对应,开启 2 号风机后对右侧行车道断面风速提升较大,故出现右侧行车道静压始终小于左侧行车道静压的现象。

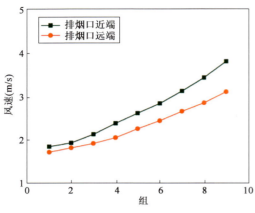
图 6.3-20　排烟道断面风速变化(1号,2号,4号,5号)

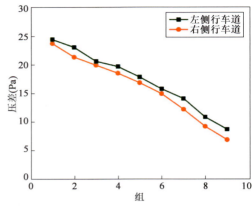
图 6.3-21　行车道断面静压对比(1号,2号,4号,5号)

4) 1号、2号、3号、4号、5号风机组合排烟性能试验

在2号、3号抽出式组合排烟的基础上增加1号、4号、5号排风机,观察试验过程中隧道烟气流动状态,收集相关参数,分析增加1号、4号、5号风机对隧道排烟工况的影响,以及此风机组合排烟方式的可行性。

(1) 风机1号、2号、3号、4号、5号风机组合排烟试验功率变化

根据图6.3-22可知,增加1号、4号、5号送风机对2号、3号风机功率存在影响。在未调整两台抽入式风机频率的情况下,开启送风机使得排风机功率出现减小的趋势,且随着1号、4号、5号排风机频率上调而减小,但其风机功率呈指数持续增长。

此外,可以发现4号送风机频率在12Hz之后与1号送风机的功率接近。5号风机与4号风机并联,在此试验中只是作为4号风机的辅助,并不作为主要出力风机。1号风机与4号风机分别位于隧道排烟系统两边。为了使隧道维持临界排烟工况,则必须使左右静压保持基本一致,故在频率较大时,功率消耗相近。

(2) 隧道行车道断面风速

由图6.3-23可知:增加1号、4号、5号排风机后左侧行车道风速后基本呈现线性增长;右侧行车道风速则在1.5m/s左右变动,且左侧行车道风速始终大于右侧行车道风速。这是由于发烟位置位于左侧,在总排风量增加的情况下,排烟速度加快,则左侧速度呈现线性增长,而右侧行车道不承担排烟功能,仅仅是提供达到临界排烟工况的压力,故风速并无明显增长,而是一直在1.5m/s上下浮动。

此外,在第3组可以看出左侧行车道风速有明显减小,而右侧行车道有明显增大。这是由于将右侧4号、5号风机频率上调过高,从而降低了左侧行车道的排烟效率,此处可以说明在实际排烟系统中,另一侧过高的排风量会对排烟性能造成较大影响。

(3) 专用排烟道断面风速变化

由图6.3-24可知:开启1号、4号、5号送风机后,排烟口近端与排烟口远端排烟道断面风速呈线性增长,从第1组~第10组近端排烟道断面风速均大于远端排烟道断面风速,且排烟口近端与远端的排烟道断面风速整体变化趋势。这与上文中单独开启2号、3号送风机所表现出的趋势是相似的,即表明排烟道内气流流动状态无明显变化。

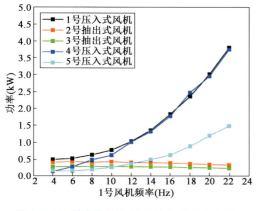

图 6.3-22　功率变化(1号,2号,3号,4号,5号)

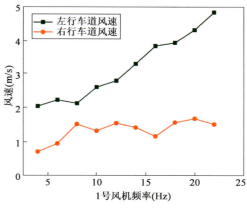

图 6.3-23　行车道断面速度变化(1号,2号,3号,4号,5号)

(4) 隧道行车道断面静压变化

由图 6.3-25 可知:1号、2号、3号、4号、5号风机组合排烟时,排烟口两侧行车道的静压大小是相差无几的。这符合试验本身条件,在两排风机频率固定的情况下,左右两侧送风机通风排烟过程中,起火端隧道烟气随着风机吹出的气流冲向排烟口,而隧道排烟口另一侧的气流与起火端气流流动方向相反,两股气流在排烟口下方汇合,使得烟气只能从排烟口进入排烟道,排烟道两端隧道对称位置的静压值大小将非常接近。由图 6.3-25 可知,行车道两侧静压差值最大出现在 1 号风机为 18Hz 时,且最大差在 12Pa 左右。

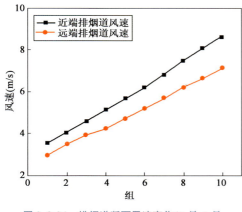

图 6.3-24　排烟道断面风速变化(1号,2号,3号,4号,5号)

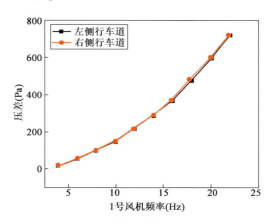

图 6.3-25　行车道断面静压对比(1号,2号,3号,4号,5号)

5) 火灾排烟试验结论

通过对试验数据的分析,该通风系统完全能够满足火灾工况下的火灾通风要求,能够有效控制烟雾流向,使烟雾按照预期方式排出,可以达到最小的排烟行程,在正确的操作下,可以避免烟气回流和蔓延至下游情况的发生,并初步形成以下结论:

(1) 开启送风机是提升隧道行车道断面风速最直接的手段,增大 1 号、4 号、5 号风机的功率是提升行车道断面风速最节能的方法。在风机风量配合良好的情况下,能够避免烟气回流或者蔓延到下游,两股气流汇合后直接从排烟口进入排烟道排出。

(2)达到临界排烟状态后,无关风机组合方式,以排烟口为中心行车道两侧对称位置的静压几乎相等。

(3)若风机距离过近易导致发生风量损失,风机功率不易增长,不能给隧道内提供理想风量,仅能调节隧道内压力大小。

(4)开启抽出式风机后对于速度较小侧行车道风速提升较大。

(5)不同风机组合通风排烟情况下联络通道中各风速测点变化趋势基本相同,故可以得出不同风机组合不是影响排烟道与联络通道中气流流动状态的主要因素。

(6)2号联络通道风速分布特性:联络通道顶部风速最大,越往下风速越低;联络通道内越靠近壁面风速越大。

6.4 双洞单线隧道火灾数值分析研究

试验模型通过布置传感器测量的数据,一定程度上能体现不同风机组合隧道内测量点、面的压力和速度分布规律;但布置的传感器毕竟数量有限,探明不同通风条件下隧道内流场的变化及差异,需基于试验结果作为边界条件,借助数值仿真软件完成。此外,上文中的模型试验仅实践了1号送风、2号送风和3号排风3个条件下的组合通风试验,未进行1号、2号和3号均能实现送风和排风的多种组合通风模式下的试验。因此,研究隧道内的流体在风机提供动力条件下,不同流动方案对应的流场分布,对认识不同类型、位置火灾烟气流动特征以及制定预防措施具有重要意义。

针对不同行车道断面面积进行沿程阻力变化分析,但模型试验方法需要对模型进行改造,其难度大,耗资多,故选用数值仿真的方法进行研究。

6.4.1 物理模型

根据8号线大青区间通风排烟模型试验系统,建立了与试验模型保持一致、尺寸与设计尺寸保持一致的三维物理模型,如图6.4-1所示。

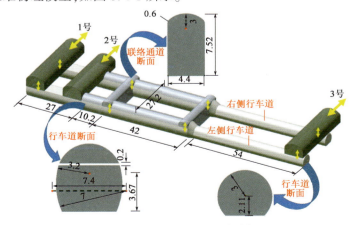

图6.4-1 三维物理模型(尺寸单位:m)

为探究不同通风条件下隧道通风流场的差异,将物理模型分为 3 个区,如图 6.4-2 所示。计算区 1 为整体的物理模型,计算区 2 为探究海域矿山法设计条件下 1 号、2 号两个通风口的两种通风模式的物理模型,计算区 3 为探究海域矿山法和盾构法设计条件下 2 号、3 号两个通风口的两种通风模式的物理模型。

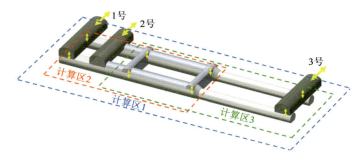

图 6.4-2　计算区划分示意图

6.4.2　计算区 1 的流场仿真

1)确定边界条件

选择 6.3.3 节中的试验工况 4 中的前 3 组(1 号风道送风、3 号风道送风、2 号风道排风)和试验工况 2 的第 3 组试验数据中 1 号、3 号风道入口速度作为数值模拟的入口速度边界条件,见表 6.4-1。四种工况行车道的空气流动方向均是从两侧向中间流动,并通过排烟口流出,进入吊顶排烟风道。从工况 1 到工况 2,两个入口的差异主要体现在 3 号风道入口速度的增大幅度大于 1 号风道入口;反之,从工况 2 到工况 3,3 号风道入口速度的增大幅度小于 1 号风道入口。工况 4 为 2 号风道排风试验条件下的最佳排烟工况,与工况 1~工况 3 的差异体现在 1 号风道入口速度的比 3 号风道入口速度小。

试验模型行车道速度与数值仿真入口速度(单位:m/s)　　表 6.4-1

编号	类型	开启风机总功率(kW)	行车道速度(试验值)		数值仿真	
			海域矿山段	海域盾构段	1 号入口	3 号入口
工况 1	1 号风道送风、3 号风道送风、2 号风道排风(开启 1 号送风机,2 号、3 号排风机,4 号、5 号送风机)	1.43	2.1088	0.7915	1.2883	0.4207
工况 2		1.61	2.1908	1.5849	1.3384	0.9684
工况 3		1.97	2.8468	1.6122	1.7392	0.9851
工况 4	2 号风道排风(开启 2 号、3 号排风机)	0.71	1.1348	2.0394	0.6933	1.0838

计算区 1 简化物理模型如图 6.4-3 所示。

2)模型试验与数值仿真的对比

为验证模型建立和边界条件的科学性,以及模型试验与等比例设计尺寸仿真模型的差异性,选择了设置有 10 根速度传感器的联络通道中心截面作为对比对象。

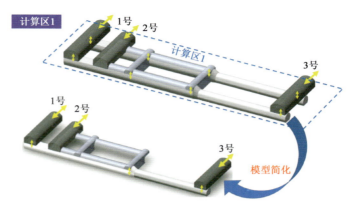

图 6.4-3　计算区 1 简化物理模型

基于图 6.4-4 和图 6.4-5 对比速度分布,可以明显发现:①数值计算与试验时比较吻合的,联络通道内顶部速度较高,近地面的速度较小;②试验与数值仿真的相对误差分别为 9.15%,15.3% 和 5.5%,误差在可接受范围内,数值仿真的流场对防灾救灾措施的制定具有指导意义。

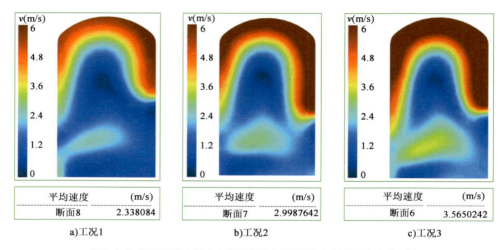

图 6.4-4　联络通道 2 号中心断面的速度云图及加权平均面积速度云图

在论证了数值仿真结果的科学性后,选择相对误差最小的工况 3(开启 1 号、2 号、4 号、5 号风机)进行流场分析,如图 6.4-6 所示。从图中可知:2 号联络通道内存在明显的速度梯度,中心区域与右下方存在明显的低速区,当发生火灾时燃烧生成的颗粒物可能在低速区聚集;在排烟口汇流的流体基本上不会流入 2 号联络通道,流进 2 号排风口内的流体运动方向发生改变,流线呈漩涡状。

从图 6.4-7 可以看出:4 个截面存在明显的速度梯度,$x=47.9$m 断面靠近左侧壁区的速度高,随着离排烟口距离的减小,高速区由左侧近壁区变化为近地高速区,最后为右下高速区。此时,$x=-47.9$m 断面为温度传感器布置断面,其速度分布能进一步分析火源试验在该断面温度分布偏置的原因。基于火灾通风排烟试验得到的隧道中心区域的速度显著大于区域的规律，结合4种工况下隧道 $x = -47.9\text{m}$ 截面速度云图中心区域速度小的规律，可推断出高温气流在隧道中心区域的换热量小，温度高。

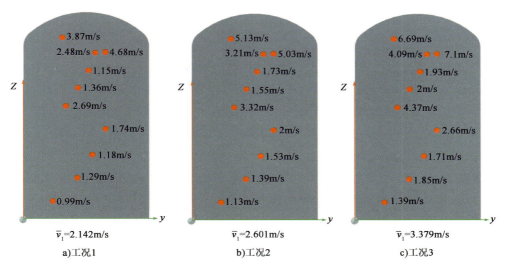

图 6.4-5　联络通道 2 号中心断面的速度测量分布及平均值

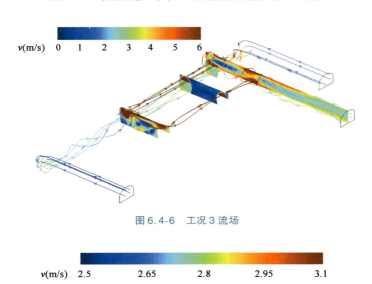

图 6.4-6　工况 3 流场

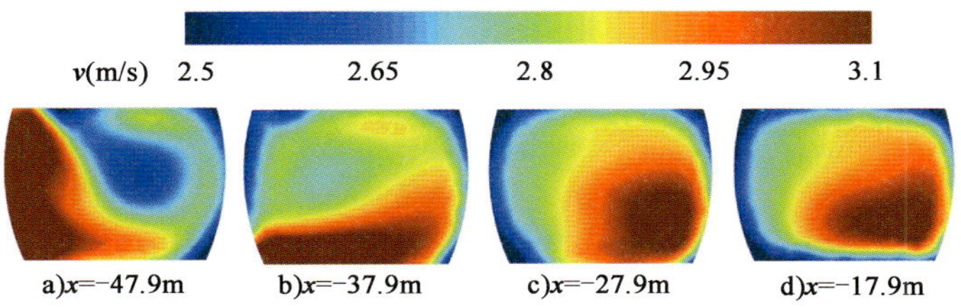

图 6.4-7　工况 3 行车道截面风速

排烟口处的速度云图分别如图 6.4-8 所示。排烟口处由于两股流体的汇流，根据流体力学的理论，在该区域会存在一个形状不规则的等压面（流体挡烟墙）。值得注意的是，排烟口处隧道底部存在一个低速区,当火灾发生时,燃烧产生的高温气流大概率会在该低速区停留时间较长。

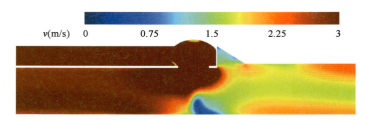

图 6.4-8　工况 3 排烟口处速度分布

3）非试验条件下的流场仿真

在工程实践中,选择的风机不仅可以实现送风,在特定情况下也能实现排风。因此,对于计算区 1 的数值仿真存在两种情况。第一种情况下是 1 号和 2 号作为入口,3 号作为出口;第二种情况是 2 号和 3 号作为入口,1 号作为出口。接下来,仅从以上两种情况开展流场的探究。

（1）1 号入口、2 号入口、3 号出口

第一种情况主要针对在盾构法隧道段发生火灾时,采用海域矿山法段的通风机和吊顶排烟道送风排烟的方案,该情况的流场如图 6.4-9 所示。该方案用来应对盾构法隧道段火灾是比较有效的,两个联络通道的速度较低,2 号入口的流体在排烟口处形成向右偏置的高速区。

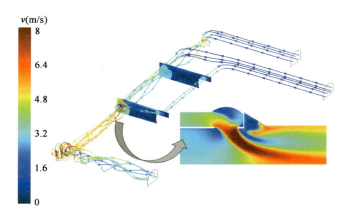

图 6.4-9　流场

（2）2 号入口、3 号入口、1 号出口

第二种情况主要针对在海域矿山法隧道段发生火灾时,采用盾构法隧道段的通风机和吊顶排烟道送风排烟的方案,该情况的流场如图 6.4-10 所示。该方案用来应对海域法隧道段火灾是比较有效的,两个联络通道的速度较低,2 号入口的流体在排烟口处形成向左偏置的高速区。

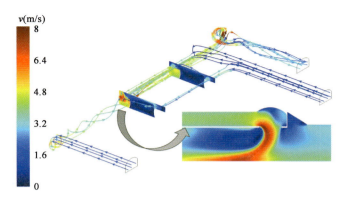

图 6.4-10 流场

6.4.3 计算区 2 的流场仿真

选择左侧行车道作为研究对象。计算区 2 简化物理模型如图 6.4-11 所示。

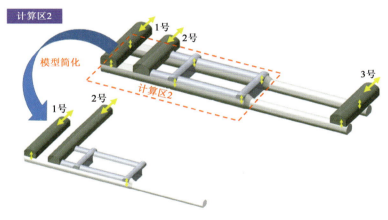

图 6.4-11 计算区 2 简化物理模型

对计算区 2 进行流场仿真的主要目的在于研究 3 号风机失效前提下,发生在海域矿山法隧道内的火灾,流体运动方向分别为 1 号流至 2 号和 2 号流至 1 号两种方案的对比。从图 6.4-11 可以看出,计算模型包含盾构法隧道,这是与工程实际相符的。即使 3 号风机失效前提下,行车道仍然相通。此外,该模型能在仿真上述两种通风前提下,探究流体在盾构法隧道内的流动特征。

(1) 1 号入口、2 号出口

该通风方式的流场如图 6.4-12 所示,从 1 号入口流进的流体在排烟口处分流后,一部分直接通过左侧吊顶排烟道,另一部分则通过 1 号联络通道流入右侧排烟道;联络通道的速度云图表明顶部速度大,中间区域的速度较低,2 号连通道内的速度较小。该方式得到的速度如图 6.4-13 所示。

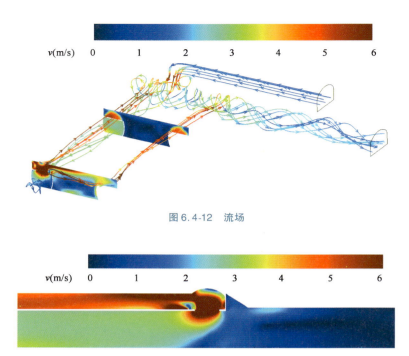

图 6.4-12 流场

图 6.4-13 速度云图

结合行车道中心截面的速度云图,可以发现该通风方式下,海域矿山法隧道内的流体在盾构法隧道内运动范围非常小,排烟口右侧的速度接近 0m/s。

(2)2 号入口、1 号出口

该通风方式的流场如图 6.4-14 所示,从 2 号入口流进的流体在分流后,一部分通过左侧吊顶排烟道流入行车道,另一部分侧通过右侧吊顶排烟道流经联络通道后流入行车道。联络通道的速度云图表明:顶部速度大,中间区域的速度较低;2 号联络通道内的速度较小。结合行车道中心截面的速度云图,与方案 1 相比较,可以发现该通风方式下,海域矿山法隧道内的流体在盾构法隧道内运动范围较大,因为排烟口右侧的速度接近 0m/s 的距离更远。该方式得到的速度如图 6.4-15 所示。

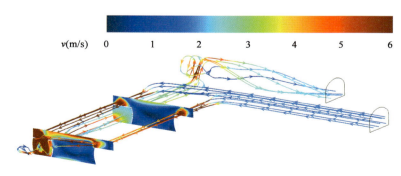

图 6.4-14 流场

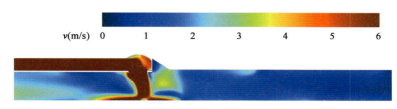

图 6.4-15 速度云图

6.4.4 计算区 3 的流场仿真

选择左侧行车道作为研究对象。计算区 3 简化物理模型如图 6.4-16 所示。

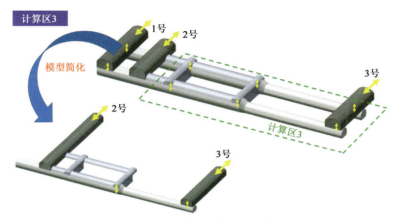

图 6.4-16 计算区 3 简化物理模型

对计算区 3 进行流场仿真的主要目的在于研究 1 号风机失效前提下,发生在盾构法隧道内的火灾,流体运动方向分别为 2 号流至 3 号和 3 号流至 2 号两种方案的对比。从图 6.4-16 可以看出,计算模型包含海域矿山法隧道断面,这与工程实际是相符的。即使 1 号风机失效前提下,行车道仍然相通。此外,该模型能在仿真上述两种通风前提下,探究流体在海域矿山法隧道内的流动特征。

(1) 3 号入口、2 号出口

该通风方式的流场如图 6.4-17 所示,从 3 号入口流进的流体在排烟口处分流后,一部分

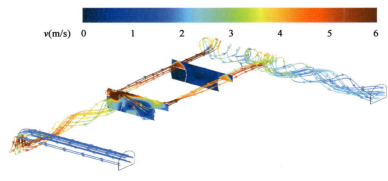

图 6.4-17 流场

直接通过左侧吊顶排烟道,另一部分则通过1号联络通道流入右侧排烟道。联络通道的速度云图表明:顶部速度大,中间区域的速度较低,2号联络通道内的速度较小。结合行车道中心截面的速度云图(图6.4-18),可以发现该通风方式下,盾构法隧道内的流体在海域矿山法隧道内运动范围非常小,因为排烟口左侧的速度接近0m/s。

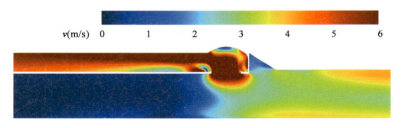

图6.4-18　速度云图

(2)2号入口、3号出口

该通风方式的流场如图6.4-19所示,从2号入口流进的流体在分流后,一部分通过左侧吊顶排烟道流入行车道,另一部分则通过右侧吊顶排烟道流经联络通道后流入行车道。联络通道的速度云图表明:顶部速度大,中间区域的速度较低,2号联络通道内的速度较小。

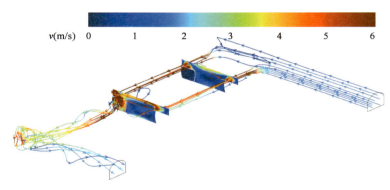

图6.4-19　流场

结合行车道中心截面的速度云图(图6.4-20),与方案1相比较,可以发现该通风方式下,盾构法隧道内的流体在海域矿山法隧道内运动范围较大。

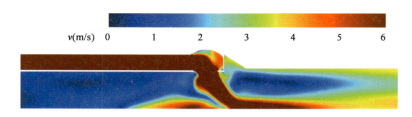

图6.4-20　速度云图

6.4.5　风道面积对阻力损失影响分析

为研究隧道排烟道断面面积变化对于系统阻力的影响,从而开展试验模型阻力计算与数值仿真模型阻力计算。针对此问题进行研究,旨在验证现有工程参数是否合理以及冗余程度高低。而此隧道排烟道连接吊顶排烟口和联络通道,量化其阻力难度较大,拟采用工程简化计算、数值模拟计算和模型试验相关结合而研究。

1)试验模型沿程阻力计算

(1)行车道阻力损失计算

已知沿程阻力损失公式为:

$$p = \lambda \frac{l}{d} \cdot \frac{\rho v^2}{2} \tag{6.4-1}$$

式中:λ——沿程阻力系数,无量纲常数,其值为 0.022;
　　　l——行车道长度(m);
　　　d——水力直径;
　　　ρ——空气密度,确定为 1.2kg/m³;
　　　v——行车道断面风速(m/s),此工况取 1.1348m/s。

而水力直径计算公式为:

$$d = \frac{4S}{C\sqrt{S}} = \frac{4}{C}\sqrt{S} \tag{6.4-2}$$

式中:S——行车道断面面积(m²);
　　　C——行车道断面周长(m)。

计算得出 $d = 0.51$m,将其代入公式(6.4-1)进行计算,得出此距离内沿程阻力损失为 0.08811Pa。

(2)排烟道阻力损失计算

根据以上公式,可以发现阻力损失受风道断面面积影响很大,为了分析缩小面积对于排烟道阻力损失的变化规律,采用 5mm 厚发泡橡胶对吊顶风道面积进行折减,分别将排烟道从下往上高度减小 10% 与 20%,继而分析五个不同风量下其阻力损失变化程度。

因系统阻力损失无法直接进行测量与计算,故通过计算系统性能系数 H_{VSES} 得出系统相对压力,继而通过压差分析排烟道阻力变化。

根据试验数据代入式(6.4-1)进行计算后得出原型沿程阻力损失,继而比较得出不同面积、不同风量情况下排烟道沿程阻力损失,见表 6.4-2。

单位长度排烟道沿程阻力损失(单位:Pa/m)　　表 6.4-2

风量	0.952m³/s	1.195m³/s	1.456m³/s	1.717m³/s	1.988m³/s
原型	0.3501	0.5866	0.8838	1.3770	1.8677
上升10%	0.5923	0.9641	1.4405	2.2045	2.9743
上升20%	0.8872	1.4295	2.1388	3.2323	4.3425

针对此沿程阻力损失绘制在不同风量下,三种面积排烟道沿程阻力损失变化规律,如图 6.4-21 所示。从图中可知随着排烟道面积减小,单位长度内排烟道沿程阻力损失增大,且面积减小的幅度越大,阻力增长的越快;且随着风量增大,增长趋势变大。

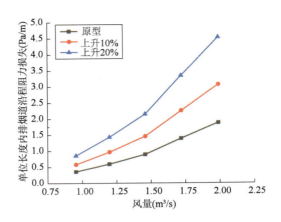

图 6.4-21 三种面积不同风量排烟道沿程阻力损失变化

2）阻力损失的数值计算

（1）行车道阻力损失的数值计算

为研究计算模型在未降低高度（工况1）、降低高度为行车道高度的10%（工况2）和降低高度为行车道高度的20%（工况3）时的总阻力损失以及行车道的沿程阻力损失，建立了3种物理模型，如图6.4-22所示。3种物理模型的主要差异在行车道底部。

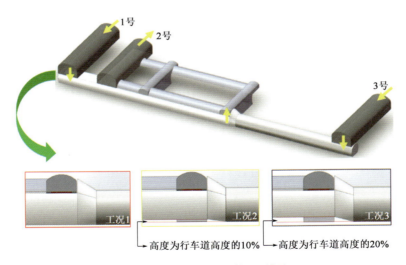

图 6.4-22 三种工况计算物理模型

选择6.3节中的工况4作为计算边界条件。三种工况计算完成后，在FLUENT平台上，计算各工况下的进口及出口的面积加权平均全压值，见表6.4-3。由此可以发现，改变行车道高度并没有显著降低计算模型的总阻力损失。结合三种计算模型行车道的线静压分布，如图6.4-23所示。两端分别对应排烟口中心位置，因此静压变化幅度较大；对比三条曲线，静压变化较为缓慢的区间为 $-50 \sim -15$ m。

三种工况的阻力损失　　　　　　　表6.4-3

工况	全压值(Pa)			阻力损失(Pa)
	1号	3号	2号	
工况1	128.87	134.85	2.13	261.59
工况2	128.64	134.63	2.11	261.16
工况3	128.11	134.08	2.12	260.07

结合计算沿程阻力损失的达西公式,计算出沿程阻力损失,如图6.4-24所示。从图中可以看出:通过对模型沿程阻力计算结果与模拟结果进行对比后发现改变行车道断面面积将增大沿程阻力损失;在不考虑局部损失的情况下其阻力变化趋势不变。

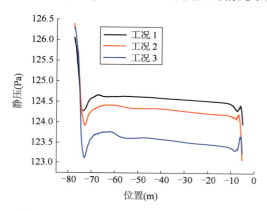
图6.4-23　三种工况行车道中心线上的静压分布

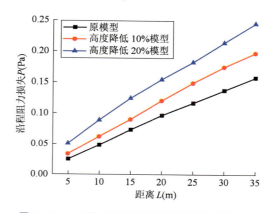
图6.4-24　三种工况行车道不同距离下的沿程阻力

（2）排烟道阻力损失的数值计算

排烟道面积小,流体运动速度大,导致阻力损失较大。因此,为研究排烟道的阻力损失,建立了未降低高度(工况1)、降低高度为排烟道高度的10%(工况2)和降低高度为排烟道高度的20%(工况3)三种工况,建立了三种物理模型,如图6.4-25所示,计算总阻力损失以及排烟道的沿程阻力损失。

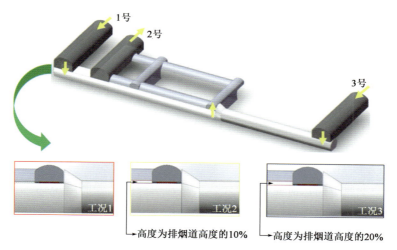
图6.4-25　三种工况计算物理模型

选择工况 4 作为计算边界条件。

3 个工况计算完成后,在 FLUENT 平台上,计算各工况下的进口及出口的面积加权平均全压值,见表 6.4-4。可以发现,两个降低高度 10% 和 20% 的物理模型与未改变的计算模型相比较,总阻力损失分别增大了 28.11Pa、70.91Pa。这与改变行车道高度得出的结论是明显有差异的,说明了改变排烟道尺寸对通风系统阻力损失影响更大,故缩小排烟道面积,总阻力损失呈增大趋势。

三种工况的阻力损失　　　　　　表 6.4-4

工况	全压值(Pa)			阻力损失(Pa)
	1 号	3 号	2 号	
工况 1	128.87	134.85	2.13	261.59
工况 2	142.81	149.03	2.14	289.7
工况 3	164.43	170.2	2.13	332.5

结合三种计算模型的线静压分布如图 6.4-26 所示。左侧静压值突然增大后减小,该现象是由于与联络通道相连接导致的;对比三条曲线,静压变化较为缓慢的区间为 $-40 \sim -15$m。

三种工况专用排烟道的沿程阻力损失,如图 6.4-27 所示。根据三组数据之间的对比,可以发现面积减少 10%,则风道沿程阻力所变化的幅度平均为 1.50。

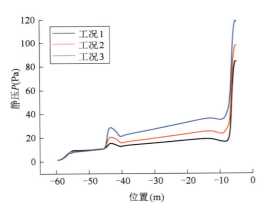

图 6.4-26　三种工况专用排烟道中心线上的静压分布　　图 6.4-27　三种工况专用排烟道的沿程阻力损失

6.4.6　数值仿真研究结论

通过开展数值仿真和变风道面积的研究,可以得出如下结论:

(1)利用数值仿真软件与双洞单线隧道通风排烟试验互为验证,并对于通风排烟试验提出的组合式排烟方案进行控制方案补充。

(2)为了探明变风道面积对通风阻力的影响,利用模型试验和数值仿真模拟分别对三种工况风道阻力进行研究得出:

①改变行车道断面面积将增大沿程阻力损失,在不考虑局部损失的情况下其阻力变化趋势不变;

②改变排烟道尺寸对通风系统阻力损失影响更大,随着长度的增长沿程阻力增长率越高。

6.5 本章小结

通过对单洞双线隧道和双洞单线隧道两个排烟模型试验研究试验数据的分析,形成以下结论:

(1)通过试验分析,可以验证不论单洞双线隧道还是双洞单线隧道,设置吊顶风道的纵向通风排烟系统均能满足火灾工况通风排烟要求,且均能有效控制烟雾流向,使烟雾按照预期方式排出,避免烟气回流和蔓延至下游的情况发生。

(2)开启送风机是提升隧道行车道断面风速最直接的手段,增大送风机的功率是提升行车道断面风速最节能的方法。开启排风机,对行车道断面风速提升效果有限,反而对于相邻区段风速较小的行车道的风速提升较大。

(3)实现临界排烟状态后,无关风机组合方式,以排烟口为中心行车道两侧对称位置的静压几乎相等。

(4)风机串联布置时,若风机距离过近,容易导致发生风量损失,风机功率增长不上去,不能给隧道内提供理想风量,只能增加压力大小。

(5)不同风机组合通风排烟情况下联络通道中各风速测点变化趋势基本相同,不同风机组合并非是影响排烟道与联络通道中气流流动状态主要因素。

(6)总结结论(2)~(5)可以得出:通过不同工况风机组合试验探索出的不同组合工况下隧道内空气流动规律,为隧道通风设备选型及布置提供了试验数据,因此隧道风机选型设计宜选用较大功率送风机与较小功率排风机组合,避免风机串联布置。

(7)改变行车道断面积将影响沿程阻力损失,在不考虑局部损失的情况下其阻力变化趋势不变。

(8)改变排烟道尺寸对通风系统阻力损失影响更大,随着长度的增长沿程阻力增长率越高。

(9)总结结论(7)、(8)可以得出:通过开展数值仿真和变风道面积的研究,为隧道降阻提供了思路,即排烟道断面积对通风系统阻力的影响更大,当顶部排烟道与行车隧道总面积一定时,增大顶部排烟道面积对通风系统降阻更有利。

本章参考文献

[1] 中铁第六勘察设计院集团有限公司.城市轨道交通长大区间隧道通风排烟系统研究[R].天津,2021.

[2] 中铁第六勘察设计院集团有限公司.地铁过海区间隧道通风安全技术[R].天津,2021.

[3] 北京城建设计发展集团股份有限公司.青岛地铁1号线工程可行性研究报告[R].2013.

[4] 中铁隧道勘测设计院有限公司.青岛市地铁1号线工程瓦屋庄站—贵州路站区间初步设计文件[R].2014.

[5] 北京城建设计发展集团股份有限公司.青岛市地铁1号线工程总体设计文件[R].2013.

[6] 张建伟,朱祝龙,王川,等.青岛地铁1号线长大地铁区间隧道通风模型研制与实验[J].湖南科技大学学报(自然科学版),2021,36(04):40-46.

[7] 赵淑云,程学友,朱祝龙,等.长大地铁区间隧道双压通风模型实验与模拟[J].地下空间与工程学报,2021,17(S01):101-107.

[8] 朱祝龙,赵亚平,宫宇,等.抽出式通风机数量对地铁区间隧道通风排烟能力影响的实验研究[J].中国安全生产科学技术,2021,17(06):130-135.

[9] 朱祝龙,赵淑云,程学友,等.送排风机组合对地铁长大区间主隧道流场的影响[J].城市轨道交通研究,2020,23(12):80-85.

[10] 陈方兴,王海桥,陈世强,等.风机组合对地铁区间隧道通风吊顶排烟口性能影响的试验研究[J].现代隧道技术,2020,57(05):218-225.

[11] 田峰,王海桥,朱祝龙,等.长大地铁区间隧道火灾可用安全疏散时间算法研究及应用[J].隧道建设(中英文),2019,39(01):54-59.

[12] 谢朝军,朱祝龙.大跨沉管隧道重点排烟系统设计常见问题的探讨[J].公路交通技术,2018,34(S01):107-112.

[13] 朱祝龙,田峰,陈洋,等.地铁长大过海区间隧道通风排烟方案[J].都市快轨交通,2017,30(01):94-97,105.

[14] 田峰,王海桥,朱祝龙.单洞特长铁路隧道防灾通风研究[J].地下空间与工程学报,2012,8(S01):1550-1552.

[15] 程学友,赵亚平,陈洋,等.通风机组合对过海地铁区间隧道通风能力影响的试验研究[J].流体机械,2021,49(01):7-15.

[16] 田峰,金若翮,朱祝龙,等.长大地铁过海区间防灾通风及疏散方案探讨[C]//2016年全国铁道与城轨暖通学术年会文集,2016:207-210.

第 7 章
矿山法海底隧道运营排水系统研究

矿山法作为采用传统矿山法或者臂式掘进机开挖隧道的施工方法,适用于各种不同的岩石条件。对于山岭隧道,隧道纵向坡度多采用人字坡,渗漏水可采用纵向水沟通过重力流排出隧道外。海底隧道纵向坡度一般呈"V"字形,渗漏水需采用压力排水系统排出隧道外,因此也决定了排水系统的在海底隧道中的重要性。矿山法地铁海底隧道深埋于海域下,地下水位远高于岩层且补给无穷尽,其具有海域跨度长、埋深大、水压高、补给水量丰富等特点。截至目前,我国已陆续建成厦门地铁3号线海底隧道、青岛地铁1号线海底隧道、青岛地铁8号线海底隧道等,均为此类隧道工程,已积累了宝贵的矿山法海底隧道运营排水的工程经验。

根据已建工程经验,矿山法地铁海底隧道的结构渗水量较大,每天排水量可达上千甚至上万立方米。而在海域腐蚀性环境中,排水系统的运行环境苛刻。结构渗水量的确定、隧道排水系统模式的选择、排水设备耐久性研究等均是隧道建设的关键,也是控制地铁运营成本的重要方面。

7.1 矿山法海底隧道渗水量控制标准研究

7.1.1 隧道防排水类型

根据已建及在建矿山法海底隧道工程情况,隧道防排水类型主要有防水型、控制排水型和排水型三种。

(1)防水型隧道。隧道可承受全部水压。大量的工程实践证明不排水的全封闭防水形式广泛应用于静水压力不超过30m的隧道,60m水头是防水型隧道的上限,从技术上一般将60m作为临界值。

(2)控制排水型隧道。隧道可承受部分水压。对于水下隧道来说,完全避免渗水是不可能也是不必要的,其主要目的是降低渗漏量,达到安全可靠、经济合理的水平。控制排水型隧道一般采用堵水限排方案,该方案关键问题在于确定隧道排水量。矿山法海底隧道多属于此种类型隧道。

(3)排水型隧道。排水型隧道为无水压隧道,利用隧道衬砌背后的排水设施,通过排水系统将渗漏水排出洞外。其关键是要保证初期支护和二次衬砌的排水系统畅通。任何排水系统的堵塞,均将导致隧道承受水压。排水型隧道需要设置较大规模的排水系统。

海底隧道,地下水来源基本上可以认为是无穷的,全排或以较大流量排水显然也是不合理的。由于水下隧道地下水位基本稳定,在埋深较小的地段,可采用全堵方式进行防排水。一旦地下水头超过临界水头值,则需要堵水限排。

7.1.2 矿山法隧道理论涌水量计算

隧道涌水的基本形态通常可以分为初期最大涌水量q_0,正常涌水量q_s,递减涌水量q_t三种情形。隧道开挖后,隧道与地层接触面不断扩大,涌水量相应地增加,之后由于泥沙夹层的冲刷使围岩渗透性能增加,涌水量达到最大值,称之为初期最大涌水量;之后涌水量逐渐减少,该期间的涌水量称之为递减涌水量;最后慢慢收敛到某一平衡状态的涌水量称之为正常涌水量。

根据以往文献的研究成果,最大涌水量和正常涌水量,可以由下面不同的经验公式分别求得。

最大涌水量计算主要通过大岛洋志公式和马卡斯特公式预测,正常涌水量采用朱大力经验公式预测。

大岛洋志公式见式(7.1-1)。

$$q_0 = 2\pi k \frac{m(H-r)}{\ln\frac{4(H-r)}{d}} \tag{7.1-1}$$

式中:q_0——单位长度可能最大涌水量[m³/(m·d)];

k——岩层渗透系数;

H——含水层中原始静水位至隧道等价圆中心的距离(m);

r——隧道洞身横断面的等价圆半径(m);

d——隧道洞身横断面的等价圆直径(m);

m——转换系数,一般取0.86。

马卡斯特公式见式(7.1-2)。

$$Q = 2\pi k \frac{H+h}{\ln\left(\frac{2h}{r_0}-1\right)} \tag{7.1-2}$$

式中:Q——隧道预测涌水量(m³/d);

H——海水深度(m);

h——覆岩厚度即隧道顶至海底的覆盖岩层厚度(m);

k——岩层渗透系数(m/d);

r_0——隧道有效开挖半径(m)。

朱大力经验公式见式(7.1-3)。

$$q_s = kH(0.676 - 0.06k) \tag{7.1-3}$$

式中:k——含水体的渗透系数(m/d);

H——静止水位至洞底距离(m)。

7.1.3 矿山法段控制排水量标准

关于隧道控制排水标准,挪威海底隧道规范规定允许的渗水量为300L/(km·min),即0.432m³/(m·d),目前国内对此尚无明确、统一的规定。但过于严格的控制排放标准将使辅助施工措施费用大大增加,过低的控制标准将使大量的地下水进入隧道,导致运营成本大大增加。通过对相关隧道排水量的调研,目前国内外矿山法海底隧道工程的渗水量情况如表7.1-1所示。

国内外部分已建海底隧道排水量统计　　表7.1-1

隧道名称	防水措施	控制排水量标准 [m³/(m·d)]	现状排水量 [m³/(m·d)]	工法	功能	建成年份
日本青函海底隧道			0.274	矿山法	铁路	1988
挪威埃林索伊至 瓦尔德里伊岛隧道			0.432	矿山法	公路	1987

续上表

隧道名称	防水措施	控制排水量标准 [m³/(m·d)]	现状排水量 [m³/(m·d)]	工法	功能	建成年份
厦门翔安海底隧道	围岩注浆堵水+初期支护提高抗渗性+防水层+二次衬砌自防水	0.4	0.57	矿山法	公路	2010
青岛胶州湾海底隧道			0.19	矿山法	公路	2011
厦门地铁3号线海底隧道			2.22	盾构+矿山法	地铁	2021
青岛地铁1号线海底隧道			0.09	TBM+矿山法	地铁	2021
青岛地铁8号线海底隧道			0.21	盾构+矿山法	地铁	2020

通过对比结果可以看出，由于各隧道的地质条件、环境条件、防排水措施、施工质量等存在差异，不同隧道的现状排水量存在一定的差别，但也有共性的内容。从上表可以得出已建成隧道的排水量标准集中在 0.1~1.0m³/(m·d) 的区间范围。在工程设计阶段，可以根据隧道工程技术经济指标、地质条件、线路选择、施工水平并结合已建成隧道案例，在以上区间范围初选出一个控制排水量标准。当隧道线路长、地质条件好选值可偏小些；当线路短、地质条件差初选值可偏大些。

从上述统计表还可以看出也存在偏差较大的工程，例如厦门地铁3号线海底隧道设计阶段控制排水量标准为 0.4m³/(m·d)，但是建成后的实际工况是排水量偏离设计值较大。存在的主要原因是隧道围岩裂隙比较发育；裂隙不贯通区域很难保证注浆效果；同时其他可能的原因是施工中采用的双液浆注浆材料虽然可注性好，早期强度高但是耐久性差。隧道贯通后与贯通前相比排水量短期内出现大幅度增加的表象基本也能证明该点。此外还有施工质量存在差异等多种情况。这也要求实际工作中不能完全依赖一个初期的控制排水量标准去进行排水设计。因此排水设计一定是随施工进行动态修正的过程。

7.1.4 矿山法段隧道排水设计思路

根据已建工程经验，结合矿山法段隧道具体工程情况，总结出一种按三阶段进行的矿山法海底隧道的排水设计思路。

1) 阶段一，选定标准

设计阶段根据以往工程经验并结合工程特点，初步选定隧道控制排水量标准。

(1) 根据工程调研，大部分已建工程排水量集中在 0.1~1.0m³/(m·d) 间。

(2) 对隧道地质条件的相似性进行类比，并综合对隧道不同的排水量所需要的地层注浆圈厚度进行对比分析并结合理论涌水量计算，初步选定矿山段控制排水量标准，并在此基础做好排水冗余设计。

2) 阶段二，过程控制

在铺设防水板之前，对初期支护的渗漏水量进行实测，超出限排标准及时进行补充注浆封堵。

施工过程中对结构渗水量进行动态监测。隧道开挖一段后，对开挖段已完成二次衬砌区段的隧道渗水量进行跟踪监测，进行隧道平均渗水量的检查，量测已开挖部分隧道段的渗水量。二次衬砌后结构渗漏水由集水坑收集后，通过安装在压力排水管上流量计进行计量，核算平均延米渗水量后,推算隧道全矿山段结构渗水量。当实测过程中出现结构渗水量超过原排水量标准,施工过程中应进一步加强完善堵水措施,控制结构渗水量的规模。

3)阶段三,动态调整

根据实测和预测结构渗水量,调整隧道排水设计。排水设计的调整可以通过两个方面,一是泵房及集水池规模的调整,二是水泵排水能力的调整。当原设计泵房和集水池规模能满足设计需要,可只通过排水能力来调整。工程在隧道贯通后,在机电设备安装前,根据实测结果和施工图存在的偏差对运营期排水系统设计施工图进一步进行必要修正。由于设计过程是动态调整的过程,本身是基于部分工程实测数据,并据此进行的预测的结果作为设计输入条件,并在设计阶段充分考虑了土建扩容和预留条件。故对工程影响较小,最终能得到一个准确的设计。

通过初选控制排水量标准—施工中过程控制—后期设计动态调整的方法,解决了矿山法海底隧道排水标准无明确规范规定、结构渗水量施工过程动态变化、影响排水系统设计的难题。

7.2 隧道排水系统模式研究

隧道排水系统模式,主要是确定废水排水泵提升级数,这将直接关系到隧道排水系统的投资大小和运行成本高低,是隧道排水方案的主要内容之一。

常见的隧道排水系统模式有两种。

模式一:一级提升,在海底隧道最低点处及每隔一定距离设置一座废水泵站,每个废水泵站内的废水均通过一次性提升至室外泄压井。该模式以厦门地铁3号线为代表,区间主线全长4.9km,其中海域段长约3.6km,采用双洞单线的结构形式。隧道设置1座施工斜井、1座风井(兼施工竖井)、2座大型海底废水泵房,如图7.2-1所示。在斜井处设置1号废水泵房,用于排除五缘湾站至1号废水泵房之间的废水,隧道最低点处设置海底废水泵房1座,以排除剩余隧道内的废水,海底泵房设置4根DN250的扬水管,分别接往厦门岛内端及翔安端,泄压后排入大海,详见图7.2-1。已建成隧道中采用一级提升的还有厦门翔安海底隧道。

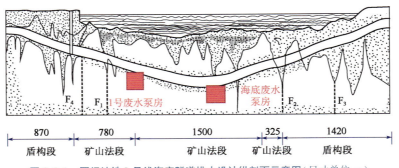

图7.2-1 厦门地铁3号线海底隧道排水设计纵剖面示意图(尺寸单位:m)

模式二:分级提升,在海底隧道最低点处及每隔一定距离设置一座废水泵站,低点废水泵站内的废水均通过水泵提升至高一级废水泵站,逐级提升,最终排至室外泄压井。该模式以青岛地铁1号线海底隧道为代表,区间线路全长约8.1km,其中海域段长度约3.49km,为国内首条地铁海底隧道,纵剖面为"V"形坡,本区间共设置3座废水泵站,其中在隧道青岛端风井、黄岛端风井附近的横通道内分别设置风井废水泵房各一座,以排除隧道进出口到风井间的废水。最低点设置1座海底泵房,用于排放两座风井之间的废水。海底泵房将废水提升到风井废水泵房集水池内,再由风井废水泵提升到地面压力消能井,排入大海,如图7.2-2所示。已建成隧道中采用分级提升的还有青岛地铁8号线海底隧道、青岛胶州湾海底隧道。

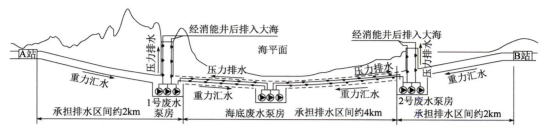

图7.2-2 青岛地铁1号线海底隧道排水设计纵剖面示意图

下面从规范要求、水泵选取、投资费用及运营管理等方面,对一级提升模式及分级提升模式进行综合比较。

7.2.1 标准规范研究

国家不同行业的规范标准对隧道排水系统模式要求不尽相同,《铁路隧道设计规范》(TB 10003—2016)要求,水下铁路隧道排水系统的设计参照《公路水下隧道设计规范》(JTG/T 3371—2022)及《地铁设计规范》(GB 50157—2013)相关规定。

《公路水下隧道设计规范》(JTG/T 3371—2022)中"12.2.6 管路和泵站的布置可根据隧道纵坡、渗水量和设备情况,采用一次或分段接力的方式将积水排出洞外。"未对每座泵站所担负的区间长度进行要求,因此无论采用分级提升模式,还是采用一级提升方案,均需满足该规范要求。

已废止的《地铁设计规范》(GB 50157—2003)13.3.4 第1款"区间隧道主排水泵站应设在线路实际坡度最低点,每座泵站所担负的区间长度,单线不宜大于3km,双线不宜大于1.5km,主要排除结构渗水、冲洗及消防废水;"、第2款"当主排水泵站所担负的区间长度超过规定,而排水量又较大时,宜设辅助排水泵站;"区间排水泵站所负担地下区间隧道的长度,是参考苏联地铁规范,并根据我国地铁的当时建设经验确定的。过海隧道区间线路坡度一般设一个最低点,区间两端两个站之间的距离一般超过1.5km,且排水量较大,按照已废止的《地铁设计规范》(GB 50157—2003)相关要求,一般需采取分级提升模式,一级提升方案不满足其相关要求。

对于现行的《地铁设计规范》(GB 50157—2013)14.3.4 第1款"区间隧道主排水泵站应设在线路实际坡度最低点"、第2款"当区间排水沟的排水能力不能满足区间排水的要求时,应设辅助排水泵站。"已经不再要求每座泵站所担负的区间长度单线不宜大于3km,双线不宜大于1.5km。因此,过海区间隧道是否要增设辅助排水泵站应结合线路的纵断面情况及区间排水沟的排水能力确定。而排水管沟的水力计算,应依据设计流量确定管沟所需的断面尺寸,并检查管沟流速是否在允许范围内。

1）排水管沟排水能力

排水能力计计算按式(7.2-1)进行。

$$Q_\tau = vA \tag{7.2-1}$$

式中：Q_τ——管沟的泄水能力（m^3/s）；
　　　v——管沟的平均流速（m/s）；
　　　A——过水断面面积（m^2）。

各种管沟过水断面面积计算式参照表7.2-1。

管沟水力半径及过水断面面积计算公式　　　　表7.2-1

断面形状	断面图	断面面积 A	水力半径 R
矩形	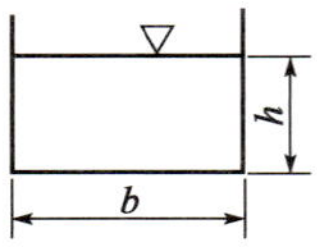	$A = bh$	$R = \dfrac{bh}{b + 2h}$
三角形	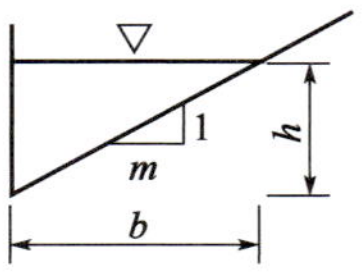	$A = 0.5bh$	$R = \dfrac{0.5b}{1 + \sqrt{1 + m^2}}$
三角形	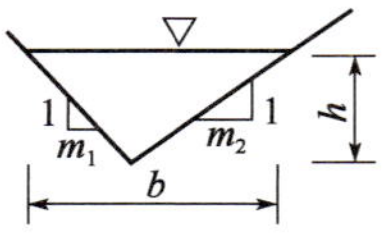		$R = \dfrac{0.5b}{\sqrt{1 + m_1^2} + \sqrt{1 + m_2^2}}$
梯形	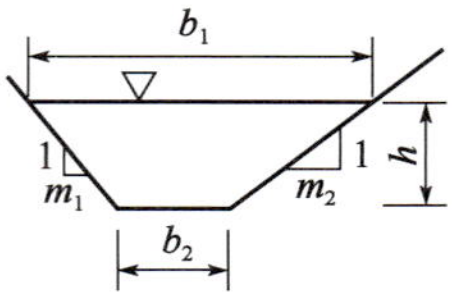	$A = 0.5(b_1 + b_2)h$	$R = \dfrac{0.5(b_1 + b_2)h}{b_2 + h(\sqrt{1 + m_1^2} + \sqrt{1 + m_2^2})}$
圆形	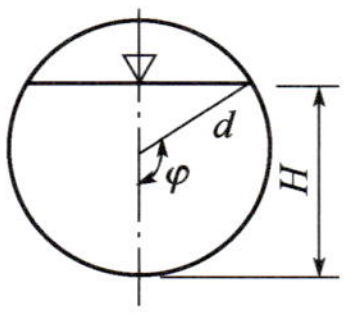 充满度 $a = H/2d$ $\varphi = \cos^{-1}(1 - 2a)$	$A = d^2\left(\varphi - \dfrac{1}{2}\sin 2\varphi\right)$	$R = \dfrac{d}{2}\left(1 - \dfrac{\sin 2\varphi}{2\varphi}\right)$

2）排水沟平均流速计算

平均流速计算按式(7.2-2)进行。

$$v = \frac{1}{n} R^{\frac{2}{3}} I^{\frac{1}{2}} \tag{7.2-2}$$

式中：n——管沟内壁的粗糙系数，参照表7.2-2确定；

R——水力半径(m)，$R = A/\rho$，各种管沟的水力半径计算式参照表7.2-1；

ρ——过水断面湿周长度(m)；

I——水利坡度，可取管沟底坡。

管沟内壁粗糙系数　　　　　　表7.2-2

管沟类别	n	管沟类别	n
塑料管（聚氯乙烯）	0.010	土质明沟	0.022
石棉水泥管	0.012	带杂草土质明沟	0.027
水泥混凝土管	0.013	沙砾明沟	0.025
陶土管	0.013	岩石质明沟	0.035
铸铁管	0.015	植草皮明沟（流速0.6m/s）	0.035～0.050
波纹管	0.027	植草皮明沟（流速1.8m/s）	0.050～0.090
沥青路面（光滑）	0.013	浆砌片石明沟	0.025
沥青路面（粗糙）	0.016	干砌片石明沟	0.032
水泥混凝土路面（抹面）	0.014	水泥混凝土明沟（抹面）	0.015
水泥混凝土路面（拉毛）	0.016	水泥混凝土明沟（预制）	0.012

3）排水沟允许流速

（1）明沟的最小允许流速为0.4m/s，暗沟及管道的最小允许流速为0.75m/s。

（2）明沟的最大允许流速，水深0.4～1.0m时，按表7.2-3取用；在水深范围外的允许值，按表中所列数值乘以表7.2-4中相应修正系数。

明沟最大允许流速（单位：m/s）　　　　　　表7.2-3

明沟类型	最大允许流速	明沟类型	最大允许流速	明沟类型	最大允许流速	明沟类型	最大允许流速
亚砾土	0.8	干砌片石	2.0	黏土	1.2	水泥混凝土	4.0
亚黏土	1.0	浆砌片石	3.0	草坡护坡	1.6		

明沟最大允许流速水深修正系数　　　　　　表7.2-4

水深h(m)	<0.4	0.4<h≤1.0	1.0<h<2.0	2.0≤h
修正系数	0.85	1.00	1.25	1.40

当海底隧道纵断面只有一个最低点，区间结构渗漏水量较大，经过核算隧道排水沟断面排水能力能满足区间结构渗漏水与消防排水量之和的要求时，可采用一级提升方案；当隧道纵断面只有一个最低点，区间结构渗漏水量较大，经过核算隧道排水沟断面排水能力不能满足区间结构渗漏水与消防排水量之和的要求时，需采在区间增设辅助排水泵站，用分级提升模式。

综上所述，无论是分级提升模式，还是采用一级提升方案，只要排水沟断面排水能力和水泵的排水能力满足结构渗水、冲洗及消防废水和事故排水需求,两种排水系统模式均可满足规范要求。

7.2.2 投资运行比选

关于土建工程造价,对于矿山法海底隧道,废水排水泵房、集水池可以结合横通道或者风井设置。因此,采用分级提升模式时,因增加泵房、集水池而增加的土建投资费用很少,具体造价因地质条件不同而有一定的差异。

对于机电工程造价,分级提升废水泵扬程低,对水泵设备、扬水管材质等各方面要求会明显降低,从而减少了设备管材的单价。但分级提升会增加水泵和阀门附件的数量。通常由于设备材料数量增加,会导致分级提升模式机电工程造价大于单级提升模式机电工程造价。

关于后期运营费用,主要为水泵的电费。单级提升模式中,隧道结构渗漏水必须全部汇集到隧道最低点的废水泵房内,再通过废水泵一次性提升到隧道外;而分级提升模式中,只是两个泵房之间部分隧道结构渗漏水汇集到最低点废水泵房内,再通过废水泵提升到上一级废水泵房内,其他部分隧道结构渗漏水只汇集到上一级废水泵房,和中转部分废水一起,通过风井废水泵提升到隧道外。但是分级提升由于从低一级废水泵房提升到上一级废水泵房需要泄压,会损失额外一部分能量,分级提升模式下各泵站的扬程之和大于一级提升泵站水泵的扬程。

厦门地铁 3 号线海底对两种不同模式的运行能耗进行比选见表 7.2-5。

厦门地铁 3 号线海底隧道不同模式能耗对比　　　　表 7.2-5

提升模式	海底泵房收集水量	1号废水泵房收集水量	海底泵房水泵扬程(m)	1号废水泵房水泵扬程(m)	消耗总功
一级提升	Q	—	125	—	$125Q$
分级提升	$0.85Q$	$0.15Q$	60	80	$131Q$

注:表中收集水量与消耗总功仅表示数值关系,下同。

由于厦门 3 号线海底隧道结构渗漏水分布不均匀,主要集中在海底泵房周边,因此通过比选发现,一级提升相对于分级提升而言,后期运营的能耗更小。一级提升对于分级提升而言更合理。

厦门 3 号线海底隧道排水一级提升模式下,又对系统排水进行了优化,如图 7.2-3 所示,最低点设置海底废水泵房,在斜井处设置 1 号废水泵房,其排水均通过水泵一级提升至室外,排水总能耗降低为 $118Q$,既满足了高水高排的原则,又避免废水因逐级提升泄压而损耗的额外能量。

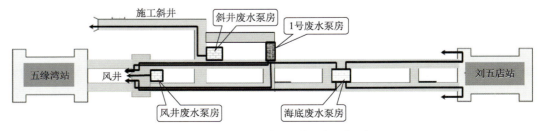

图 7.2-3　厦门 3 号线海底隧道排水系统示意图

对于结构渗漏水沿纵向均匀分布的海底隧道,如青岛胶州湾海底隧道,对两种不同模式的运行能耗进行比选,见表7.2-6。

青岛胶州湾海底隧道不同模式能耗对比　　　　表7.2-6

提升模式	海底泵房收集水量	1号废水泵房收集水量	海底泵房水泵扬程(m)	1号废水泵房水泵扬程(m)	消耗总功
一级提升	Q	—	130	—	$130Q$
分级提升	$0.5Q$	$0.5Q$	70	75	$110Q$

由于青岛胶州湾海底隧道结构渗漏水分布均匀,通过比选发现,分级提升相对于一级提升而言,后期运营的能耗更小。一级提升对于分级提升而言更合理。无论是一级提升还是分级提升,其后期能耗高低不能一概而论,需要根据不同的隧道具体分析。

隧道排水系统的模式选择是一个复杂而难以量化的过程。一级提升,各泵站相互独立,系统控制及管理模式简单,有利于系统稳定性和安全性,且投资较小,但对水泵的流量、扬程及管道附件的承压有较高要求。分级提升,对水泵扬程要求低、管道压力小,但废水需经多级提升,土建规模较大,系统控制及管理模式复杂,理论上不利于系统的稳定,且投资相对较高。

矿山法海底隧道排水系统模式的选取,应结合地质情况、结构渗漏水量及分布、隧道高差及长度、水泵及管道制造水平等多方面综合考虑,不同隧道选取不同的排水系统模式。

7.3　隧道排水泵房设计

海底隧道纵断面为"V"字坡,结构渗漏水不能依靠重力自流排出室外,排水泵房是矿山法海底隧道排水系统的重要组成部分,是保障隧道正常运营的重要措施之一。图7.3-1为厦门地铁3号线海底隧道泵房现场照片。

图7.3-1　厦门3号线海底隧道泵房照片

排水泵房主要包含格栅、沉砂池、集水池、水泵和管道附件等组成,如图 7.3-2 所示。水泵和管道附件等隧道排水系统设备材料将在 7.4 节中重点研究。本节仅对进水设施格栅、沉砂池和排水沟,以及集水池等进行阐述。

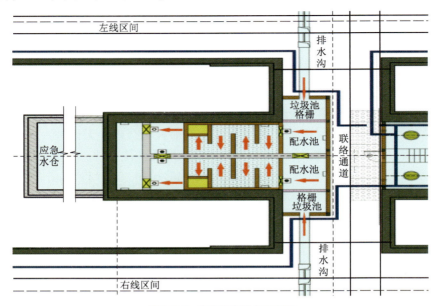

图 7.3-2 海底泵房进水平面图

7.3.1 进水设施

隧道运营后,隧道冲洗过程中的垃圾和杂物可沿着排水沟流入集水池内,为保护水泵叶轮和管道配件,避免堵塞或磨损,保证排水系统正常运行,集水池前应设置格栅用来截留大块的悬浮或漂浮的杂物。但由于矿山法海底隧道排水泵房距地面较远,格栅机械清除或人工清除比较复杂,因此在集水池前设置的格栅只需保护水泵正常运转即可,可设置空隙宽度较大的粗格栅(宽度根据水泵要求,国外资料认为最大值为 100mm)以减少栅渣量,既便于维修养护,也可以保证系统的正常运行。厦门 3 号线海底隧道进水格栅如图 7.3-3 所示。

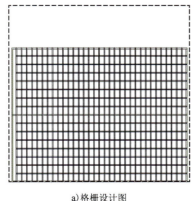
a) 格栅设计图

b) 格栅现场安装图

图 7.3-3 厦门 3 号线海底隧道进水格栅

大块的悬浮或漂浮的杂物可以通过粗格栅去除,但结构渗漏水中的砂粒无法通过格栅去除。为保护水泵,减少对水泵叶轮的磨损,宜在格栅之后、集水池之前设置沉砂设施。沉砂池内水流速度不宜超过0.3m/s,在此流速范围内可避免已沉淀的砂粒再次翻起。根据国内的实际应用情况,同时参考国外有关资料,最高时流量的停留时间不宜小于45s。为方便养护,有效水深不应大于1.5m,每格宽度不宜小于0.6m。厦门地铁3号线海底隧道进水沉砂池如图7.3-4所示。

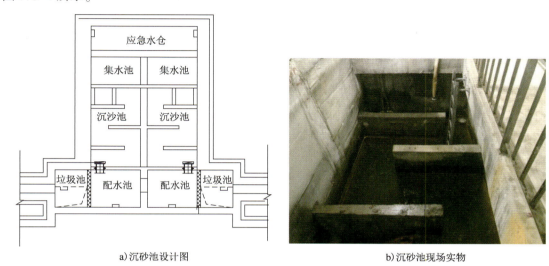

a) 沉砂池设计图　　　　　　　　b) 沉砂池现场实物

图7.3-4　厦门地铁3号线海底隧道进水沉砂池

为了便于清洗沉砂池、集水池或检修水泵,泵站沉砂池和集水池应设置成两格,每格间应设置闸门,两集水池之间设置联通管,当关闭任一沉砂池或集水池时,剩余沉砂池和集水池可以满足区间结构渗漏水的进排水需求。

7.3.2　集水池

为了泵房正常运行,集水池的贮水部分必须有适当的有效容积。集水池的设计最高水位和设计最低水位之间的容积为有效容积。如容积过小,则水泵开停频繁;容积过大,则增加工程造价。

国家不同行业的规范标准对集水池有效容积要求不尽相同。《室外排水设计标准》(GB 50014—2021)主要考虑的是常规市政雨污水泵房,为避免水泵频繁启动,规定泵站集水池的容积不应小于最大一台水泵5min出水量,水泵机组为自动控制时,每小时开动水泵不宜超过6次。《铁路隧道设计规范》(TB 10003—2016)对于水下铁路隧道排水系统要求参照《公路水下隧道设计规范》(JTG/T 3371—2022)、《地铁设计规范》(GB 50157—2013)的相关规定。《公路水下隧道设计规范》(JTG/T 3371—2022)考虑到隧道集水坑存储事故状态下结构渗漏水,要求:"1 洞内污水集水池有效容积可取排水分区内一次性消防水量。2 洞内清水集水池有效容积可取排水分区内24~48h结构渗水量总和"。《地铁设计规范》(GB 50157—2013)则考虑常规区间排水系统,未对水下隧道排水系统作出明确要求,规定:"排水泵站(房)的集水池有效容积,不应小于最大一台排水泵15~20min的出水量"。《铁路给水排水设计规范》(TB

10010—2016）、《高速铁路设计规范》(TB 10621—2014)均未对泵站集水池容积有明确规定。

青岛地铁1号线和青岛地铁8号线海底泵房建筑平面类似，以青岛地铁1号线海底泵房为例，如图7.3-5～图7.3-7所示，集水池的有效容积约为1500m^3，可以满足隧道24h的结构渗水量储存容积。由于整个区间结构渗漏水量较小，水泵集水池和应急水仓合设。

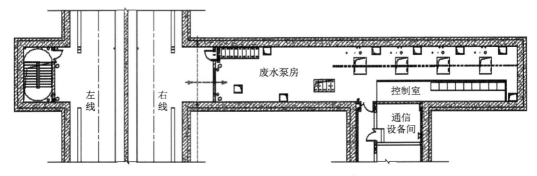

图7.3-5　青岛1号线海底泵房平面示意图

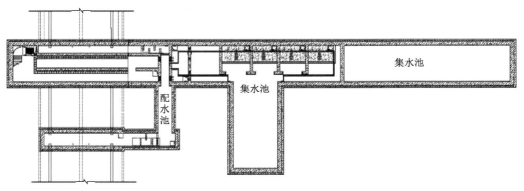

图7.3-6　青岛1号线海底泵房夹层平面示意图

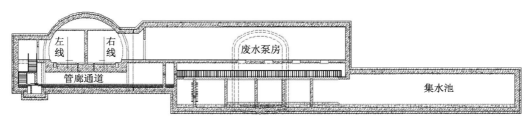

图7.3-7　青岛1号线海底泵房剖面示意图

但对于结构渗漏水量较大的海底废水泵房，为了预留应急储备容积，同时也便于水池的日常检修维护，供水泵直接吸水的水泵集水池和应急储存废水的应急水仓应独立设置，以厦门地铁3号线海底泵房为例，如图7.3-8及图7.3-9所示。同时由于设计之初结构渗漏水量难以确定，故厦门地铁3号线海底泵房还额外预留水泵安装空间，从而避免后期因结构水量增加而需增加水泵数量时无安装空间。

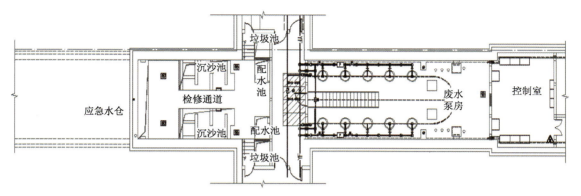

图 7.3-8 厦门 3 号线海底泵房平面示意图

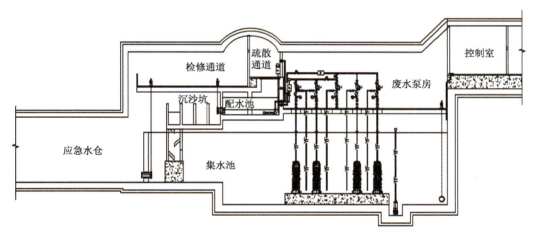

图 7.3-9 厦门 3 号线海底泵房剖面示意图

1) 水泵集水池

水泵集水池的有效容积主要是为了避免水泵开停频繁,综合国内现行规范,建议集水池的有效容积不应小于最大一台排水泵 15~20min 的出水量。对于多级提升系统,其下级泵房集水池容积,应和上级泵房水泵排水能力相匹配,防止集水池壅水和开空车。当水泵突然停运或失负时,系统中的水流由动能转为势能,下游集水池会产生壅水现象,上壅高度和水泵集水池面积有关,应复核水流不壅出泵房的地面面积。

水泵集水池的有效容积确定后,其具体布置也需具体研究。泵房采用正向进水,是使水流顺畅,流速均匀的主要条件。侧向进水易形成集水池下游端的水泵吸水管处水流不稳,流量不均,对水泵运行不利,故应避免该种情况。由于进水条件对泵房运行极为重要,必要时,规模较大的泵房宜通过数学模型或水力模型试验确定进水布置方式。

水泵集水池的布置会直接影响水泵吸水的水流条件。水流条件差,会出现滞流或涡流,不利于水泵运行;会引起汽蚀作用,水泵特性改变,效率下降,出水量减少,电动机超载运行;会造成运行不稳定,产生噪声和振动,增加能耗。

水泵集水池的设计一般应注意以下几点:

(1) 水泵吸水管或叶轮应有足够的淹没深度,防止空气吸入,或形成涡流时吸入空气,一般不小于 0.5m。

（2）泵的吸入喇叭口和池底保持所要求的距离，以及两个吸水口之间的距离或吸水口与墙之间的距离，如图 7.3-10 所示。

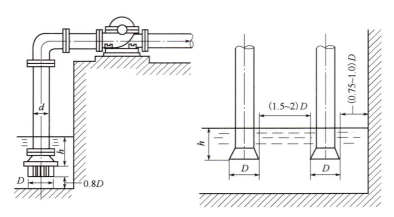

图 7.3-10　吸水口在水池中的位置示意图

（3）水流应均匀顺畅无旋涡地流进泵吸水管，每台水泵的进水水流条件基本相同，水流不可突然扩大或改变方向。

（4）水泵集水池进口流速和水泵吸入口处的流速尽可能缓慢。

2）应急水仓

应急水仓是指在海底隧道排水泵房集水池旁修建的储水池，在海底隧道发生透水涌水等大量水体进水隧道、水泵故障、管道破裂或电力故障时，排水泵房不能及时将水体排至室外，通过溢流汇至该储水池，以延缓海底隧道内水位上升，为运营人员提供一定的时间进行应急处理，避免由此引起人员或设备被淹，保障海底隧道安全。

矿山法海底隧道结构渗漏水量往往较大，如按照《公路水下隧道设计规范》（JTG/T 3371—2022）要求应急水仓能储存 24～48h 渗漏水量。按此规定一方面将大大增加土建成本，另一方面建造如此规模的水泵房，将对结构施工造成较大风险，不利于隧道结构的稳定。以厦门翔安隧道及青岛胶州湾海底隧道为例，翔安隧道设计之初排水量约 15000m³/d，现实际排水量约 8000m³/d，应急水仓容积约 3500m³；厦门市地铁 3 号线海底隧道排水量约 14000m³/d，应急水仓容积约 7200m³，同时应急水仓采取了可扩充的设计方案，在既有水仓侧壁挑选地质较好区段施作垂直耳洞（宽×高×深：6m×4m×12m，单个容积约 240m³），根据结构渗漏水量，灵活调整应急水仓的容积，如图 7.3-11 所示。

胶州湾海底隧道设计之初，结构渗漏水量按全隧约 8000m³/d 进行防水控制，现实际排水量约 4000m³/d，应急水仓容积约 1600m³，其应急水仓有效容积均未按 24h 结构渗漏水量设计。厦门翔安隧道及青岛胶州湾海底隧道均出现过水害险情，但未造成严重影响。因应急水仓储备容积为上述险情的有效处理争取了宝贵时间，提供了必要条件。但上述险情均与隧道外部水源进入隧道有关，与隧道自身结构渗漏水量的大小无直接联系。因此，研究隧道应急水仓储备容积的大小，应建立在外部水源不进入隧道的前提之下，否则隧道应急水仓储备容积的大小将难以量化。

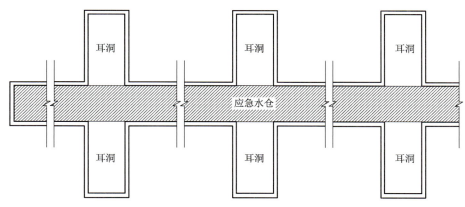

图 7.3-11 厦门 3 号线海底泵房应急水仓扩容示意图

  海底隧道应急水仓有效容积的确定应建立在隧道排水系统的风险分析之上。废水泵房应为排水系统瘫痪等情况预留应急储备容积,但不应单纯按 24h 或 48h 结构渗漏水量来确定应急水仓规模,应结合项目具体情况对隧道排水系统可能存在的风险进行分析,得出导致排水系统瘫痪的最不利情况及其抢修恢复时间,以此为依据,结合隧道实际渗漏水量确定应急水仓的最终容积。

  隧道排水系统瘫痪的风险主要有水泵故障、管道破裂、电力故障、隧道突涌水。其中,隧道突涌水风险极低,且为不可预估的灾难性事故,单靠预留应急储备容积无法解决。矿山法海底隧道排水系统水泵应至少按一用两备考虑,管道应按 100% 备用,上述设置将有效降低水泵及管道检修造成排水系统瘫痪的风险。因此,排水系统的瘫痪风险主要来自电力故障。水下隧道主排水泵站均应按 2 路独立电源设置,自隧道两端引入隧道,但该种配置仍存在失电的可能性,一旦失电,整个排水系统将面临瘫痪,所有排水均靠应急水仓储备容积解决。因此,在保证外水不进入隧道的前提下,应急水仓预留应急储备容积的大小应由隧道电力系统的复通时间或者备用电源的启动时间决定。

  此外,为减少排水系统瘫痪的风险,缩短系统恢复的时间,减小应急水仓容积,可从机电设备方面采取其他辅助措施,如设置集装箱式移动蓄能电站、柴油发电机等应急备用电源。厦门地铁 3 号线海底隧道,海底废水泵房的供电除了 2 路独立的市政电源外,又在隧道外部增设了柴油发电机组。

7.4 隧道排水系统设备材料选型

  对于矿山法海底隧道排水系统,设备材料选型直接影响了排水系统的质量,从目前建成运营的矿山法海底隧道运行情况来看,设备材料选型受多种因素影响,为了能够保障设备材料选型的科学性与合理性,有必要对其展开深层次的探索,下面将对隧道排水系统的水泵和管道进行研究。

7.4.1 排水泵的选型

海底隧道一般长度长,埋深大,隧道最低点在海平面以下 50~100m 处,如青岛胶州湾海底隧道最低点在海平面以下 82.81m,厦门翔安隧道最低点在海平面以下 80.99m,厦门 3 号线过海区间隧道最低点在海平面以下 75.93m,另一方面,隧道最低点废水泵房距两端洞口距离较长,导致废水排水管路很长,长管路所带来的管道水头损失也比较大。

因此,如果废水排水方案采用单级提升模式,水泵的扬程会超过 120m,如厦门地铁 3 号线海底泵房水泵的扬程为 125m,采用的是潜水多级离心泵,如图 7.4-1a)所示。若废水排水方案采用分级提升模式,水泵的扬程一般不超过 80m,如青岛胶州湾海底隧道水泵的扬程最大为 75m,采用的是潜水单级离心泵,如图 7.4-1b)所示。

a) 多级潜水泵

b) 单级潜水泵

图 7.4-1 常用海底泵房潜水泵

目前,由于各厂家具备的技术水平不同、使用的材料不一样,致使他们生产出来的设备并不能保证完全满足客户的需求。为此,需对水泵材料和类型分析和研究,归纳总结出适合矿山法海底隧道排水系统的排水泵。

1) 排水泵材料的选择

海底隧道内潮湿、高盐的环境,对排水泵的耐腐蚀性要求极高,影响水泵腐蚀的主要因素有以下 7 个方面:

(1) 输送介质 pH 值的影响

介质的 pH 值代表介质中氢离子浓度的大小,氢离子是影响腐蚀的最主要因素之一。pH 值对金属腐蚀的影响包括两个方面:一是直接影响阴极反应过程,当 pH 值降低时,氢离子与氧的阴极还原过程变得容易,从而加快腐蚀速度;二是 pH 值的改变,使金属腐蚀产物的溶解度发生改变,金属表面保护膜的稳定性也发生改变,从而间接影响金属的腐蚀速度。较小的 pH 值有利于氢去极化与金属表面膜的溶解,当 pH 值为 9~14 时,由于所生成的腐蚀产物氢氧化铁 $[Fe(OH)_3]$ 在碱中的溶解度小,起阻滞金属腐蚀的作用,因此 pH 值增大,腐蚀速度减小。当 pH＞14 时，由于 Fe(OH)$_3$ 可溶于强碱性溶液中，生成可溶性的物质，腐蚀速度又会增加。

(2) 盐浓度的影响

溶解于水中的盐对金属腐蚀有较大影响，因为它增强了水的导电性，同时也增加了电偶的腐蚀电流，尤其在酸性盐和氧化性盐环境中，由于存在着氢离子和强氧化剂，会出现氢离子去极化腐蚀或氧去极化腐蚀，因此钢铁在盐溶液中的腐蚀速度比在水中大。

此外，溶解盐对保护膜的形成和破坏也有显著影响，特别是在海水中存在着大量 Cl$^-$，能够破坏保护膜，使钢铁表面难以钝化，同时 Cl$^-$ 强的穿透能力，因此钢铁在海水中的腐蚀速度比在淡水中大。

(3) 温度的影响

温度对水中氢离子浓度有影响，水在 25℃时是中性的，在 250℃时其氢离子浓度是 25℃时的 25 倍，相当于 pH 值由 7.0 降低到 5.6。对于纯水，温度与 pH 值的关系如图 7.4-2 所示。随着温度的升高，水的酸性增强，因而其腐蚀性也增强，水温每升高 10℃，一般可使铁的腐蚀速度增加 30% 左右。在电解质溶液中，当温度升高时，一方面加速了阴极与阳极的反应过程，另一方面降低了溶液的电阻，增加了金属腐蚀速度。

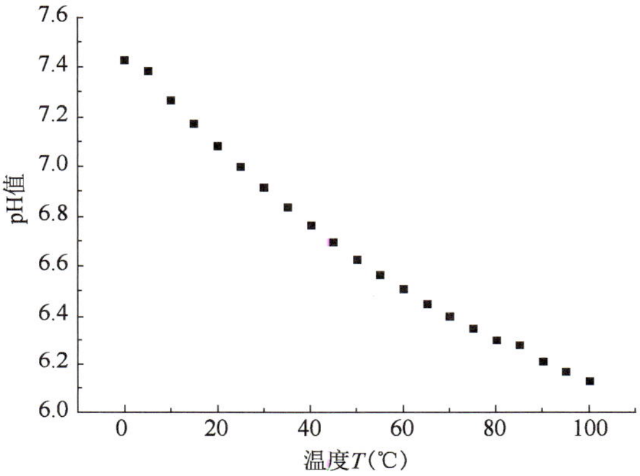

图 7.4-2　纯水 pH 值和温度关系图

(4) 输送介质流速的影响

在金属表面上除腐蚀的主要过程外，经常发生次要过程，即出现保护膜，这种不溶解的氧化物保护膜减缓了腐蚀过程或使它完全停止，但保护膜只有在液流速度低的地方才有可能产生。在水流速度高的地方，保护膜经常被冲刷掉。例如在水泵中，在高速液流区域工作的叶轮和叶片要比低速液流流过的泵壳零件更易受腐蚀。

(5) 异种金属的影响

在水溶液中金属腐蚀具有电化学特征，这个过程是在有电位差时才出现。在有水的情况下或电解质溶液中，若两种金属互相接触，则电极电位低的金属比较活泼，成了腐蚀电流的阳极，加速了自身的腐蚀；而电极电位较高的金属就成了阴极，受到了保护。例如叶轮毂和叶片分别由不同材质制成，在同一电解质中构成宏电池，产生宏观电偶；与此同时叶轮表面的化学组成不同，金相结构不均匀，例如碳钢表面有铁素体又有渗碳体 Fe$_3$C；铸铁表面有铁素体又有石墨等杂质，这些杂质的电位往往高于金属本身，是微电池的阴极，促使叶轮金属发生微电池腐蚀或微观电偶。无论是宏观电偶还是微观电偶，不同的成分会产生不同的电位差，因而产生腐蚀电流，如图 7.4-3 所示。

(6) 微生物的影响

在水中含有大量的真菌、霉菌和水藻等微生物，这些微生物新陈代谢的产物，如黑色有难闻气味的硫化物、有机酸等，造成恶劣的腐蚀环境，一方面改变流体介质中氧的浓度和 pH 值，同时由于水内细菌、真菌的腐化分解，水中可能有溶解的氢化硫(H$_2$S)，因 H$_2$S 作用而产生的硫化铁加剧了腐蚀过程；另一方面微生物的排泄物等在金属表面产生沉积物和附着物，使金属表面形成局部腐蚀电池，如图 7.4-4 所示。

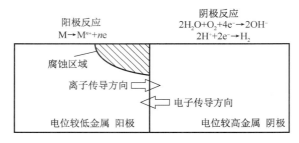

图 7.4-3　金属材料电偶腐蚀原理示意图

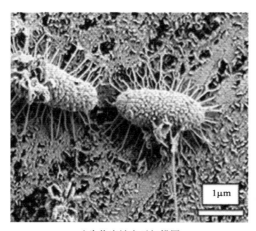

a）生物腐蚀电子扫描图

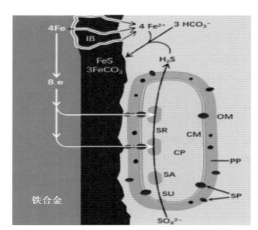

b）生物腐蚀电子示意图

图 7.4-4　微生物细菌腐蚀图

（7）磨损腐蚀

输送介质与金属表面相对运动的共同作用所引起的磨损腐蚀有两种形式，一种是湍流腐蚀，这种湍流既加快了腐蚀剂的供应量，又附加了一个流动介质对金属表面的切应力，使腐蚀产物一旦形成就剥离并被冲走。若流体中有气泡或悬浮固体颗粒，会加剧这种磨损腐蚀。另一种形式是空泡腐蚀，即流体介质与金属作高速相对运动，在金属表面的局部区域产生涡流，并伴随有气泡的迅速生成与破灭，产生冲击波而不断破坏表面膜。

为提高排水泵的耐腐蚀性，主要从以下 5 个方面考虑：

①针对不同工作环境，合理选择不同的材质。在酸性强腐蚀环境，叶轮可选用耐腐蚀不锈钢铸件，如 1Cr13、2Cr13、ZG1Cr18Ni9Ti，或者用铝青铜；在腐蚀性不严重的场合（pH > 8）或中性环境，可选用球墨铸铁或铸钢；在含固体颗粒多的场合，叶轮可选用耐磨蚀性的材料，如含硅 14.5% 的高硅铁硬化合金或含铬 15% ~ 30% 的高铬铸铁，其均匀抗磨蚀性好的材料；在海水环境中运行的泵，叶轮尽可能选用青铜或双相不锈钢等材料，双相不锈钢已在胶州湾海底隧道、翔安隧道和厦门 3 号线过海隧道等海底隧道使用并取得良好的效果。

②提高叶轮的制造工艺。叶轮铸件应尽量减少砂眼、气孔、夹渣、裂纹等缺陷，对于焊接叶轮，要保证焊缝质量，严格按照标准进行探伤检验。此外在叶轮表面进行喷丸、渗碳、渗氮、高

频淬火等强化处理,可使叶轮表面硬度大于 HB250,有效提高抗磨蚀效果。

③非金属涂层法。将环氧树脂、橡胶、聚氨酯、陶瓷、玻璃或复合尼龙等非金属材料,经过一定的配方和工艺处理,将其喷涂在叶轮被腐蚀表面进行修复。这种表面保护方法具有黏结力强、操作简单、抗腐蚀性能较好等特点,防止了水泵过流部件被磨蚀,但是在使用过程中要注意配方恰当和处理工艺到位,否则会影响表面处理效果。对于新叶轮可在其表面喷涂环氧金刚砂面层,保护叶轮叶片流道不受磨蚀。

④合金粉末喷焊法。喷焊防护是随着低熔点粉末材料的研制成功而在喷涂和堆焊基础上发展起来的一种金属表面保护技术。它是用氧-乙炔火焰将配制好的合金粉末(如镍合金)喷涂喷焊于叶片和叶轮表面进行修复。这种方法有一个配合比过程,不受其他环境的影响,任何场地都可以加工,修复成本低,喷焊层表面硬度可高达 HRC60~HRC70,涂层致密无孔,表面光滑平整,厚度易于控制,抗磨蚀性能好,但由于喷涂层属于层状结构,且在喷涂过程中存在着收缩内应力,因此适用于腐蚀不太严重的中小型水泵叶轮的表面保护。

⑤补焊法。用钢板如铸钢或用不锈钢焊条补焊腐蚀部分,经打磨抛光后使用,寿命一般可提高 3~5 倍。利用不锈钢焊条的堆焊法可保证焊层与基体有很高的结合强度,对于提高抗磨蚀性能效果特别显著。但这种方法对叶轮基体材料的可焊性要求高,在焊接工艺上有一定的难度。补焊法冲淡率大,焊层厚而不均匀,且加工余量大。

2)排水泵类型的选择

排水泵按其作用原理可分为以下几类:叶片式泵、容积式泵、螺旋泵、射流泵、水锤泵、水轮泵以及气升泵等,如图 7.4-5 所示,矿山法海底隧道中采用的排水泵主要为叶片式水泵。

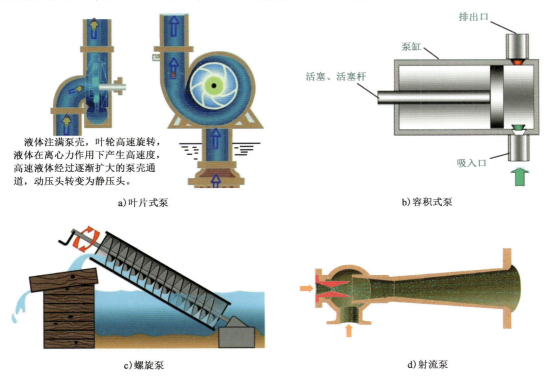

a)叶片式泵　　b)容积式泵

c)螺旋泵　　d)射流泵

图 7.4-5　常见水泵原理图

叶片式泵在泵中是一个大类,其特点都是依靠叶轮的高速旋转以完成其能量转换。由于叶轮中叶片形状的不同,旋转时水流通过叶轮受到的质量力就不同,水流流出叶轮时的方向也就不同。根据叶轮出水的水流方向可将叶片式泵分为径向流、轴向流和斜向流三种,如图7.4-6所示。径向流的叶轮称为离心泵,液体质点在叶轮中流动时主要受到的是离心力作用,其扬程一般较大。轴向流的叶轮称为轴流泵,液体质点在叶轮中流动时主要受到的是轴向升力的作用,其扬程一般较小。斜向流的叶轮称为混流泵,它是上述两种叶轮的过渡形式,液体质点在这种泵叶轮中流动时,既受离心力的作用,又有轴向升力的作用。

a) 单级离心泵　　　　　　　　　b) 多级离心泵

c) 轴流泵　　　　　　　　　　　d) 混流泵

图 7.4-6　常见叶片泵

若采用干式水泵,排水泵房设置在隧道最低点(与集水池池底在同一个高度),一旦泵房内积水未及时排出,水泵被淹,整个排水系统将会瘫痪。为提高排水泵房的可靠性,排水泵常常采用潜水泵,排水泵潜水泵的特点是机泵一体化,可长期潜入水中运行。目前青岛胶州湾海底隧道、厦门翔安隧道、厦门3号线过海区间隧道排水泵均采用潜水离心泵。

常规潜水单级离心泵扬程一般不超过60m,对于矿山法海底隧道,若采用一级提升,一般所需排水泵的扬程大于60m,潜水单级离心泵无法满足工程实际需求,需采用潜水多级离心泵。目前潜水多级离心泵的流量范围为 $5 \sim 1800 m^3/h$,扬程范围为 $18 \sim 900m$,功率范围为 $100 \sim 950kW$。因此对于一级提升系统,由于水泵扬程大于60m,常常采用多级离心潜水泵,如厦门3号线过海区间海底泵房,但是对于分级提升,一般控制每级水泵扬程较小,故一般采用单级离心泵。

厦门 3 号线海底泵房在水泵控制柜中加入了变频器,通过调频实现水泵调速,使水泵的实际运行工况点靠近设计工况点,在高效区工作,如图 7.4-7 所示。在水泵运行初期,通过降频降低水泵流量和扬程,从而实现水泵在高效区工作。后期根据管路特性曲线变化,增加水泵频率,提高水泵排水能力。

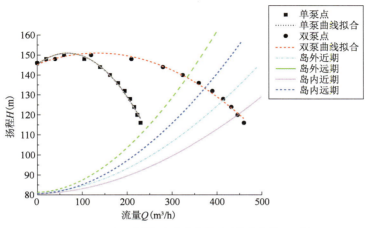

图 7.4-7　水泵流量扬程曲线和管道特性曲线的匹配图

7.4.2　压力管道研究

压力排水管作为海底隧道排水系统的重要组成部分,将海底隧道内结构渗漏水输送至室外,一旦排水管道发生漏水、爆管等故障,排水管道停用,影响整个系统的排水。

1)压力排水管材

考虑到隧道内潮湿、高盐的环境,故可以满足该环境条件下使用的压力排水管材有铜镍合金管、不锈钢管、钢骨架塑料复合管和内外涂环氧复合钢管,如图 7.4-8 所示。

a)铜镍合金管

b)不锈钢管

图　7.4-8

c) 钢骨架塑料复合管

d) 内外涂环氧复合钢管

图 7.4-8　常见排水管道

(1) 铜镍合金管

铜镍合金被越来越多地应用在海洋船舶、电力等领域,是目前在海洋平台海水系统中应用较普遍的一种金属管材。铜镍合金管具有以下优点:

① 耐海水腐蚀能力强、无腐蚀产物而且耐海水生物生长,使用寿命较长(通常都在 20 年以上);
② 水力性能良好;
③ 管材质量轻,易于加工成形等。

但铜镍合金管也存在如下缺点:价格昂贵、机械强度差、安装难度大和对流速的限制要求高等。

(2) 不锈钢管

不锈钢管具有良好的耐热阻燃性、抗机械损伤性和管道内外防腐性。例如,316L 不锈钢在海水中的腐蚀速率(R)均低于 0.002mm/年,且随着浸泡时间的延长,腐蚀速率呈下降趋势。但是,由于海水中含硫,尤其当管网中充满静止海水的时候,低级别的不锈钢(如 304 不锈钢)抗点蚀能力弱,易出现穿孔泄漏现象,减少管道使用寿命。

双相不锈钢的抗点蚀、缝隙腐蚀、应力腐蚀及腐蚀疲劳性能明显优于普通奥氏体不锈钢,可替代普通不锈钢解决严重海水腐蚀的问题,但双相不锈钢昂贵的价格,成为阻碍了其在海洋领域推广使用的重要因素。

(3) 钢骨架塑料复合管

挪威在近 30 年来修建了约 40 条海底隧道,根据挪威公路隧道设计规范规定,海底隧道内排水管道在满足压力的条件下可用塑料制成,且钢骨架塑料复合管是目前综合性能较好非金属管材,该种管材已在目前许多新建平台的海水系统中得到实践验证,使用效果良好。

钢骨架塑料复合管是以钢网为增强骨架,高密度塑料为内外层填充基体的双面防腐材料,结合了 PE80 的耐腐蚀性与金属(钢丝)的高强度优势,管壁的内外层塑料通过管壁中间的金属网孔连接为一体,在一定程度上解决了金属管道耐压不耐腐,纯塑料管道耐腐不耐压的问题。与金属管材相比,非金属管材具备诸多优点,但是其耐火能力要逊色于金属管材。

基于海底隧道排水管材在防火阻燃方面的考虑,钢骨架塑料复合管在长大过海隧道上的推广使用还存在一定问题。故在过海地铁隧道内不推荐使用钢骨架塑料复合管。

(4) 内外涂环氧复合钢管

内外涂环氧复合钢管(俗称"衬塑复合钢管")是一种价格低廉、机械性能良好,且施工技术成熟的管材。通常采用碳素钢管内外涂环氧树脂。为达到良好的防腐效果,需要先期预制管线,再将预制好的管线整体涂环氧树脂,之后运输至施工现场进行安装,安装过程中不得进行切割。目前,长大过海隧道工程上已有使用衬塑复合钢管的工程案例。

厦门地铁2号线过海隧道排水系统采用衬塑复合钢管,使用状况良好。但由于厦门地铁2号线过海隧道采用的是内外涂环氧复合钢管以焊接钢管为管基,在长期使用过程中,由于废水中带有砂石,管道内壁部分磨损,在焊缝处出现腐蚀并形成砂眼,导致管道漏水。厦门地铁3号线采用无缝钢管作为管基,同时加大管道壁厚,可以有效避免砂眼出现,增加管道使用寿命,如图7.4-9所示。同时采用内外涂环氧复合钢管,管道内壁光滑,可以减小管道沿程水头损失,对于长距离管道输水而言,可大大降低水泵扬程,减少能耗,从而节约后期运营成本。

a) 厦门地铁2号线海底区间排水管

b) 厦门地铁3号线海底区间排水管

图7.4-9 内外涂环氧复合钢管

因此,对于过海区间隧道排水系统推荐内外涂环氧复合钢管,管基为无缝钢管,并适当加大管道壁厚。

2) 管道连接方式

海底隧道压力排管采用内外涂环氧复合钢管,常见的连接方式有两种,卡箍连接和法兰连接。其中卡箍连接又可分为柔性卡箍连接和刚性卡箍连接,如图7.4-10所示。

a) 法兰连接

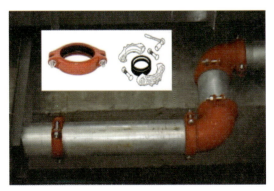
b) 卡箍连接

图7.4-10 常见排水管道连接方式

(1) 法兰连接

法兰连接就是将两个管道或管件,先各自固定在一个法兰盘上,之后在两个法兰盘之间加上法兰垫,最后用螺栓将两个法兰盘拉紧使其紧密结合起来的一种可拆卸的接头,其属于刚性连接。

法兰连接的主要特点是强度高、密封性能好。安装法兰时要求两个法兰保持平行,法兰的密封面不能碰伤,并且清理干净。法兰垫片,要根据设计规定选用。对于过海区间隧道排水管,距离较长,在检修过程中由于两个法兰片直接密封较紧,拆卸后重新安装困难,故对于长距离输水,不建议采用法兰连接。

(2)卡箍连接

卡箍连接技术,已成为当前液体、气体管道连接的首推技术,尽管这项技术在国内的开发时间晚于国外,但由于其技术的先进性,很快被国内市场所接受。从1998年开始研制开发,经过短短几年的开发和应用,已逐渐取代了法兰和焊接的两种传统管道连接方式。不但技术上更显成熟,市场也普遍认可,而且得到了国家法规政策的积极引导。因此沟槽管件连接技术的应用,使复杂的管道连接工序变得简单、快捷、方便。使管道连接技术向前迈了一大步。

起连接密封作用的卡箍连接管件主要由三部分组成,分别是密封橡胶圈、卡箍和锁紧螺栓。位于内层的橡胶密封圈置于被连接管道的外侧,并与预先滚制的沟槽相吻合,再在橡胶圈的外部扣上卡箍,之后用两颗螺栓紧固即可。由于其橡胶密封圈和卡箍采用特有的可密封的结构设计,使得沟槽连接件具有良好的密封性,并且随管内流体压力的增高,其密封性相应增强。

柔性卡箍管件连接方式具有独特的柔性特点,使管路具有抗震动、抗收缩和膨胀的能力,与焊接和法兰连接相比,管路系统的稳定性增加,更适合温度的变化,从而保护了管路阀件,也减少了管道应力对结构件的破坏。同时由于区间隧道为弧形,柔性卡箍允许管道在连接过程中有一定的偏转角度,是以管道沿隧道曲线敷设,不需要设置额外的弯头。

由于卡箍连接操作简单,所需要的操作空间变小,为日后的管道维修提供了方便。因此当管道需要维修和更换时,只需松开两片卡箍即可任意更换、转动或修改一段管路,无须破坏周围墙体,减少了维修时间和维修费用。

对于过海区间隧道排水系统推荐内外涂环氧复合钢管采用柔性卡箍进行连接,该管道连接方法已在厦门3号线过海区间成功应用并稳定运行一年左右。

7.5 本章小结

地铁特长海底隧道具有长度长、埋深深、海域段跨度大、结构渗漏水量多、对运营安全尤为重要等特点。本章以厦门3号线、青岛1号线、青岛8号线三条地铁海底隧道的工程案例为依托,对矿山法隧道防排水设计原则、排放标准、排水系统模式选择、泵房设计及海域环境下排水设备材料选型等设计重难点等因素进行综合分析,得出以下结论:

(1)矿山法段海底隧道地下水头超过临界水头值,建议堵水限排,避免大规模的结构渗漏水进入隧道,造成运营排水风险及成本增加。结构渗水量大小所受影响因素较多,难以确定。设计过程可初选一个控制排水量标准,并做好排水冗余设计,随施工推进,根据实测和预测水量,进一步细化隧道防排水设计参数。

(2) 合理的水泵选型、安装方式及水泵材质选择是废水排水系统设计的核心。常规潜水单级离心泵扬程一般不超过60m。当排水系统提升扬程超过单级潜污泵提升限值时，深埋海底隧道单级潜污泵多级提升在安全、稳定、便捷等方面比多级潜水泵单级提升更具有优势。

(3) 通过对铜镍合金管、衬塑复合钢管、不锈钢管以及钢骨架塑料复合管理论分析和综合比较，对于过海区间隧道排水系统推荐内外涂环氧复合钢管，柔性卡箍进行连接，管基为无缝钢管，并适当加大管道壁厚。

(4) 水下长大海底隧道工程其"V"形坡设计决定了排水系统的重要性，因此，研究设计一套经济高效、安全可靠的排水系统对水下长大隧道安全、经济运营具有重要意义。此外，随着新技术、新设备和新材料的应用，自动化、轻维护或免维护、少检修、高稳定性将是水下长大隧道排水系统未来的发展趋势。

本章参考文献

[1] 戴新,贺维国,吕青松.矿山法水下隧道控制排水量标准及排水设计思路探讨[J].隧道与轨道交通,2021(S02):10-13.

[2] 吕青松,贺维国,方祖磊,等.水下长大隧道排水系统设计问题探讨[J].隧道建设,2016(11):1361-1365.

[3] 戴新,贺维国,王东伟,等.深埋矿山法海底隧道排水设计探讨——以珠江口铁路隧道为例[J].隧道建设,2022(04):83-97.

[4] 戴新,贺维国,王东伟,等.珠江口铁路隧道排水系统设计研究[J].给水排水,2022(03):105-108.

[5] 宋超业,贺维国,吴钇君.高水压过海盾构隧道建设关键技术可行性初探[J].隧道建设(中英文),2020,40(05):717-726.

[6] 周金忠,贺维国,唐健,等.矿山法海底交通隧道废水排水系统调研与思考[J].给水排水,2018,54(02):30-38.

[7] 周金忠,吴文,刘彬梅.青岛胶州湾海下城市道路隧道排水设计思路介绍[J].给水排水,2013(01):49-52.

[8] 张远东,陈仰光.地铁地下区间废水泵房集水池设置研究[J].给水排水,2019(09):105-108.

[9] 崔佳.地铁特长海底隧道排水泵站设计研究[J].铁道工程学报,2016(10):116-121.

[10] 胡哲睿.青岛地铁过海隧道压力排水系统设计研究[J].给水排水,2019(09):105-108.

[11] 吕青松,方祖磊,金晓旖.海底隧道排水系统的腐蚀与防护[J].腐蚀与防护,2022(02):53-57.

[12] 北京城建设计发展集团股份有限公司.青岛市地铁1号线工程总体设计文件[R].2013.

[13] 中国铁路设计集团有限公司.青岛市地铁8号线工程总体设计文件[R].2016.

[14] 铁道路第三勘察设计院集团有限公司.厦门市轨道交通3号线工程可行性研究报告[R].2014.

第 8 章
工程建设专项技术

地铁海底隧道是非常复杂的系统工程，除了前面各章节介绍的海洋勘察、最小埋深研究、工法研究、结构设计、抗震性能、结构受力、通风防灾、运营排水等具有非常鲜明的地铁海底隧道特色的关键技术外，在工程建设过程中，由中铁第六勘察设计院集团有限公司牵头，其他各施工、科研单位鼎力合作，成功完成了工程项目建设，并在隧道风险分析评估、高水压盾构换刀、矿山法与盾构法对接、机械法联络通道施工、盾构泥浆配合比、TBM 平导施工等方面形成了系列专项技术。

8.1 海底隧道风险分析及评估技术

隧道及地下工程特别是水下隧道与其他工程项目相比，具有隐蔽性、复杂性和不确定性等突出的特点，故施工风险大，技术难度高。因此在工程设计、施工、决策等方面都存在很多困难和风险。风险分析可以对工程中的不确定因素进行分析，将不可预见的风险因素转化为定量指标，帮助有关部门完成最后的决策，并通过计算风险效益来选择风险控制措施，降低工程风险，以达到安全、经济、高效的管理目标。

青岛地铁 1 号线海底隧道工程全长 8.1km，穿越海域段长度 5.4km，海底穿越 4 组 14 条断层破碎带，地质条件复杂，工程风险大。在隧道工程建设过程中必须综合考虑其风险，利用科学的风险管理理论和先进的技术控制手段来确保工程建设的顺利进行。本节以青岛地铁 1 号线海底隧道为例，开展海底隧道工程风险分析与评估，为隧道建设工程中的防灾体系提供依据。

8.1.1 工程风险辨识

目前，国内外常用的风险分析方法主要有定性分析法、定量分析法及定性定量结合的综合分析法。定性分析法作为目前工程领域最常用的风险分析方法，其原理主要是借助专家的知识及经验对风险进行分析，主要适用于缺少现场数据及施工经验或工程项目起始阶段。定量分析法借助软件或其他工具，对风险数据进行处理，其分析的结果比较客观，但受限于定量分析法对数据量的依赖性，在实际工程应用中并不多见。定性定量结合的综合分析方法综合了两者的优点，在缺少大量数据的情况下得出较为科学的风险分析结果，其分析结果具有相应的代表性。

定性分析需要发挥参与评价人员经验、知识进行预测，评价结果受评价人员自身知识水平及经验影响，往往具有较大的主观性。定量评价依据统计数据、监测数据、同类数据和类似系统的数据资料，构建数学模型进行评价，需要大量的数据做支撑，但往往存在计算较为复杂的情况。对于海底隧道工程而言，由于风险分析处于起步阶段，风险数据匮乏，满足不了定量分析法对数据量的需求；而定性分析法，评价结果主观性较强，很难保证评价的科学性。定性定量综合评价法集合了两种方法的优点，其更适用于海底隧道工程风险分析。故障树分析法是一种从上到下、演绎推理，对复杂系统进行分析的方法，具有定性定量综合评价的优点，因此选用故障树分析法对青岛地铁 1 号线过海区间风险进行辨识。

根据海底隧道施工事故资料的统计，突水涌泥是海底隧道工程最常见，也是后果最严重风险事故。将突水涌泥作为海底隧道施工风险的顶事件构建海底隧道施工风险故障树，对施工风险各风险因素进行初步识别。在构建突水涌泥故障树时,考虑风险的叠加效应,即将勘察规划阶段、设计阶段对施工阶段风险影响纳入考虑。同时考虑到突水涌泥事故所需要的物质条件将所研究的勘察规划、设计和施工阶段风险划分成四个子系统,即勘察规划风险子系统、设计风险子系统、施工阶段子系统及突水涌泥物质条件子系统。对四个子系统分别建立故障树进行分析,进而得出导致突水涌泥风险的安全风险因素,详见表8.1-1。

青岛地铁1号线海底隧道施工安全风险因素　　　　表8.1-1

编号	安全风险因素	编号	安全风险因素
X1	隧道穿越不良地质体	X34	锚杆材料及种类选择不当
X2	勘察结果失真,地层特性变异	X35	锚杆间距与布置不合理
X3	不良地质体勘察遗漏	X36	锚杆长度不合适
X4	隧道间距过小	X37	炮眼布设不合理
X5	隧道顶板厚度不合理	X38	炮眼装药量选取不当
X6	隧道纵向坡度过大	X39	起爆时间间隔不合理
X7	隧道断面过大	X40	爆破方式选取不当
X8	隧道形状不合理	X41	开挖方法及工序不合理
X9	小导管注浆材料不合理	X42	工作面封闭不及时
X10	小导管长度过短	X43	施工开挖进尺过大
X11	小导管角度不合理	X44	防水材料质量不达标
X12	小导管位置不合理	X45	防水材料施工工艺不当
X13	小导管注浆浆液配合比不合理	X46	施工排水能力不足
X14	小导管注浆压力过小	X47	施工排水组织不力
X15	管棚支护掘进步距选取不合理	X48	其他堵水方式失效
X16	管棚钢管型号选取不合理	X49	钢筋材料不达标
X17	管棚支护长度选取不合理	X50	钢筋布设不当
X18	管棚仰角选取不合理	X51	监测报警系统故障
X19	管棚间距选取不当	X52	地表下沉量测不当
X20	全断面帷幕注浆材料选取不合理	X53	围岩变形量测不当
X21	帷幕注浆浆液配合比不合理	X54	初期支护量测不当
X22	帷幕注浆半径不合理	X55	拱顶下沉量测不当
X23	帷幕注浆压力控制不当	X56	钢拱架应力量测不当
X24	帷幕注浆施工工序不合理	X57	围岩压力量测不当
X25	混凝土质量不达标	X58	监测数据不准确
X26	混凝土喷层厚度过薄	X59	量测信息反馈不及时
X27	混凝土喷射不及时	X60	检查力度不够
X28	混凝土施工工艺不当	X61	施工单位资质差
X29	混凝土施工时机不合适	X62	施工人员缺乏安全意识
X30	养护条件不合适	X63	施工人员经验及技术水平低
X31	养护时间不合适	X64	施工方案及安全措施不当
X32	钢拱架连接强度不足	X65	施工组织设计不合理
X33	钢拱架加工及安装不当	X66	无应急预案

8.1.2 工程风险分析与评价

挪威是目前世界上拥有海底隧道数目最多的国家,共拥有各种用途的海底隧道40余条,隧道穿越地层多为硬岩,开挖方法以矿山法为主,在硬岩海底隧道建设方面拥有丰富经验。挪威海底隧道建设经验表明,海底隧道施工事故多由含有软弱夹层的断层在高水压下的渗透破坏引起。由于海底隧道上覆水体,隧道需承受高水压作用,在施工过程中如遇断层破碎带,随时可能发生工程带来塌方、涌水甚至淹没等事故,造成巨大的甚至是灾难性损失。通过对国内外矿山法海底隧道建设情况的调研,得出水下穿越不良地层是海底隧道施工的重大风险源。

青岛地铁1号线海底隧道,海域段共穿越4组共14条断层破碎带。断层破碎带范围构造发育、围岩破碎、剥蚀严重,岩体稳定性差,容易发生突水突泥及塌方事故。下文以穿越断层破碎带为研究对象,建立不良地质施工评价体系及评价模型,对断层破碎带施工各风险因素及整体风险进行评价。

1)风险评价模型

青岛地铁1号线断层破碎带施工风险较大,影响因素众多,不能简单地请专家对整个项目进行风险辨识。因此,考虑将断层破碎带施工的整个施工过程,将其分解成各分项工程,再对各分部分项工程进行细化,细分成各子项工程,再通过对分部分项工程及子项工程的风险辨识和量化,形成对整体施工风险的评价。

基于海底隧道断层破碎带施工风险因素众多,同时各因素相互影响,具有关系复杂等特点,因此在风险分析时需要借助综合评价。海底隧道施工风险数据匮乏,往往需要借助专家的经验进行分析,而专家经验往往具有模糊性,因而如何把专家模糊性的评价进行数学量化,使得风险分析更加科学合理,则需要借助模糊综合数学。多层次模糊综合评价法基于评价体系的不同可以分为一级模型和多级模型。一级模糊层次分析适用于简单的系统,当评判因素较多时,每一因素得到的权重分配值很小,会一定程度上减小风险值降低评价结果的可靠性。根据海底隧道施工特点,建立一个基于多层次模糊综合评价的断层破碎带施工风险评价模型,通过综合考虑断层破碎带施工风险因素发生的概率及风险发生造成的损失确定风险的大小。

首先利用层次分析法构建断层破碎带施工指标体系,通过专家打分确定各项指标相对权重;其次,依据海底隧道施工风险的特点,对施工风险发生概率及风险损失进行分级,并量化具体值;之后通过向专家发放调查问卷,对各基本风险因素进行模糊估计;最后在基本风险因素发生概率及风险损失的模糊估计基础上,基于风险的定义 $R=PC$ 对各风险进行一级模糊综合评价,确定风险值及风险等级;在一级模糊综合评价的基础上进行高层次的模糊综合评价,最终对断层破碎带施工整体风险值及风险等级进行分级。

2)风险评价体系和标准

(1)评价体系

对断层破碎带施工风险因素进行系统的辨识和分析,将风险因素相似的因素合并,将影响较小的因素剔除,辨识出青岛地铁1号线海底隧道断层破碎带施工风险因素如下:

①超前地质预报风险

超前地质预报是施工前期的必要环节,存在着超前地质预报不精确及不良地质体遗漏两种风险因素。

②超前支护风险

a.小导管超前注浆:存在着布设不合理、注浆压力不合理、材料不合理及长度不合理的风险。

b.管棚超前支护:存在着材料不合理、支护间距不合理、搭设角度不合理、位置不合理的风险。

c.帷幕注浆:存在着注浆材料不合理、注浆半径不合理、注浆压力不合理、注浆工序不合理等风险。

③开挖风险

爆破作业不合理,如炮眼布设不合理、装药量不合理、起爆时间间隔不当、爆破方式不当。开挖方法选择不当,开挖方式如全断面法、台阶法、CD法、CRD法的选择。循环进尺过大,导致掌子面前方位移未变形完毕,诱发塌方事故。工作面封闭不及时,导致围岩渗漏严重,造成涌水和塌方。

④初期支护风险

初期支护风险主要存在以下几个方面:

a.喷射混凝土:存在着混凝土配合比不合理、喷射方式及顺序不合理、混凝土喷层过薄的风险。

b.锚杆:存在着锚杆材料及种类不当、锚杆间距与布置不合理、锚杆长度不合适的风险。

c.钢拱架:存在着材料及加工不合理、连接强度不够的风险。

⑤二次衬砌支护风险

二次衬砌支护主要风险源来自混凝土,主要有混凝土质量不达标、混凝土施工工艺不当、混凝土施工时机不合理、混凝土养护条件及养护时间不合理的风险。

⑥防排水风险

防排水风险主要包括防水风险及排水风险两个部分。防水风险的风险因素主要有防水材料及防水材料施工工艺不当;排水风险主要包括施工排水能力不足、施工排水方案不合理的风险。

⑦监控量测风险

监控量测风险主要有监测报警系统故障、位移变形量测风险、压力应力量测风险监测数据准确性风险及量测信息反馈不及时的风险。

⑧施工管理风险

施工管理存在着施工人员经验及技术水平低、施工组织设计不合理、无应急预案的风险。

⑨其他特殊风险

台风、暴雨、海潮、地震等袭击也会影响隧道的正常施工,使隧道进水,地层自稳性变差;地震使围岩稳定性变差等特殊风险。

在对断层破碎带施工风险因素分析的基础上,借鉴以往海底隧道施工经验教训,结合风险分析管理专家建议,建立青岛地铁1号线海底隧道断层破碎带施工风险评价体系,见表8.1-2。

青岛地铁 1 号线海底隧道断层破碎带施工风险评价体系   表 8.1-2

断层破碎带施工风险 U	超前地质预报风险 U_1	超前地质预报不精确 U_{11}	
		不良地质体遗漏 U_{12}	
	超前支护风险 U_2	小导管超前预注浆 U_{21}	小导管钻孔布置不合理 U_{211}
			小导管注浆压力不合理 U_{212}
			小导管注浆材料不合理 U_{213}
			小导管长度不合理 U_{214}
		管棚超前支护 U_{22}	管棚钢管材料不合理 U_{221}
			管棚支护间距不合理 U_{222}
			管棚角度不合理 U_{223}
			管棚位置不合理 U_{224}
		全断面帷幕注浆 U_{23}	帷幕注浆材料不合理 U_{231}
			帷幕注浆半径不合理 U_{232}
			帷幕注浆压力不合理 U_{233}
			帷幕注浆工序不合理 U_{234}
	开挖风险 U_3	爆破作业风险 U_{31}	炮眼布设不合理 U_{311}
			炮眼装药量不合理 U_{312}
			起爆时间间隔不当 U_{313}
			爆破方式选取不当 U_{314}
		开挖方法选择不当 U_{32}	
		循环开挖进尺过大 U_{33}	
		工作面封闭不及时 U_{34}	
	初期支护风险 U_4	喷射混凝土 U_{41}	混凝土配合比不合理 U_{411}
			喷射方式及顺序不合理 U_{412}
			喷射厚度过薄 U_{413}
		锚杆 U_{42}	锚杆材料及种类不当 U_{421}
			锚杆间距与布置不合理 U_{422}
			锚杆长度不合适 U_{423}
		钢拱架 U_{43}	钢拱架连接强度不够 U_{431}
			钢拱架材料及加工不合理 U_{432}
	二次衬砌支护风险 U_5	混凝土质量不达标 U_{51}	
		混凝土施工工艺不当 U_{52}	
		混凝土施工时机不合理 U_{53}	
		混凝土养护条件及养护时间不合理 U_{54}	
	防排水风险 U_6	防水风险 U_{61}	防水材料质量不达标 U_{611}
			防水材料施工工艺不当 U_{612}

续上表

断层破碎带施工风险 U	防排水风险 U_6	排水风险 U_{62}	施工排水能力不足 U_{621}
			施工排水能力不足 U_{622}
	监控量测风险 U_7	监测报警系统故障 U_{71}	
		位移、变形量测风险 U_{72}	
		压力应力量测风险 U_{73}	
		监测数据准确性风险 U_{74}	
		量测信息反馈不及时 U_{75}	
	施工管理风险 U_8	施工人员经验及技术水平低 U_{81}	
		施工组织设计不合理 U_{82}	
		无应急预案 U_{83}	
	其他因素风险 U_9	台风、暴雨等气候风险 U_{91}	
		海潮 U_{92}	
		地震 U_{93}	

(2) 评价标准

① 专家权重

确定专家权重构建的断层破碎带施工层次体系，在确定各层次相对权重及风险隶属度时需借助专家经验进行判断。依据专家经验的不同，将专家分为三类，并分别赋予其权重，最后将各专家的判断结果进行加权平均计算得到最终的评价结果。专家及其权重分类见表8.1-3。

专家及其权重分类　　　　表8.1-3

级别	一类专家	二类专家	三类专家
专家级别	高级职称施工单位技术人员、施工单位项目经理、隧道工程领域元老级专家	高级职称及以上设计人员、中级职称施工单位人员、高级职称以上科研人员	初级职称施工单位技术人员、中级职称的科研人员、中级职称的设计人员
专家权重	1.0	0.7	0.5

② 风险概率分级

依据不同事件发生风险的概率不同，按照国际惯例将风险发生的概率分为五级，每个等级对应的评估指标见表8.1-4。

风险发生概率模糊分级　　　　表8.1-4

级别	事件概率	等级描述
5(E)	>0.5	频繁发生
4(D)	0.1~0.5	可能发生
3(C)	0.02~0.1	偶尔发生
2(B)	0.002~0.02	很少发生
1(A)	<0.002	不可能发生

③ 风险发生概率专家模糊估计

第 i 个专家对第 j 个风险因素的 5 个发生概率等级隶属度作出评价，可用式(8.1-1)表示：

$$p_{ij} = \frac{u_{PA_{ij}}}{A} + \frac{u_{PB_{ij}}}{B} + \frac{u_{PC_{ij}}}{C} + \frac{u_{PD_{ij}}}{D} + \frac{u_{PE_{ij}}}{E} \quad (8.1\text{-}1)$$

式中：$u_{PA_{ij}}$、$u_{PB_{ij}}$、$u_{PC_{ij}}$、$u_{PD_{ij}}$、$u_{PE_{ij}}$——分别表示第 i 个专家对第 j 个风险因素的五个概率等级的模糊估计。

④风险发生概率的隶属度

根据 n 个专家对基本风险因素 j 的概率隶属度评价结果，进行加权平均，则得到基本风险因素 j 发生概率的模糊集，可用式(8.1-2)表示：

$$P_j = \frac{u_{PA_j}}{A} + \frac{u_{PB_j}}{B} + \frac{u_{PC_j}}{C} + \frac{u_{PD_j}}{D} + \frac{u_{PE_j}}{E} \quad (8.1\text{-}2)$$

式中：u_{PA_j}、u_{PB_j}、u_{PC_j}、u_{PD_j}、u_{PE_j}——分别表示 n 个专家对第 j 个风险因素的五个概率等级估计的加权平均值，可用式(8.1-3)表示：

$$u_{PK_j} = \frac{\sum_{i=1}^{n} r_i u_{PK_{ij}}}{n} \quad (n \text{ 代表专家个数}, K = A、B、C、D、E) \quad (8.1\text{-}3)$$

⑤风险损失模糊分级

依据承载体的不同，将风险损失划分成工期损失、直接经济损失、耐久性损失、人员伤亡损失、环境影响损失、社会影响损失和生态环境损失。由于各方面的损失很难进行量化，故综合考虑七个方面的损失，依靠专家经验进行模糊估计，将风险造成的损失分为五个级别，具体分级见表8.1-5。

风险损失模糊分级　　　　　　　　　　　　　表8.1-5

后果等级	损失比	等级描述	说明
5	>0.5	灾难性后果	风险导致不可补偿的损失
4	0.1~0.5	后果非常严重	风险导致巨大而可补偿的损失
3	0.02~0.1	后果一般严重	风险导致可补偿的损失
2	0.002~0.02	后果需考虑	风险导致少量的损失
1	<0.002	后果可忽略	风险导致不明显损失

风险损失专家模糊估计及隶属度求解过程参照风险发生概率专家模糊估计及隶属度计算过程。

⑥风险评价

在得到地铁1号线断层破碎带风险发生概率及风险损失的模糊评估向量后，为得对评估结果有一个更确的量化，将评估结果由向量形式转化为具体值，见式(8.1-4)。

$$A = VR^T \quad (8.1\text{-}4)$$

式中：$V = [1 \ 2 \ 3 \ 4 \ 5]$；

$R = [r_1 \ r_2 \ r_3 \ r_4 \ r_5]$。

依据风险评估结果的具体值对风险等级划分为四个等级评价标准：低度风险，中度风险，高度风险和极高风险。风险的大小用发生概率值和损失值的乘积表示，即：

风险值 = 发生概率 × 造成损失

其中，低度风险评估值的范围为(1,6.25]；

中度风险评估值的范围为(6.25,12.5]；

高度风险评估值的范围为(12.5,18.75];

极高风险的评估值的范围为(18.75,25]。

⑦风险接受准则

依据建立的风险等级标准,针对不同的等级标准采取不同的风险处理原则和控制措施,风险接受准则见表8.1-6。

海底隧道风险接受准则　　　　　　　　　　　　　　表8.1-6

等级	风险评估值	接受准则	控制对策
低度风险	(1,6.25]	可容许	加强日常管理审视
中度风险	(6.25,12.5]	可接受	引起重视,需防范、监控措施
高度风险	(12.5,18.75]	不可接受	需决策,制定控制、预防措施
极高风险	(18.75,25]	拒绝接受	立即停止、整改、规避或启动预案

3)风险因素权重集

根据递阶层次结构确定各层次隶属关系,运用专家调查法进行相互比较,确定每一层的层内不同指标的重要性,分别建立各准则层的判断矩阵和目标层判断矩阵。专家调查法采用1~9标度法进行打分,结合收集的海底隧道施工风险事故资料进行综合分析,整理得到最终打分结果构成判断矩阵,见表8.1-7~表8.1-23。

断层破碎带施工风险判断矩阵　　　　　　　　　　　表8.1-7

风险因素	U_1	U_2	U_3	U_4	U_5	U_6	U_7	U_8	U_9
U_1	1	1/2	1/3	1/4	1	6	4	4	5
U_2	2	1	1/2	1/3	3	3	4	6	5
U_3	3	2	1	1/2	2	5	7	5	6
U_4	4	3	2	1	4	7	8	7	7
U_5	1	1/3	1/2	1/4	1	4	5	3	7
U_6	1/6	1/3	1/5	1/7	1/4	1	2	1	4
U_7	1/4	1/4	1/7	1/8	1/5	1/2	1	1	5
U_8	1/4	1/6	1/5	1/7	1/3	1	1	1	3
U_9	1/5	1/5	1/6	1/7	1/7	1/4	1/5	1/3	1

超前地质预报风险因素判断矩阵　　　　　　　　　　表8.1-8

风险因素	U_{11}	U_{12}
U_{11}	1	1
U_{12}	1	1

超前支护风险因素判断矩阵　　　　　　　　　　　　表8.1-9

风险因素	U_{21}	U_{22}	U_{23}
U_{21}	1	1/3	1/5
U_{22}	3	1	1/3
U_{23}	5	3	1

小导管超前预注浆风险因素判断矩阵　　　　　　　　表8.1-10

风险因素	U_{211}	U_{212}	U_{213}	U_{214}
U_{211}	1	3	2	3
U_{212}	1/3	1	1	1
U_{213}	1/2	1	1	2
U_{214}	1/3	1	1/2	1

管棚超前支护风险因素判断矩阵　　　　　　　　　　表8.1-11

风险因素	U_{221}	U_{222}	U_{223}	U_{224}
U_{221}	1	4	1	1/4
U_{222}	1/4	1	1/2	1/5
U_{223}	1	2	1	1/3
U_{224}	4	5	3	1

全断面帷幕注浆风险因素判断矩阵　　　　　　　　　表8.1-12

风险因素	U_{231}	U_{232}	U_{233}	U_{234}
U_{231}	1	4	1	1/4
U_{232}	4	1	1/2	1/5
U_{233}	1	2	1	1/3
U_{234}	4	5	3	1

开挖风险因素判断矩阵　　　　　　　　　　　　　　表8.1-13

风险因素	U_{31}	U_{32}	U_{33}	U_{34}
U_{31}	1	1/2	1/3	1/5
U_{32}	2	1	1/2	1/4
U_{33}	3	2	1	1/2
U_{34}	5	4	2	1

爆破风险因素判断矩阵　　　　　　　　　　　　　　表8.1-14

风险因素	U_{311}	U_{312}	U_{313}	U_{314}
U_{311}	1	5	4	6
U_{312}	1/5	1	4	3
U_{313}	1/4	1/4	1	1
U_{314}	1/6	1/3	1	1

初期支护风险因素判断矩阵　　　　　　　　　　　　表8.1-15

风险因素	U_{41}	U_{42}	U_{43}
U_{41}	1	1/2	1/3
U_{42}	2	1	1
U_{43}	3	1	1

喷射混凝土风险因素矩阵　　　　　　　　　　表8.1-16

风险因素	U_{411}	U_{412}	U_{413}
U_{411}	1	3	1/2
U_{412}	1/3	1	1/5
U_{413}	2	5	1

二次衬砌支护风险因素判断矩阵　　　　　　　表8.1-17

风险因素	U_{51}	U_{52}	U_{53}	U_{54}
U_{51}	1	4	2	2
U_{52}	1/4	1	1/3	1/2
U_{53}	1/2	3	1	1/2
U_{54}	1/2	2	2	1

防排水风险因素判断矩阵　　　　　　　　　　表8.1-18

风险因素	U_{61}	U_{62}
U_{61}	1	1
U_{62}	1	1

防水风险因素判断矩阵　　　　　　　　　　　表8.1-19

风险因素	U_{611}	U_{612}
U_{611}	1	2
U_{612}	1/2	1

排水风险因素判断矩阵　　　　　　　　　　　表8.1-20

风险因素	U_{621}	U_{622}
U_{621}	1	2
U_{622}	1/2	1

监控量测风险因素判断矩阵　　　　　　　　　表8.1-21

风险因素	U_{71}	U_{72}	U_{73}	U_{74}	U_{75}
U_{71}	1	7	7	2	3
U_{72}	1/7	1	1	1/4	1/3
U_{73}	1/7	1	1	1/4	1/3
U_{74}	1/2	4	4	1	3
U_{75}	1/3	3	4	1/3	1

施工管理风险因素判断矩阵　　　　　　　　　表8.1-22

风险因素	U_{81}	U_{82}	U_{83}
U_{81}	1	3	1/2
U_{82}	1/3	1	1/3
U_{83}	2	3	1

其他风险因素判断矩阵   表 8.1-23

风险因素	U_{91}	U_{92}	U_{93}
U_{91}	1	1	1/4
U_{92}	1	1	1/3
U_{93}	4	3	1

求解判断矩阵的特征向量和最大特征值,进行一致性判断,可得结果表 8.1-24。

断层破碎带施工风险因素相对权重   表 8.1-24

断层破碎带施工风险 U $\lambda_{max} = 9.7039$ CR = 0.0603	超前地质预报风险 U_1 $\lambda_{max} = 2$ CR = 0 $W_1 = 0.1088$	超前地质预报不精确 U_{11} $W_{11} = 0.5$	
		不良地质体遗漏 U_{12} $W_{12} = 0.5$	
	超前支护风险 U_2 $\lambda_{max} = 3.0385$ CR = 0.0370 $W_2 = 0.1499$	小导管超前预注浆 U_{21} $\lambda_{max} = 4.0458$ CR = 0.0172 $W_{21} = 0.1047$	小导管钻孔布置不合理 U_{211} $W_{211} = 0.4588$
			小导管注浆压力不合理 U_{212} $W_{212} = 0.1716$
			小导管注浆材料不合理 U_{213} $W_{213} = 0.2260$
			小导管长度不合理 U_{214} $W_{214} = 0.1436$
		管棚超前支护 U_{22} $\lambda_{max} = 4.1245$ CR = 0.0466 $W_{22} = 0.2583$	管棚钢管材料不合理 U_{221} $W_{221} = 0.2001$
			管棚支护间距不合理 U_{222} $W_{222} = 0.0788$
			管棚角度不合理 U_{223} $W_{223} = 0.1729$
			管棚位置不合理 U_{224} $W_{224} = 0.5482$
		全断面帷幕注浆 U_{23} $\lambda_{max} = 4.1818$ CR = 0.0681 $W_{23} = 0.6370$	帷幕注浆材料不合理 U_{231} $W_{231} = 0.5213$
			帷幕注浆半径不合理 U_{232} $W_{232} = 0.2260$
			帷幕注浆压力不合理 U_{233} $W_{233} = 0.1697$
			帷幕注浆工序不合理 U_{234} $W_{234} = 0.0831$

续上表

断层破碎带施工风险 U $\lambda_{max}=9.7039$ $CR=0.0603$	开挖风险 U_3 $\lambda_{max}=4.0211$ $CR=0.0079$ $W_3=0.1989$	爆破作业风险 U_{31} $\lambda_{max}=4.2394$ $CR=0.0172$ $W_{31}=0.0863$	炮眼布设不合理 U_{311} $W_{311}=0.6059$
			炮眼装药量不合理 U_{312} $W_{312}=0.2232$
			起爆时间间隔不当 U_{313} $W_{313}=0.0892$
			爆破方式选取不当 U_{314} $W_{314}=0.0817$
		开挖方法选择不当 U_{32} $W_{32}=0.1428$	
		循环开挖进尺过大 U_{33} $W_{33}=0.2641$	
		工作面封闭不及时 U_{34} $W_{34}=0.5068$	
	初期支护风险 U_4 $\lambda_{max}=3.0183$ $CR=0.0176$ $W_4=0.3068$	喷射混凝土 U_{41} $\lambda_{max}=3.0037$ $CR=0.0036$ $W_{41}=0.1692$	混凝土配合比不合理 U_{411} $W_{411}=0.3090$
			喷射方式及顺序不合理 U_{412} $W_{412}=0.1095$
			喷射厚度过薄 U_{413} $W_{413}=0.5816$
		锚杆 U_{42} $\lambda_{max}=3.0183$ $CR=0.0176$ $W=0.3874$	锚杆材料及种类不当 U_{421} $W_{421}=0.1692$
			锚杆间距与布置不合理 U_{422} $W_{422}=0.3874$
			锚杆长度不合适 U_{423} $W_{423}=0.4434$
		钢拱架 U_{43} $\lambda_{max}=2$ $CR=0$ $W=0.4434$	钢拱架连接强度不够 U_{431} $W_{431}=0.5000$
			钢拱架材料及加工不合理 U_{432} $W_{432}=0.5000$
	二次衬砌支护风险 U_5 $\lambda_{max}=4.1179$ $CR=0.0442$ $W_5=0.1051$	混凝土质量不达标 U_{51} $W=0.4295$	
		混凝土施工工艺不当 U_{52} $W=0.0990$	
		混凝土施工时机不合理 U_{53} $W=0.2066$	

续上表

断层破碎带施工风险 U $\lambda_{max}=9.7039$ $CR=0.0603$	二次衬砌支护风险 U_5 $\lambda_{max}=4.1179$ $CR=0.0442$ $W_5=0.1051$	混凝土养护条件及养护时间不合理 U_{54} $W=0.2649$	
	防排水风险 U_6 $\lambda_{max}=2$ $CR=0$ $W_6=0.0413$	防水风险 U_{61} $\lambda_{max}=1$ $CR=0$ $W=0.5000$	防水材料质量不达标 U_{611} $W_{611}=0.6667$
			防水材料施工工艺不当 U_{612} $W_{612}=0.3333$
		排水风险 U_{62} $\lambda_{max}=2$ $CR=0$ $W=0.5000$	施工排水能力不足 U_{622} $W_{622}=0.6667$
			施工排水方案不合理 U_{623} $W_{623}=0.3333$
	监控量测风险 U_7 $\lambda_{max}=5.0798$ $CR=0.0178$ $W_7=0.0350$	监测报警系统故障 U_{71} $W=0.4516$	
		位移、变形量测风险 U_{72} $W=0.0598$	
		压力应力量测风险 U_{73} $W=0.0598$	
		监测数据准确性风险 U_{74} $W=0.2812$	
		量测信息反馈不及时 U_{75} $W=0.1478$	
	施工管理风险 U_8 $\lambda_{max}=3.0536$ $CR=0.0516$ $W_8=0.0350$	施工人员经验及技术水平低 U_{81} $W=0.3325$	
		施工组织设计不合理 U_{82} $W=0.1396$	
		无应急预案 U_{83} $W=0.5278$	
	其他因素风险 U_9 $\lambda_{max}=3.0092$ $CR=0.0088$ $W_9=0.0192$	台风、暴雨等气候风险 U_{91} $W=0.1744$	
		海潮 92 $W=0.1919$	
		地震 93 $W=0.6337$	

4) 风险发生概率及风险损失模糊估计

通过向专家发放各风险因素发生概率及风险损失模糊估计调查表,将收回的调查表进行加权平均计算,可得到基本风险因素的概率隶属的和损失隶属度见表 8.1-25 和表 8.1-26。

基本风险发生概率隶属度 表 8.1-25

风险因素	1(A)	2(B)	3(C)	4(D)	5(E)
U_{11}	0	0	0.104	0.393	0.503
U_{12}	0	0	0.106	0.403	0.491
U_{211}	0	0.217	0.461	0.221	0.101
U_{212}	0	0.229	0.472	0.209	0.09
U_{213}	0	0.071	0.618	0.279	0.032
U_{214}	0	0.449	0.21	0.241	0.1
U_{221}	0	0.108	0.572	0.144	0.104
U_{222}	0	0.294	0.542	0.074	0.09
U_{223}	0	0.132	0.502	0.274	0.092
U_{224}	0	0.09	0.582	0.225	0.103
U_{231}	0	0.204	0.33	0.296	0.107
U_{232}	0	0.032	0.372	0.293	0.106
U_{233}	0	0.259	0.52	0.141	0.08
U_{234}	0	0.218	0.3	0.452	0.03
U_{311}	0	0.292	0.482	0.226	0
U_{312}	0	0.203	0.566	0.231	0
U_{313}	0	0.434	0.353	0.213	0
U_{314}	0	0.103	0.533	0.364	0
U_{32}	0.03	0.325	0.312	0.163	0.17
U_{33}	0.09	0.382	0.249	0.15	0.129
U_{34}	0	0.175	0.43	0.2	0.195
U_{411}	0	0	0.06	0.351	0.589
U_{412}	0.204	0.439	0.105	0.252	0
U_{413}	0.263	0.21	0.317	0.21	0
U_{421}	0.317	0.31	0.315	0.158	0
U_{422}	0.313	0.405	0.282	0	0
U_{423}	0.35	0.42	0.23	0	0
U_{431}	0	0.269	0.493	0.238	0
U_{432}	0	0.265	0.519	0.216	0
U_{51}	0.42	0.473	0.107	0	0
U_{52}	0	0.419	0.439	0.142	0
U_{53}	0	0.428	0.472	0.1	0
U_{54}	0	0.484	0.391	0.125	0

续上表

风险因素	1(A)	2(B)	3(C)	4(D)	5(E)
U_{611}	0.167	0.235	0.47	0.128	0
U_{612}	0.315	0.596	0.089	0	0
U_{621}	0.317	0.231	0.452	0	0
U_{622}	0.269	0.519	0.212	0	0
U_{71}	0	0.602	0.31	0.088	0
U_{72}	0.213	0.472	0.315	0	0
U_{73}	0.228	0.529	0.243	0	0
U_{74}	0.237	0.35	0.413	0	0
U_{75}	0.21	0.418	0.175	0.197	0
U_{81}	0.219	0.372	0.104	0.305	0
U_{82}	0.214	0.273	0.413	0.1	0
U_{83}	0.492	0.128	0.161	0.219	0
U_{91}	0.319	0.473	0.208	0	0
U_{92}	0.318	0.527	0.155	0	0
U_{93}	0.514	0.385	0.101	0	0

基本风险因素损失隶属度   表8.1-26

风险因素	1	2	3	4	5
U_{11}	0	0.065	0.431	0.397	0.107
U_{12}	0	0.144	0.361	0.405	0.09
U_{211}	0	0.313	0.486	0.201	0
U_{212}	0	0.164	0.642	0.194	0
U_{213}	0	0.341	0.43	0.129	0.1
U_{214}	0.02	0.209	0.462	0.218	0.101
U_{221}	0.411	0.38	0.107	0.102	0
U_{222}	0.23	0.352	0.301	0.117	0
U_{223}	0.173	0.326	0.189	0.232	0.08
U_{224}	0.109	0.339	0.399	0.153	0
U_{231}	0	0.247	0.429	0.324	0
U_{232}	0.299	0.268	0.133	0.16	0.14
U_{233}	0	0.317	0.426	0.257	0
U_{234}	0.286	0.348	0.261	0.105	0
U_{311}	0	0.324	0.582	0.094	0
U_{312}	0.198	0.106	0.429	0.267	0
U_{313}	0	0.183	0.247	0.395	0.175
U_{314}	0	0	0.273	0.514	0.213

续上表

风险因素	1	2	3	4	5
U_{32}	0	0	0.253	0.314	0.433
U_{33}	0	0.288	0.363	0.349	0
U_{34}	0	0.324	0.481	0.195	0
U_{411}	0		0.238	0.296	0.466
U_{412}	0	0.216	0.459	0.325	0
U_{413}	0	0.243	0.515	0.242	0
U_{421}	0	0.249	0.397	0.354	0
U_{422}	0	0.229	0.524	0.247	0
U_{423}	0	0.238	0.435	0.327	0
U_{431}	0	0.243	0.394	0.363	0
U_{432}	0	0.127	0.531	0.342	0
U_{51}	0	0.329	0.394	0.177	0.1
U_{52}	0	0.392	0.472	0.136	0
U_{53}	0	0.342	0.401	0.257	0
U_{54}	0	0.53	0.318	0.152	0
U_{611}	0.215	0.241	0.349	0.195	0
U_{612}	0.478	0.324	0.198	0	0
U_{621}	0	0.243	0.514	0.243	0
U_{622}	0	0.245	0.428	0.327	0
U_{71}	0	0	0.243	0.264	0.493
U_{72}	0.43	0.294	0.276	0	0
U_{73}	0.514	0.256	0.23	0	0
U_{74}	0	0	0.281	0.324	0.395
U_{75}	0	0	0.248	0.429	0.323
U_{81}	0	0.216	0.418	0.366	0
U_{82}	0.247	0.374	0.215	0.164	0
U_{83}	0.147	0.512	0.341	0	0
U_{91}	0.461	0.29	0.249	0	0
U_{92}	0.629	0.204	0.167	0	0
U_{93}	0	0.16	0.347	0.493	0

5）风险因素评价

以开挖风险为例，进行断层破碎带施工分级模糊综合评估。依据构建的断层破碎带施工风险体系，开挖风险包括爆破作业风险、开挖方式选择不当、循环进尺过大、作业面封闭不及时四个二级风险因素。其中爆破作业风险包括炮眼布设不合理、炮眼装药量不合理、起爆时间间隔不当、爆破方式选取不当四个三级风险因素。

(1) 发生概率一级模糊综合评估

对爆破作业风险发生概率进行一级模糊综合评估,依据专家对爆破风险发生概率隶属度加权平均结果,构建爆破风险发生概率评判矩阵:

$$R_{31} = \begin{bmatrix} f_{311,1} & f_{311,2} & f_{311,3} & f_{311,4} & f_{311,5} \\ f_{312,1} & f_{312,2} & f_{312,3} & f_{312,4} & f_{312,5} \\ f_{313,1} & f_{313,2} & f_{313,3} & f_{313,4} & f_{313,5} \\ f_{314,1} & f_{314,2} & f_{314,3} & f_{314,4} & f_{314,5} \end{bmatrix} = \begin{bmatrix} 0 & 0.292 & 0.482 & 0.226 & 0 \\ 0 & 0.203 & 0.566 & 0.231 & 0 \\ 0 & 0.434 & 0.353 & 0.213 & 0 \\ 0 & 0.103 & 0.533 & 0.364 & 0 \end{bmatrix}$$

在单因素隶属度判断矩阵和权重集确定后,一级模糊综合评估结果:

$$B_{31} = W_{31} R_{31} = \begin{bmatrix} w_{311} & w_{312} & w_{313} & w_{314} & w_{315} \end{bmatrix} \begin{bmatrix} f_{311,1} & f_{311,2} & f_{311,3} & f_{311,4} & f_{311,5} \\ f_{312,1} & f_{312,2} & f_{312,3} & f_{312,4} & f_{312,5} \\ f_{313,1} & f_{313,2} & f_{313,3} & f_{313,4} & f_{313,5} \\ f_{314,1} & f_{314,2} & f_{314,3} & f_{314,4} & f_{314,5} \end{bmatrix}$$

$$= \begin{bmatrix} 0.6059 & 0.2232 & 0.0892 & 0.0817 \end{bmatrix} \begin{bmatrix} 0.292 & 0.482 & 0.226 & 0 & 0 \\ 0.203 & 0.231 & 0.566 & 0 & 0 \\ 0.213 & 0.434 & 0.353 & 0 & 0 \\ 0.103 & 0.533 & 0.364 & 0 & 0 \end{bmatrix}$$

$$= \begin{bmatrix} 0 & 0.2694 & 0.4934 & 0.2372 & 0 \end{bmatrix}$$

(2) 发生概率二级模糊综合评估

将爆破作业一级模糊综合评估结果与开挖方法、循环进尺及工作面封闭不及时的风险发生概率隶属度合并共同组成开挖风险发生概率的二级判断矩阵:

$$R_3 = (R_{31}, R_{32}, R_{33}, R_{34})^\mathrm{T} = \begin{bmatrix} 0 & 0.2694 & 0.4934 & 0.2372 & 0 \\ 0.1 & 0.425 & 0.212 & 0.163 & 0.1 \\ 0.09 & 0.382 & 0.249 & 0.15 & 0.129 \\ 0 & 0.175 & 0.43 & 0.2 & 0.195 \end{bmatrix}$$

根据开挖风险二级评估矩阵及其权重,采用加权平均型的模糊变换运算,则开挖风险发生概率的二级模糊综合评估结果:

$$B_3 = W_3 R_3 = \begin{bmatrix} w_{31} & w_{32} & w_{33} & w_{34} \end{bmatrix} \begin{bmatrix} f_{31,1} & f_{31,2} & f_{31,3} & f_{31,4} & f_{31,5} \\ f_{32,1} & f_{32,2} & f_{32,3} & f_{32,4} & f_{32,5} \\ f_{33,1} & f_{33,2} & f_{33,3} & f_{33,4} & f_{33,5} \\ f_{34,1} & f_{34,2} & f_{34,3} & f_{34,4} & f_{34,5} \end{bmatrix}$$

$$= \begin{bmatrix} 0.0863 & 0.1428 & 0.2641 & 0.5068 \end{bmatrix} \begin{bmatrix} 0 & 0.2694 & 0.4934 & 0.2372 & 0 \\ 0.1 & 0.425 & 0.212 & 0.163 & 0.1 \\ 0.09 & 0.382 & 0.249 & 0.15 & 0.129 \\ 0 & 0.175 & 0.43 & 0.2 & 0.195 \end{bmatrix}$$

$$= \begin{bmatrix} 0.0281 & 0.2592 & 0.3708 & 0.1847 & 0.1572 \end{bmatrix}$$

最后得到开挖风险概率评估值:

$$F_3 = VB_3^\mathrm{T} = (1 \quad 2 \quad 3 \quad 4 \quad 5) \begin{pmatrix} 0.0281 \\ 0.2592 \\ 0.3708 \\ 0.1847 \\ 0.1572 \end{pmatrix} = 3.1837$$

(3)风险损失一级模糊综合评估

依据专家对爆破风险损失等级隶属度加权平均结果,构建爆破风险损失等级评判矩阵:

$$R'_{31} = \begin{bmatrix} f'_{311,1} & f'_{311,2} & f'_{311,3} & f'_{311,4} & f'_{311,5} \\ f'_{312,1} & f'_{312,2} & f'_{312,3} & f'_{312,4} & f'_{312,5} \\ f'_{313,1} & f'_{313,2} & f'_{313,3} & f'_{313,4} & f'_{313,5} \\ f'_{314,1} & f'_{314,2} & f'_{314,3} & f'_{314,4} & f'_{314,5} \end{bmatrix} = \begin{bmatrix} 0 & 0.324 & 0.582 & 0.094 & 0 \\ 0.198 & 0.106 & 0.429 & 0.267 & 0 \\ 0 & 0.183 & 0.247 & 0.395 & 0.175 \\ 0 & 0 & 0.273 & 0.514 & 0.213 \end{bmatrix}$$

在单因素隶属度判断矩阵和权重集确定后,爆破风险损失等级一级模糊综合评估结果:

$$\begin{aligned}
B'_{31} &= W_{31}R'_{31} = \begin{bmatrix} w'_{311} & w'_{312} & w'_{313} & w'_{314} & w'_{315} \end{bmatrix} \begin{bmatrix} f'_{311,1} & f'_{311,2} & f'_{311,3} & f'_{311,4} & f'_{311,5} \\ f'_{312,1} & f'_{312,2} & f'_{312,3} & f'_{312,4} & f'_{312,5} \\ f'_{313,1} & f'_{313,2} & f'_{313,3} & f'_{313,4} & f'_{313,5} \\ f'_{314,1} & f'_{314,2} & f'_{314,3} & f'_{314,4} & f'_{314,5} \end{bmatrix} \\
&= \begin{bmatrix} 0.6059 & 0.2232 & 0.0892 & 0.0817 \end{bmatrix} \begin{bmatrix} 0.0442 & 0.2363 & 0.4927 & 0.1938 & 0.0817 \\ 0 & 0 & 0.253 & 0.314 & 0.433 \\ 0 & 0.288 & 0.363 & 0.349 & 0 \\ 0 & 0.324 & 0.481 & 0.195 & 0 \end{bmatrix} \\
&= \begin{bmatrix} 0.0442 & 0.2363 & 0.4927 & 0.1938 & 0.0330 \end{bmatrix}
\end{aligned}$$

将爆破作业一级模糊综合评估结果与开挖方法、循环进尺及工作面封闭不及时的风险损失等级隶属度合并共同组成开挖风险损失等级的二级判断矩阵:

$$R'_3 = (R'_{31}, R'_{32}, R'_{33}, R'_{34})^\mathrm{T} = \begin{bmatrix} 0.0442 & 0.2363 & 0.4927 & 0.1938 & 0.0817 \\ 0 & 0 & 0.253 & 0.314 & 0.433 \\ 0 & 0.288 & 0.363 & 0.349 & 0 \\ 0 & 0.324 & 0.481 & 0.195 & 0 \end{bmatrix}$$

根据开挖风险二级评估矩阵及其权重,采用加权平均型的模糊变换运算,则开挖风险损失等级二级模糊综合评估结果:

$$B'_3 = W_3 R'_3 = \begin{bmatrix} w_{31} & w_{32} & w_{33} & w_{34} \end{bmatrix} \begin{bmatrix} f'_{311,1} & f'_{311,2} & f'_{311,3} & f'_{311,4} & f'_{311,5} \\ f'_{312,1} & f'_{312,2} & f'_{312,3} & f'_{312,4} & f'_{312,5} \\ f'_{313,1} & f'_{313,2} & f'_{313,3} & f'_{313,4} & f'_{313,5} \\ f'_{314,1} & f'_{314,2} & f'_{314,3} & f'_{314,4} & f'_{314,5} \end{bmatrix}$$

$$= \begin{bmatrix} 0.0863 & 0.1428 & 0.2641 & 0.5068 \end{bmatrix} \begin{bmatrix} 0.0442 & 0.2363 & 0.4927 & 0.1938 & 0.0817 \\ 0 & 0 & 0.2530 & 0.3140 & 0.4330 \\ 0 & 0.2880 & 0.3630 & 0.3490 & 0 \\ 0 & 0.3240 & 0.4810 & 0.1950 & 0 \end{bmatrix}$$

$$= \begin{bmatrix} 0.0038 & 0.2607 & 0.4183 & 0.2526 & 0.0689 \end{bmatrix}$$

最后得到开挖风险概率评估值：

$$F'_3 = V' B'^{\mathrm{T}}_3 = (1 \quad 2 \quad 3 \quad 4 \quad 5) \begin{pmatrix} 0.0038 \\ 0.2607 \\ 0.4183 \\ 0.2526 \\ 0.0689 \end{pmatrix} = 3.1350$$

则根据风险定义可得：

$$R_3 = F_3 F'_3 = 3.1837 \times 3.1350 = 9.991$$

依据前文风险等级划分，开挖风险值介于 6.25～12.5 之间，属于中度风险，其他风险因素的发生概率及损失程度评估值参照开挖风险发生概率及损失程度的计算方法进行计算，从而得到超前地质预报、超前支护、开挖、初期支护、二次衬砌支护、防排水、监控测量、施工管理及其他因素的风险发生概率及损失程度评估值，依据风险的定义二者乘积即为风险评估值 R，依据风险评估值确定所处风险等级。将各风险因素风险值及风险等级结果汇总，见表 8.1-27。

各风险因素风险等级　　　　　　　　　　　表 8.1-27

风险因素	发生概率隶属度	发生概率评估值	损失值隶属度	易损性评估值	风险评估值	风险等级
超前地质预报风险	(0,0,0.1050,0.3980,0.4970)	4.3920	(0,0.1045,0.3960,0.4010,0.0985)	3.4935	15.343	高度
超前支护风险	(0,0.1651,0.4291,0.2573,0.0957)	3.1247	(0.1076,0.2919,0.3501,0.2231,0.0276)	2.7720	8.662	中度
开挖风险	(0.0281,0.2592,0.3708,0.1847,0.1572)	3.1837	(0.0038,0.2607,0.4183,0.2526,0.0689)	3.1350	9.991	中度
初期支护风险	(0.1575,0.3004,0.3631,0.1547,0.0308)	2.6205	(0,0.20150,0.4561,0.3181,0.0244)	3.1653	8.295	中度
二次衬砌支护风险	(0.1804,0.4613,0.2905,0.0678,0)	2.2458	(0,0.3912,0.3830,0.1828,0.0430)	2.8776	6.463	中度

续上表

风险因素	发生概率隶属度	发生概率评估值	损失值隶属度	易损性评估值	风险评估值	风险等级
防排水风险	(0.2587,0.3412,0.3575,0.0427,0)	2.1842	(0.1513,0.2562,0.3920,0.2005,0)	2.6417	5.770	轻度
监控测量风险	(0.1241,0.4919,0.3154,0.0689,0)	2.3294	(0.0565,0.0329,0.2557,0.2737,0.3815)	3.8914	9.065	中度
施工管理风险	(0.3624,0.2294,0.1772,0.2310,0)	2.2766	(0.1121,0.3943,0.3490,0.1446,0)	2.5259	5.750	轻度
其他因素风险	(0.4424,0.4276,0.1300,0,0)	1.6876	(0.2011,0.1911,0.2954,0.3124,0)	2.7191	4.589	轻度

（4）断层破碎带施工风险模糊综合评估

依据表8.1-27，各二级因素模糊隶属度构建施工风险发生概率评判矩阵：

$$R = \begin{bmatrix} f_{1,1} & f_{1,2} & f_{1,3} & f_{1,4} & f_{1,5} \\ f_{2,1} & f_{2,2} & f_{2,3} & f_{2,4} & f_{2,5} \\ f_{3,1} & f_{3,2} & f_{3,3} & f_{3,4} & f_{3,5} \\ f_{4,1} & f_{4,2} & f_{4,3} & f_{4,4} & f_{4,5} \\ f_{5,1} & f_{5,2} & f_{5,3} & f_{5,4} & f_{5,5} \\ f_{1,1} & f_{1,2} & f_{1,3} & f_{1,4} & f_{1,5} \\ f_{6,1} & f_{6,2} & f_{6,3} & f_{6,4} & f_{6,5} \\ f_{7,1} & f_{7,2} & f_{7,3} & f_{7,4} & f_{7,5} \\ f_{8,1} & f_{8,2} & f_{8,3} & f_{8,4} & f_{8,5} \\ f_{9,1} & f_{9,2} & f_{9,3} & f_{9,4} & f_{9,5} \end{bmatrix} = \begin{bmatrix} 0 & 0 & 0.1050 & 0.3980 & 0.4970 \\ 0 & 0.1651 & 0.4291 & 0.2573 & 0.0957 \\ 0.0281 & 0.2592 & 0.3708 & 0.1847 & 0.1572 \\ 0.1575 & 0.3004 & 0.3631 & 0.1547 & 0.0308 \\ 0.1804 & 0.4613 & 0.2905 & 0.0678 & 0 \\ 0.2587 & 0.3412 & 0.3575 & 0.0427 & 0 \\ 0.1241 & 0.4919 & 0.3154 & 0.0689 & 0 \\ 0.3624 & 0.2294 & 0.1772 & 0.2310 & 0 \\ 0.4424 & 0.4276 & 0.1300 & 0 & 0 \end{bmatrix}$$

则断层破碎带施工风险发生概率模糊综合评估结果：

$$B = WR = \begin{bmatrix} W_1 \\ W_2 \\ W_3 \\ W_4 \\ W_5 \\ W_6 \\ W_7 \\ W_8 \\ W_9 \end{bmatrix}^T \begin{bmatrix} f_{1,1} & f_{1,2} & f_{1,3} & f_{1,4} & f_{1,5} \\ f_{2,1} & f_{2,2} & f_{2,3} & f_{2,4} & f_{2,5} \\ f_{3,1} & f_{3,2} & f_{3,3} & f_{3,4} & f_{3,5} \\ f_{4,1} & f_{4,2} & f_{4,3} & f_{4,4} & f_{4,5} \\ f_{5,1} & f_{5,2} & f_{5,3} & f_{5,4} & f_{5,5} \\ f_{1,1} & f_{1,2} & f_{1,3} & f_{1,4} & f_{1,5} \\ f_{6,1} & f_{6,2} & f_{6,3} & f_{6,4} & f_{6,5} \\ f_{7,1} & f_{7,2} & f_{7,3} & f_{7,4} & f_{7,5} \\ f_{8,1} & f_{8,2} & f_{8,3} & f_{8,4} & f_{8,5} \\ f_{9,1} & f_{9,2} & f_{9,3} & f_{9,4} & f_{9,5} \end{bmatrix}$$

$$= \begin{bmatrix} 0.1088 \\ 0.1499 \\ 0.1989 \\ 0.3068 \\ 0.1051 \\ 0.0413 \\ 0.0350 \\ 0.0350 \\ 0.0192 \end{bmatrix}^T \begin{bmatrix} 0 & 0 & 0.1050 & 0.3980 & 0.4970 \\ 0 & 0.1651 & 0.4291 & 0.2573 & 0.0957 \\ 0.0281 & 0.2592 & 0.3708 & 0.1847 & 0.1572 \\ 0.1575 & 0.3004 & 0.3631 & 0.1547 & 0.0308 \\ 0.1804 & 0.4613 & 0.2905 & 0.0678 & 0 \\ 0.2587 & 0.3412 & 0.3575 & 0.0427 & 0 \\ 0.1241 & 0.4919 & 0.3154 & 0.0689 & 0 \\ 0.3624 & 0.2294 & 0.1772 & 0.2310 & 0 \\ 0.4424 & 0.4276 & 0.1300 & 0 & 0 \end{bmatrix}$$

$$= [0.1091 \quad 0.2645 \quad 0.3259 \quad 0.1855 \quad 0.1091]$$

则断层破碎带施工风险概率评估值结果：

$F = VB^T = [1 \quad 2 \quad 3 \quad 4 \quad 5][0.1091 \quad 0.2645 \quad 0.3259 \quad 0.1855 \quad 0.1091]^T = 2.9034$

依据表 8.1-27，各二级因素模糊隶属度构建施工风险损失等级评判矩阵：

$$R' = \begin{bmatrix} f'_{1,1} & f'_{1,2} & f'_{1,3} & f'_{1,4} & f'_{1,5} \\ f'_{2,1} & f'_{2,2} & f'_{2,3} & f'_{2,4} & f'_{2,5} \\ f'_{3,1} & f'_{3,2} & f'_{3,3} & f'_{3,4} & f'_{3,5} \\ f'_{4,1} & f'_{4,2} & f'_{4,3} & f'_{4,4} & f'_{4,5} \\ f'_{5,1} & f'_{5,2} & f'_{5,3} & f'_{5,4} & f'_{5,5} \\ f'_{1,1} & f'_{1,2} & f'_{1,3} & f'_{1,4} & f'_{1,5} \\ f'_{6,1} & f'_{6,2} & f'_{6,3} & f'_{6,4} & f'_{6,5} \\ f'_{7,1} & f'_{7,2} & f'_{7,3} & f'_{7,4} & f'_{7,5} \\ f'_{8,1} & f'_{8,2} & f'_{8,3} & f'_{8,4} & f'_{8,5} \\ f'_{9,1} & f'_{9,2} & f'_{9,3} & f'_{9,4} & f'_{9,5} \end{bmatrix} = \begin{bmatrix} 0 & 0.1045 & 0.3960 & 0.4010 & 0.0985 \\ 0.1076 & 0.2919 & 0.3501 & 0.2231 & 0.0276 \\ 0.0038 & 0.2607 & 0.4183 & 0.2526 & 0.0689 \\ 0 & 0.2015 & 0.4561 & 0.3181 & 0.0244 \\ 0 & 0.3912 & 0.3830 & 0.1828 & 0.0430 \\ 0.1513 & 0.2562 & 0.0392 & 0.2005 & 0 \\ 0.0565 & 0.0329 & 0.2557 & 0.2737 & 0.3815 \\ 0.1121 & 0.3943 & 0.3490 & 0.1446 & 0 \\ 0.2011 & 0.1911 & 0.2954 & 0.3124 & 0 \end{bmatrix}$$

则断层破碎带施工损失模糊评价：

$$B' = WR' = \begin{bmatrix} W_1 \\ W_2 \\ W_3 \\ W_4 \\ W_5 \\ W_6 \\ W_7 \\ W_8 \\ W_9 \end{bmatrix}^T \begin{bmatrix} f'_{1,1} & f'_{1,2} & f'_{1,3} & f'_{1,4} & f'_{1,5} \\ f'_{2,1} & f'_{2,2} & f'_{2,3} & f'_{2,4} & f'_{2,5} \\ f'_{3,1} & f'_{3,2} & f'_{3,3} & f'_{3,4} & f'_{3,5} \\ f'_{4,1} & f'_{4,2} & f'_{4,3} & f'_{4,4} & f'_{4,5} \\ f'_{5,1} & f'_{5,2} & f'_{5,3} & f'_{5,4} & f'_{5,5} \\ f'_{1,1} & f'_{1,2} & f'_{1,3} & f'_{1,4} & f'_{1,5} \\ f'_{6,1} & f'_{6,2} & f'_{6,3} & f'_{6,4} & f'_{6,5} \\ f'_{7,1} & f'_{7,2} & f'_{7,3} & f'_{7,4} & f'_{7,5} \\ f'_{8,1} & f'_{8,2} & f'_{8,3} & f'_{8,4} & f'_{8,5} \\ f'_{9,1} & f'_{9,2} & f'_{9,3} & f'_{9,4} & f'_{9,5} \end{bmatrix}$$

$$= \begin{bmatrix} 0.0632 & 0.3456 & 0.4962 & 0.3121 & 0.0539 \end{bmatrix}$$

则断层破碎带施工风险损失估计值：

$$F' = V[B']^T = \begin{bmatrix} 1 & 2 & 3 & 4 & 5 \end{bmatrix} \begin{bmatrix} 0.0632 & 0.3456 & 0.4962 & 0.3121 & 0.0539 \end{bmatrix}^T = 3.7608$$

则根据风险的定义得：

$$B = FF' = 2.9034 \times 3.7608 = 10.9191$$

依据前文风险等级划分,海底隧道断层破碎带施工整体风险值介于 6.25 ~ 12.5 之间,属于中度风险。

(5)断层破碎带施工风险模糊综合评价

综上所述,青岛地铁 1 号线海底隧道断层破碎带施工整体风险等级为中度风险,属于可接受的范围,应采取防范及相应的监控措施。其中超前地质预报风险属于高度风险,为不可接受风险,应制定相应的控制对策及预警措施;超前支护、开挖、初期支护、二次衬砌支护、监控量测属于中度风险,也属于可接受的范围;防排水风险、施工管理及其他因素风险属于轻度风险,属于可容许风险,只需加强日常管理审视即可。

8.2 海底盾构隧道换刀技术

海底盾构隧道的独头掘进距离长,所处地层水压力高,且掘进过程中盾构刀具的磨损和更换不可避免。相对于一般陆地盾构隧道,在超高水压、不稳定地层中的换刀风险更高,为了确保开挖面稳定和施工人员安全健康,业内逐渐发展出地层加固常压换刀、压缩空气换刀、减压限排换刀、饱和气体带压进仓换刀以及基于换刀装置的常压换刀技术,这些方法有以下各自的适用条件:

(1)开仓常压换刀技术——硬岩或加固后具有良好自稳性与隔水性的地层。
(2)带压进仓换刀技术——各类软弱地层,单次作业时间受限,工效较低。
(3)减压限排换刀技术——弱透水、具有部分自稳性地层。
(4)饱和气体带压进仓换刀技术——各类软弱地层,作业连续。
(5)基于换刀装置的常压换刀技术——主要针对刀盘正面刀具。

8.2.1 基于磨损预测模型的主动换刀技术

1)简易化盘型滚刀磨损预测模型

滚刀的磨损量受施工法、土质、滑动距离、刀具形状、刀具材质、推进速度、刀盘转速等因素影响,是一个复杂的系统工程,国内外科研人员也进行了大量研究工作,提出了种类繁多得预测模型,预测模型的应用均相当复杂,且预测的准确性有待商榷,实用性不强,对于现场工程技术人员而言更是难于理解。为此,在前人工作的基础上提出一种简易化预测经验公式,抓住主要变量,借鉴"黑箱理论"将其余复杂的影响因素封装为一个常量 K,搜集部分工程案例刀具磨损数据,给出 K 值的取值范围,以供工程技术人员工作使用。影响刀具磨损的主要因素包括 R(刀具安装轨迹半径)、r(刀盘转速)、S(推进速度)、L(掘进距离),则预测公式简化为式(8.2-1)、式(8.2-2)。

$$\delta = \frac{2\pi RKrL}{S} \tag{8.2-1}$$

$$\delta = \frac{2\pi RKL}{d} \tag{8.2-2}$$

式中:δ——刀具磨损量(mm);
R——刀具安装轨迹半径(m);
r——刀盘转速(r/min);
S——推进速度(m/min);
L——掘进距离(m);
d——贯入度(mm/r)。

注:①本式仅针对单一地层,若为复合地层,K 值可根据分层厚度进行加权平均。②式中 S/r 即为贯入度 d(mm/r),为便于研究对比,常规贯入度按 10mm 考虑。③假设刀具的磨损量与其行走路径长度成正比。

由此,工程技术人员只需要确定磨损系数 K,即可预测出刀具磨损量,从而预估换刀里程。由于 K 的取值的影响因素众多,拟根据实际工程反馈数据来反算 K 的经验值范围。

2) 磨损系数 K 取值

厦门地铁 3 号线滚刀轨迹半径如图 8.2-1 所示。

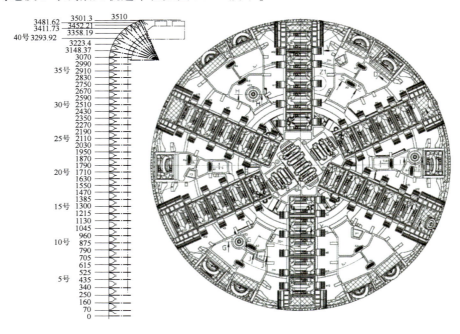

图 8.2-1　厦门地铁 3 号线滚刀轨迹分布图

以区间左线(35～413 环)段为例:统计区间掘进 94.95m,主要穿越了全强风化花岗岩 94.95m。正面滚刀磨损量为 2mm,则 $K = 2 \times 10/(2 \times 3.14 \times 2.11 \times 94.95) = 0.0159$。

将盾构穿越不同地层段的数据进行整理,统计结果见表 8.2-1,同时作数值散点分布图,如图 8.2-2 所示。

不同地层 K 值统计　　　　　　　　　表 8.2-1

序号	盾构穿越地层	K 值
1	黏土层 163m、中、粗、砾砂 230m、全风化花岗岩 103.5m	0.0325
2	全强风化花岗岩	0.0159
3	全强风化花岗岩	0.0244
4	全强风化花岗岩	0.019
5	全强风化花岗岩	0.047
6	黏土层 163m、中、粗、砾砂 230m、全风化花岗岩 103.5m	0.0212
7	全强风化花岗岩	0.019
8	全强风化花岗岩	0.0245
9	全强风化花岗岩	0.0936
10	微风化花岗岩	0.772

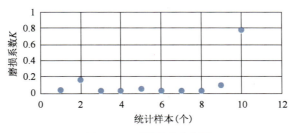

图 8.2-2　K 值散点分布图

由上表及上图可知,全强风化地层中,K 值介于 0.015～0.100 之间,中微风化地层中,K 值在 0.770 左右。

3）主动换刀原则

滚刀的更换的准则:正滚刀磨损量≥20～25mm 更换;边滚刀磨损量≥10～12mm;中心滚刀磨损量≥30～35mm 更换。

边滚刀允许磨损量约为正滚刀允许磨损量的一半,为了节约成本、最大限度延长滚刀刀圈的使用寿命,通常更换下的边滚刀可用来替换正滚刀,该方法不会对掘进产生不利影响。特殊情况下(如无完好刀具更换时),可在正滚刀磨损量为 25～30mm 时更换,边滚刀磨损量为 12～15mm 时更换。此外,滚刀轴承失灵或严重损坏致使刀圈不能转动或转动困难,会滑磨表面,造成磨损不均或单边磨损,最终刀圈剥落或断裂严重,刀圈破损不能使用,从而需要及时更换。中心刀一般要同时更换,而边刀的更换一般要统筹考虑,若不同时更换,邻刀刀尖高差不能太大;正滚刀各刀位的刀圈磨损速度因区域不同相差很大,应把正滚刀区分为几个区域,某个区域的大部分刀圈磨损达到或接近换刀准则时应同时更换,并对区域边缘刀圈高差进行调整,尽可能做到平顺。

刮刀/齿刀合金齿缺损达到一半以上和耐磨层磨损量达 2/3 以上更换。此外,边缘刮刀及齿刀出现较严重崩齿时须更换。

8.2.2　基于换刀装置的常压换刀技术

对于高水压海底盾构隧道施工,主要研究了常压导向螺杆换刀技术、常压伸缩液压缸换刀技术,在此基础上设计一种滚刀常压换刀装置,考虑到滚刀和先行刀的互换性,该滚刀换刀方式也可作为先行刀的换刀装置,结合上述换刀装置的功能和结构特点,分析基于换刀装置的常压换刀技术的可行性、安全性和经济性。

1）常压导向螺杆更换齿刀

常压换刀装置在南京长江隧道项目上已成功使用,盾构机刀盘形式为辐条面板式,直径 14.93m,由 6 个辐条和 6 块三角面板组成,辐条为箱形结构,内部为空腔,施工期间换刀人员可在常压下进入该空腔内检查、更换刀具,刀盘、刀具的结构与布置如图 8.2-3 所示。

刀具由先行刀、齿刀和刮刀等组成,先行刀 16 把,齿刀 189 把,其中常压下可更换的齿刀 71 把,固定齿刀(常压下不能更换,需要带压更换)118 把。在每个刀具开挖轨迹上均有可常压更换的齿刀分布,先行刀和齿刀均安装在 6 根辐条上。

图 8.2-3 刀盘结构和刀具布置示意图

6 根辐臂采用空心体形式,根据刀盘刀具分布位置不同,将部分刀座采用背装式,使这部分刀座上的刀具切削轨迹覆盖整个刀盘面。背装式刀具刀腔内设置闸板,人员可直接进入辐臂内,从刀腔内抽出刀具,之后关闭刀腔闸板,将刀盘前方高压仓与刀臂常压仓隔开,待检查更换新刀具后,打开闸板,装回刀具,实现常压更换刀具。一种常压下可更换刀具(即齿刀)的结构如图 8.2-4 所示。

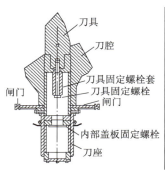
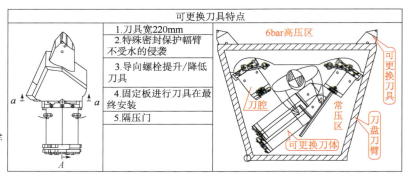

图 8.2-4 一种常压换刀的齿刀结构示意图
注:1bar = 0.1MPa。

常压下可更换的齿刀主要由刀齿、刀座、固定螺栓、刀腔和闸门等组成,刀齿和刀座通过固定螺栓连接为整体,安装固定在刀腔内,刀腔焊接在刀盘上,可利用专用螺杆使刀齿和刀座沿刀具轴线方向在刀腔内前后移动。盾构机掘进期间,刀齿和刀座被推到最前端并固定,此时,刀齿伸出刀盘切削掌子面,检查和更换时,刀齿和刀座整体缩回至刀具前端的闸门后部。关闭闸门后,闸门的前部与开挖仓联通,为高压腔,闸门的后部与刀盘辐条联通,为常压腔。此时,可在常压下进行刀齿的检查、更换工作。

2)常压伸缩液压缸更换齿刀

通过对刀具取出、安装及刀头固定方式等进行优化改进形成第二代常压伸缩液压缸换刀技术,该换刀装置已在南京地铁 4 号线、地铁 10 号线的盾构机上成功使用,该盾构机刀盘采用 5 根辐条,刀盘结构如图 8.2-5 所示。

图 8.2-5 南京地铁刀盘结构图

注：标记为蓝色刀具在 12 点位置更换，标记为红色刀具在 6 点位置更换。

常压伸缩液压缸换刀装置更换齿刀的过程与常压导向螺杆换刀过程类似，仅换刀装置的结构略有不同。盾构机刀盘有足够的空间搭载此换刀装置，在保证该装置可靠性的前提下，使用此装置是可行的；与常压导向螺杆换刀装置类似，作业人员在常压环境下，进入刀盘辐条仓按照操作规程更换齿刀即可。上述两种常压换刀技术主要是针对齿刀进行更换，未考虑复合地层的滚刀更换。

3）常压更换滚刀设计

（1）滚刀换刀装置

针对深茂铁路珠江口隧道等复合地层跨海隧道所用的大直径盾构机的空腔辐条刀盘，设计一种滚刀常压换刀装置如图 8.2-6 所示。该装置主要包含高低压隔离装置、润滑装置、泄压装置、刀座专用拆卸装置和密封装置。通过该常压换刀装置可实现盾构高压环境下常压更换滚刀的目的。

该常压换刀装置设计的主要思路如图 8.2-7 所示，工作人员位于常压仓内，通过换刀装置把位于高压区域的滚刀移动到常压区并保证在移动刀具的过程中保证高压仓和常压区隔离，以此实现常压环境下更换高压环境下的刀具，从而确保换刀过程的安全可靠。

高低压隔离装置主要作用是保证盾构高压区和常压区分离，采用推拉门结构，其中包含的装置有保压门、推拉液压缸。盾构正常掘进时，保压门打开，滚刀伸出刀盘面板；换刀时，滚刀缩回，保压门关闭，保证在常压环境下进行更换滚刀。

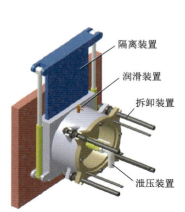

图8.2-6 滚刀常压换刀装置示意图

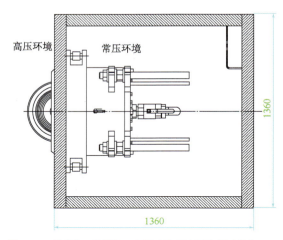

图8.2-7 常压换刀装置与刀盘相对关系示意图(尺寸单位:mm)

润滑装置的主要作用是润滑刀座与保压腔接触面,保证刀座拆卸方便,如图8.2-8所示的局部放大图Ⅰ所示,在保压腔内表面开有一环形沟槽,此装置主要包含注油阀和相关接头等部件。拆卸刀座前须先通过注油阀加润滑油,润滑油通过保压腔的油槽保证刀座周围全部润滑。

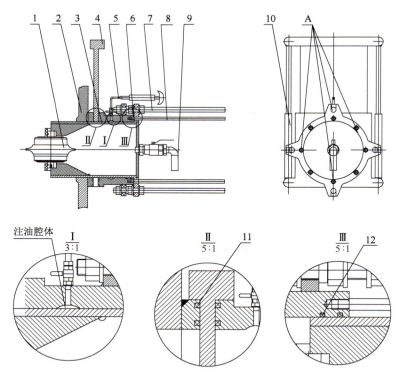

图8.2-8 常压换刀装置内部结构图

1-滚刀;2-刀盘面板;3-刀座;4-保压门;5-注油阀;6-保压腔;7-拆装螺杆;8-导向杆;9-泄压阀;10-驱动液压缸;11-保压门密封圈;12-刀座密封圈

密封装置主要作用是保证闸门和刀座的密封特性。保压门密封的主要作用是保证在换刀过程不会漏气,该密封由两道"O"形密封圈组成,如图 8.2-8 所示的局部放大图Ⅱ所示。刀座密封圈不但要保证换刀过程刀座与保压腔之间的密封,同时也要保证刀盘在掘进过程中刀座与保压腔之间的密封,该处密封由两道"O"形密封圈组成,如图 8.2-9 所示的局部放图Ⅲ所示。

泄压装置主要作用是泄除关闭保压门后刀座腔内的高压环境,保证刀座安全拆卸。泄压装置主要由泄压阀和接头等部件组成。刀座移动到如图 8.2-10 所示的位置并关闭保压门后,打开泄压阀泄除刀座腔内的泥、砂、水和高压气体等,同时也可采用高压水通过此阀门注入刀盘土仓对刀座进行冲洗,防止渣土将保压腔堵死。

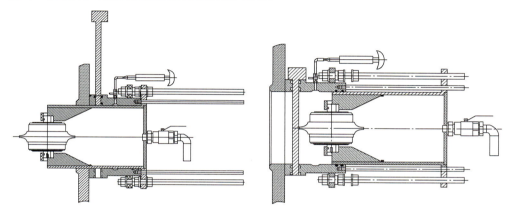

图 8.2-9　滚刀正常工作时的位置　　　　图 8.2-10　滚刀更换时的位置

刀座拆装装置主要作用是满足刀座安全拆卸和安装。此装置共有 4 组,每组由一根螺杆和一根导杆组成,螺杆的作用是为拆装刀座提供推力,导杆的作用是保证刀座的运动方向,安装结构如图 8.2-9 所示。

(2) 滚刀常压换刀过程

刀盘主要分为高压环境和低压环境两个区域。更换刀具前,滚刀处于原始状态,换刀装置如图 8.2-11 所示,此时保压门驱动液压缸杠杆处于伸出状态,保压门打开,滚刀伸出刀盘面板,滚刀处于正常工作位置;此时换刀装置尾部的球阀打开,并通入高压水,对滚刀周围进行冲洗,准备换刀。

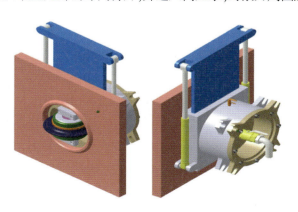

图 8.2-11　换刀前滚刀的初始状态

滚刀进行冲洗之后,关闭换刀装置尾部的球阀;打开换刀装置圆周上的注油阀,向换刀装置筒体内环的油槽内注入润滑油,对刀座进行润滑。

注油完成后关闭注油阀,拆除位于换刀装置尾部的用于安装导向螺杆的 A 组螺栓,将 4 根导向杆安装在螺栓孔处,并把拆装螺杆与保压腔固定在一起,如图 8.2-12 所示。

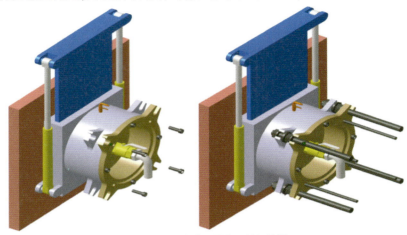

图 8.2-12 安装刀具专用拆卸装置

拆除换刀装置尾部剩余的 4 颗固定螺栓,使用扳手旋转 4 根拆装螺杆上的活动螺母,使刀具(滚刀和刀座)沿导向螺杆均匀缓慢退出;当滚刀退到保压门以内,保压门驱动液压缸回缩,关闭保压门,如图 8.2-13 所示。

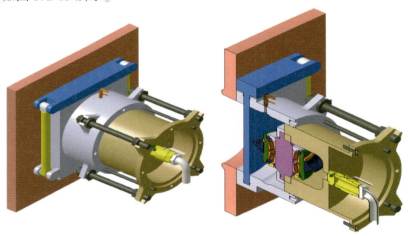

图 8.2-13 利用专用拆卸装置拆除刀具

由于关闭保压门后刀具所处的腔体内为高压状态,并有可能存有泥、水、砂等物质,为保证安全,刀座并不能直接和保压腔分离,须先打开换刀装置尾部的泄压阀泄至常压状态,方可取下刀座对刀具进行更换。刀具更换完成按照拆卸的反顺序进行安装。

该装置要求隧道工程所用的盾构机刀盘有足够的空间搭载此装置,一般直径在 12m 量级,跟上述两种常压换刀装置相同,与带压进仓换刀相比,滚刀常压换刀技术的换刀过程较为简单,消耗的时间少,换刀过程对人员、物资的要求也较低,对工期的影响也较小,因此不需要带压进仓所用的辅助设备,也不存在带压进仓的风险,其安全性和经济性较好。

8.2.3 饱和气体带压换刀技术

目前世界上许多国家的有关压缩空气法规规定(如英国1996年卫生部制定的《压缩空气工作规范》),带压进仓作业一般规定不能超过3.6bar,超过3.6bar的目前国内外没有相应的国家标准。为了扩大带压进仓作业的适应范围,国内外相关盾构制造商联合承包商开展潜水与压缩空气作业的相关研究,该情况下一般需要使用潜水员。目前采用压缩空气作为呼吸空气,最大潜水深度是50m,可呼吸饱和气体允许潜水深度大于100m(中国海军饱和气体潜水目前已经达到480m,欧洲最大潜水深度目前已经达到700m),采用潜水工作的方法可以工作几天甚至几个星期,工作效率大幅提高,因此出现了饱和潜水作业和饱和气体带压进仓作业相接结合的工法,扩展了该工法在地下工程领域的应用范围。

1)饱和气体带压进仓可行性研究

(1)饱和气体深海潜水作业

世界上利用饱和气体潜水作业最大模拟潜水深度700m,即最大水压力为7MPa,其作业程序为首先潜水作业人员进入高压居住舱,按照加压表缓慢加压至预定压力,之后全天候高压环境下观察其作业人员身体、心理及生活状态,确认安全后,将中转舱与生活舱对接,潜水作业人员进入转运舱,转运舱下潜至预定深度(即与舱内同等压力),打开中转舱舱门,人员出舱开始工作。图8.2-14为针对170m潜水作业工法示意图。

(2)饱和气体带压进仓作业

世界上盾构施工利用饱和气体进舱作业,最大压力为0.85MPa,德国北海潜水公司做饱和气体进舱试验已达到1.7MPa,其作业程序为首先带压进仓检查换刀作业,人员进入高压居住舱,按照加压表缓慢加压至预定压力,之后全天候高压环境下观察其作业人员身体、心理及生活状态,确认安全后,将中转舱与生活舱对接,进仓换刀作业人员进入转运舱,将中转舱转移到盾构人舱进行对接,打开中转舱进入盾构人舱,最后到达刀盘仓开始工作。

从上述两种作业方式的基本流程可以分析看出,饱和潜水作业与饱和气体带压进仓作业工法、原理是相同的,仅仅是工作环境和所处介质不同而已,饱和潜水作业所工作环境为海(湖)底,介质为海(湖)水;而盾构饱和气体带压进仓作业所处环境为刀盘仓,介质为仓内高压空气,二者在原理上是相同的。当然,对于超过1.0MPa条件下的饱和气体带压进仓作业,由于目前国内还没有超压条件下作业的相关规范及行业标准,还需要同国内外知名盾构制造商、专业潜水公司及海军潜水队进行精细研究和试验,不断摸索、提高并熟练掌握盾构超高压进仓技术,包括带压进仓专用设备的可靠性、不同压力条件下混合气体的配合比、加压表及减压表等。

2)饱和气体带压作业关键技术

(1)饱和气体带压进仓作业设备

主要包括盾构人舱、可呼吸空气供气系统等。盾构人舱包括主舱和副舱,安装在盾构机的上部。人舱安装有温度计、压力计、表等。每个人舱均可在舱内或舱外进行升压或减压操作。人舱外安装有压力计,显示主人舱、紧急人舱以及开挖仓内的压力,条带记录机记录压力的变化。此外,还有配套的居住舱、运输舱和医疗舱等。

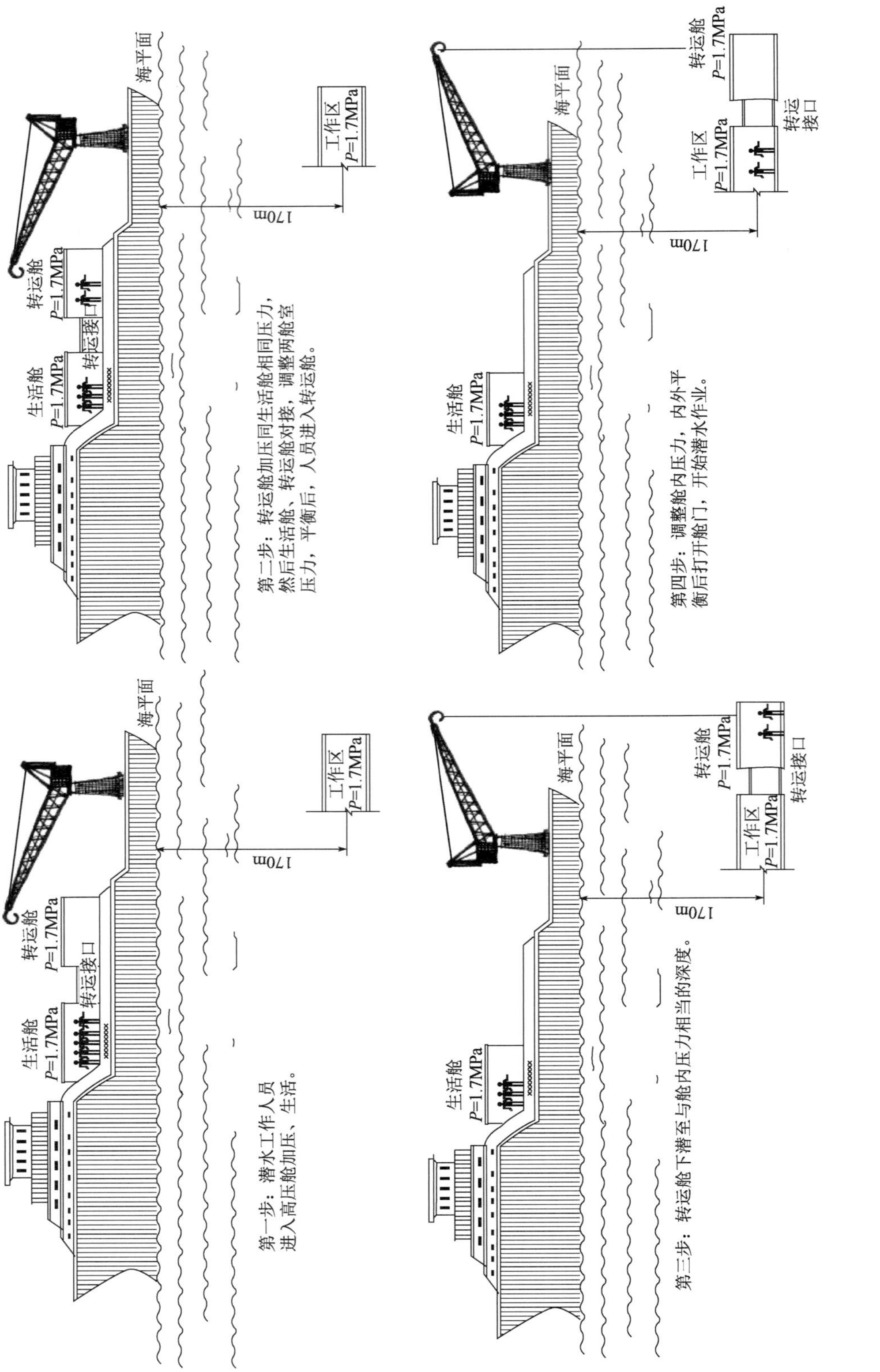

图 8.2-14 超高压饱和潜水作业流程示意图

可呼吸空气供气系统由可呼吸空气压缩机(常规带压进仓呼吸气体)、盾构压力仓隔板上专门安装的法兰连接、潜水头盔和潜水衣等。

(2)压气压力的设定

设定确保开挖面稳定和防止涌水所必需的最小压气压力,以避免施工对周边环境及附近地区产生影响。一般在不发生漏气和喷发的情况下设定压力越高,开挖面稳定效果越好,但是压力越高势必影响带压作业工作效率和人员健康,因此,必须综合研究上述情况,应选择最合适的压气压力。

(3)漏气对策

在压气作业时,为了防止漏气、喷发等现象发生,要充分研究事前调查结果并考虑相应的措施,制作高质量、高性能泥膜,盾构中盾、尾盾充分注浆(防止压缩空气从隧道结构顶部向后逃逸),同时施工过程中应注意压气压力和送气量的变化。

(4)升压和减压控制

为了避免引起带压作业人员减压病,世界上很多国家制定了安全与健康保护法规;有关国家对最大气压和不同气压工作时间的限制及减压过程控制,制定了专用的减压表。超高水压进舱可以参照国内海军深海饱和气体作业升压、减压表进行,并采取相关合作试验研究出适合盾构进仓的标准规范和相关设备。

饱和气体带压进仓技术在国内诸多盾构工程上已开展应用,如南京纬三路过江隧道工程,体现了这种技术的安全性、成熟性。通过饱和气体带压进仓技术,一方面大幅提高了带压进仓的作业效率,保障了盾构施工的安全、顺利进行;另一方面减少了作业人员反复增压减压的次数,降低了作业人员患减压病的风险。同时,通过研究发现,饱和气体带压进仓技术工序烦琐,需要的设备繁多,需要大量专业人员的配合,操作复杂,作业时间较长,对工期的影响较大等缺点,高水压跨海隧道工程地质稳定性不好,需要抵抗的水压较高,若采用饱和气体带压进仓技术将面临较高的施工风险和施工成本。

8.2.4 冻结法辅助开仓换刀技术

海底隧道地层条件复杂,仅靠目前的钻探和物探水平无法准确掌握某些局部变化,进而形成盾构掘进过程中的潜在风险。较为典型的例子如厦门地铁2号线海沧大道站—东渡路站区间。该工程位于厦门西海域,全长3.2km,盾构掘进至417环时,掘进参数发生异常,前期勘察显示该处地层为全断面的强风化变质砂岩,后续补勘显示该处局部侵入高强度微风化安山岩,后续检查发现损坏滚刀、刮刀等合计123把。此外还有厦门地铁3号线五缘湾站—刘五店站区间。该工程位于厦门东海域,全长4.9km,盾构掘进至343环位置时,掘进参数发生异常。泥水仓打捞显示仓内有大块孤石及钻头碎片,分析认为是造成盾构刀具损坏的直接原因,后续检查发现115把损坏刀具,边缘刮刀刀箱也严重磨损。

由于盾构法采用封闭工作仓的原因,对于开挖面异物的检查和处理均比较困难,由此造成的刀具和刀盘磨损往往范围较大,而且需要大量的动火作业,不宜采用带压开仓修复。结合海底隧道的地层特点,厦门地铁3号线海底隧道采用了冻结法辅助常压开仓的修复方案,为非常状态下的被动换刀提供了重要参考

1)总体方案

厦门地铁3号线结法辅助开仓修复方案大致过程为在盾构主机上方搭设海上平台进行垂直冻

结,并结合中盾超前孔水平冻结对开挖面土体进行加固,然后常压开仓更换刀具,其流程如图8.2-15所示。

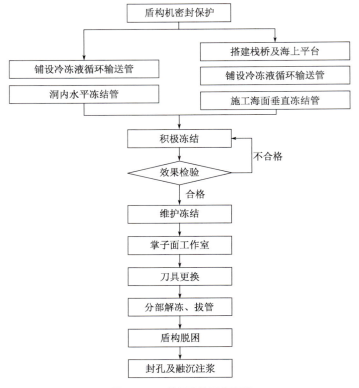

图8.2-15 地层冻结开仓流程

2）准备工作

盾构停机后为确保隧道安全首先对盾体、主轴承密封、铰接密封、盾尾密封进行保护：

（1）向盾尾刷空腔补注油脂,之后利用末2环管片吊装孔注入聚氨酯形成密封环,保护盾尾刷及同步注浆管路。

（2）利用中盾径向孔向机壳外注入衡盾泥,确保周边土体稳定性,方便后期脱困。

（3）对临近10环管片进行二次注浆,进一步封堵后方来水。

（4）检查铰接密封和主轴承密封的保压性能,保持密封腔油脂压力。

为防止低温损伤盾构机零部件,还须采取一些保温防护措施：

（1）将刀盘主驱动齿轮箱注满齿轮油及防冻液,同时连续补充替换主驱动密封腔室的油脂,防止冻结。

（2）不间断开启齿轮油泵系统,利用运转热能保护主驱动。

（3）关闭外循环冷却系统,提升内循环水温度,利用热交换器对齿轮油逆向加热。

（4）在泥水仓隔板铺设保温棉,并安装温度传感器。

3）海上栈桥方案

冷冻站设在翔安侧岸边,通过长约200m的栈桥联通至海上平台,栈桥及平台采用钢管桩基础,铺设型钢连梁及钢板路面,平台长12m,宽15m,高出年最高潮位2m。栈桥的主要作用有通往平台的人行通道；水、电、冷冻管路的铺设通道；施工材料的运输通道。冻结施工在海上进行，且持续时间较长，因此重点考虑栈桥和平台的防台风性能，按照 50 年一遇台风进行设计。

4) 冻结方案

(1) 冻结孔布置及冻结壁厚度

海上共设置 86 个垂直冻结孔及 7 个测温孔，钻孔呈梅花形布置，列间距与行间距介于 800~950mm 之间，距离机壳最小距离 0.2~0.3m，冻结范围包括刀盘前方 3.35m，后方 2.1m，刀盘上方 3m，下方 3m，冻结深度介于 27~39.4m，如图 8.2-16、图 8.2-17 所示。

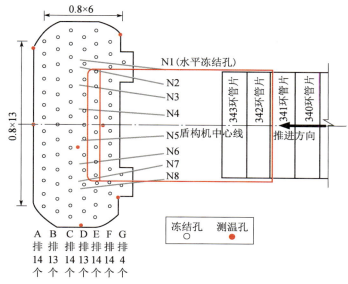

图 8.2-16　垂直冻结孔布置平面示意图 (尺寸单位：m)

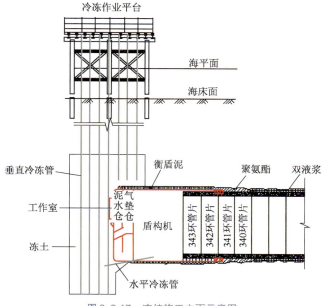

图 8.2-17　冻结施工立面示意图

机体下方的盲区通过中盾下部8个超前孔打设水平超前冻结孔进行加固(图8.2-18),同时在泥水仓和气垫仓底部沿盾壳内壁敷设冻结管作为补充。水平冻结的冷冻机组放置在始发车站内,并通过沿隧道敷设的保温输送管路到达盾构前方。

冷冻壁设计厚度3.35m,冻土平均温度-12℃(抗压强度6.2MPa,抗拉强度3.5MPa,抗剪强度2.2MPa),底部水平冻结壁厚度1.2m,冻土平均温度-6℃(抗压强度3.8MPa,抗拉强度2.4MPa,抗剪强度1.5MPa)。

布设7个测温孔,其中5个均匀分布在冻结体的边界,1个位于刀盘前方开挖面,1个位于盾构切口环上方,温度两侧用仪表为多点半导体测温仪,精度为0.5℃。测量频率为每天2次。

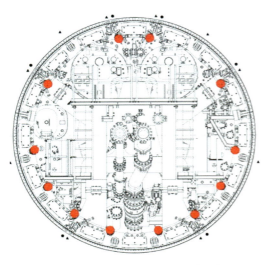

图8.2-18 隧道内水平超前冻结孔示意图

(2)冷冻系统配置

由于涨落潮、地下水波动、冻结冰点低等因素影响,冻结管的散热系数取300kcal/(m²·h)(1kcal/h=1.163W),冷量损失系数取1.5,冷量计算公式见式(8.2-3)。

$$Q = \pi dHKmc \tag{8.2-3}$$

式中:Q——单个洞门冻结需冷量;

d——冷冻加固直径;

H——冻结加固厚度;

K——冷量损失系数;

m——冻结管散热系数;

c——温差值。

计算可知垂直冻结总需冷量37×10^4 kcal/h。

据此选型冻结制冷设备,冷冻机组选用YSLGF300型6台,运行5台,备用1台,每台工况制冷量8.5kcal/h,电机功率110kW;盐水循环泵选用IS150-125-400型6台;运行5台,备用1台,每台流量100m³/h,扬程32m,电机功率22kW;冷却塔选用KST-80RT型8台,运行8台,每台电机功率4kW。制冷剂选用R22制冷剂,冷媒剂采用密度为1.26~1.27g/cm³的冷冻循环盐水。单个冻结制冷施工冷却水补充量为15m³/h。

(3)积极冻结

此阶段为冻结体的形成阶段,设计垂直积极冻结时间为30d,水平积极冻结时间为60d。积极冻结7d盐水温度降至-18℃以下,积极冻结15d盐水温度降至-24℃以下,去回路温差不大于2℃;开挖前盐水温度降至-28℃以下。若盐水温度和盐水流量达不到设计要求,应延长积极冻结时间。

为确保冻结期间循环泥浆的流动性,在冻结前应将泥水仓内置换为黏度20s的较稀泥浆,当开挖面降至冰点时,开始排出浆液并保持气压平衡,直至泥水仓内排空。随着冷冻交圈的发展,按0.2bar每次逐步降低仓内气压,积极冻结完成时降至常压。根据测温孔判断冻结体交圈并达到设计厚度后,进入维护冻结阶段,开始常压开仓换刀。

冻结过程中应注意观察泥水仓内液面变化,保持刀盘处于收缩状态,每天监测测温孔温度、盐水温度、盐水流量,通过测温孔的监测结果计算冻结壁扩展情况。

(4)解冻及融沉注浆

盾构刀盘解冻分为三个阶段:

①仓内重新注入泥浆恢复平衡压力,并充分循环泥浆,提升周边冻结体温度,同时积极解冻冻结管,待孔周 5cm 范围融化松动后,拔除水平冻结管,拔升垂直冻结管至盾构上方 1m 处。

②盾构开始脱困掘进,待盾构完全通过冻结体后全部拔除冻结管,利用水泥砂浆进行填孔封堵。

③冻土融化后可能会沉降,为减少融沉量,解冻后可在冻结区域内进行适当地跟踪注浆,减小冻结对周边环境的影响,在冻结管拔出的同时在孔内灌注水泥砂浆。

注浆原则:融沉注浆应根据监测反馈的信息(沉降报警值设定为 -30 ~ 10mm),迅速组织注浆,采用在冻结体两侧同时注浆的方式,将整个冻结区域全部进行压密注浆,注浆以少量多次为原则,反复注浆,直到达到稳定标准。

管片背后注浆:盾尾 7 环管片采用多孔特殊管片,每环注浆孔 16 个,盾构掘进通过后利用注浆孔进行二次注浆。

注浆材料:融沉注浆材料应以单液水泥浆为主,水泥-水玻璃双液浆为辅,水泥浆与水玻璃溶液体积比宜为 1:1,其中水泥浆水灰比宜为 0.8:1 ~ 1:1,水玻璃溶液可采用 B35 ~ B40 水玻璃加 1 ~ 2 倍体积的水稀释,波美度可根据设计浆液凝结时间进行调整。

融沉注浆的结束是以冻结体变形稳定为依据。冻结壁已全部融化,且不注浆的情况下实测冻结体沉降,每半个月不大于 0.5mm,即可停止融沉补偿注浆,同时注浆时间不少于 3 个月。

8.2.5 高水压海底盾构隧道换刀方案

对于带压换刀,水压 0 ~ 0.24MPa,采用压缩空气带压进仓;水压 0.24 ~ 0.6MPa,采用专业潜水员混合气常规潜水;水压 0.6MPa 以上,采用配置减压仓或转运舱的饱和潜水作业。针对海底隧道工程具体情况,若穿越的地层稳定性较差,水下进行作业很难实现盾构机换刀前局部区域的土体加固,则需要抵抗的水压大。因此可考虑以下解决思路:

1)主动换刀技术

该技术已在青岛地铁 8 号线海底隧道采用。根据滚刀磨损速率和线磨损速率预测刀具设计使用寿命对应的推进距离,参考表 8.2-2 所示的类似工程施工资料提供的换刀参数,结合地层情况沿隧道轴线平均间隔 2.0km 设置一个换刀点,提前采用冻结或注浆进行加固,主动进行计划性换刀检修。

类似工程换刀参数　　　　表 8.2-2

序号	隧道名称	开挖直径(m)	隧道长度(m)	工程地质	平均月进度(m)	更换刀具(把)	不换刀掘进距离(m)
1	上海长江隧道	15.43	7500	黏土、粉质黏土、砂质粉土	372	0	7500
2	南京纬三路过江通道	14.93	3022	粉细砂、砾砂、圆砾	244	232	2580

2)减压限排换刀技术

该技术已在汕头海湾隧道、厦门地铁 3 号线海底隧道采用。当隧道水头压力超过 0.6MPa 时,带压换刀只能采用饱和潜水作业,效率较低且投入大。当隧道穿越粉质黏土地层渗透系数为 4×10^{-9} m/s 时,提出弱渗透地层水下隧道减压限排换刀技术,如图 8.2-19 所示。基本思路是采用水泥砂浆或衡盾泥填仓,通过盾体上的超前注浆孔加固地层,在工作面建立较低的平衡压力,允许地下水渗水仓内用封闭的管道泵排出。狮子洋隧道进行过大量的减压限排的实践检验,在刀盘前方未处理情况下,全强风化地层掘进压力 0.32MPa、进仓换刀压力 0.22MPa。当仓内上涨时及时调整气压确保开挖面稳定。

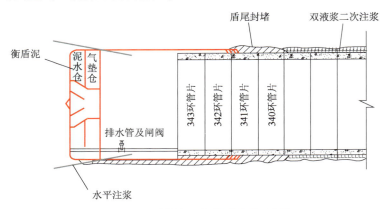

图 8.2-19 盾构换刀减压限排方案示意图

3)饱和潜水换刀技术

与盾构施工所需潜水作业相比,海上潜水面对的环境更严酷。目前海上潜水行业的相关技术标准、安全法规框架已基本构建,可供隧道盾构施工潜水作业实践借鉴。

4)基于换刀装置的常压换刀技术

水下隧道采用常压刀盘换刀技术可大大降低换刀风险、提高效率。目前盾构刀盘直径 11~12m 级的常压刀盘换刀技术已得到应用,已在深江铁路珠江口隧道采用。

5)非常状态下被动换刀技术

海域盾构因刀具磨损被困时,可采用海面垂直冻结加固常压进仓修复、相邻隧道水平冻结加固常压进仓修复等方案,辅以洞内超前孔水平冻结,常压进仓,开挖修复工作室,进行修复作业。该技术已在厦门地铁 3 号线海底隧道投入使用。

综上所述,在高水压海底盾构隧道施工中,结合穿越地层情况,采用主动换刀方式预设换刀点,结合研制常压刀盘实现常压或减压限排换刀,辅助饱和潜水带压换刀,可以实现盾构刀具更换,保证其长距离和高水压状态下顺利掘进。非常状态下可以采用海面垂直或水平冻结加固被动换刀修复从而使盾构脱困。

8.3 矿山-盾构组合工法海底对接技术

8.3.1 概述

长大海底隧道往往具有场区地质条件复杂、工程规模宏大、工期较长等特点。以往大多数海底隧道工程选择采用矿山法进行施工,但随着近些年来隧道施工技术地不断发展,采用盾构法、矿山-盾构组合工法施工海底隧道工程逐渐增多,如日本东京湾海底公路隧道、丹麦斯德贝尔特海底铁路隧道、我国狮子洋隧道均采用相向掘进、地中对接、洞内解体,为水下盾构隧道对接施工积累宝贵的施工经验。

随着近几年我国海底隧道越来越多、越来越长,穿越的地层越来越复杂,采用单一工法已无法满足工程建设需要,逐渐出现采用矿山-盾构组合工法施工的海底隧道。当矿山法隧道与盾构法隧道实现对接时,需进行盾构机的接收和解体,在陆地上实现工法的对接往往是设置明挖吊出井或暗挖大型拆卸洞室实现盾构整机拆解。水下隧道由于埋深、地层条件等因素限制,设置大型拆卸洞室的难度和施工风险比陆地大得多,这就造成了水下隧道盾构机的解体、运输往往存在诸多的困难。组合工法在海中实现对接,需要选定合适的对接位置,既要降低安全风险,又要满足工程总体的进度要求。在实际实施过程往往会由于一些突发工况(如矿山法突堵水注浆、盾构刀盘刀具异常磨损、更换等)造成预定统筹方案无法依照预设工程进度实施。因此会出现两种不同的对接方案:①矿山法段完成后盾构掘进接收,如青岛地铁8号线海底隧道;②盾构原位解体后采用矿山法继续施工,完成隧道水下对接,如厦门地铁3号线海底隧道。

8.3.2 青岛地铁8号线海底隧道工法对接

1)对接点位置的选择

采用组合工法施工的长大海底隧道,在工法对接位置的选择时,需要满足通风排烟、总体工程筹划等方面的要求,之后尽可能选择在整体稳定性好、渗透性差的地层中。

(1)通风排烟

青岛地铁8号线海底隧道全长7.9km,其中海底段长5.4km。隧道的通风排烟方案为纵向通风排烟,通过矿山法隧道段的拱部排烟风道进行火灾事故工况下的排烟,区间1、2号风井间分为2个通风区段,以满足远期高峰小时"一个通风区段只有一列车通行"的要求。因此,矿山法段也就是排烟风道的设置长度,同时要受行车间隔、信号系统运行间隔的限制。

(2)工程地质条件

隧道沿线共计探明11条断裂及构造破碎带,对于工法对接点选择具有较大影响的构造是位于海域中部的F_4断裂。勘察过程中在F_4断裂西侧M8Z3-TDQ-95钻孔遇到基岩段埋藏承压水,并发生了2次地下水喷涌现象。此外,该断裂规模较大,两盘为脆性岩石,其破碎带内裂隙较发育。

从场区地质方面分析来看,区间隧道自大洋站至右DK42+820(F_4断裂西边界)隧道围岩整体为Ⅲ~Ⅳ级,部分地段(F_5构造破碎带)为Ⅴ级,矿山法施工成洞条件好。右DK42+820(F_4断裂西边界)至右DK43+370隧道围岩整体为Ⅴ~Ⅵ级,矿山法施工成洞条件差,施工风险大,特别是F_4断裂中西部存在高压构造裂隙水突涌风险,若采用盾构穿越F_4断裂风险则相对较低。

(3)工程筹划

①矿山法隧道工程进度指标

开挖支护:Ⅲ级围岩170m/月、Ⅳ级围岩80m/月、Ⅴ级围岩30m/月;二次衬砌模筑:200m/月;内部结构模筑:200m/月。

②盾构隧道工程进度指标

始发、调试:1.5个月;掘进:220m/月;拆解吊出:1.5个月。

工法对接点位于F_4断层西侧,即采用盾构法穿越F_4断层破碎带,土建工程总工期34个月;工法对接点位于F_4断层破碎带东侧,即采用矿山法穿越F_4断层破碎带,土建工程总工期52个月。

综合以上因素分析,青岛地铁8号线海底隧道工法对接点选择在F_4断裂带西侧。

2)工法对接设计

工法对接点处中～微风化岩覆盖层厚度约26.8m,隧道洞室主要位于微风化凝灰岩地层。对接段整体地层较稳定、地下水不发育,不会出现盾构工作仓及盾壳背后的地下水及软弱土体随着破挖面涌入隧道的风险时,盾构掘进至接收洞端头素混凝土封堵墙前停止掘进,泥浆循环系统持续运转,利用仓内压力连续循环出渣,待洗仓基本完成后,继续掘进通过素混凝土封堵墙,实现盾构接收。

(1)盾构接收洞室设计

盾构接收洞室沿线路纵向长度为2m,二次衬砌结构完成后进行盾构接收,考虑到盾构拆解作业空间,接收洞室结构内皮距离盾构刀盘净距不小于1m,如图8.3-1、图8.3-2所示。接收洞室施工完成后,采用700mm厚C20混凝土素混凝土墙封闭掌子面。

为封堵盾构接收期间地下水,接收洞室端头洞门处预埋钢环,安装橡胶止水帘布。

为满足盾构拆解期间设备部件倒运需求,对接段二次衬砌结构顶部预埋两排吊钩,每排10处,吊钩沿线路纵向间距均为900～1000mm;吊钩排距为4.2m,沿隧道中心线两侧2.1m处布置,吊钩为U形结构,采用$2\phi 32mm$钢筋并焊。吊钩位置二次衬砌结构设置加强环梁进行加强设计,以满足盾构设备拆解、起吊荷载要求。

(2)盾构接收、拆解流程

青岛地铁8号线海底隧道所采用的泥水盾构整机总长约92m,整机质量约700t,其中主机长约10.98m,刀盘尺寸$\phi 7020mm \times 1741mm$。盾构洞内接收、拆解主要流程如下:

①地层加固

盾构接收前采用洞内超前注浆加固地层(图8.3-3),注浆加固范围为隧道开挖线外3m,纵向加固长度为12m。钻进过程中遇涌水或因岩层破碎造成卡钻时,应停止钻进,进行注浆扫孔后再行钻进。

注浆加固完成后应进行注浆效果检测,检验孔数为钻孔总数的10%,并不少于3个孔,检验孔贯穿加固区,加固体渗透系数$\leq 1.0 \times 10^{-6}/(cm \cdot s)$,岩芯采取率不应小于75%,检测完毕后注浆孔进行注浆封堵。

②掘进速度控制

接收洞二次衬砌结构、混凝土素墙等达到设计强度后进行盾构接收作业,如图8.3-4所示。盾构机距离端头墙100m时逐渐放慢掘进速度,掘进速度建议控制在20mm/min以下,合理控制设备推力,以确保端头墙的稳定。

③管片背后注浆堵水,盾体稳固

破除素墙前对临近盾尾处10环管片进行二次补充注浆,形成止水环箍,封堵地下水;刀盘露出后对盾体后压注硫铝酸盐水泥浆,确保盾体稳固。

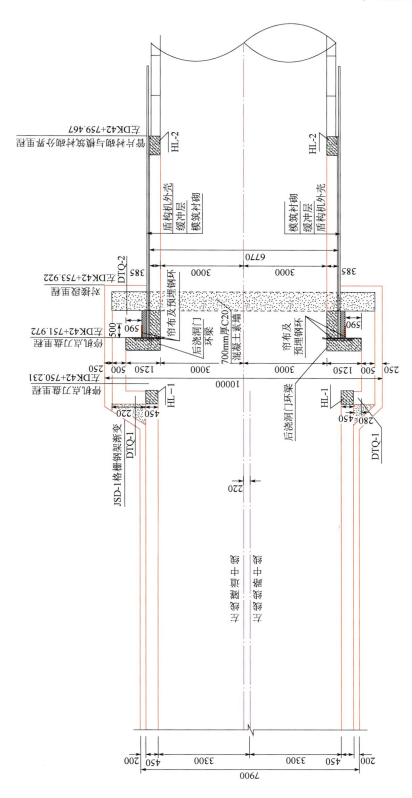

图 8.3-1 工法对接段结构平面示意图（尺寸单位：mm）

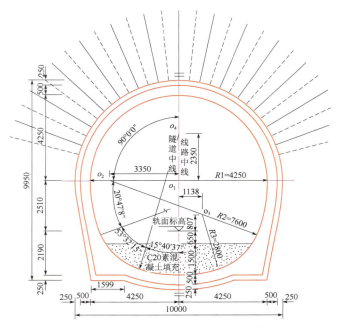

图 8.3-2　工法对接段结构断面示意图（尺寸单位：mm）

图 8.3-3　工法对接端地层加固

图 8.3-4　盾构破除封端墙接收

④洞内拆解

盾构到达接预定位置后,将内部钢结构和部件在隧道内狭小的空间内拆卸,通过隧道运出至地面。盾构洞内解体总体遵循先易后难,先小后大,由后到前,由上而下,由内而外的顺序。除盾壳外,主机拆解包括喂片机、推进液压缸、拼装机、人舱、主驱动、刀盘等,其中主驱动和刀盘的拆解是重难点。盾壳不拆除,永久保留在隧道内,盾壳在主机拆解阶段兼顾支撑围岩和安装吊点的作用。现场拆机情况如图8.3-5所示。

a) 拼装及拆解

b) 米字梁拆解

c) 刀盘切割

d) 主轴承拆解

图8.3-5 盾构弃壳拆机

⑤盾壳弃置,模筑二次衬砌

主机拆解完成后,对留置盾壳内侧进行打磨、清理,保证二次衬砌结构施作空间。盾壳处理完毕后施作变形缓冲层、防水层,模筑二次衬砌结构。

⑥洞门环梁施工

洞门帘布拆除,洞门环梁施工;洞门环梁通过预留接驳器及预埋钢板焊接钢筋与接收洞端墙结构连接;洞门环梁施工预留注浆导管及施工缝重复注浆管,洞门环梁结构达到设计强度后进行补充注浆,如图8.3-6所示。

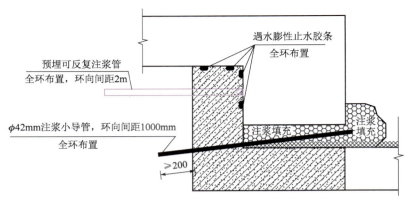

图 8.3-6 洞门防水设计

8.3.3 厦门地铁 3 号线海底隧道工法对接

厦门地铁 3 号海底隧道采用 2 台泥水盾构施工，盾构先行掘进至工法对接点后，采用矿山法接力掘进施工。工法对接点处隧道主要处在微风化围岩中，钻孔岩芯完整，强度 90～140MPa。水头高度约 45m，覆土厚度 25～26m，硬岩厚度 12～13m，距离 F_2 风化槽边界 40～45m。根据地勘报告推算，该处隧道涌水量约为 $1m^3/(m\cdot d)$。

1）工法对接流程

该方法受限于既有盾构隧道的狭小空间，必须克服有限空间盾构解体、长距离单线运输、长距离独头通风、长距离反坡排水、成形管片保护、结构结构防水等技术难点。工法交接的工序分为拆机准备、原位解体、矿山法临时设施搭设、矿山法施工及防护、永久衬砌施作等，具体工艺流程如图 8.3-7 所示。

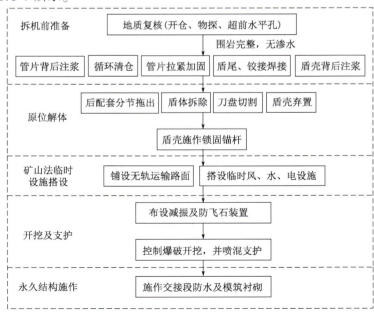

图 8.3-7 工法对接工艺流程示意图

2）拆机前准备工作

（1）盾构停机

在盾构设计停机点前7环采用多孔注浆管片,到达采用端门预埋钢板的特殊管片;盾构到达停机点前1环管片停止同步注浆,到达交接点后检查停机处地层条件,最终停机位置根据地层稳定性、涌水量、盾构机状态等综合因素评判,若地下水较大、地层稳定性较差,则盾构机继续推进,直至地层稳定满足停机要求。

（2）刀盘拆卸工作面

确定停机位置后,收回推进液压缸,增加泥水仓压力,使盾体后退,在刀盘前方形成1m宽的工作面。盾构机后退到位后再进行同步注浆,同步注浆浆液采用高水泥配合比浆液,摆动刀盘球形铰接,实现刀盘外扩。

（3）盾构机密封保护

盾构停机后为确保隧道安全对盾体、主轴承密封、铰接密封、盾尾密封进行保护:向盾尾刷空腔补注油脂,之后利用末2环管片吊装孔注入聚氨酯形成密封环,保护盾尾刷及同步注浆管路;利用中盾径向孔向机壳外注入衡盾泥,确保周边土体稳定性,方便后期脱困。对临近10环管片进行二次注浆,进一步封堵后方来水;检查铰接密封和主轴承密封的保压性能,保持密封腔油脂压力。

（4）管片加固

为防止拆机时因管片无液压缸推压引起管片环向及纵向松动,造成管片环、纵缝漏水,盾构机到达对接位置后,需立即进行管片加固。管片加固方式为对到达段最后20环用□14槽钢将管片沿隧道纵向拉紧。

（5）盾尾、铰接及切口环焊接

将盾尾与管片间的空隙用环形钢板与管片侧面预埋钢板焊接固定,之后用双快水泥将间隙封堵密实,在上部预留一个30cm排气口,自下而上,多次少量注入微膨胀水泥浆液,确保密实;采用环形钢板封堵切口环与围岩间的缝隙,在上部预留一个30cm排气口,之后用双快水泥或堵漏灵将间隙封堵密实,再通过盾体周围的径向孔注入微膨胀泥水浆液填充盾体与围岩的间隙。注浆应多次少量,压力不宜太高,防止破坏切口环封堵钢板;中盾与盾尾之间铰接销焊接固定。盾壳间隙封堵处理如图8.3-8所示。

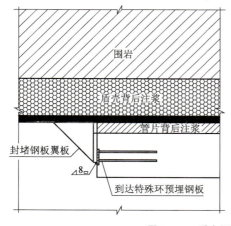

图8.3-8 盾壳间隙封堵

(6)拆机准备工作

拆机前应做好以下准备工作:清空开挖仓及泥浆管路;做好机械部件的清洁及标签工作,方便重新装配;搭建好动火作业的风水电临时设施,重视隧道内通风条件。

3)矿山法掘进施工

(1)控制爆破

矿山法接手后的工作面距离盾壳切口环约为1.5m(刀盘高度+伸缩量),距离盾尾管片约8.58m,爆破振动和飞石可能会对既有结构造成损害,因此须采取相应减振和防护措施。振动控制标准参照《爆破安全规程》(GB 6722—2014),地下深孔爆破时,既有交通隧道的振速控制值为12~15cm/s,但接应端盾构隧道尚未封口,振速应在满足施工需求基础上尽可能降低,现场按照5cm/s进行控制。

①优化爆破参数

在满足工期和实际情况的前提下,孤石段爆破应延时分多段爆破,且低段位跳段使用,将最大一段装药量控制在25kg以下;选择最佳的微差间隔时间,孤石段爆破时不同断面的微差时间可适当拉大。实践证明,微差时间间隔≥100~150ms,则地震波叠加的可能性小。若要进行大药量爆破,可采用几套独立的爆破网络,分时段进行爆破,如分两次或者三次爆破,每次爆破间隔3~5min。从而减少同段起爆炸药数量和相邻爆破地震波叠加。

②减少首段爆破炸药用量

首段雷管引爆时,爆破能量主要用于破坏岩石结构,并产生空隙,地震波大部分能量均沿岩石向周围地层传播;而后续爆破的地震波有一部分则会从之前产生的空隙中逸散而造成损失,因此爆破最大振动速度往往发生在首段雷管引爆的这一段时间。因此,适当减少首段爆破炸药用量可有效减小爆破最大振动速度。

③优化布孔起爆方式

优化布孔起爆方式。进行后续微差爆破时,可充分利用之前爆破产生的临空面和预爆孔周围的地质情况,选择最佳的初始爆破孔孔位。

④采用光面爆破

增加周边眼数量可有效阻断振动波向轮廓外岩体的扩散,减少对周边围岩及近接盾构管片的扰动,提升爆破成形效果。

⑤飞石防护

防飞石的手段主要有每次爆破施工前,在切口环与掌子面之间挂设2层防护,第一层为钢丝绳网,网眼大小90mm×90mm,本层防护可阻拦大块碎石及部分小直径飞石,利用盾壳上焊接的8个辅助钢钩进行固定,此外钢丝绳网上缀满废旧轮胎,如图8.3-9所示。第二层为炮被,可选用废旧棉被或轮胎编织物,本层防护可阻挡剩余较小颗粒飞出物。此外,采用炮被对盾壳及相邻20环管片内侧进行覆盖,侧壁及拱顶的炮被利用螺栓手孔进行固定。爆破飞石防护措施如图8.3-9所示。此外,做好炮孔封堵工作可以有效减少飞石的伤害,所有炮孔的口部采用细黄泥严密封堵。

图 8.3-9　飞石防护措施

（2）接头结构及防水

工法交接结构分为三段：①复合式衬砌加强段，邻近盾壳 10m 范围内矿山法隧道原设计 Ⅱ 级围岩初期支护，100mm 厚网喷混凝土支护，现调整为格栅拱架加强型支护，内外铺设双层钢筋网，喷射混凝土厚度 300mm。②盾壳+模筑衬砌段，断面结构由外至内依次为盾壳外注浆填充层、盾壳、100mm 厚喷射混凝土找平层、防水层、钢筋混凝土衬砌，成型隧道内径 5.5m，如图 8.3-10、图 8.3-11 所示。由于该段坡度较大，且后期行车扰动频繁，为防止盾壳移动和自转，在两腋施作 3 排锁固锚杆。③管片+模筑衬砌段，在盾尾 6~7 环管片范围内利用盾构隧道内净空预留 250mm 空间施作钢筋混凝土衬砌，成型隧道内径 5.5m，如图 8.3-12 所示。

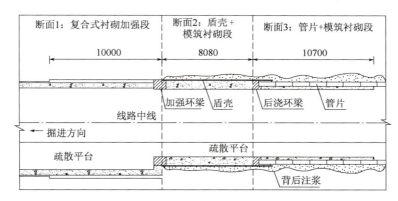

图 8.3-10　工法交接段结构平面示意图（尺寸单位：mm）

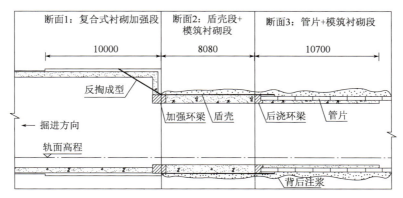

图 8.3-11　工法交接段结构立面示意图（尺寸单位：mm）

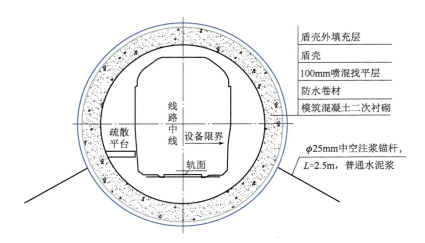

图 8.3-12　盾壳段永久衬砌结构示意图

盾尾最后 1 环采用侧面预埋钢板的特殊管片,以便于后期在锁口位置施作靴形环梁,解决盾构隧道尾端的固定及防水问题。环梁钢筋与预埋钢板和盾壳现场焊接连接,在接缝位置预埋 2 道橡胶止水带及可重复注浆管,如图 8.3-13 所示。

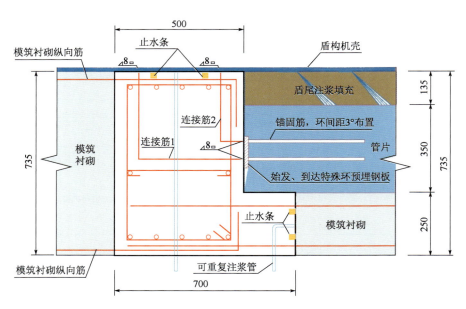

图 8.3-13　后浇环梁构造示意图(尺寸单位:mm)

工法交接段是隧道工序转换,结构断面变化的关键点,也是整个隧道结构受力和防水的薄弱点,尤其是盾壳段,其背后注浆密实度对结构稳定性的影响很大。在整个工法交接及两侧延伸段施作整体现浇衬砌可以增加隧道纵向刚度,提高防水性能。

8.4 机械法施工联络通道技术

8.4.1 机械法联络通道概况

青岛地铁8号线海底隧道联络通道间距按照不大于600m控制,全隧共设置15座联络通道,其中盾构段设计6座联络通道(编号6~11号),联络通道处地质情况如图8.4-1、表8.4-1所示。

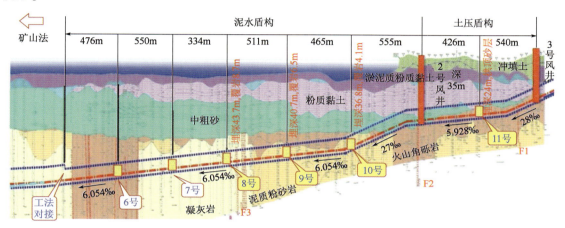

图8.4-1 联络通道地质图

联络通道信息统计　　　　　　　　　　　表8.4-1

编号	地质情况	周边环境
6号	该联络通道埋深49.2m,其中强~微风化凝灰岩覆盖层厚度11.5m,其上为砂层。洞身位于微风化凝灰岩节理发育带,围岩等级Ⅳ$_2$级	海域段
7号	该联络通道埋深45.8m,中~微风化覆盖层8.8m,其上为砂层。洞身位于微风化凝灰岩,围岩等级Ⅳ$_1$级	海域段
8号	该联络通道埋深43.8m,微风化凝灰岩节理发育带覆盖层9.2m,其上为砂层。洞身位于微风凝灰岩节理发育带,围岩等级Ⅳ$_2$级	海域段
9号	该联络通道埋深40.7m,强风化泥质粉砂岩覆盖层6.2m,其上为砂层。洞身位于强~中风化泥质粉砂岩,围岩等级Ⅴ级	海域段
10号	该联络通道埋深36.8m,强~中风化泥质粉砂岩覆盖层3.5m,以上为砂层。洞身位于中风化泥质粉砂岩,围岩等级Ⅴ级	海域段
11号	联络通道埋深约25m,隧道拱顶为砂层、粉质黏土层。洞身位于强风化泥质粉砂岩,围岩等级为Ⅵ级	填海地块

9、10、11 号联络通道位于海底或拱顶位于砂层,水头压力较高,岩石覆盖层小,地层加固效果难以控制,采用矿山法施工风险较大。上述联络通道洞身主要位于强～中风化泥质粉砂岩地层,岩石强度小于30MPa,综合考虑地质条件及工程实施风险,9、10、11 号 3 座联络通道采用机械法施工。

8.4.2 设备参数

联络通道采用土压平衡式联络通道顶管机设备施工,顶管设备开挖直径为 3290mm。该设备由刀盘系统、主驱动系统、盾体系统、渣土输送系统、后配套系统、推进系统、泡沫系统、密封润滑系统、循环水系统、工业空气系统、注浆系统、液压系统、动力供电系统、PLC 控制系统及数据采集、导向系统、消防系统、通信照明与监视系统组成,刀盘、整机布置分别如图 8.4-2、图 8.4-3 所示。

联络通道所采用的顶管设备主要参数配置见表 8.4-2。

图 8.4-2 顶管设备刀盘

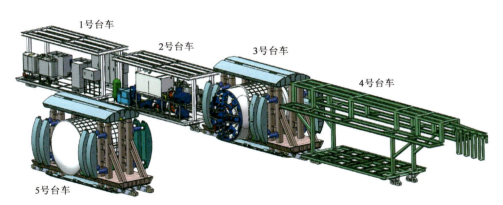

图 8.4-3 整机布置示意图

联络通道顶管设备主要参数　　　　　　　表 8.4-2

序号	项目	参数
1	开挖直径(mm)	3290
2	前盾直径(mm)	3280
3	盾尾直径(mm)	3280
4	最大推进速度(mm/min)	20
5	最大推力(kN)	10500
6	额定扭矩(kN·m)	860
7	设计工作压力(bar)	5
8	刀盘开口率(%)	50
9	中心鱼尾刀	220mm;1 把

续上表

序号	项目	参数
10	切刀	150mm;28 把
11	边刮刀	150mm;8 把
12	撕裂刀(把)	26
13	保径刀(把)	8
14	大圆环保护	耐磨复合钢板+8 把保护刀
15	螺旋输送机(mm)	$\phi 350 \times 3855$
16	出渣能力(m^3/h)	23
17	驱动功率(kW)	55

8.4.3 管片结构设计

联络通道采用预制管片结构,结构设计参数如下:

(1)管片尺寸:内径为 2760mm,外径为 3260mm。

(2)管片分块:上、下两块预制,单块最大质量约 3.2t。

(3)管片连接:采用螺栓连接,纵向采用 10 颗 M24 螺栓,环向采用 4 颗 M24 螺栓。

(4)管片拼装:采用错缝拼装,无楔形量。

(5)耐久性设计:联络通道管片结构耐久性设计参数按照主隧道耐久性设计参数进行设计,混凝土强度等级 C55,外侧钢筋保护层厚度为 50mm;管节连接螺栓采用 316L 不锈钢螺栓;管片外侧涂刷环氧涂料防腐涂层,其结构如图 8.4-4 所示。

图 8.4-4 联络通道成形管片结构示意图

8.4.4 顶管始发

(1)洞门破除

联络通道掘进机采用套筒密封始发工艺,由于机械法联络通道施工中,掘进设备无法磨穿钢筋混凝土管片,因此主隧道拼装钢筋混凝土管片的开洞洞门均要进行洞门破除,但施工期间易出现涌水涌砂甚至地面塌陷的情况;且洞门破除期间,主隧道成形管片的受力发生变化,存在主隧道受损的情况。因此机械法联络通道洞门破除是施工过程中的重大风险源之一。为保障盾构施工安全,管片破除前先行施工洞口加强环梁,改善主隧道管片受力性能,如图8.4-5所示。

图8.4-5　联络通道洞口加强环梁

洞门破除前采用注浆法进行地层预加固处理,加固范围为联络通道开挖线外3m范围,沿联络通道纵向加固长度为5m,如图8.4-6所示。注浆采用后退式注浆工艺,跳孔间隔施工。注浆完成后按总注浆孔数的10%设计检查孔,检查孔满足设计要求。

（2）套筒始发准备

采用钢套法始发,掘进机主机与始发套筒间存在间隙,主机进洞后联络通道管节与始发套筒间同样存在间隙,故采用两道钢丝刷+盾尾油脂进行密封保证始发过程中接口临时密封,如图8.4-7所示。掘进机初始姿态通过套筒的位置确定,且始发钢套筒与实测联络通道轴线应保持在一条轴线上。此外,掘进机始发前需精准测量通道轴线,套筒洞门钢环按轴线焊接。

（3）始发阶段掘进参数

根据联络通道所处位置地层条件、埋深以及土压平衡原理推算推进土仓压力理论设定值,始发阶段掘进参数按照表8.4-3控制。在刀盘切削试验时可采集刀盘转速、贯入度、推力、刀盘扭矩、推进速度等重要的施工参数,以上采集数据作为施工参数设定的参考。

始发阶段掘进参数　　　　　表8.4-3

推力(kN)	扭矩(kN·m)	推进速度(mm/min)	土仓压力	渣土改良
<4000	<800	1~3	根据隧道当前埋深计算	膨润土、泡沫

8.4.5　顶管到达与接收

（1）接收端地层加固

结合工程地质条件及顶管掘进机工艺特点,接收端采用注浆加固地层,加固范围为联络通道开挖线外3m范围,沿联络通道纵向加固长度为5m。

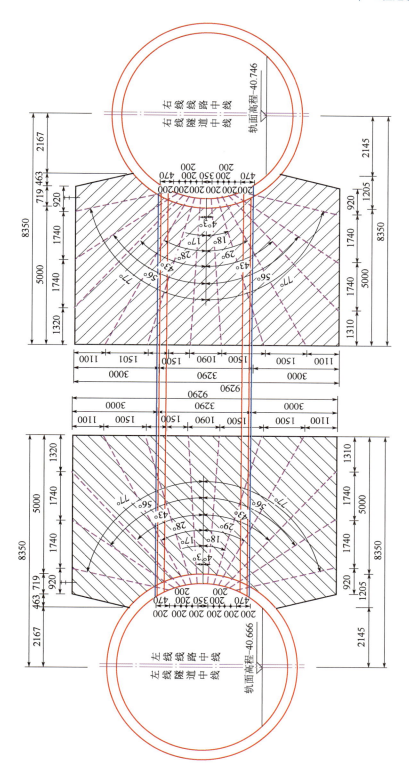

图 8.4-6 联络通道注浆加固设计示意图（尺寸单位：mm）

图 8.4-7 钢套筒始发示意图

(2) 套筒密封

顶管掘进机接收前,施作接收端墙洞门环梁,环梁内预埋洞门钢环,增加钢套筒与主隧道连接强度,以满足接收时掘进机纵向推力受力要求。严格控制钢套筒的密封性能,接收钢套筒 3 道环向接缝和 2 道纵向接缝采用焊接,焊缝严密、牢固,并在焊接完成后,对焊缝密实性进行检测,出现质量缺陷及时进行补焊处理,如图 8.4-8 所示。

图 8.4-8 钢套筒与环梁预埋钢环焊接

(3) 套筒内填仓

在接收钢套筒组装完成后,开始填充钢套筒,填注材料为砂浆(砂、水、膨润土、粉煤灰),采用挤压泵泵送至钢套筒内,砂浆配合比见表 8.4-4。

砂浆配合比　　　　　　　　　　　　　　　表 8.4-4

材料	粉煤灰(kg/m^3)	砂(kg/m^3)	水(kg/m^3)	膨润土(kg/m^3)
设计配合比	300	1140	319	100

钢套筒初步填仓之后,打开钢套筒上预留的 2 个卸压口,顶部泄压口接入注浆管,采用高速自动压浆台车进行加泥加压,浆液为膨润土浆液。注入前密切关注钢套筒内压力变化,套筒内压力不少于 0.25MPa,保持 30min 未出现渗漏,压力损失不大于 0.05MPa,则接收套筒密封试验完成;若出现渗漏,立即组织封堵,再持续进行保压试验直到压力 0.25MPa 满足要求为止。接收套筒保压试验如图 8.4-9 所示。

图 8.4-9　接收套筒保压试验

完成密封试验后,设定套筒接收压力,并密切关注套筒内压力变化,安排专人值守。当套筒内压力降低时,立即组织拌制浆液,补充压力直至目标压力值。切削管节之前,做好保压注浆的准备工作,在刀盘切削过程中,密切关注接收套筒压力变化,当压力降低时,立即组织补浆,注浆材料采用膨润土浆液,水:膨润土为1:1。

8.4.6　工程重难点及其对策

1)顶管始发阶段轴线控制

由于顶管掘进及始发阶段对轴线精度要求高,需减小始发轴线与钢套筒安装轴线的偏差。为保证掘进机始发阶段精度控制,采取以下控制措施:

(1)精确测量联络通道洞门,计算顶管掘进机推进轴线。

(2)严格控制始发套筒前端掘进机姿态及推进轴线定位。

(3)水平方向按照推进轴线确定钢套筒安装轴线,高程方向按照推进轴线上仰2‰确定钢套筒安装轴线,并在盾构装入套筒内前调整好钢套筒轴线。

2)始发、接收套筒变形破坏密封

由于本工程埋深大、地层富水性强,对隧道防喷涌的要求高,为保证密封性,采取措施如下:

(1)套筒的拼装缝之间采用橡胶密封圈和玻璃胶进行密封。

(2)沿套筒接缝方向设置反力液压缸,通过调节反力液压缸,使套筒连接处始终处于受压状态,保证密封完好。

(3)遇套筒变形量较大时,立即采取加强措施,在变形量较大处补加加强肋板。

(4)螺栓接缝处出现渗漏,立即对接缝处螺栓进行复紧。

(5)焊缝处出现渗漏,立即焊接补强,无法直接焊接的,通过卸压孔排泄部分水后焊接。

(6)严格控制刀盘扭矩、盾构推力。

3)始发过程中机械及套筒自转

为防止套筒在使用过程中自转,采取措施如下:

(1) 钢套筒两侧各安装 2 个三脚架,主机尾部四周侧安装 4 个三脚架。
(2) 套筒内填充介质,遇扭矩过大时,向套筒内加压,以增大介质与盾体的摩擦力。

4) 掘进机栽头

在顶管掘进机施工过程中,若发生栽头,则掘进机姿态较难调整,为避免掘进机栽头,采取措施如下:

(1) 始发钢套筒内设置导轨,导轨延伸至切口部位,不可妨碍刀盘转动。
(2) 为防止掘进机栽头,套筒轴线定位较计划轴线设 2‰仰角(8.5mm),但刀盘中心应当正对中洞门中心。
(3) 加强掘进参数的调整和姿态的控制,避免盾构到达姿态不佳,在姿态不佳的情况下,则通过径向注浆孔进行局部注浆,以调整掘进机姿态。

5) 螺旋输送机喷涌

(1) 向土仓内注入克泥胶,改善土体和易性,使螺旋输送机排土连续。
(2) 保持螺旋输送机闸门小开口出土,保持土仓压力及螺旋输送机压力稳定。
(3) 出现喷涌现象时,加注高效聚合物改良渣土,防止喷涌,必要时接驳保压泵送渣土装置。

6) 始发套筒后端密封失效

始发套筒后端需加强密封,避免水土流失,采取措施如下:

(1) 套筒内设 3 道钢丝刷,涂抹盾尾油脂,腔内填充盾尾油脂。
(2) 套筒后端于地面组装,焊接尾刷后涂抹手涂油脂,之后将盾体置入套筒内整体吊装下井。
(3) 掘进过程中,间歇性向腔内注入盾尾油脂,并实时监控腔内油脂压力,保持静止压力大于套筒内压力。
(4) 现场准备充足的应急物资,如准备优质聚氨酯作应急注入介质。

7) 套筒拆除时水土流失

拆除套筒时,如洞门封堵不密实,易产生水土流失的情况,采取措施如下:

(1) 通过洞门处预留注浆孔及通道衬砌预留注浆孔注入双液浆,封堵管片背后建筑空隙。
(2) 套筒拆除前,需打开洞门钢环位置的注浆孔,并装上止水阀,检查封堵情况,若出现漏水、漏泥现象,则重新对该孔进行注浆,直至洞门处第一环所有注浆孔均不出现漏水现象。
(3) 套筒拆除时,螺栓不可直接拧至脱落,应确认洞门封堵有效后拆除。
(4) 拆除过程中做好注浆准备,一旦发生渗漏,立即注浆封堵。

8.4.7 工程应用效果

1) 施工工效高

联络通道采用机械法施工,施工效率较高,能有效缩短联络通道施工周期。通过对 3 个联络通道机械法施工与矿山法施工工期的对比:矿山法施工工期为 70~74d,平均施工工期为 72d;机械法施工工期为 31~37d,平均施工工期 34d,较矿山法施工工期节省 38d,见表 8.4-5。

联络通道施工统计表　　　　表 8.4-5

序号	编号	设备下井时间	始发时间	出洞时间	吊出时间	工期(d)
1	11	2019.10.12	2019.10.19	2019.11.6	219.11.14	34
2	10	2020.3.26	2020.4.4	2020.4.19	2020.4.25	31
3	9	2020.3.18	2020.3.24	2020.4.14	2020.4.23	37

2）安全性高

机械法施工具有全封闭、强支护、集约化、高效率技的技术特点。钢套筒始发、接收、实现施工全过程封闭，以提高安全性，如图 8.4-10 所示。采用机械化支撑体系，确保施工全过程结构安全，如图 8.4-11 所示。

图 8.4-10　套筒始发

图 8.4-11　主隧道洞内支撑体系

8.5　海水环境泥水盾构泥浆配合比试验研究

8.5.1　青岛地铁 8 号线海底隧道盾构段主要技术难题

青岛地铁 8 号线海底隧道海域盾构段隧道全长约 2736m，区间最大埋深约为 51m，最小埋深为 24m，海水深度 4~8m，采用 2 台泥水盾构施工。该盾构海域段先后穿越富水砂层、大规

模基岩破碎带的等强透水地层,盾构长距离掘进面临以下技术难题:

(1)隧道埋深大,水压大

海域盾构隧道最大埋深为51m,长距离在高水头、强渗透性地层中进行掘进施工。盾构机在高压平衡掘进过程中,极易发生开挖面失稳、地层隆陷、透水冒浆和局部扰动液化等问题。为了平衡开挖面处的水土压力,就需要较高的泥浆压力,对循环泥浆要求高。

(2)穿越复合地层,掘进距离长且地层渗透性大

海域盾构隧道先后穿越渗透性较大的粗砾砂、中粗砂及基岩破碎带地层,渗透系数达到10^{-2}cm/s,且与海水相通,高渗透性地层,泥膜形成较为困难,且需考虑海水返舱的影响因素。

(3)海水环境泥膜形成困难,工程经验不足

根据水质化验资料,隧址区海水及青岛岸填海地块内潜水矿化度为$M=19.5 \sim 35.0$g/L,属于高矿化盐水;pH=$7.05 \sim 8.04$,属中性水。海域段构造裂隙水矿化度为$M=7.8 \sim 8.6$g/L,属于海水;pH=$7.91 \sim 8.36$,属中性水。海水中含有高浓度的氯化钠及其他矿物盐,矿化度高,上述因素对盾构泥浆成膜效果有不同程度的影响。现有泥水盾构施工经验多基于淡水环境的穿越江河的盾构工程,对于海水环境下盾构施工泥浆配置经验不足。

盾构长距离掘进,不可避免要进行进舱作业。而保障海域段盾构施工安全的关键因素是保持开挖面稳定,而泥水盾构保持开挖面的稳定关键在于泥水压力仓内的泥浆渗入地层形成质量良好的泥膜。

8.5.2 泥水盾构开挖面稳定性分析及渗透成膜试验装置研制

为了更好地解决盾构施工过程中开挖面稳定问题,结合工程实际情况,设计研发了泥浆渗透成膜试验装置,模拟带压开舱环境下的泥浆渗透成膜过程。本试验装置主要包括三个部分,分别为气压加载系统、泥浆渗透系统以及滤液收集和测量系统。试验装置如图8.5-1所示。

1)气压加载系统

气压加载系统包括空气压缩机(以下简称"空压机")、压力表、调压阀和加压输送管。试验采用空压机提供稳定的气压用以对泥浆浆液进行加压,空压机型号为1800W-40L,流速为0.12m³/min,最高可持续提供0.8MPa稳定的工作压力;调压阀用以调节和监测空压机的输出压力,调压范围为0.05~0.8MPa,调压精度为0.01MPa。

图8.5-1 泥浆渗透成膜试验装置

2)泥浆渗透系统

泥浆渗透系统由有机玻璃筒(规格为90mm×800mm)、上下铝制盖板、压力表、进气管、排浆阀、滤水管和密封圈等组成。泥浆渗透系统的主体是一个侧壁贴有刻度尺有机玻璃筒,侧壁设置排浆孔;顶部铝制盖板和有机玻璃筒之间安装硅胶密封圈,并通过螺杆紧密连接,以保证试验装置气密性,承压能力不小于0.6MPa。

3）滤液收集和测量系统

滤液收集和测量系统由电子秤、量筒组成。泥浆渗透成膜过程中排出的滤液由量杯收集并通过电子秤实时读数。

8.5.3 制浆材料对泥浆特性的影响试验

1）泥浆配制基本材料

泥浆浆液由膨润土（钠基膨润土）、羧甲基纤维素（CMC）、无水碳酸钠（Na_2CO_3）、海水（人工配制）、淡水以及黏土、轻质砂按照不同配合比制备而成。

（1）膨润土

膨润土溶于水后会产生泥浆固体颗粒，以膨润土为基础配制的泥浆浆液中，由于具有较小粒径和极大比表面积的黏土颗粒的存在，膨润土基浆表现出胶体的特点。评价膨润土造浆性能最主要的指标是蒙脱石含量，其次还有阳离子交换容量、膨胀指数和颗粒级配。通过试验对比分析，本试验选用产自河南信阳的钠基膨润土。

（2）羧甲基纤维素（CMC）

羧甲基纤维素的钠盐呈白色颗粒状，吸水膨胀，溶于水之后水解成透明黏稠的胶状溶液，可以增加溶液的黏稠性。

（3）无水碳酸钠

无水碳酸钠可以为泥浆浆液提供碱性环境从而提高膨润土泥浆的稳定性，同时可以提高泥浆的活性，有助于提高泥浆黏度。碳酸钠溶于水中还可电解出少量的钠离子，与吸附在膨润土固体颗粒表面上的阳离子进行交换，从而提高了膨润土泥浆中交换性阳离子的浓度。

（4）粉土、黏土和粉细砂

本试验的泥浆颗粒材料为粉土、黏土和粉细砂，不同粒径范围的粉土、黏土和粉细砂通过筛分工具得到，筛分得出的粒径范围分别为 $<0.075mm$、$0.075\sim0.25mm$、$0.25\sim0.5mm$ 颗粒。试验中添加不同粒径范围的黏土、粉土和粉细砂等固体颗粒主要有两个作用，一是改变泥浆的颗粒级配，二是改变泥浆密度。在高渗透性地层中，添加适量的不同颗粒级配的固体颗粒有利于泥膜的快速形成。

（5）人工海水配置

根据本工程水质分析结果，并参考美国材料与试验协会（ASTM）D1141-98 标准配制人工海水，各化学成分含量见表 8.5-1。总盐类质量分数为 3.0%，NaCl 占盐类总质量的 67.7%。

人工配制海水中各化学成分含量　　表 8.5-1

化学成分	泥浆中含量（g/L）	盐类占比（%）
NaCl	20.3	67.7
$MgCl_2$	4.5	15.0
Na_2SO_4	3.7	12.3
$CaCl_2$	1.5	5

2)制浆材料对泥浆特性的影响试验

将整个试验分为海水组和淡水组两个大组,海水组作为目标组,淡水组作为对照组,得出不同制浆材料对泥浆特性的影响规律。

(1)膨润土对泥浆特性的影响规律

试验选取钠基膨润土作为基浆材料,控制其他制浆材料含量占比不变,分别配制膨润土含量占比为6%、12%、18%、24%、30%的基础浆液。

①膨润土对泥浆密度的影响规律

由图8.5-2可知,随着膨润土含量的不断增加,海水和淡水配制的泥浆浆液密度均增加且大致呈线性增加状态,由于海水含有许多阳离子等杂质,故在同等膨润土含量占比下,海水泥浆浆液密度略大于淡水泥浆浆液。根据试验数据,膨润土含量占比每增加5%,海水泥浆浆液密度约增加$0.05g/cm^3$;当膨润土含量占比超过18%时,随着膨润土含量的继续增加,泥浆密度不断提高,但此时泥浆密度的增加速率约为膨润土每上升5%,泥浆密度增加$0.08g/cm^3$;对比淡水泥浆浆液的变化,当膨润土含量占比小于24%时,随着膨润土含量的增加,泥浆密度呈线性增加状态,平均速率约为$0.04g/cm^3$,当膨润土含量占比超过24%时,泥浆密度随着膨润土含量增加有逐渐变缓的趋势。产生上述规律主要

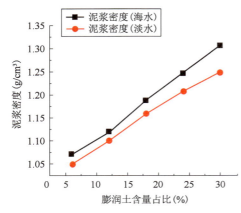

图8.5-2 膨润土对泥浆密度的影响规律

原因为,由于膨润土含量过大导致膨润土在泥浆浆液中不能充分溶解,而是凝聚沉淀到浆液底部,导致泥浆上下层泥浆密度不均,而在采用泥浆密度计测量泥浆密度时,取上层泥浆浆液进行测量故泥浆密度最终趋于平缓。

②膨润土对泥浆黏度的影响规律

随着膨润土含量的增加,泥浆浆液的黏度总体上是呈上升状态,但是对比海水和淡水环境下的泥浆浆液,随着膨润土含量占比的不断增加,两者有较大的区别,如图8.5-3所示。当膨润土含量占比小于18%时,海水环境下的泥浆浆液随着膨润土含量的增加近似线性增长,泥浆浆液的漏斗黏度从16s逐渐增加到30s左右,变化幅度较小,但当膨润土含量占比超过18%时,随着膨润土含量的增加,泥浆黏度突然提升,增长速率突然加快。对比淡水环境下泥浆浆液黏度的变化情况,随着膨润土含量占比的增加,泥浆黏度突然增大的拐点在膨润土含量占比18%处,且淡水环境下随着膨润土含量的增加,泥浆黏度是急剧增加的,在18%~24%的变化范围内,泥浆黏度从26s急剧增加到62s,当膨润土含量占比超过24%时,在24%~30%的变化范围内,泥浆黏度从62s激增到117s。分析其原因,发现膨润土的主要成分为蒙脱石,从微观结构上说,是具有层状结构的硅酸盐,可以吸附相当于自身8~15倍体积的水量,溶于水中释放带负电粒子,悬浮分散较好,因此

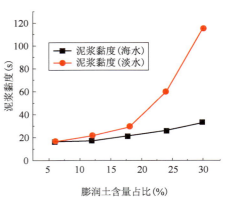

图8.5-3 膨润土对泥浆黏度的影响规律

可以提高泥浆浆液黏度。淡水泥浆浆液相比海水泥浆浆液，膨润土在淡水中能够充分反应，因此当膨润土含量占比大于18%时，泥浆浆液黏度急剧增大，最终当膨润土含量达到30%，由于膨润土含量过大造成泥浆浆液过于黏稠无法完全溶于水。而海水泥浆浆液中杂质较多且有较多阳离子，与膨润土溶液在水中释放的阴离子结合，导致泥浆颗粒吸附沉积不能很好地悬浮分散在泥浆中，因此当膨润土含量占比小于24%时，海水泥浆黏度随着膨润土含量的不断增加而缓慢增加，当膨润土含量占比超过这24%的比例时，较多的膨润土就可充分溶于水中从而可以使泥浆黏度迅速增加。

③膨润土对泥浆胶体率的影响规律

膨润土含量对泥浆浆液的胶体率的影响是十分显著的，随着膨润土含量的不断增加，胶体率逐渐增大，且相比于淡水泥浆，海水泥浆的胶体率受膨润土含量影响更为显著，如图 8.5-4 所示。当膨润土含量占比为6%，海水泥浆的胶体率为16%，远远小于淡水泥浆74%的胶体率，当膨润土含量占比达到12%时，淡水泥浆的胶体率快速增加到92%，增长幅度较大，接近于泥浆>95%的最低要求，而随着膨润土含量的继续增加，胶体率增加较为平稳最终稳定在100%左右。此外，海水泥浆的胶体率整体上保持着较为线性的增长，从最初的16%较为均匀的增长到75%，始终远远小于淡水泥浆的胶体率增长速度。由此可见海水中由于阳离子浓度较高，在渗透压作用下渗入泥浆颗粒表面的双电层中，导致 Zeta 电位下降，颗粒表面的水化膜变薄，当泥浆颗粒之间的排斥力大于吸引力时，分散体系将会被破坏而发生凝聚下沉现象，海水泥浆胶体率降低。因此，在未添加合理的增黏剂等制浆材料改善海水泥浆性质的情况下，不宜使用海水直接用于配制泥浆。

④膨润土对 pH 的影响规律

泥浆浆液的 pH 值受膨润土含量影响较小，总体上增长较为缓慢平稳。淡水泥浆浆液的 pH 值从7到9，海水泥浆的 pH 值从8到10，增加较为缓慢，如图 8.5-5 所示。

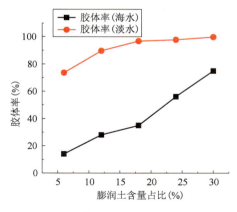

图 8.5-4 膨润土对泥浆胶体率的影响

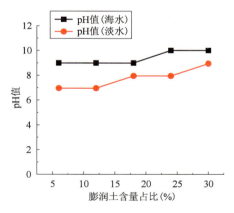

图 8.5-5 膨润土对 pH 值的影响

（2）CMC 含量占比对泥浆浆液性质的影响

试验以膨润土含量占比为12%的泥浆浆液作为基础浆液，控制单一变量，在配制泥浆中混入含有不同比例的 CMC 溶液，研究 CMC 含量对泥浆性质影响规律，综合泥浆的使用性能和经济效益的考虑，主要分析 CMC 含量占比 0~1% 范围内的 CMC 溶液对泥浆性质的影响。

①CMC 对泥浆密度的影响规律

泥浆密度受 CMC 含量的影响很小,海水泥浆密度范围为 1.12～1.15g/cm³,淡水泥浆密度为 1.10～1.12g/cm³,变化幅度大约在 2% 以内,故 CMC 含量对泥浆密度的影响很小,如图 8.5-6 所示。

②CMC 对泥浆黏度的影响规律

泥浆的黏度受 CMC 含量的影响是十分显著的,随着 CMC 含量的增加,泥浆浆液黏度迅速提升,海水泥浆和淡水泥浆的黏度均在 CMC 含量占比为 0.5% 时突然快速增大,如图 8.5-7 所示。在淡水配制的泥浆浆液中,当 CMC 含量占比从 0% 增大到 0.5% 时,泥浆黏度从 19s 增加到 32s,增幅为 69%,当 CMC 含量占比从 0.5% 增大到 1% 时,泥浆黏度从 32s 增加到 102s,增幅为 22%。在海水配制的泥浆浆液中,当 CMC 含量占比从 0% 增大到 0.5% 时,泥浆黏度从 16s 增加到 25s,增幅为 56%,当 CMC 含量占比从 0.5% 增大到 1% 时,泥浆黏度从 25s 增加到 69s,增幅为 176%。虽然海水和淡水泥浆浆液的黏度均在 CMC 含量占比达到 0.5% 之后迅速提升,但是相比淡水泥浆,海水泥浆还是远远不如的,这是因为 CMC 含量对泥浆黏度的影响是与泥浆中的固体颗粒的多少是有关的,且泥浆中的固体颗粒在泥浆浆液中分布不均匀且呈不规则状,颗粒分子之间通过分子间作用力相互连接在一起,形成一种空间网状絮凝结构,随着 CMC 溶液浓度的提高,加强了泥浆浆液中的泥浆颗粒分子之间的作用力,浆液中的这种空间网状絮凝结构逐渐增大,效果更加显著,这就导致泥浆的黏度逐渐增大。但是海水大量的阳离子和杂质会影响泥浆颗粒之间的分子间作用力,影响了网状絮凝结构的稳定,因此相同 CMC 含量占比下的海水泥浆的黏度要小于淡水泥浆的黏度。

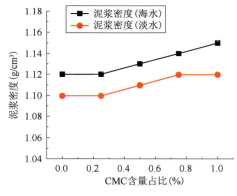

图 8.5-6　CMC 对泥浆密度的影响

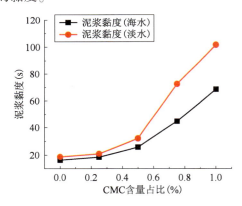

图 8.5-7　CMC 对泥浆黏度的影响

③CMC 对泥浆胶体率的影响规律

淡水泥浆的胶体率受 CMC 含量变化影响较小,如图 8.5-8 所示。当 CMC 含量从无到有时,淡水泥浆的胶体率增长较为迅速,这是因为 CMC 作为一种良好的增黏剂可以快速提高泥浆的黏性,能够使泥浆固体颗粒悬浮分散在泥浆浆液中,从而使泥浆胶体率快增加;当 CMC 含量超过 0.3%,胶体率就已达到泥浆 >95% 的要求,随着 CMC 含量的进一步增加,胶体率平缓增加最终达到 100% 左右。因此,CMC 含量对海水泥浆的胶体率有着显著的影响,随着 CMC 含量的增加,海水泥浆的胶体率近似呈线性增长,从 15% 增加到 100%,CMC 含量每增加 0.25%,胶体率涨幅 21.3%。

④CMC 对泥浆 pH 的影响规律

CMC 含量对泥浆浆液的 pH 值影响较小,如图 8.5-9 所示,几乎没有什么变化。随着 CMC 含量的逐渐增加,海水泥浆的 pH 值变化范围为 8~10,淡水泥浆的 pH 值变化范围为 7~9,变化幅度约 2%,因此,CMC 含量对泥浆的 pH 值影响较小。

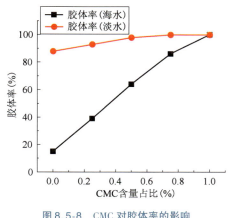

图 8.5-8　CMC 对胶体率的影响

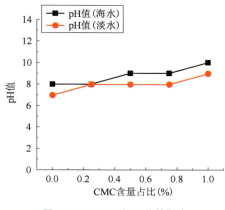

图 8.5-9　CMC 对 pH 值的影响

(3)碳酸钠含量占比对泥浆浆液性质的影响

选取膨润土含量占比为 30% 的基准浆液进行试验,控制其他制浆材料因素不变,逐渐增加碳酸钠含量,探究碳酸钠含量占比对泥浆浆液性质的影响。

①碳酸钠含量对泥浆密度的影响规律

如图 8.5-10 所示,随着碳酸钠含量的增加,泥浆浆液的密度增加较小,海水泥浆浆液的密度从 $1.31g/cm^3$ 增加到 $1.34g/cm^3$,淡水泥浆浆液的密度从 $1.24g/cm^3$ 增加到 $1.26g/cm^3$,浆液的密度变化幅度均在 2% 以内,表明碳酸钠含量的增加(0%~0.8%)对泥浆密度的影响较小,且可能由于碳酸钠在水中对浆液的分散作用促进了泥浆浆液特别是固体颗粒兼得水化和分解,使固体颗粒更好地悬浮分散在整个浆液中,略微提高了泥浆的密度。

②碳酸钠含量对泥浆黏度的影响规律

随着试验泥浆浆液里纯碱含量的增多,泥浆的黏度发生了较为显著的变化,总体上来说,泥浆的黏度随着 Na_2CO_3 含量的增大逐渐减小,如图 8.5-11 所示。此外,淡水泥浆黏度受 Na_2CO_3 含量影响较为明显,当碳酸钠含量变化范围为 0%~0.4% 时,淡水泥

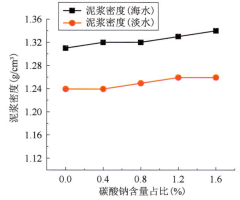

图 8.5-10　碳酸钠对泥浆密度的影响

浆黏度急剧下降,从 116s 陡降到 56s,降幅达 52%;海水泥浆从 111s 降到 39s,降幅达 65%。可见在高浓度 30% 的基础泥浆浆液下,碳酸钠含量对泥浆黏度具有较大的影响,其可以有效降低泥浆黏度,且海水泥浆黏度比淡水泥浆黏度下降幅度更大。分析产生原因,这是由于随着碳酸钠含量的不断增加,电解质 Na_2CO_3 与基础浆液中的泥浆颗粒特别是膨润土胶体颗粒发生相互作用,有效降低了泥浆黏度。此外,海水泥浆中具有较多的阳离子,随着碳酸钠含量的继

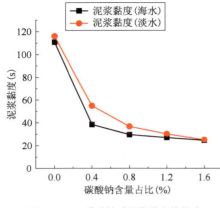

图 8.5-11 碳酸钠对泥浆黏度的影响

续增加,较多的碳酸钠不仅提高了浆液 pH 值,还进一步促进了浆液中的电离反应,使得海水泥浆浆液中的阳离子进一步增多,有效迅速地降低了海水泥浆的黏度。当 Na_2CO_3 含量继续增加时,泥浆黏度继续下降,可以观察到,海水泥浆对比淡水泥浆,当碳酸钠含量大于 0.8% 时,海水泥浆黏度下降得较为平缓,海水泥浆黏度从 29s 下降到 24s,变化幅度为 13%,淡水泥浆黏度从 38s 下降为 26s,降幅为 28%,其可能是海水泥浆浆液中的阳离子浓度已经远大于相同条件下的淡水泥浆浆液的阳离子浓度,故海水泥浆黏度变化较为平稳。

③碳酸钠含量对泥浆黏度的影响规律

对于膨润土浓度为 30% 的基础泥浆浆液来说,添加碳酸钠对胶体率影响十分有限,海水泥浆和淡水泥浆中的胶体率下降幅度不到 1%,如图 8.5-12 所示。这是因为基础泥浆浆液中的膨润土颗粒带负电荷,碳酸钠作为电解质溶于水中电解出阳离子,随着碳酸钠含量的进一步增加,溶液中的阳离子浓度被进一步提高,大量的阳离子由于相互之间的排斥力进入束缚反离子层,双电层被压缩,Zeta 电位下降,电荷排斥力减小胶体率降低。

④碳酸钠含量对泥浆 pH 的影响规律

碳酸钠可以提高泥浆浆液的 pH 值,不论是海水泥浆还是淡水泥浆,随着碳酸钠含量的增加,pH 值呈线性变化,大概碳酸钠含量每提高 0.4% 个百分点会升高一个 pH 值,如图 8.5-13 所示。

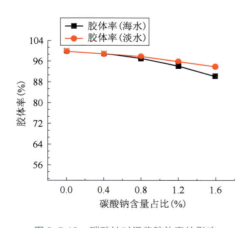

图 8.5-12 碳酸钠对泥浆胶体率的影响

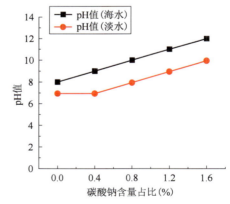

图 8.5-13 碳酸钠对 pH 值的影响

上述研究成果表明,由于海水中存在着大量的阳离子,与膨润土溶于水释放的阴离子结合,导致泥浆颗粒吸附沉积而不能很好地悬浮分散在浆液中,且海水中大量的阳离子和杂质还会破坏颗粒分子之间的空间网状絮凝结构,从而导致海水泥浆浆液黏度较低。

海水泥浆的黏度和胶体率远小于同样制浆材料下的淡水泥浆,若使得海水泥浆满足适应地层形成泥膜从而支护开挖面的施工要求,必须提高海水泥浆中膨润土和 CMC 在浆液中的含量占比。

8.5.4 泥水盾构泥浆渗透成膜试验研究

泥浆特性指标和成膜质量指标较多且相互联系。为了更为明确清晰地探究其深层次规律,选取泥浆密度和黏度作为衡量泥浆性质的主要特性指标,以滤水量作为衡量成膜质量的指标,开展大量室内泥浆渗透成膜试验,通过逐一改变制浆材料含量所引起的泥浆密度和黏度的变化,来测定不同因素变化下成膜滤水量的大小。

1) 泥浆渗透成膜试验研究

(1) 试验方案

试验地层选用福建标准砂、粗砂、碎石子等材料配制,经筛分获得与工程地层颗粒级配相近的试验材料,渗透系数约为 4×10^{-2} cm/s,干密度为 1.8 g/cm³,孔隙率为 0.56。试验泥浆由膨润土、羧甲基纤维素(CMC)、无水碳酸钠(Na_2CO_3)、人工配制海水溶液以及少许轻质砂按照不同配合比制备而成。试验材料及地层如图 8.5-14 ~ 图 8.5-16 所示。

图 8.5-14 泥浆渗透试验所用试验材料

图 8.5-15 配制试验用地层　　　　图 8.5-16 饱和后的试验地层

根据隧址区工程地质相关参数,为了较好与地层匹配从而使泥浆更易渗透成膜,预先进行了大量的试验,确定出该地层条件下泥浆可以渗透成膜的大致范围,再采用控制单一变量的方法,先测定不同组成成分的泥浆性质。泥浆性质参数见表 8.5-2。

试验海水泥浆的性质参数　　　　　　　　表 8.5-2

项目	膨润土(g)	CMC(g)	Na_2CO_3(g)	密度(g/cm³)	漏斗黏度(s)	胶体率(%)
B1	200	10	8	1.05	19.66	96
B2	225	10	8	1.07	20.28	96
B3	250	10	8	1.1	21.17	97
B4	300	10	8	1.15	25.46	100
B5	325	10	8	1.19	29.89	100
C1	250	0	8	1.05	19.93	96
C2	250	5	8	1.06	20.43	97
C3	250	10	8	1.1	21.17	97
C4	250	20	8	1.17	27.12	99
C5	250	30	8	1.21	40.83	100
D1	250	10	0	1.06	24.06	99
D2	250	10	4	1.07	22.32	99
D3	250	10	8	1.09	21.17	97
D4	250	10	16	1.15	19.38	95
D5	250	10	32	1.18	17.74	94

(2) 泥浆密度对滤水量的影响

碳酸钠对泥浆密度影响很小,故对此不讨论。采用控制单一变量因素,分别观察膨润土、CMC 含量单独变化时,泥浆密度对泥膜滤水量的影响。由图 8.5-17 可知,随着泥浆密度的增加,淡水和海水的滤水量均逐渐减小,表明成膜质量在逐步提高,在泥浆密度较小时,淡水泥浆比海水泥浆滤水量更小,当泥浆密度较大时,滤水量随之减小并有稳定趋势,这是因为海水中的阳离子较多,有效增加了泥浆颗粒之间的排斥力从而使泥浆颗粒无法在地层孔隙处凝聚沉淀形成泥膜。由此可以看出,当泥浆密度在 1.13~1.18g/cm³ 之间时,海水泥浆膨润土含量对于密度的改变对滤水量有较大影响,而 CMC 含量对于密度的改变使滤水量近似呈线性变化趋势。当密度大于 1.18g/cm³ 时,随着膨润土含量和 CMC 含量的增加,海水和淡水泥浆的滤水量减少速度均趋于平缓,表明较高密度下的泥浆易于快速形成泥膜,因此海水中阳离子的影响大大降低。

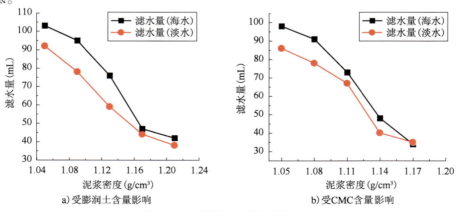

图 8.5-17　泥浆密度对滤水量的影响

（3）泥浆黏度对滤水量的影响

泥浆的黏度是泥浆性质的重要指标。从总体上看，不论是海水泥浆还是淡水泥浆，随着泥浆黏度的增大，滤水量均逐渐减小。当黏度大于28s时，海水泥浆和淡水泥浆均具有较小的滤水量和较好的成膜效果。膨润土的主要矿物成分为蒙脱石，一般带负电荷，在水中分散成悬浮状或胶凝状，与海水中的阳离子有较强的交换能力，这就导致了当膨润土含量较少（黏度<26s）条件下，淡水泥浆相比海水泥浆更快形成泥膜从而有较小的滤水量，如图8.5-18a)所示。CMC是一种亲水高分子化合物，通过氢键与水分子结合，减少泥浆颗粒自由活动的空间，从而提高体系的黏度，因此CMC含量的改变引起泥浆黏度的变化对于海水和淡水具有相似的影响，如图8.5-18b)所示。当黏度小于22s时，随着CMC含量的增加，滤水量缓慢减少；当黏度大于25s时，滤水量迅速减少。碳酸钠作为分散剂，可显著降低泥浆浆液的黏度，不利于泥浆颗粒的淤积和沉淀，泥浆不易成膜，其对于海水与淡水泥浆的滤水量有着相似的影响，如图8.5-18c)所示。当黏度大于23s，随着碳酸钠含量的减少，海水和淡水泥浆的滤水量缓慢降低并趋于稳定。

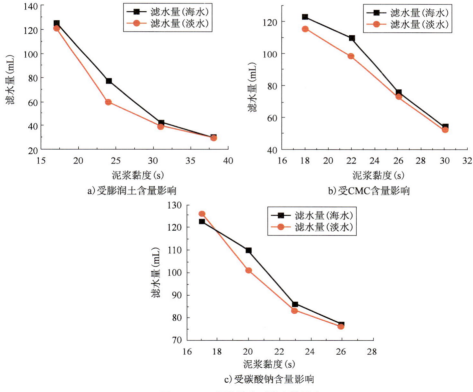

图8.5-18 泥浆黏度对滤水量影响

2）敏感性分析

选取膨水比、CMC含量、泥浆密度和黏土颗粒粒径四个主要因素，设计正交试验，研究这四种因素对泥浆黏度和滤水量的敏感性，既是对研究不同因素与成膜质量影响规律的补充，也是用另一种方法探究影响成膜滤水量的关键因素。

(1) 试验材料

本试验泥浆由膨润土、羧甲基纤维素(CMC)、水、碳酸钠和不同粒径固体颗粒(黏土、轻质砂等)按照不同配合比制备而成。试验选用三种不同粒径范围的黏土、粉土和轻质砂作为泥浆的填充材料,粒径范围分别为≤0.075mm、0.075~0.25mm、0.25~0.5mm 颗粒,从而通过添加不同粒径范围的填充物来改变泥浆级配和泥浆密度。本试验地层材料选用福建标准砂、粗砂、碎石子等经筛分获得中粗砂和砾砂作为泥浆渗透的地层材料,地层材料的物理参数见表 8.5-3、表 8.5-4。

地层物理参数　　　　　　　　　　　表 8.5-3

地层名称	干密度(g/cm^3)	孔隙比	渗透系数(cm/s)
中粗砂地层	1.55	0.60	4×10^{-2}

基于正交试验的 9 组泥浆配制　　　　　　　　　表 8.5-4

项目	膨水比	CMC 含量(%)	泥浆密度(g/cm^3)	黏土颗粒(mm)
1	1∶15	0.25	1.05	≤0.075
2	1∶15	0.5	1.13	0.075~0.25
3	1∶15	1	1.23	0.25~0.5
4	1∶10	0.25	1.13	0.25~0.5
5	1∶10	0.5	1.23	≤0.075
6	1∶10	1	1.05	0.075~0.25
7	1∶7	0.25	1.23	0.075~0.25
8	1∶7	0.5	1.05	0.25~0.5
9	1∶7	1	1.13	≤0.075

(2) 正交试验设计分析

泥浆在泥浆压力和地下水压差的作用下向地层中渗透,由于地层具有孔隙特性,随着泥浆的不断渗入,地层中的孔隙通道会逐渐被泥浆颗粒淤堵沉积,而如此又会阻滞泥浆的进一步渗透,从而随着渗透过程的不断反复进行,最终在地层表面形成微透水或不透水的泥膜。表 8.5-5 以泥浆黏度为研究对象,通过表中极差分析可知,R(CMC 含量)>R(膨水比)>R(泥浆密度)>R(黏土粒径),这表明 CMC 含量是影响泥浆黏度的首要因素,因此泥浆密度和膨水比是影响黏度的次要因素,黏度粒径对泥浆黏度的影响最小;表 8.5-6 以泥浆滤水量为研究对象,由极差分析表可知,R(泥浆密度)>R(CMC 含量)>R(黏度粒径)>R(膨水比),这说明泥浆密度是影响滤水量的首要因素,而 CMC 含量和黏度粒径是影响泥浆滤水量的次要因素。

泥浆组成成分对泥浆黏度影响的正交分析　　　　　　表 8.5-5

组别	膨水比	CMC 含量(%)	泥浆密度(g/cm^3)	黏土颗粒(mm)	泥浆黏度(s)
1	1∶15	0.25	1.05	≤0.075	17
2	1∶15	0.5	1.13	0.075~0.25	23
3	1∶15	1	1.23	0.25~0.5	65
4	1∶10	0.25	1.13	0.25~0.5	27
5	1∶10	0.5	1.23	≤0.075	48

续上表

组别	膨水比	CMC 含量(%)	泥浆密度(g/cm^3)	黏土颗粒(mm)	泥浆黏度(s)
6	1:10	1	1.05	0.075~0.25	19
7	1:7	0.25	1.23	0.075~0.25	42
8	1:7	0.5	1.05	0.25~0.5	20
9	1:7	1	1.13	≤0.075	25
I1	35	22.9	18.6	30	
I2	31.3	30.3	25	28	
I3	29	51.6	32.5	37.3	
R	16	28.7	13.9	9.3	

泥浆组成成分对滤水量影响的正交分析表　　　表 8.5-6

组别	膨水比	CMC 含量(%)	泥浆密度(g/cm^3)	黏土颗粒(mm)	滤水量(mL)
1	1:15	0.25	1.05	≤0.075	126
2	1:15	0.5	1.13	0.075~0.25	83
3	1:15	1	1.23	0.25~0.5	64
4	1:10	0.25	1.13	0.25~0.5	87
5	1:10	0.5	1.23	≤0.075	96
6	1:10	1	1.05	0.075~0.25	115
7	1:7	0.25	1.23	0.075~0.25	79
8	1:7	0.5	1.05	0.25~0.5	134
9	1:7	1	1.13	≤0.075	78
I1	91	97.3	125	100	
I2	99.3	104.3	82.6	92.3	
I3	97	79.3	79.6	95	
R	12.3	25	45.4	7.7	

根据正交试验得到泥浆各组成因素对泥浆黏度和滤水量的影响变化规律,如图 8.5-19 所示。由此可得 CMC 是一种很好的增黏剂,少许 CMC 即可增加泥浆的黏度,当 CMC 含量超过 0.5% 时,泥浆黏度迅速增加,随着 CMC 用量的继续增加,泥浆黏度显著增大。这是因为 CMC 是一种亲水高分子化合物,通过氢键与水分子结合,减少泥浆颗粒自由活动,从而令泥浆颗粒易在地层孔隙处逐渐淤堵沉积形成泥膜,且泥浆的滤水量明显降低。因泥浆密度是影响泥浆滤水量的首要因素,故随着泥浆密度的增加,滤水量逐渐呈近似线性下降,当密度较低时(低于 1.2g/cm^3),其对泥浆黏度的影响较小,当泥浆密度较高时,随着密度逐渐增加,泥浆黏度有增加的趋势,但未有 CMC 含量对泥浆黏度的影响明显。此外,膨水比对泥浆的黏度有较大影响,这是因为膨润土溶于水呈悬浮状或胶凝状,因此提高单位质量的膨润土掺入量可以提高泥浆的黏度,降低泥浆的滤水量,但是其对泥浆的黏度影响有限。此外,黏土粒径可以起到改善泥浆颗粒级配作用,从而有利于泥浆在渗透地层过程中淤积堵塞地层孔隙,从而快速成膜,降低泥浆滤水量。

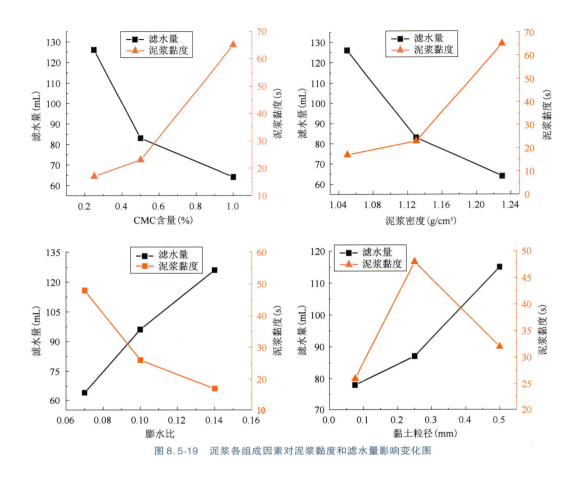

图 8.5-19 泥浆各组成因素对泥浆黏度和滤水量影响变化图

8.6 TBM 平行导洞海底穿越不良地层关键技术

8.6.1 TBM 平行导洞概况

大洋站—青岛北站区间海底隧道是青岛地铁 8 号线的关键性控制工程,在青岛地铁 8 号线建设提速的特殊背景下,海底隧道增加了 TBM 平行导洞作为辅助施工通道。TBM 平行导洞与海域矿山法段正线隧道并行敷设,线间距 22~57m,线路平面如图 8.6-1 所示。TBM 平行导洞全长 2010m,采用 TBM&EPB 双模式 TBM 施工,其中 F_5 断层破碎带前采用单护盾 TBM 模式掘进,F_5 断层破碎带及其后区段采用 EPB 模式掘进。隧道开挖直径 6885mm,管片内径 5900mm,管片厚度 350mm。

TBM 平行导洞拱顶最小埋深 29m,最大埋深 57m。隧道洞身范围以微风化凝灰岩、微风化安山岩为主,岩石强度 30~50MPa,局部近 70MPa,地质纵断面如图 8.6-2 所示。平行导洞隧址区穿越 2 条小型断裂 F_7、F_6 和 1 条区域大断裂 F_5。F_6 破碎带影响范围内地层以柱状节理微风化岩为主,岩体较破碎,断裂带影响长度约40m;该区段地下水为基岩裂隙水,水量贫瘠~中等,多呈滴状或淋雨状。F_5断层破碎带较宽,断层岩(碎裂岩和断层泥等)发育。F_5破碎带影响范围约490m,围岩饱和抗压强度9.4~54.2MPa,平均强度35.2MPa。断层内地下水基岩裂隙水为主,主要接受海水和砂土中孔隙水的下渗补给(非直接贯通性补给),径流量一般较小。

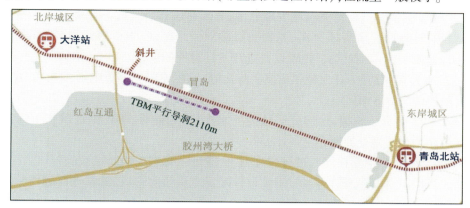

图8.6-1 TBM平行导洞平面示意图

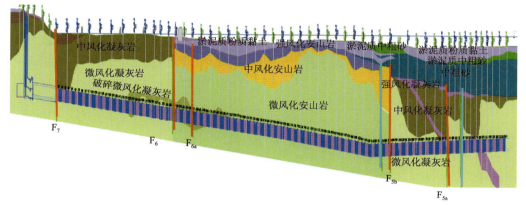

图8.6-2 TBM平行导洞地质纵断面图

8.6.2 设备选型及针对性设计

1)设备选型

TBM平行导洞是在工程建设提速的特殊情况下增加的辅助施工通道,其设备选型需考虑以下方面因素:

(1)平行导洞总长2010m,其中前1500m围岩总体较好,适合TBM敞开式模式快速施工掘进;而后500m围岩较破碎,适合保压盾构模式掘进。

(2)隧址区穿越F_7、F_6、F_5三条破碎带,节理发育,若采用喷锚支护,支护不及时,安全风险高。

(3)平行导洞作为海底隧道辅助施工通道使用,需快速掘进,尽早为海域矿山法隧道提供工作面,以达到工程建设提速的目标。

该工程所采用的掘进机需要满足在中、硬岩地层中快速掘进,同时能够在不良地质区段安全施工。双模式掘进机地层适应性较强,从中、硬岩到软岩均能够安全高效掘进,特别是针对软弱破碎的不良地层,具有较好的作业能力。基于以上因素,本工程选用TBM&EPB双模式TBM设备,围岩稳定时,采用单护盾TBM模式施工,快速掘进;围岩不稳定时,采用土压平衡EPB模式掘进,保障施工安全。

2)设备针对性设计

TBM平行导洞主要沿胶州湾海域段敷设,隧址区穿越F_7、F_6、F_5三条断层破碎带,且F_5断层破碎带影响范围较大,水头压力高、围岩相对破碎。为保证TBM平行导洞的安全、高效施工,结合工程地质条件,对双模式TBM设备进行了针对性的设计。

(1)隧道最大埋深约57m,为确保盾尾密封良好,盾尾设置4道盾尾刷,其中3道钢丝刷,1道钢板刷,承压能力0.6MPa。

(2)该工程主要为下坡掘进,部分区域地下水丰富,为确保TBM掘进模式下管片壁后注浆效果,在盾尾增设1道止浆板。

(3)TBM平行导洞主要在海底进行掘进施工,隧址区穿越3组断层破碎带,存在一定的卡机、坍塌涌水风险。为降低施工风险,TBM设备配置专用超前钻机,具备进行超前钻探和超前注浆加固功能。为确保TBM模式下超前加固效果,盾体和承压墙分别预留了超前钻孔孔位,可用于(无压模式)正面钻探及注浆加固,超前钻孔孔位设置如图8.6-3所示。

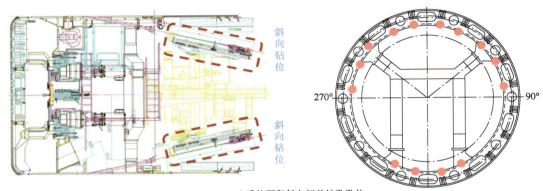

a) 盾体预留斜向超前钻孔孔位

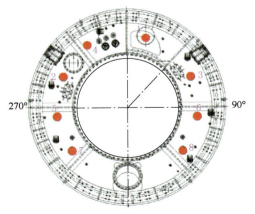

b) 承压墙预留水平超前钻孔孔位

图8.6-3 超前钻孔孔位布置示意图

（4）刀盘主要由滚刀和刮刀相结合的刀具组合配置，其中单刃滚刀38把，双刃滚刀6把，其中1~3号、2~4号、5~7号、6~8号、9~11号、10~12号为双刃滚刀，其余13~50号为单刃滚刀，如图8.6-4所示。为防止掘进断裂带时出现卡机情况，边刀采用进口的18寸合金边刀。

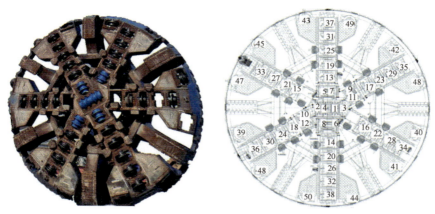

图8.6-4 刀盘滚刀配置示意图

8.6.3 TBM海底穿越断层破碎带关键技术

TBM平行导洞海底穿越F_5断层破碎带，宽度约370m。破碎带内岩性破碎，呈软硬不均状，受构造影响，岩芯呈碳酸盐化、高岭土化、绿泥石化等蚀变现象。F_5断层破碎带内整体上部以砂土状碎裂岩和块状碎裂岩为主，中下部以节理碎裂岩和较完整及完整的基岩为主，典型岩芯照片如图8.6-5所示。断层断裂带范围隧道涌水类型以渗水、线状涌水（线流）和帘幕式涌水为主，估算涌水量为14.4m³/(m·d)，估算涌水压力约为0.4MPa。

a) 941环洞身范围内岩芯情况

b) 1047环洞身范围内岩芯情况

c) 1148环洞身范围内岩芯情况

d) 1249环洞身范围内岩芯情况

图8.6-5 断层破碎带典型岩芯照片

TBM 掘进断层破碎带施工存在软弱围岩坍塌卡机及涌水风险,施工中主要采取了以下风险控制措施:

1) 模式转换

为确保施工安全,TBM 刀盘掘进至距离 F_5 断层约 20m 时,提前将敞开模式转换为土压平衡模式。由 TBM 模式转换成土压平衡模式需拆除除尘设备、溜渣板、溜渣槽、主机皮带、断开设备桥与主机及其相应的管路。由 TBM 模式转换成土压平衡模式需增加中心旋转接头、泡沫管路、螺旋输送机、封堵除尘口、封堵主机皮带口、连接设备桥及相应的管路(图8.6-6)。

图 8.6-6　TBM 模式转换

2) HSP 超前地质预报

HSP 声波反射法探测和地震波探测原理相同,是建立在弹性波理论的基础上,传播过程遵循惠更斯-菲涅尔原理和费马原理。探测的物理前提是岩体间或不同地质体间存在明显的声学特性差异。

根据 TBM 掘进机施工特点,刀具切割岩石所产生的声波信号,频带较宽,一般为 10~2000Hz。掘进时,在设备刀头(或机身)布置一个机械振动信号接收检波器,在两侧壁围岩(或者管片上)各布置 1 排声波接收检波器。测试时,机械振动信号接收检波器接收掘进机掘进过程中机械振动噪声,2 排声波接收检波器同时接收掘进机掘进产生的振动信号,采用必要的、合适的滤波及信号提取技术进行处理,识别出掘进机刀盘前方不良地质体的反射波信号,每次累计接收 5~15min 振动信号,用以数据处理,从而达到对掘进机施工掘进前方进行不良地质体预报的目的。

该工程中,采用 HSP 超前地质预报对 F_5 断层破碎带 490m 影响范围进行了全程超前地质预报。此外,HSP 每循环探测长度 100m,掘进 70m,搭接 30m。

当隧道围岩岩性、强度发生变化时,如存在断层或岩性变化,则围岩之间存在弹性差异,其接触面便为波阻抗界面或波速界面。此外,入射声波遇到界面时便会发生反射、折射与透射现象。根据空间界面定位原理,利用三维极坐标系观测系统,解析出反射界面的产状与空间位置。典型超前地质探测结果如图 8.6-7 所示。

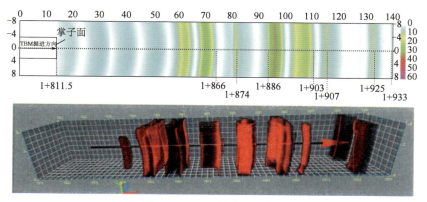

图 8.6-7 HSP 典型探测结果

3）超前地质探孔地质探测

为确保掘进机在各类特殊地层中地顺利掘进，在必要的情况下需对地层进行超前加固处理。在进行掘进机设备设计时，预留超前探孔孔位，以实现超前钻孔探测及超前预注浆加固。如需进行超前地质钻探时，在掘进机上固定安装 TBM 专用超前钻机，跟管钻进，打设水平孔，连接压力表及水表，从而进一步查明 F_5 断层围岩情况及水压、出水量。此外，超前探孔单循环长度 30m，掘进 20m，搭接 10m，探测范围为隧道开挖线以外 3m。超前地质钻探施工如图 8.6-8 所示。

图 8.6-8 超前探孔探查地层

此外，钻进过程钻机钻进速度不宜过快，钻速控制在 150～200mm/min。钻进过程中应详细记录钻机钻进的速度、钻进时间，并密切关注钻进过程中钻机钻进进尺、钻孔翻渣、卡钻以及水流等情况，综合预判掌子面前方工程地质条件。

4）地层加固处理

根据超前钻探显示的地质及出水情况，综合判断地层加固处理措施。工程实施过程中，对于探孔揭示地质情况稳定，地下水较小，水压较低时，无须进行地层预加固处理，掘进机正常向前掘进。若探孔显示地质情况较差，地下水水量较大、水压较高时，停止掘进，同时将利用设备预留的超前注浆孔进行超前预注浆加固，且注浆采用硫铝酸盐水泥，如图 8.6-9 所示。注浆完成后需进行注浆效果检查，满足设计要求后方可恢复掘进。

图 8.6-9　超前预注浆加固地层

该工程掘进机超前钻孔包含两种类型,均可进行超前钻探和加固施工:一是在撑靴盾位置预留的 14 个倾角 13°的超前孔;二是在前盾承压墙设置有 8 个水平超前注浆孔,通过土仓可对开挖面前方进行超前地质加固。

在选择撑靴盾位置预留的 14 个倾角 13°的超前孔施工时,具体根据实际情况进行孔位选择、控制钻杆垂直度,防止发生卡钻、塌孔等情况。

在 TBM 模式下,掌子面为敞开模式,可直接采用承压墙超前水平孔进行施工。在 EPB 模式下,若采用承压墙超前水平孔进行施工,需通过螺旋输送机出渣效果预判掌子面情况。若渣土较干燥,未出现地质交替变化的渣土时,预判掌子面整体性较好,无渗漏。此时可从人孔进入掌子面进行观察地质情况,确保安全后采用水平孔进行施工。若螺旋输送机出渣含水率较高,则不通过承压墙超前水平孔进行施工,采用撑靴盾超前孔施工。

8.7　本章小结

青岛地铁 1 号线和 8 号线、厦门地铁 3 号线三座海底隧道是国内首批开工建设的地铁海底隧道,工程建设过程中开发应用了多种新工法、新技术。本章对矿山法海底隧道风险评估、组合工法隧道海中对接、高水压条件海底换刀、TBM 海底穿越不良地层等关键技术进行了分析总结,对海水环境下泥水盾构泥浆配合比开展了试验研究,主要成果如下:

(1)构建了青岛地铁 1 号线断层破碎带施工风险评价体系及 FAHP 评价模型,建立了地铁 1 号线断层破碎带施工风险评价标准。

(2)在总结既往海底盾构隧道掘进换刀经验的基础上,提出了一种综合换刀方案。该方案以简易刀盘型滚刀磨损预测模型为指导,在隧道沿线选取若干主动换刀点,采用注浆法或冻结法对换刀点进行预加固,盾构到达换刀点后进行批量主动换刀。对于被动换刀的情况,则结合具体情况,从保压装置换刀、饱和气体带压开仓换刀和限排减压开仓换刀三种方法中选用。该方案在厦门、青岛、汕头等多座海底隧道工程中进行了应用推广,在提高工效、降低施工风险方面取得了良好的应用效果。

(3)采用组合工法修建的海底隧道工程,施工过程中可能会由于某些突发状况造成预定统筹方案无法依照预设工程进度实施。因此，会出现两种不同的对接方案：①矿山法段完成后盾构掘进接收；②盾构原位解体后采用矿山法继续施工，完成隧道水下对接。组合工法隧道在海中实现对接，首先需要选定合适的对接位置，既要降低安全风险，又要满足工程总体的进度要求；其次，工法对接处要做好盾构接收端的地层加固处理、矿山法施工对既有管片的成品保护及对接点结构防水处理。

（4）青岛地铁8号线海底隧道不良地层段联络通道采用机械法施工，始发、接收工况均采用设备集成的钢套筒全封闭技术，提高了施工安全性。

（5）为了模拟泥浆在带压开舱环境下渗入地层形成泥膜的实际情况，研制了泥浆渗透成膜试验装置，研究了不同制浆材料对泥浆特性的影响。试验结果表明：以膨润土为基浆的泥浆浆液，海水泥浆的密度略大于同等条件下的淡水泥浆，而海水泥浆的黏度及胶体率则远小于淡水泥浆，为了使海水泥浆能够渗透成膜，需要提高泥浆中膨润土以及增黏剂CMC的含量从而改善泥浆的性质。研究了泥浆特性对泥浆渗透成膜的影响。试验结果表明：在海水条件下增加膨润土含量可以有效提高泥浆密度，降低滤水量，改善泥膜形成质量；海水泥浆需增大CMC含量才能使泥浆渗透成闭气性较好的泥膜。

（6）青岛地铁8号线海底隧道平行导洞海底穿越构造破碎带等不良地层，采用双模式TBM施工，并对设备密封、刀具、预留超前钻注系统等方面进行了针对性设计；海底穿越断层破碎带采用EPB模式掘进，施工前采用HSP、超前钻探综合手段进行超前地质探测，根据探测结果，必要时对围岩进行超前预注浆加固，顺利完成了不良地层的穿越施工。

本章参考文献

[1] 中铁隧道勘测设计院有限公司.青岛地铁1号线过海隧道工程专题研究[R].2013.
[2] 中铁第六勘察设计院集团有限公司,中铁发展投资有限公司,中铁二局集团有限公司,等.青岛地铁8号线高水压复杂地质海底隧道综合修建技术研究报告[R].2021.
[3] 中铁隧道勘测设计院有限公司.厦门市轨道交通3号线过海隧道工程专题研究[R].2014.
[4] 中铁隧道勘测设计院有限公司.青岛市地铁1号线工程瓦屋庄站—贵州路站区间施工图设计文件[R].2017.
[5] 中铁大桥勘测设计院集团有限公司.青岛市地铁1号线工程勘察一标段详勘(瓦屋庄站—贵州路站区间)岩土工程勘察报告[R].2014.
[6] 中铁隧道勘测设计院有限公司.青岛市地铁8号线工程大洋站—青岛北站区间施工图设计文件[R].2018.
[7] 青岛海洋地质工程勘察院.青岛市地铁8号线工程勘察第一标段大洋站至青岛北站站区间详细勘察阶段岩土工程勘察报告[R].2017.
[8] 中铁第六勘察设计院集团有限公司.青岛地铁过海区间工程风险评价及安全保障技术研究报告[R].2020.
[9] 中铁第六勘察设计院集团有限公司.复杂环境下超长过海地铁隧道修建关键技术研究[R].2020.
[10] 杜宝义,宋超业,贺维国,等.海底隧道矿山法与盾构法交接技术及应用[J].现代隧道技

术,2021,58(02):208-213.
[11] 程龙.青岛地铁1号线过海隧道穿越断层破碎带风险综合控制技术[J].智能城市,2020,6(06):1-4.
[12] 杜宝义,宋超业,贺维国.海底隧道盾构异常磨损开舱辅助工法应用分析——以厦门地铁过海区间隧道工程为例[J].隧道建设(中英文),2020,40(S01):374-381.
[13] 刘鹏,赵程.咸水环境下泥水盾构泥浆配合比试验研究[J].山东科技大学学报(自然科学版)2021,40(03):50.
[14] 中铁西南科学研究院有限公司.大洋站—青岛北站区间TBM平行导洞HSP法超前地质预报报告[R].2018.
[15] 刘泽,王勇,李小锋,等.海域复杂地质双模式TBM设备选型与应用关键技术[J].隧道建设(中英文),2020,40(06):868-872.

第 9 章
超长地铁海底隧道工程案例

9.1 青岛地铁1号线瓦贵区间海底隧道

9.1.1 工程概述及周边环境

1) 工程概况

青岛市依托"走向深海、走向高端"的国家海洋战略要求,大力发展蓝色经济,实施"全域统筹、三城联动、轴带展开、生态间隔、组团发展"战略,拉开城市空间发展大框架,加快建设组团式、生态化的海湾型大都市。青岛地铁1号线串联了青岛市西海岸新区与东岸中心城区,形成了贯通南北的快速轨道交通走廊,是实施三城联动战略的主要交通动脉,如图9.1-1所示。瓦屋庄站—贵州路站区间隧道(简称"瓦贵区间")穿越胶州湾湾口海域,是1号线的控制性节点工程。

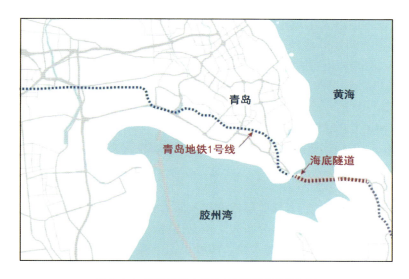

图9.1-1 青岛地铁1号线工程平面位置示意图

瓦贵区间起自黄岛区瓦屋庄站,线路沿既有胶州湾海底隧道东侧向北下穿胶州湾湾口海域后,接入青岛主城区贵州路站。区间线路全长约8.1km,其中海域段长度约3.49km。该隧道采用矿山法和TBM工法施工,其中海域段隧道采用矿山法施工,开挖跨度11.9～14.9m。根据全线工程筹划安排,该隧道共设置3座施工斜井,其中黄岛端2座,青岛端1座。根据运营需求,设置3座地下风机房及通风竖井、4座废水泵站、2座牵引变电所、2座独立降压变电所以及其他相关配套设施。

地铁海底隧道毗邻胶州湾公路隧道,公路隧道为双向六车道,采用双洞主隧道+中间服务隧道的横断面形式,主隧道采用椭圆形断面,内净空高8.2m、宽14.4m,海域段主隧道线间距约55m。地铁1号线瓦贵区间海域段隧道与公路隧道结构净距为166～255m,相对位置关系如图9.1-2所示。

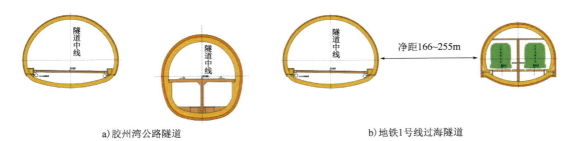

a) 胶州湾公路隧道　　　　　　　　　　　　　　b) 地铁1号线过海隧道

图 9.1-2　瓦贵区间海域段隧道与胶州湾公路隧道位置关系图

2) 建设条件

(1) 地形地貌

胶州湾是山东半岛东南沿海的一个深入内陆的半封闭海湾,水深西北浅、东南深,海底地势自北向南倾斜,腹大口小。湾内自东向西有5条(东西向)水道向湾口汇集,而后通向外海。

(2) 工程地质条件

场区第四系覆盖层以人工填土层(Q_4^{ml})、全新统陆相洪冲积层(Q_4^{al+pl})为主,部分基岩裸露。青岛端与薛家岛两岸陆域地层以花岗岩为主,海域段岩性除花岗岩外,还有大量的凝灰岩、流纹岩。岩石标准抗压强度为40~145MPa。隧道穿越海域段海水水深最深42m,最小岩石覆盖层厚度约30m,是目前国内埋深最大的海底隧道。

(3) 地质构造

胶州湾在新构造分区上属于胶南弱隆起的边缘部位,地质构造复杂。隧址区共穿越18条断裂,主要为高角度、中新代脆性断裂构造,以压扭性为主,其宽度在数米至数十米不等,其中隧道海域段穿越4组14条断裂带。

(4) 水文地质条件

薛家岛岸为低山丘陵地貌,上部薄层残坡积土层为弱透水层,下部弱~微风化基岩埋藏较浅,多为微透水性。团岛岸上部普遍分布人工填土,结构松散,为强透水性,下伏弱~微风化基岩,岩体完整性较好,总体为弱~微透水性。海域段中~微风化岩体受风化裂隙影响,具弱~微透水性;碎裂状基岩受构造裂隙、充填情况的影响,渗透性等级为中等透水。海底隧道计算最大涌水量为27.5m³/(m·d)。

9.1.2　建设方案比选

1) 工法选择

瓦贵区间工程地质条件较复杂,工程建设前期,编者结合工程地质和水文条件、隧道断面尺寸、长度、施工技术水平、两岸建筑物和隧道功能需要等因素对矿山法、TBM法进行了综合比选。

(1) 矿山法方案

对于特长地铁区间隧道,通常需设置区间风井将区间分成几个通风区间,以确保每个通风区间内只有一辆列车运行。本隧道海域段隧道长约3.5km,却无法在海上设置通风竖井,因此需采用半横向通风方案,即在两岸通风竖井间约3.5km区间隧道顶部设置排烟风道。根据通风方案,海域矿山法段可采用以下单洞、双洞、三洞三种隧道断面形式,如图 9.1-3～图 9.1-5 所示。

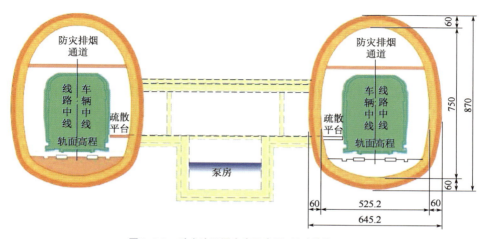

图 9.1-3　矿山法双洞方案示意图(尺寸单位:cm)

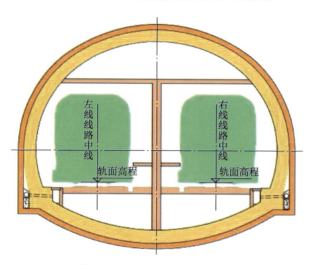

图 9.1-4　矿山法单洞方案示意图

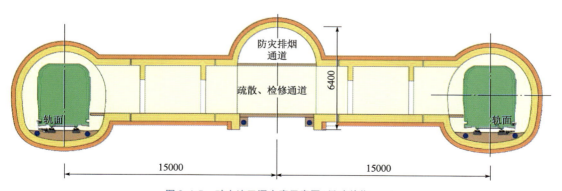

图 9.1-5　矿山法三洞方案示意图(尺寸单位:mm)

单洞方案，隧道断面大，有利于大型机械设备展开，施工进度快，无须设置避车洞或错车道。各施工环节可以平行作业、干扰小，且土建投资小。隧道开挖跨度较大，施工风险相对较大，但有胶州湾公路隧道的成熟建设经验，风险可控。

双洞、三洞方案隧道开挖跨度小，有利于施工安全，但由于隧道断面较小，不利于大型机械设备展开，对施工效率造成一定影响。由于断面较小，开挖支护、防水、钢筋绑扎、二次衬砌模筑等作用环节相互干扰。

三洞方案，服务隧道可作为专用检修通道，可随时对隧道海底设备进行检修和维护，防止设备故障影响地铁运营的情况发生，从而利用服务隧道上部作为排烟风道，通风控制复杂，设备投入费用高，且土建费用高。

通过对施工风险、防灾救援、工程投资、工期等方面的综合比较，海域段隧道适宜采用单洞方案。

(2) TBM 工法方案

TBM 工法建设方案，可选用单洞（管片内径10.6m）、双洞（管片内径6.7m）、三洞[双洞（管片内径5.4m）+服务隧道]方案（图9.1-6～图9.1-8），对上述方案进行了比选研究。

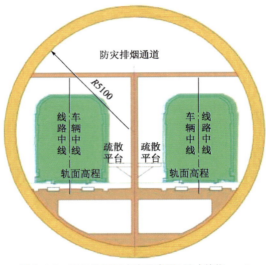

图 9.1-6　TBM 法双洞方案示意图（尺寸单位：mm）

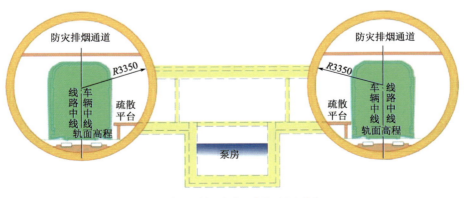

图 9.1-7　TBM 法单洞方案示意图（尺寸单位：mm）

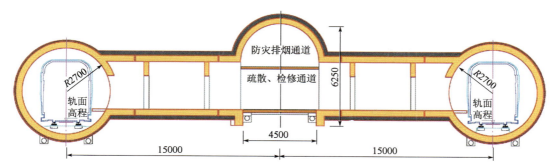

图9.1-8 TBM法三洞方案示意图(尺寸单位:mm)

单洞方案,大直径TBM施工的隧道,在瑞士、美国、意大利等国的隧(洞)道工程中有少量应用,我国在锦屏水电站引水洞施工中采用了2台直径12.4m的TBM,其他相关工程经验较少。特别是在复杂的海底隧道工程中未有成熟案例,因此不建议采用单洞双线大直径TBM方案。

双洞方案,瓦贵区间隧道长约8.1km,2、3号风井间需设置排烟风道,区段长约3.5km。若全隧通长采用直径8.2m的TBM,断面利用率不高,增加了工程投资,则在青岛地铁后续工程中应用的机会较少。

三洞方案,即轨行区采用内径5.4m的标准地铁区间断面,海域段设置服务隧道方案。该方案可利用TBM订货加工期内,采用矿山法先行开展服务隧道施工,起到超前地质勘察作用,以探明隧址地质。TBM被困等异常工况时,服务隧道为矿山法救助或接应提供掌子面。在工程造价方面,Ⅱ~Ⅲ级围岩地段可借鉴胶州湾公路隧道成功经验,采用喷锚永久支护形式,虽工程投资较双洞方案略有增加,但疏散救援、工程风险等方面优势突出。

(3)综合比选

单纯从技术角度出发,本工程所处地层无大规模的不良地质体存在,TBM施工和矿山法均可行。矿山法断面形状灵活多变、对岩石强度适应性,对海底断层、施工场地及工程造价等方面均具有明显优势,而且利于在水域下防治突涌水。综合考虑地层适应性、对不良地质的适应性、工程投资、建设风险等,该工程采用矿山法施工。青岛端由于位于密集的居民区下方,可统筹全线考虑,采用TBM施工,降低隧道开挖爆破对地上建构筑物的影响。

2) 隧道埋深研究

影响隧道岩石覆盖厚度取值不确定因素较多,主要通过工程类比法、挪威图表法、日本经验公式、国内顶水采煤经验法、数值模拟计算、权函数法等确定隧道埋深。数值计算侧重于围岩稳定性的考量;顶水采煤侧重于对施工突水的考量;最小涌水量侧重于对排水成本的考量。地铁海底隧道埋深的确定主要考虑了围岩稳定性、防突水、涌排水量等关键因素,采用权函数确定隧道埋深。

地铁海底隧道埋深的确定,充分借鉴和吸收了胶州湾公路隧道建设经验,在f_{3-2}、f_{3-3}、f_{4-1}、f_{4-2}、f_{4-3}、f_{4-4}、f_{4-5}断层处地铁海底隧道拱顶较公路隧道下压10~15m。在施工阶段,超前探水孔基本无水或水量小,大大提高了施工效率,降低了工程投资。以f_{4-3}断层为例,胶州湾公路隧道施工期间涌水量达496L/min,地铁海底隧道施工期间基本无水。2018年底隧道贯通后,地铁海底隧道实测隧道渗水量约$0.2m^3/(m \cdot d)$,实测排水量与设计阶段计算排水量相当。

9.1.3 工程设计主要技术指标

1) 线路技术指标

(1) 列车最高运行速度：100km/h。
(2) 车型：B型车6辆编组。
(3) 线路平面最小曲线半径：700m。
(4) 线路最大纵坡：2.8%。
(5) 区间最小纵坡：0.5%。

2) 隧道结构设计技术指标

(1) 设计使用寿命为100年，结构安全等级为一级。
(2) 结构防水等级为二级。
(3) 地下结构中承重结构耐火等级为一级。
(4) 抗震设防烈度Ⅵ度。
(5) 该工程属于甲类人防工程，工程防核武器抗力级别6级，防常规武器抗力级别6级，防化等级不低于丁级。
(6) 海域段隧道结构裂缝限值：0.15mm。
(7) 双线单洞隧道排水量不得大于$0.2m^3/(m·d)$，单线单洞隧道排水量不得大于$0.1m^3/(m·d)$。

9.1.4 工程重难点

1) 矿山法海底隧道合理纵断面设计

纵断面设计是矿山法海底隧道建设的关键技术之一，埋深过浅易导致上覆围岩变形过大，严重时会导致坍方突涌水事故。埋深过大会增加隧道长度、衬砌结构承担水荷载压力增大，增加隧道工程投资。同时，隧道埋深过大会引起两端车站埋深加大，增加车站工程投资并降低服务水平。目前国内对于海底隧道的覆盖层厚度尚无成熟规范和理论，设计难度大。

2) 坍塌涌水风险高、技术难度大

该工程海域段穿越4组16条断层破碎带，此外还有风化深槽等不良地质体。断层带和风化槽与海水间水力联系强，高渗透水压作用下降低了围岩承载力，因此隧道施工存在较大的坍塌、涌水风险。

3) 防排水设计原则、排放标准确定难

与常规地铁隧道相比，海底隧道埋深大，隧道衬砌结构需承担较大的地下水压力，若按照全包防水设计则衬砌结构厚度大、含钢量高、工程投资大，因此防排水多采用限量排放设计。因此制定合理的限量排放标准及保证运营阶段排水系统的通畅是本工程设计的重点、难点。

4) 强腐蚀环境下结构耐久性

海底隧道处于海水腐蚀环境，海水和地下水对混凝土有中等结晶分解复合类腐蚀和弱结晶类腐蚀，对钢筋混凝土中的钢筋有弱腐蚀性，结构的耐久性要求高。

9.1.5 主要技术创新点

1）大断面地铁海底隧道防坍塌涌水技术

该隧道穿越4组14条断裂,地层岩性复杂多变,施工中坍塌、突涌水风险高,且后果是灾难性的。工程建设阶段开发了钻探为主(图9.1-9)、物探为辅相结合,长、短距离探测相结合,钻孔、物探相互验证的综合超前地质探测技术。根据超前地质探测结果,针对性制定了注浆加固方案(图9.1-10),从而有效保障了海底施工安全,全隧施工过程中未发生坍塌涌水事故。

图9.1-9　超前地质钻探探水　　　　图9.1-10　注浆加固地层

2）矿山法海底隧道最小覆岩厚度的确定

以围岩稳定性、防突水、涌排水量作为隧道埋深的关键性控制因素,采用权函数法确定海底隧道埋深。结合地铁过海隧道临近胶州湾公路隧道的实际情况,采用不小于30m作为地铁海底隧道纵断面设计控制埋深,并且充分吸取胶州湾公路隧道经验,在主要风化槽及断层破碎带处适当降低隧道埋深,不仅降低了隧道施工风险,施工过程中隧道涌水量也大大降低。

9.1.6 工程建设过程

2013年3月,开展地铁1号线工程可行性研究报告。

2013年11月,完成青岛地铁1号线过海隧道工程专题研究。

2013年11月,国务院正式批复《青岛市城市轨道交通近期建设规划(2013—2018年)》。

2015年1月,青岛地铁1号线瓦屋庄站—贵州路站过海隧道初步设计及概算批复。

2015年9月,海底隧道工程正式开工。

2016年2月,1号、2号施工斜井进入隧道正线施工。

2018年11月,全线控制性工程海底隧道贯通。

地铁海底隧道Ⅲ级围岩段月进尺150~180m；Ⅳ级围岩段月进尺45~60m；Ⅴ级围岩段月进尺15~25m。该工程采用单洞双线大断面结构形式,机械化配套率较高,Ⅲ级围岩段单循环平均作业时间约394min;Ⅳ级围岩段单循环平均作业时间约570min。

2021年12月,青岛地铁1号线全线通车运营。

9.1.7 工程实景

青岛地铁1号线瓦贵区间工程实景见图9.1-11~图9.1-16。

图9.1-11 三臂凿岩台车作业

图9.1-12 超前探孔探水作业

图9.1-13 超前支护施工

图9.1-14 光面爆破效果

图9.1-15 海域段隧道贯通

图9.1-16 陆域段TBM隧道贯通

9.2 厦门地铁3号线五刘区间海底隧道

9.2.1 工程概况及建设条件

1) 工程概况

厦门地铁3号线是连接厦门本岛与翔安东部副中心的西南—东北向骨干线,包含主线和支线两部分。主线起于厦门火车站,终至翔安机场,串联了厦门火车站及周边、湖里老城区、五缘湾片区、翔安南部新城、翔安机场及空港经济区等重点区域,全线走向如图9.2-1所示。五缘湾站—刘五店区间海底隧道(简称"五刘区间")是全线的咽喉工程。

图9.2-1 厦门地铁3号线全线走向示意图

五刘区间位于翔安隧道西北侧约1.3km处,线路起自五缘湾站,沿既有钟宅路向东下穿厦门东海域后,接入翔安侧刘五店站。区间主线全长4.9km,其中海域段长约3.6km,采用双洞单线的结构形式。隧道设置1座施工斜井、1座风井(兼施工竖井)、3座大型海底废水泵房及7座独立联络通道(另有3座与泵房合建),区间平面如图9.2-2所示。

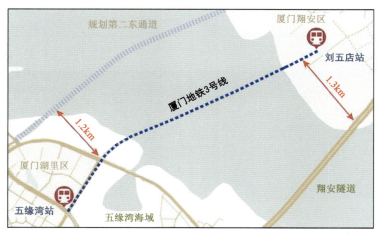

图9.2-2 五刘区间线路平面示意图

工程采用盾构+矿山的组合工法施工,其中本岛陆域段约0.87km,采用外径6.2m的土压平衡盾构施工;风井至海中长约2.6km区段采用矿山法施工,断面为马蹄形,开挖宽度8m,高度8.9m;海中至翔安侧刘五店站长约1.42km区段采用外径6.7m泥水盾构施工;盾构与矿山隧道在海底对接。各施工分段如图9.2-3所示。

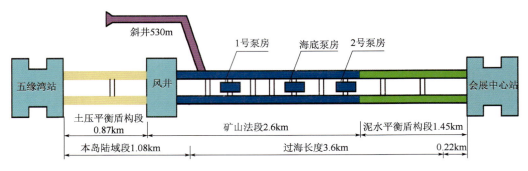

图9.2-3 五刘区间工法平面示意图

2）建设条件

（1）地形地貌

区间主要属滨海堆积区,两侧陆域原为潮间带,后经人工填筑,岛内侧已开发为道路、住宅区及商场等,翔安侧为政府储备用地,尚未开发。陆域段地势平坦,厦门一侧现状地面高程5.0~8.0m,翔安一侧现状地面高程5.0~6.0m;海域段一般水深20m,最深处25m左右。

（2）工程地质条件

区间穿越地层地质条件复杂多变。翔安侧隧道主要穿越中、粗砂层,圆砾,全、强风化花岗岩地层,透水性强,地下水与海水连通;岛内陆域段隧道主要穿越残积土、全强风化花岗岩地层,局部有基岩凸起,且孤石分布较为发育;海域范围穿越微风化花岗岩层和4组风化深槽,微风化基岩平均强度110MPa,石英含量较高,风化槽填充物主要为全风化花岗闪长岩、散体状和碎裂状强风化花岗闪长岩,呈密实砂砾混黏性土状。地质纵断面见图9.2-4。

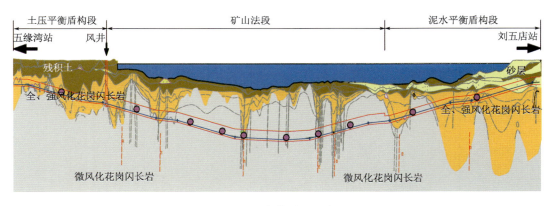

图9.2-4 地质纵断面示意图

(3)地质构造

通过地震反射勘探数条轴向测线发现,海域段发育有 F_1、F_2 及 F_3 三条强风化基岩深槽,呈北西及近南北向展布,在里程右 DK16+60~DK17+570 存在数个风化囊,风化囊大致呈东西向排列,大小不一,风化槽基岩全~强风化带厚较大,基岩岩芯可见密集的高角度裂隙及碎裂特征。

风化槽物质主要为全风化花岗闪长岩、散体状强风化花岗闪长岩、碎裂状强风化花岗闪长岩;散体状强风化花岗闪长岩主要呈密实砂砾混黏性土状。F_1 风化槽基岩相对较完整,F_2 风化槽基岩破碎,F_3 风化槽钻孔揭示的基岩主要为辉绿岩,岩体破碎,风化严重。

(4)水文地质

场区地表水主要为海水。陆域厦门岛一侧地层渗透性较弱,富水性普遍较低;岛外翔安一侧填砂类土、碎裂状强风化带及基岩破碎带富水性好;海域地层中除砂层及可能存在的富水性较好的基岩破碎带外,其他地层渗透性较差。

按照《混凝土结构耐久性设计标准》(GB/T 50476—2019),综合判定场区地下水海洋氯化物环境作用等级为 $Ⅲ_E$;化学腐蚀作用环境等级为 V_C。

9.2.2 工程设计主要技术指标

1)线路技术指标

(1)列车最高运行速度:80km/h。
(2)车型:B 型车 6 辆编组。
(3)线路平面最小曲线半径:700m。
(4)线路最大纵坡:2.8%。
(5)区间最小纵坡:0.5%。

2)隧道结构设计技术指标

(1)设计使用寿命为 100 年,结构安全等级为一级。
(2)结构防水等级为二级。
(3)地下结构中承重结构耐火等级为一级。
(4)抗震设防烈度Ⅵ度。
(5)本工程属于甲类人防工程,工程防核武器抗力级别 6 级,防常规武器抗力级别 6 级,防化等级不低于丁级。
(6)海域段隧道结构裂缝限值:0.15mm。

3)隧道断面设计

五刘区间穿越地层两端为软土,全、强风化软弱围岩,海域中部多为微风化岩层。根据工法与地质相匹配的原则,区间两端采用盾构工法,中部采用矿山法。隧道断面可选形式有两种,即单洞双线大洞断面及双洞双线小洞断面。对本工程,双洞双线断面具有如下优势:

(1) 断面尺寸小,隧道上部覆土厚度相对较小,可规避部分基岩凸起、软硬不均地层。

(2) 隧道间隔不足 600m 即设置 1 处联络通道,火灾工况可更快捷地疏散乘客。

(3) 区间两端车站采用岛式站台,线间距 12m,采用双洞方案可实现区间与车站自然顺接,规避了喇叭口明挖过渡段,降低了施工难度和风险。

综合以上原因及工期、造价等因素影响,本工程最终选用了双洞双线小洞断面。矿山法、盾构法隧道断面分别如图 9.2-5、图 9.2-6 所示。

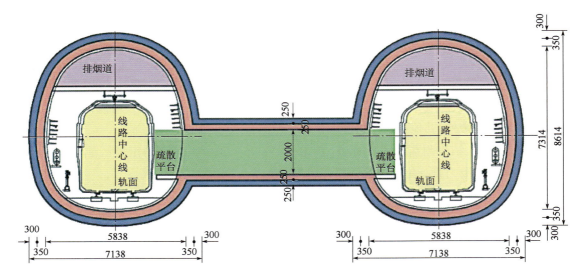

图 9.2-5 矿山法隧道断面示意图(尺寸单位:mm)

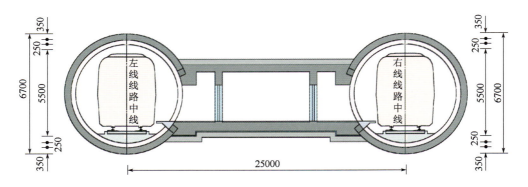

图 9.2-6 盾构法隧道断面示意图(尺寸单位:mm)

9.2.3 工程重难点

(1) 矿山法隧道穿越海中风化深槽

跨海区间矿山段穿越 4 条大型风化深槽,风化槽物质主要为全、强风化花岗,岩体十分破碎且孔隙水贮藏丰富,施工难度及风险较大。

(2) 盾构隧道穿越海底不良地层

建设场区存在浅覆土砂层、硬岩及软硬不均地层、孤石发育地层等不良地质条件,给盾构的推进带来了挑战,尤其是频繁的开仓换刀,施工风险巨大。此外,隧道上方海域为生态保护区,垂直加固、深孔爆破等海面作业收到掣肘。

(3)海中不同工法隧道对接

泥水盾构机自翔安一侧始发,在海中同矿山隧道对接。为了确保对接段结构的安全性与防水性,需要从对接地点、工序等方面进行综合考虑。

(4)海洋腐蚀环境下的结构耐久性问题

过海隧道场区属于典型的海洋氯化物环境,地下水氯离子含量超过15000mg/L,作用等级为$Ⅲ_E$,对结构的耐腐性极强。国内目前建成的跨海隧道,如深圳前湾电缆隧道、广深港客专狮子洋隧道等,均出现了不同程度的结构腐蚀现象。

(5)长大过海地铁区间防排水问题

五刘区间矿山段正洞在隧道最低点附近围岩变化频繁,裂隙水极为发育,施工过程中实测出水量可达到26000m³/d。现场采用水泥-水玻璃双液浆进行了静压注浆封堵,后期随时间推移和地下水腐蚀作用,注浆体逐渐失效,隧道总排水量陡增至14000m³/d以上,为隧道运营防排水增加了巨大压力。

9.2.4 主要技术创新点

(1)海上冻结盾构脱困技术

针对盾构机刀盘磨损、盾构卡机等情况,五刘区间采用了冻结法辅助开仓技术,基本流程为:搭设海上平台进行垂直冻结,结合中盾超前孔水平冻结对开挖面土体进行加固,之后常压开仓更换刀具。

通过对开挖工作面土体冻结加固,实现了常压状态下的软弱地层自稳,为盾构连续常压开仓动火作业创造了良好条件,盾构修复及脱困耗时160d。

(2)海底隧道防排水系统设计

五刘区间矿山段围岩节理、裂隙发育,基岩裂隙水量较大,勘察预测最高日出水量可达到26000m³。设计采用了"主动堵水、防排结合、动态调整"的防排水系统,可根据施工实测水量灵活扩容。防排水系统如图9.2-7所示。

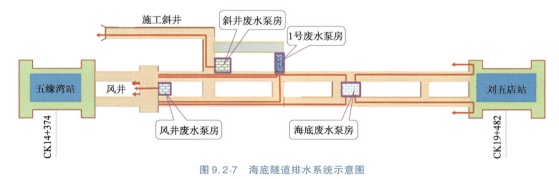

图9.2-7 海底隧道排水系统示意图

(3)双风道并联排烟技术

五刘区间远期高峰时刻共有3辆列车同时运行,根据通风防灾要求,需保证每个通风区段仅有一辆列车通行,采用分段纵向通风排烟模式。由于无法在海域设置中间风井,故本工程在矿山法隧道部分区段上方设置土建专用风道,风道一端连接本岛陆域风井,另一端设置横向土建风道,如图 9.2-8 所示。风道与左右线相交部位设置电动风阀,根据火灾工况通风需求开启。

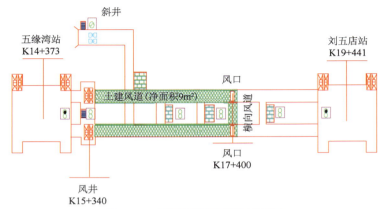

图 9.2-8 双风道并联排烟系统示意图

9.2.5 工程建设过程

(1)2014 年 6 月,开展地铁 3 号线工程可行性研究报告。
(2)2014 年 11 月,完成厦门地铁 3 号线过海隧道工程专题研究。
(3)2015 年 6 月 1 日,完成厦门地铁 3 号线过海隧道工程初步设计技术论证。
(4)2015 年 11 月 19 日,厦门地铁 3 号线过海隧道工程初步设计及概算批复。
(5)2016 年 1 月 1 日,海底隧道工程正式开工。
(6)2018 年 5 月 15 日,泥水盾构段完工。
(7)2020 年 9 月 26 日,全线控制性工程海底隧道贯通。
(8)2021 年 5 月 28 日,厦门地铁 3 号线全线通车运营。

9.2.6 工程实景

厦门地铁 3 号线五刘区间工程实景见图 9.2-9 ~ 图 9.2-12。

图 9.2-9 矿山隧道帷幕注浆

图 9.2-10 盾构原位拆解

图9.2-11 海上冻结平台

图9.2-12 地铁热滑试验

9.3 青岛地铁8号线大青区间海底隧道

9.3.1 工程概述及周边环境

1) 工程概况

青岛地铁8号线建设是落实"全域统筹、三城联动"发展战略的需要,是实现国家"半岛蓝色经济区"战略、建设"一带一路"海上合作战略支点城市的需要。大洋站—青岛北站区间(简称"大青区间")海底隧道是衔接北岸城区与东岸中心城区的重要通道,如图9.3-1所示。项目建设将大幅度缩短沿线各区之间的时空距离,加强北岸城区与东岸城区之间的联系。

图9.3-1 青岛地铁8号线工程平面位置示意图

大青区间线路自城阳区红岛街道东大洋村,胶州湾跨海大桥红岛收费站东侧入海,下穿胶州湾海域后接入李沧区青岛北站。线路全长约7.8km,其中下穿胶州湾海域段长约5.4km,为国内穿越海域段最长地铁区间隧道。

大青区间采用矿山法+盾构法组合工法施工,其中海域矿山法段长度2532m,海域盾构法段长度2965m,矿山法隧道与盾构法隧道在海底进行工法对接。海域矿山法隧道开挖跨度

7.9～8.8m,如图9.3-2所示。盾构段管片内径6.0m,如图9.3-3所示。根据工程筹划,红岛端矿山法隧道区段设计施工斜井1座;盾构段采用3台盾构施工,其中海域盾构段采用2台泥水盾构施工,2号区间风井兼做盾构始发井。根据运营需求,本区间共设3座地下风机房及通风竖井,3座废水泵站,2座牵引变电所,2座独立降压变电所以及其他相关配套设施。

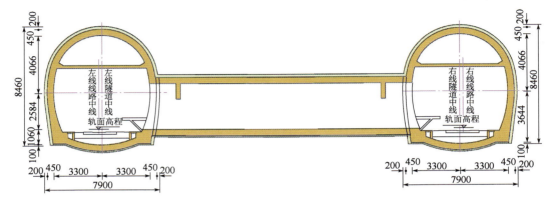

图9.3-2 海域矿山法段隧道断面图(尺寸单位:mm)

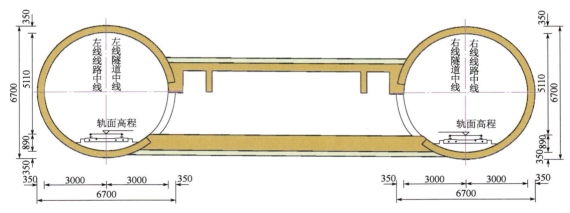

图9.3-3 海域盾构段隧道断面图(尺寸单位:mm)

2)建设条件

隧道沿线地层复杂多变,工程地质条件复杂。红岛岸陆域段隧址区工程地质条件整体较好,隧道洞身主要穿越中～微风化岩层,上部覆盖层为人工填土层厚度较薄,局部基岩出露。红岛岸海域段隧道洞身主要穿越微风化岩层,青岛岸海域段隧道洞身主要位于强～中风化岩层,局部穿越砂层,海域段上部覆盖层主要为淤泥质粉质黏土、粉质黏土、粗砾砂。青岛岸陆域段隧道洞身主要位于强风化岩及砂层,上部覆盖层为冲填土、含有机质粉质黏土、粉质黏土、中粗砂、粗砾砂。地质纵断面如图9.3-4所示。

区域性大断裂沧口断裂在场区东侧约600m处通过,隧址区分布有11条断裂,其中东大洋社区陆域附近5条,青岛北站方向2条,海域段4条断裂带(F_3、F_4、F_5和F_6)。区域断裂构造主要为NE向、NNE向和NW向,其中NE和NNE向断裂控制着区域地形地貌,对工程影响大。

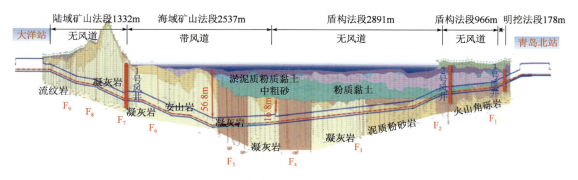

图9.3-4 工程地质纵断面示意图

场区地下水主要为第四系松散岩类孔隙潜水、风化基岩孔隙水和构造基岩裂隙水三种。第四系松散岩类孔隙水主要受大气降水补给及上游水源地补给以及较高地势的基岩裂隙水补给。基岩风化裂隙水主要接受大气降水、第四系松散岩类孔隙水的下渗以及水源地补给,受裂隙发育程度的影响。构造裂隙水主要由大气降水、第四系松散岩类孔隙水的下渗以及水源地补给,受裂隙发育程度的影响。

根据测区岩土层的水文地质特征和边界条件,经抽水试验和海上压水试验资料整理分析,岩层的渗透性及透水性见表9.3-1。

岩层渗透性及透水性　　　　　　　　　　　　表9.3-1

岩土层名称		简要水文地质特征	渗透系数推荐值（m/d）	透水性
⑯$_7$	强风化流纹岩	流纹岩强风化带岩芯破碎,节理发育,属中等透水性	2.5	中等透水
⑯$_8$	强风化凝灰岩	凝灰岩强风化带岩芯破碎,节理发育,属中等透水性	2.0	中等透水
⑯$_{8-2}$	凝灰岩(砂土状碎裂岩)	砂土状碎裂凝灰岩岩芯破碎,节理发育,属中等透水性	2.5	中等透水
⑯$_9$	强风化安山岩	安山岩强风化带岩芯破碎,节理发育,属中等透水性	2.5	中等透水
⑯$_{11}$	强风化火山角砾岩	火山角砾岩强风化带岩芯破碎,节理发育,属中等透水性	1.37	中等透水
⑯$_{13}$	强风化泥质粉砂岩	土质较松散,泥质胶结,胶结程度差	0.2	弱透水
⑰$_{11}$	中风化火山角砾岩	节理裂隙发育,岩芯破碎,破碎面见较多高岭土等次生矿物,岩石透水性较弱	0.05	弱透水
⑰$_{13}$	中风化泥质粉砂岩	基岩裂隙多为闭合,水量甚微	0.02	弱透水
⑰$_8$	中风化凝灰岩	节理裂隙发育,岩芯破碎,破碎面见较多高岭土等次生矿物,岩石透水性较弱	0.2	弱透水

续上表

岩土层名称		简要水文地质特征	渗透系数推荐值（m/d）	透水性
⑰$_{8-2}$	凝灰岩（块状碎裂岩）	节理裂隙发育,岩芯破碎,破碎面见较多高岭土等次生矿物,岩石透水性较弱	0.25	弱透水
⑰$_{8-3}$	中等风化凝灰岩（JL）	节理裂隙发育,岩芯破碎,破碎面见较多高岭土等次生矿物,岩石透水性较弱	0.25	弱透水
⑰$_7$	中风化流纹岩	节理裂隙发育,岩芯破碎,破碎面见较多高岭土等次生矿物,岩石透水性较弱	0.2	弱透水
⑰$_{7-2}$	流纹岩（块状碎裂岩）	节理裂隙发育,岩芯破碎,破碎面见较多高岭土等次生矿物,岩石透水性较弱	0.3	弱透水
⑰$_{7-3}$	中等风化流纹岩（JL）	节理裂隙发育,岩芯破碎,破碎面见较多高岭土等次生矿物,岩石透水性较弱	0.3	弱透水
⑰$_9$	中风化安山岩	节理裂隙发育,岩芯破碎,破碎面见较多高岭土等次生矿物,岩石透水性较弱	0.3	弱透水
⑱$_7$	微风化流纹岩	岩芯完整,随着深度增加,透水性减弱	0.06	弱透水
⑱$_8$	微风化凝灰岩	岩芯完整,随着深度增加,透水性减弱	0.004~0.07	微透水~弱透水
⑱$_9$	微风化安山岩	岩芯完整,随着深度增加,透水性减弱	0.01~0.1	弱透水
⑱$_{8-3}$	微风化凝灰岩（JL）	节理裂隙发育,岩芯短柱状,透水性中等	1.34	中等透水

海域隧道位于半无限含水层中,地下水直接接受海水水头入渗补给,计算最大涌水量为 17.6 $m^3/(m \cdot d)$。

9.3.2 工程设计主要技术指标

1）线路技术指标

（1）列车最高运行速度：120km/h。

（2）车型：B型车6辆编组。

（3）线路平面最小曲线半径：800m。

（4）线路最大纵坡：2.8%。

（5）区间最小纵坡：0.5%。

2）隧道结构设计技术指标

（1）设计使用寿命为100年,结构安全等级为一级。

（2）结构防水等级为二级。

（3）地下结构中承重结构耐火等级为一级。

（4）抗震设防烈度Ⅶ度。

（5）该工程属于甲类人防工程,工程防核武器抗力级别6级,防常规武器抗力级别6级,防化等级不低于丁级。

(6)海域段隧道结构裂缝限值:0.15mm。

(7)海域段单洞单线隧道排水量不得大于$0.2m^3/(m \cdot d)$,陆域段单线单洞隧道排水量不得大于$0.1m^3/(m \cdot d)$,局部渗水量不得大于$2L/(m^2 \cdot d)$。

9.3.3 工程重难点

(1)复杂条件下海底隧道工法选择

该工程隧道全长7.9km,穿越海域段长度5.4km,为超长海底隧道工程。隧道沿线地层复杂多变,工程地质条件极其复杂。隧道方案受环境条件、海底地质条件、线路条件、区间防灾救援方案、施工风险、工程投资、工期等因素的影响,需综合上述因素确定合理的施工工法。

(2)矿山法隧道海底穿越长大断层破碎带,工程风险高、技术难度大

地质条件异常复杂,多工法组合施工。海域矿山法隧道段穿越F_5断层、F_6断层破碎带,其中F_5断层为区域性段,影响范围超过500m。海域断层破碎带围岩自稳性差、地层渗透性强。海水通过软弱结构带,特别是断层破碎带对隧道会产生较大的动水压力,存在渗透破坏的可能,增加坍方及突涌水的危险性。

(3)高水压富水地层盾构长距离掘进

海域盾构法段长度约3km,隧道拱顶最大埋深约56m,海域段平均埋深约42m,盾构机需在高水压复合地层长距离掘进。海域盾构段穿越F_4断层破碎带,围岩破碎,受构造影响强烈,富水性强,地下水补给迅速。由于破碎带地层特殊性,盾构施工易发生卡机、堵仓、滞排等、刀具异常磨损等问题。海底高压富水复杂地质对TBM和盾构的选型、盾构设计优化、TBM模式转换、不良地质预报、掘进参数控制、盾构泥浆配置、高压换刀、海底对接等提出了新的技术挑战。

(4)海中工法对接

当矿山法隧道与盾构法隧道实现对接时,需进行盾构机的接收和解体,在陆地上实现工法的对接往往是设置明挖吊出井或暗挖大型拆卸洞室实现盾构整机拆解。水下隧道由于埋深、地层条件等因素限制,设置大型拆卸洞室的难度和施工风险比陆地大得多,造成水下隧道盾构机的解体、运输存在诸多困难。组合工法在海中实现对接,需要选定合适的对接位置,既要降低安全风险,又要满足工程总体的进度要求。

(5)海域段附属联络通道施工

受现行规范对联络通道布置间距的限制,部分联络通道设置无法避让不良地层,隧道拱顶紧邻富水砂层,联络通道施工风险极大。

(6)超长海底隧道通风防灾技术问题突出

受通航、环保等因素限制,海域段无法设置中间风井,封闭环境下火灾产生的高温烟气难以排除,往往造成隧道内温度迅速升高,严重威胁衬砌结构的完整性和稳定性,同时极易造成人员伤亡。

9.3.4 主要技术创新点

(1)组合工法隧道海中对接

青岛地铁8号线海底隧道工程地质条件复杂,西侧海域段穿越中~微风岩层,岩石强度较

高,自稳性较好;东侧海域段穿越富水砂层、强风化岩层及区域断裂等软弱地层。基于工程地质条件及功能需求,提出采用组合工法技术,海中工法对接,如图9.3-5所示。

图9.3-5 海中工法对接

(2)TBM工法海底隧道建设技术

大青区间海底隧道平行导洞采用TBM法施工,开创了TBM法修建海底隧道工程先河。工程建设阶段研发了TBM海底穿越不良地层设计施工关键技术、单护盾TBM模式与EPB模式快速转换技术、洞内解体技术,创造了最高月进度505.5m,平均月掘进400m以上的施工纪录。

(3)联络通道机械法建造技术

受线路条件控制,海域盾构段9号、10号联络通道埋深较浅,其中9号联络通道拱顶强风化岩覆盖层厚度约3.5m,以上为富水砂层,地下水与海水连通,采用传统矿山法施工风险大且工效低,决定采用机械法施工,其大大缩短了常规矿山法联络通道施工时间,工期效益显著。此外,联络通道矿山法施工工期约70d,采用机械法施工工期为36d,工效提升1倍。

9.3.5 工程建设过程

(1)2016年3月,完成地铁8号线工程可行性研究报告。
(2)2016年4月,完成青岛地铁8号线过海隧道设计方案专题研究。
(3)2017年6月,青岛地铁8号线初步设计及概算批复。
(4)2015年7月,海底隧道工程正式开工。
(5)2017年10月,矿山法段施工斜井接入正线,全面开展矿山法段主隧道施工。
(6)2018年9月,过海隧道东侧海域段泥水盾构始发,海域盾构段全面开展施工。
(7)2019年1月,过海隧道TBM平行导洞顺利贯通,该工程系国内首条TBM工法海底隧道。
(8)2020年1月,国内最长过海地铁隧道贯通。
(9)2020年12月,青岛地铁8号线工程北段通车运营。

9.3.6 工程实景

青岛地铁8号线海底隧道工程实景见图9.3-6~图9.3-9。

图9.3-6 矿山法段隧道开挖

图9.3-7 TBM平行导洞贯通

图9.3-8 盾构洞内解体

图9.3-9 海底隧道贯通

本章参考文献

[1] 中铁大桥勘测设计院集团有限公司.厦门市轨道交通3号线火炬园站(不含)至洪坑站(含)工程勘察(2标)详勘阶段五缘湾站至会展中心站区间岩土工程勘察报告[R].2015.

[2] 中铁隧道勘测设计院有限公司.厦门市轨道交通3号线过海隧道工程专题研究报告[R].2014.

[3] 中铁隧道勘测设计院有限公司.厦门市轨道交通3号线工程五缘湾站—刘五店站区间施工图设计文件[Z].2015.

[4] 中铁隧道勘测设计院有限公司.青岛市地铁1号线工程瓦屋庄站—贵州路站区间施工图设计文件[Z].2017.

[5] 中铁隧道勘测设计院有限公司.青岛地铁1号线过海隧道工程专题研究报告[R].2013.

[6] 中铁大桥勘测设计院集团有限公司.青岛市地铁1号线工程勘察一标段详勘(瓦屋庄站—贵州路站区间)岩土工程勘察报告[R].2014.

[7] 中铁隧道勘测设计院有限公司.青岛市地铁8号线工程大洋站—青岛北站区间施工图设计文件[Z].2018.

[8] 青岛海洋地质工程勘察院.青岛市地铁8号线工程勘察第一标段大洋站—青岛北站区间详细勘察阶段岩土工程勘察报告[R].2017.

[9] 中铁第六勘察设计院集团有限公司,中铁发展投资有限公司,中铁二局集团有限公司,等.青岛地铁8号线高水压复杂地质海底隧道综合修建技术研究报告[R].2021.

[10] 中铁第六勘察设计院集团有限公司.青岛地铁过海区间工程风险评价及安全保障技术研究报告[R].2020.

[11] 中铁第六勘察设计院集团有限公司.复杂环境下超长过海地铁隧道修建关键技术研究报告[R].2020.

[12] 青岛国信胶州湾交通有限公司.青岛胶州湾海底隧道工程科研与实践[M].北京:人民交通出版社,2011.

[13] 贺维国,宋超业,杜宝义.中国跨越海域最长地铁区间隧道——厦门地铁3号线五刘区间[J].隧道建设(中英文),2018,38(03):501-504.

[14] 杜宝义,宋超业,贺维国.海底隧道盾构异常磨损开舱辅助工法应用分析——以厦门地铁过海区间隧道工程为例[J].隧道建设(中英文),2020,40(S01):374-381.

[15] 吕青松,贺维国,方祖磊,等.水下长大隧道排水系统设计问题探讨[J].隧道建设,2016,36(11):1361-1365.

[16] 宋超业,贺维国.厦门轨道交通3号线复杂环境过海区间隧道设计关键技术[J].隧道建设(中英文),2018,38(03):414-420.

[17] 刘鹏,李克先,田洪肖.青岛地铁1号线过海区间隧道大断面优化设计[J].人民长江,2020,51(S01):142-148.

[18] 宋超业,贺维国,刘鹏.硬岩地层长距离过海地铁区间施工工法分析[J].施工技术,2018,47(08):69-74.

[19] 赵光泉,刘鹏,周强,等.青岛地铁1号线过海隧道工程双护盾隧道掘进机应用关键技术,2021,24(07):169-173.

[20] HE W G, LIU P. The undersea tunnel on Qingdao metro line 8[J]. Engineering,2018,4(02):167.